全过程工程咨询与投资控制操作指引

湖南省国际工程咨询中心有限公司 湖南省经济建设与投资决策研究智库	组 编
任己任	主 编
詹琼雷　曹雄鹰	副主编

编写组

谢盛文　肖艳菊　邓　鋆　肖红亮　游恒林
刘昭成　毛红心　李　云　李　飚　潘灿菊
谭小剑　姚　梅　袁　军　王志平　杨光辉
易依成　胡兴国　曾拓天　段钧龄　曹海涛

湖南大学出版社·长沙

内 容 简 介

本书以基本建设程序和行政审批环节为主线，以工程技术经济指标要求为核心，以法律、法规和规范以及行政审批文件为标准，对全过程工程咨询可能涉及的委托与受托事项进行了全面介绍。本书内容翔实，观点新颖，法律、法规收集全面，指导性和操作性强，对当前全过程工程咨询以及基本建设管理、投资控制的一些焦点问题进行了合理的分析。本书论述有理有据，中肯独到，既能指引全过程工程咨询实际操作，又能为探索全过程工程咨询更佳途径提供新思路。本书可为全过程工程咨询服务单位、建设单位以及工程建设领域从业人员开展全过程工程咨询提供全面的技术支撑。

图书在版编目（CIP）数据

全过程工程咨询与投资控制操作指引 / 湖南省国际工程咨询中心有限公司，湖南省经济建设与投资决策研究智库组编；任己任主编.—长沙：湖南大学出版社，2021.1（2022.8重印）

ISBN 978-7-5667-2116-7

Ⅰ.①全… Ⅱ.①湖… ②湖…③任… Ⅲ.①建筑工程—咨询服务 ②建筑工程—基本建设投资 Ⅳ.①F407.9②F283

中国版本图书馆CIP数据核字（2020）第266605号

全过程工程咨询与投资控制操作指引
QUANGUOCHENG GONGCHENG ZIXUN YU TOUZI KONGZHI CAOZUO ZHIYIN

组　　编：	湖南省国际工程咨询中心有限公司　湖南省经济建设与投资决策研究智库
主　　编：	任己任
责任编辑：	金红艳
出版发行：	湖南大学出版社

社　　址：湖南·长沙·岳麓山　　　　邮　编：410082

电　　话：0731-88822559（营销部），88820006（编辑部），88821006（出版部）

传　　真：0731-88822264（总编室）

电子邮箱：549334729@qq.com

网　　址：http://www.hnupress.com

印　　装：河北文盛印刷有限公司

开　　本：710 mm×1000 mm　1/16　　印　张：24.25　　字　数：435千字

版　　次：2021年1月第1版　　　　　印　次：2022年8月第2次印刷

书　　号：ISBN 978-7-5667-2116-7

定　　价：68.00元

序 言

为深入贯彻习近平新时代中国特色社会主义思想和党的十九大精神，深化投融资体制改革，提高投资决策的科学化水平和透明度，提升投资效益、工程建设质量和运营效率，中共中央、国务院、国家发展和改革委员会以及住房和城乡建设部先后发布了《中共中央 国务院关于深化投融资体制改革的意见》（中发〔2016〕18号）、《国务院办公厅关于促进建筑业持续健康发展的意见》（国办发〔2017〕19号）、《国家发改委 住房城乡建设部关于推进全过程工程咨询服务发展的指导意见》（发改投资规〔2019〕515号）等多项推进全过程工程咨询服务发展的指导文件，在房屋建筑和市政基础设施领域优先推进全过程工程咨询服务。各地方相关主管部门相继出台了推进全过程工程咨询的试点方案以及全过程工程咨询招标文件和合同文件试行文本等，完善制定了相关实施细则、标准及规范。项目建设领域推行投资决策和工程建设的全过程工程咨询成为主管部门、投资业主和从业工程咨询单位的共识。

全过程工程咨询是对工程项目的投资决策以及工程建设全生

命周期的咨询服务，涵盖投资决策、招标代理、工程勘察、工程设计、工程监理、工程造价及项目管理等。全过程工程咨询是对原有相对零散的工程咨询服务的总集成，就投资项目的市场、技术、经济、生态环境、能源、资源、安全等影响要素，结合国家、地区和行业发展规划、产业政策、技术标准及相关审批要求进行分析研究和论证，为项目建设提供招标代理、勘察、设计、监理、造价、项目管理等全过程咨询服务。全过程工程咨询属于第三产业，与工程总承包有明显不同。全过程工程咨询主要强调提供咨询或服务，对咨询成果的数据真实性、有效性和科学性负责。工程总承包重点是负责项目的工程设计、施工、采购、试运行等工作，承担工程质量安全、进度控制、成本管理等方面责任。

本书以工程建设流程为主线，以投资控制为重点，阐述了工程项目各阶段工程技术经济的标准与工程造价的要求。工程造价既是对应阶段技术经济要求在投资费用上的反映，也是对应阶段投资控制的结果。书中提出全过程工程咨询的主要任务是以受托投资控制为核心，对建设工程质量、进度、造价和安全以及环境保护进行全面控制。

本书把建设工程全部行政审批事项都纳入了全过程工程咨询的范畴，但具体委托的咨询服务的范围及内容，由委托人根据建设项目的需要自主确定。全过程工程咨询单位要了解项目的建设目的、建设背景，站在业主的角度考虑投资价值和潜在风险，从项目全生命周期成本效益最大化的角度提供咨询方案，要系统考虑新工艺、新技术、新材料的应用来实现投资更少、效益更高，考虑项目实施阶段组织更加高效、便捷，以系统思维、超前思维、创新思维和增值思维的方式，帮助业主实现工程项目投资效益的最大化。

　　本书是编写组对全过程工程咨询理论研究的初步认识和实践经验的初步总结，既可为理论研究提供新借鉴，又可为行业实践提供新参考，对提高全过程工程咨询理论与实践水平具有重要的参考价值，对推动全过程工程咨询高质量发展具有创新引领作用。

湖南省发展改革委党组成员、副主任　王国房

2020 年 12 月 30 日

目次　CONTENTS

1 总 则

1.1 全过程工程咨询的定义

全过程工程咨询是为更好地实现投资建设意图，在投资决策和工程建设实施两个阶段，向投资者或建设单位提供的综合性、跨阶段和一体化的咨询服务。

《国务院办公厅关于促进建筑业持续健康发展的意见》（国办发〔2017〕19号）指出：鼓励投资咨询、勘察、设计、监理、招标代理、造价等企业采取联合经营、并购重组等方式发展全过程工程咨询，培育一批具有国际水平的全过程工程咨询企业。《国家发展改革委　住房城乡建设部关于推进全过程工程咨询服务发展的指导意见》（发改投资规〔2019〕515号）指出：深化工程领域咨询服务供给侧结构性改革，创新咨询服务组织实施方式，特别是要在项目决策和建设实施两个阶段，重点培育发展投资决策综合性咨询和工程建设全过程咨询。其中，投资决策综合性咨询是指接受投资者委托，就投资项目的市场、技术、经济、生态环境、能源、资源、安全等影响可行性的要素，结合国家、地区、行业发展规划及相关重大专项建设规划、产业政策、技术标准及相关审批要求进行分析研究和论证，为投资者提供决策依据和建议的咨询服务活动；工程建设全过程咨询是指接受建设单位委托，提供招标代理、勘察、设计、监理、造价、项目管理等一体化咨询服务，以增强工程建设过程协同性的活动。

全过程工程咨询服务可以从项目建议书编制前的项目机会研究和投资机会研究阶段开始，但以项目建议书审批（立项）后为佳。项目建议书审批后，项目已经立项，建设地址、建设目标、建设范围及内容、建设规模、建设标准、功能及用途等已经确定。项目立项后，全过程工程咨询服务实施成功的概率相对较高。其结束时间，可以延续到项目全寿命期，但以项目后评价完成后为佳。

运营过程虽然以工程项目为载体，但其重点是运营，维护、维修只是保证正常运营的措施之一。其咨询服务的要求与项目决策阶段和建设实施阶段的相比已经发生了根本变化。

1.2 全过程工程咨询的范围

全过程工程咨询服务内容包括投资咨询、方案设计、初步设计（含勘察）、招标代理、监理、项目管理（项目代建制）和投资分析（投资估算、投资概算）、工程预算编制、发承包计价管理、工程竣工结算审核、项目财务竣工决算编制，可以代替投资者或建设单位办理建设项目行政报批、组织实施征地拆迁、"三通一平"和生产准备、工程竣工验收以及项目后评价等，从而实现向投资者或建设单位提供全方位、一体化、综合性服务的目标。

全过程工程咨询内容委托应合理界定委托人与受托人之间的权责边界以及风险范围和幅度，避免因管理责任主体不清而相互推诿。目前的全过程工程咨询，一般为几个或多个专业咨询服务的叠加。这种方式最大的弊端就是专业咨询服务直接受建设单位控制。建设单位的干预与指挥，使全过程工程咨询内部难以构建利益与风险共同体。在多种相对独立的专业咨询服务之间，建立利益共享、风险共担的集约化管理机制，往往是全过程工程咨询成功与否的关键。全过程工程咨询必须建立统一的内部管理机制，避免在与建设单位的沟通过程中，因信息的滞留而造成差错不能及时纠正。

1.3 全过程工程咨询的管理原则

全过程工程咨询的管理包括两个方面：一是组织内部专业咨询服务活动的管理，二是对工程建设活动的管理。两者相辅相成，缺一不可。前者是后者实施的基础，后者是前者实施的目的。

1.3.1 以组织为载体推进工作

组织是指为实现特定目标而形成的分工协作、各司其职、各负其责的团体。组织有四个基本要素：目标、职能、机构、组织方式。其中，目标是方向，职能是知识、技能、行为与态度的组合，机构是保障，组织方式是操作流程与管理规则。全过程工程咨询必须建立自己的组织，把工作目标和任务，通过项目管理规划大纲和项目管理实施方案以及专业工作计划，分类、分层列出工作清单,具体标明工作名称、工作范围及内容、工作标准及要求(含交叉配合要求)、工作起止时间、主要责任人员以及工作对接机构及人员,并以进度计划网络图和进度计划横道图标示工作与工作之间的关系和计划进度与实际进度,以保证整个咨询服务工作有条不紊地进行。对其中的各项工作应进行明确的身份定位,如技术咨询或服务、代理、代办、协办等;对工作,特别是需要交叉或同步实施的工作,边界应划分清晰,搭接应具体明确,避免越俎代庖或出现空缺和断层的情况。

1.3.2 以建设程序和投资控制为轴心铺排工作

建设项目从行政审批上,可分为立项许可、规划用地许可、工程建设许可、工程施工许可和工程竣工验收等五个阶段;从投资控制上,可以分为投资匡算、投资估算、投资概算、工程预算、工程竣工结算和项目财务竣工决算等六个环节。这五个阶段六个环节具有明确的先后次序和前后制约关系。工程项目管理就是围绕建设程序和投资控制而进行的管理。工程咨询、项目规划、招标代理、勘察、设计、施工、监理、造价以及项目管理(代建)等,这些看似相对独立的专业咨询服务活动,实则是在五个阶段六个环节约束下的连续行动。前一步骤没有完成,后一步骤则不能实施;后一步骤受前一步骤确定的条件、要求和标准的约束。以规划条件或要求和强制性质量安全条款控制工程技术,以投资估算控制投资概算、投资概算控制工程预算和工程预算控制工程竣工结(决)算,是工程项目管理的内在要求。

1.3.3 以常见问题清单为导向控制全过程工程咨询服务质量

在全过程工程咨询提供过程中,内部质量控制风险是影响咨询服务质量最大的风险因素。内部质量控制,最关键的问题在于质量管理的决策者往往不能全程参与某一项具体的咨询服务活动,只能从某一片段或某一重要节点把控某一方面的质量问题。事实上,由于信息的不对称性使咨询服务的质量把控全部集中在具体咨询服务承担者的身上。思维方式的习惯性,又使具体咨询服务承担者很难发现自身存在的问题,难以及时纠正。建设工程管理常见问题清单法,是具体咨询服务承担者把控咨询服务质量行之有效的手段之一。其做法是,分阶段或类型以清单的方式列示建设工程管理过程中容易出现的问题,然后对照问题清单进行工作质量检查并纠正。建设工程各阶段管理容易出现的问题主要有:

（1）立项用地规划许可阶段。

①项目建设方案无工程范围及内容、总平面图或总规划图。

②项目建设方案不符合规划选址预审、用地预审条件。

③投资匡算费用项目与项目建议方案内容不一致。

④投资匡算的误差未能控制在 ±30% 以内。

⑤项目未被列入政府投资年度计划。

⑥可行性研究设计方案没有对拟建项目产品方案、技术方案、设备选型、项目地址、公用设施、运输、三废治理、建筑安装工程和总图等进行技术经济分析和多方案比选。

⑦可行性研究设计方案不符合建设用地和建设规划条件。

⑧可行性研究设计方案不符合国家安全事项、环保、水保、防洪、通航、消防、地震、人防、节能、气象等专项审查或评估要求。

⑨可行性研究设计方案未确定工程范围及内容、工程特征及主要做法。

⑩投资估算费用项目与可行性研究设计方案不一致。

⑪投资估算漏计征地拆迁补偿费管线迁改费。

⑫投资估算征地拆迁补偿费、管线迁改费未附经相关部门确认的费用明细表。

⑬水、电、气、路等红线外市政临时设施搭接费用未附经权属机构确认的费用明细表。

⑭投资估算的误差未能控制在 ±10% 以内。

⑮征地拆迁工作方案、征地拆迁补偿安置方案、市政公用设施拆改迁方案不能按计划实施。

⑯征地拆迁进度不满足施工条件。

⑰"三通一平"实施不满足施工条件。

（2）工程建设许可阶段。

①项目总体设计、方案设计（建设方案）与规划报建（建设用地规划、建设工程规划）的控制要求不一致。

②方案设计不完整。

③不依据可行性研究报告、设计方案进行初步设计。

④投资概算费用项目及计算口径，与投资估算不一致。

⑤钻孔深度不满足施工图钻孔深度或基础埋置深度要求。

⑥设计委托范围及内容不明确，一次设计不满足施工要求。

⑦二次设计与一次设计边界不清，成果提交节点不合理。

⑧需要二次设计的内容没有以暂估价形式进行估算与控制。

⑨工程预算错、漏、缺项，误差率未能控制在 5% 以内。

⑩施工图技术审查与工程预算确定不同步。

⑪投资概算超过投资估算 10%，施工图预算超过概算工程建设总费用与基本预备费之和的 5%，没有调减建设规模或内容、降低建设或装修标准。

⑫建设用地许可、建设规划许可、建设工程规划许可、初步设计审批、施工图技术审查、市政公用设施报装审批（查）滞后。

（3）招投标阶段。

①招标条件设置不合理或围标、串标而未能引起充分竞争。

②技术资料不完整或招标文件前后矛盾或投标人滥用不平衡报价。

③招标图纸、招标控制价与经过审查备案的实际施工图纸不一致。

④综合实力不足或不守信誉的勘察、设计、施工、监理企业中标。

⑤投标前不按规定对招标文件提出质疑澄清，中标后又要求做出有利中标人的解释。

⑥投标施工组织设计与经备案的施工组织设计不一致。

⑦合同工程范围及内容和风险范围及幅度事权边界模糊。

（4）施工许可阶段。

①图纸会审未能纠正或完善设计的错、漏、碰、缺。

②图纸会审未能对二次设计的内容进行合理审查。

③未按经备案的施工组织设计文件组织施工。

④未办理施工许可，先行施工。

⑤监理不履职或履职不到位，三无产品进入工地。

⑥施工许可和渣土外弃及线路铺设由施工单位代办。

⑦工程变更没有先批准、后变更，先设计、后施工。

⑧增加合同约定以外的内容，未按招标投标法律、法规执行。

⑨未查明原因、分清责任而批准工程变更。

⑩建设单位轻易发起或同意对投标报价优惠项目进行工程变更。

⑪暂估价未通过市场询价而先定价、后实施。

⑫建设单位、设计单位越过监理实施现场管理。

⑬建设单位现场代表权责不明确，不履职或越权。

⑭施工越过监理、现场代表、建设单位进行设计变更。

⑮工程变更引起施工方案改变，不事先审批或无审批方案变更。

⑯设计越权指挥二次设计及施工。

⑰不按合同约定的计量周期和时间现场确认当期已完工的工程量。

（5）工程竣工验收阶段。

①未按规划、消防、人防、水土保持设施、市政公用、城建档案等专项验收要求整改。

②工程竣工验收资料与工程竣工结算资料不能同步验收。

③工程竣工验收资料与工程竣工结算资料及其签字、盖章手续不完整、不真实、不准确、不合规。

④未按先批准、后变更，先设计、后施工程序而实施工程变更和现场签证的工程进入工程竣工结算。

⑤因突发事件、紧急事务而发生的工程变更或现场签证，补办的审批手续不完整、不合规，且无影像等佐证资料的工程进入工程竣工结算。

⑥超过工程预算、投资概算和投资估算限额，且无相关管理部门批准调整文件的工程进入工程竣工结算。

⑦工程竣工结算、项目竣工财务决算不能及时办结，且未取得相应的审定、批复文件。

⑧竣工（财务）决算确认的投资总额超过概算或经批准调整的概算（含征地拆迁补偿费、管线迁改费）。

⑨项目竣工财务决算批复后不及时办理资产移交手续。

⑩项目后评价不能实事求是、客观公正。

（6）建设项目管理。

①建设单位与全过程工程咨询组织、工程总承包单位权责不明、事权不对等、责任分解及惩处方式不具体。

②受托咨询服务需要再委托或分包，或者承包工程范围内的专业或专项工程分包，合同未约定的，应征得建设单位书面同意。

③建设单位，对因勘察设计深度不够或设计缺陷造成重大工程变更以及工程咨询、造价、评估等咨询服务成果出现重大漏、缺、错等，导致超过概算10%，未约定具体处罚措施。

④全过程工程咨询组织与勘察、设计、施工和重要设备材料采购供应商等管理边界不清晰、事权不对等、责任分解及追究约定不明确。

⑤工程总承包单位与全过程工程咨询组织以及工程总承包内部勘察、设计、施工和重要设备材料采购供应商等边界划分不清晰、事权不对等、责任分解及追究约定不明确。

1.4 全过程工程咨询的管理方法

工程项目管理四大目标——投资、质量、进度和安全，最终落脚在工程实体形成过程中以及工程实体上。工程项目管理的主要对象也应锁定在工程实体形成过程中以及工程实体上。项目建设应有一个从项目前期技术经济分析、行政报建报批到建设实施的过程，建设实施应有一个从破土动工到竣工验收合格的过程，不同阶段、不同专业的综合管理与协调，是工程建设取得成功的重要保证。以不同阶段、不同专业为节点，层层分解投资控制总目标，步步执行投资控制分目标，是全过程工程咨询管理的核心。

1.4.1 以制度规范工程建设过程管理

全过程工程咨询应根据投资控制总目标、建设工程特点以及建设单位的特定需求，首先编制项目管理规划大纲、项目管理实施方案以及专业工作计划，送建设单位确认，并作为合同附件，明确界定双方的责任边界及风险；然后根据项目管理规划大纲、项目管理实施方案以及专业工作计划，编制各阶段、各专业管理制度，如勘察设计管理制度、投资控制管理制度、招标投标管理制度、合同管理制度以及工程变更制度、现场签证制度、工程款支付管理制度、进度管理制度、质量管理制度、安全文明生产管理制度、资料档案管理制度等，立规立矩，做到操作流程清晰，工作路径合理，责任与义务明确，奖励与惩罚并行，为工程建设顺利进行奠定坚实基础。对需要交叉配合共同完成的特殊工作节点，还应配以流程图，明确规定工作路径与行动轨迹，避免因衔接失误而影响计划的顺利实施。

1.4.2 以流程明确工作任务

建设项目从投资策划开始,全程委托全过程工程咨询提供管理与咨询服务,建设工程管理与咨询服务工作可以分为五类 22 项。这五类 22 项工作，虽然性质不同，但具有明确的先后次序和前后制约关系。其中，规划用地审批和行政审批以及经审批的投资估算、投资概算、施工图预算具有行政管理约束力，是工程勘察测量、工程技术经济分析和投资控制乃至整个工程建设活动都必须遵循的要求。按照建设管理环节安排全过程工程咨询各项受托工作，有利于各项工作的有序开展。全过程工程咨询管理流程表如表 1-1 所示。

表 1-1 全过程工程咨询管理流程表

序号	规划用地审批	工程勘测	工程技术经济分析	行政审批	投资控制
1					拟投资规模
2			投资机会研究		投资初步匡算
3			机会研究	项目建议书审批	投资匡算
4	选址意见书核发\用地预审				
5		选址勘察			
6				下达政府年度投资计划	
7				征地拆迁工作方案及补偿方案审批（含市政管线迁改拆方案）	
8	建设用地规划许可\建设供地许可			环保、水保、防洪、通航、消防、地震、人防、节能、气象等专项审查或评估	投资估算
9			可行性研究	可行性研究报告批复	投资估算
10			方案设计		
11	建设工程规划许可	初步勘察	初步设计	初步设计审批	投资概算
12			扩大初步设计		投资概算（修正）
13		详细勘察	施工图设计	施工图技术（含人防、消防、防雷审查和市政公用工程报装审批等）审查、施工图预算审查	施工图预算

续表

序号	规划用地审批	工程勘测	工程技术经济分析	行政审批	投资控制
14			常规施工方案		招标控制价
15			投标施工方案	招标投标及施工合同备案	投标报价（合同价款）
16				质监安监备案、施工许可	
17			工程变更	工程变更审批	合同价款（调整）
18			竣工图		工程竣工结算
19	规划条件核实			自然资源规划、住房城乡建设（含消防）、人防、水利、市政公用、档案等综合竣工验收	
20				工程竣工结算审定	
21				项目财务竣工决算批复	项目财务竣工决算
22			资产移交	项目后评价	

1.4.3 以任务分解保证投资控制目标全面实现

（1）投资费用控制目标及措施。

以经批准的投资概算为投资费用控制目标，以估算控制概算、概算控制预算、预算控制招标投标与结算的原则，做到概算不超估算、预算不超概算、结算不超预算；各单项（位）工程费用支付与合同约定的付款节点或形象进度同步协调，着重防止进度滞后、支付超前的现象发生；以限额设计、限额投资费用控制指标，促进实现不同阶段、不同专业成本的最优化，使全过程工程咨询转向设计优化和管理优化的效益轨道上来。其措施是：

①以限额设计分解投资费用控制目标。把投资费用控制目标分解至单位工程所属费用项目，费用项目之间原则上不得调剂，单位工程不得超过下达的投资费用指标，并设定费用项目控制优先顺序。在特殊情况下，也只允许在单项工程内调剂投资费用控制指标。其优先顺序为：桩基及基础工程、主体结构工

程、建筑工程、安装工程、精装饰装修工程；主体工程、附属及配套工程；室内工程、室外工程；室外给排水强弱电消防工程、道路工程、园林绿化景观工程；材料（设备）国内通用品牌、非通用品牌，国外品牌。单项工程之间不得调剂使用控制指标。单项工程投资控制指标预留3%～5%的机动，原则上不得用满、用足。

②以专业或工序交叉监管控制专业工作或施工质量。要求设计负责勘察任务的确定和结果的验收以及招标文件技术标准与要求的确定；造价负责设计成果投资控制验收以及招标控制价与合同价格的确定；工程监理负责设计成果技术标准与要求验收和工程施工现场的监管。在施工过程中发生的所有工程变更，必须做到原因清楚、责任明确、变更方案选定理由充分、技术可行、投资更省，费用原则上不允许超过原工程预算。

③以一流的管理团队发掘一流的管理效益。投资费用控制目标确定后，管理是创造效益的唯一途径。向管理要效益，首先就是要组建或选择一流的管理团队。对全过程工程咨询内部各专业，必须选择优秀的专业管理责任人作为领头人，充分发挥专业管理优势，齐心合力地完成专业咨询任务，协助建设单位通过招标投标，择优选择综合实力强、诚实守信的施工单位和设备材料供应商，为全过程工程咨询管理奠定良好的基础。工程的质量，主要取决于施工内部管理和全过程工程咨询的外部监管。工程质量的好坏，是检验全过程工程咨询质量好坏的重要标准。选择优秀的管理团队，是管理成功的第一步。让优质的施工单位和材料设备供应商参与工程建设，是工程项目管理成功的坚实基础。

④以 PDCA 循环夯实管理基础。PDCA 循环，是现代管理的重要基础。它将质量管理分为 plan（计划）、do（执行）、check（检查）和 action（处理）四个环节，质量管理就是这四个环节的不断循环。编报年度投资计划和季度、月度资金使用计划，是 PDCA 循环的第一步；要求施工单位和材料供应商按计划执行，是 PDCA 循环的第二步；在过程计量确认的基础上，监督施工计划实施，是 PDCA 循环的第三步；发现计划执行偏差，迅速进行纠正，针对存在的问题，及时进行处理，防患于未然，并推此及彼，改进管理，提升管理水平，是工程项目管理获得成功的关键。

⑤以严谨的技术经济分析防止工程变更。严格按照基本建设程序要求实施项目管理，保证每个环节从形式到实质都符合行政审批的要求；严格按照批准的工程范围及内容、建设规模、建设标准、功能及用途、工程特征及做法以及

估算、概算和预算等，全面组织实施，保证建设工程步步走向深化，是防止工程变更最科学、最有效的措施。工程变更，一般与项目前期认证不充分、不严谨、不全面直接相关。只有强化项目前期技术经济分析质量，严格履行基本建设程序，才可有效地防止工程变更。

（2）质量控制目标及措施。

不触碰任何一条强制性条款规定，保证一次性通过竣工验收，全面达到质量验收规范要求以及合同约定的质量标准。其措施是：

①以强制性标准作为质量控制的门槛。按照国家和项目所在地政府颁布的建设管理规定、规划条件、勘察设计和施工规范以及建设标准、技术导则等的要求，设立质量管理禁止性门槛和禁止性红线，严禁跨越门槛和红线，确保工程质量达到预定目标。

②以专业或工序交叉检查作为质量控制的手段。从设计、造价、施工入手，对各分部分项工程实行全过程、全方位质量交叉检查，不留缺口和死角，不因常规设计、预算编制和施工而逃避检查和监督。以专业之间的前后联系和工序的先后关系为手段，在专业之间、工序之间建立明确的检查验收关系，环环相扣，交叉监督，以保证质量管理不产生断层与空缺。

③以工程材料（设备）作为施工质量控制的源头。材料（设备）是质量控制的源头。各类材料（设备）进场，必须有三证：经营许可证、产品质量合格证和产品质量检测证；全面实行三包：包修、包换、包退。现场监理必须对所有入场材料（设备）是否与样品相符，是否与合同约定的品牌、规格型号相符，三证三包资料是否齐全等进行严格检查，并形成书面记录，从工程材料（设备）源头上控制施工质量。

④以模型、样板作为质量控制的可视性样本。设计实行"模型制"，设计技术交底以三维模型进行演示，施工实行"样板制"，关键部位施工前先做出样板，要求施工单位以样板向各班组及成员进行施工交底，明确做法标准和质量要求。模型、样板引路，完工后按模型、样板验收，不留一点施工质量管理的空缺。

⑤以关键部位"全检"堵塞质量控制漏洞。对主体结构关键部位，如钢筋工程、模板工程、混凝土工程、防水工程、砌体结构等，按做法标准、质量标准，分梁、板、柱、墙，制成质量控制表格，要求监理100%进行检查并确认，并按一定比例进行抽查。

⑥以室外管网综合优化消除质量控制死角。住宅室外管网工程，管线种

类多，排水管道（雨水管、污水管）、供水管道（自来水管、消防水管）、煤气管道、通信及智能管网（电话、有线电视、宽带网等）、电力管线等，纵横交错；垄断性较强，专业管线分属各专业部门管理，尤其是自来水、煤气、电力等专业管线设计施工，有一定的垄断性，专业施工交叉难以避免。科学管理在室外管线设计规划中尤其重要。室外管网综合设计中，小区管网布置顺序（距建筑物由近及远排列）是：排水管道（污水管、雨水管）、供水管道（自来水管、消防水管）、煤气管道、通信及智能管网（电话、有线电视、宽带网等）、供热管道和电力管线。管网综合设计应遵循的原则是：有压管让无压管，浅埋管让深埋管，单管让双管，柔性材质管让刚性材质管；供水管应避开雨污水管，以防止水质污染；燃气管应避开强、弱电管和污水管，以防止燃气泄漏或污水管沼气燃烧或强电磁场干扰弱电信号。管网与小区道路及绿化的关系是：给水、消防、采暖、燃气等压力管道位于道路下；雨水、污水等重力流管道位于道路两边；电力、通信及智通管理网等位于人行道或绿化带下。此外，地下管线一般需要跨越地库、小区道路、市政道路三个标高，小区雨水、污水管可能无法直接排入市政管网，设计上可选用跌水井连接。

（3）进度控制目标及措施。

一般来说，施工或勘察、设计、造价、监理、招标投标，缺陷责任期一年，最长不超过两年或合同约定时间。其措施是：

①以双代网络和横道图控制作业进度。横道图形象直观，且易于编制和理解，但不能明确地反映出各项工作之间错综复杂的相互关系，因而在计划执行过程中，当某些工作的进度由于某种原因提前或拖延时，不便于分析其对其他工作及总工期的影响程度，不利于建设工程进度的动态控制；不能明确地反映影响工期的关键工作和关键线路，因而不便于进度控制人员抓住主要矛盾；不能反映出工作所具有的机动时间，看不到计划的潜力所在，不能反映工程费用与工期之间的关系，因而不便于缩短工期和降低工程成本。双代网络图能够明确表达各项工作之间的逻辑关系；通过时间参数的计算，可以找出关键线路和关键工作，明确各项工作的机动时间；还可以利用电子计算机进行计算、优化和调整。

②以动态管理强化计划执行的监督。动态管理是为适应社会经济的不稳定性和市场的多变性，随时改进、修订计划，使执行与管理保持一定弹性的管理理论。一般要按批准的工程总进度制订总计划，预留一定的余地后，编制工程进度月计划，并细化至周计划以至于日计划，为动态管理奠定基础。

③以集体会商诊断存在问题的根源。集体会商，集思广益，是解决疑难问题最有效的方法。建设工程的复杂性、不可预测性，要求突发性重大疑难问题应通过专题会议等形式，查明原因，探求最佳解决方法。一般要求，每周或双周组织召开一次工作例会，审核上周工作完成情况，及时分析、协调和调整工作进度，查明计划滞后原因，制订切实可行的赶工方案，满足月度计划执行的要求。

④以纠正问题促进管理水平的提升。有效地纠正问题，是提升组织质量管理水平的重要方法。应每月初向项目建设单位上报上月有关进度的执行情况、存在问题以及整改措施，同时提交本月的进度计划及执行调整方案，与建设单位保持良好沟通，以化解履约风险，快速提升管理水平。

（4）安全文明管理目标及措施。

安全文明管理，主要是安全文明施工管理。所有进入施工现场的人员，均应符合安全文明施工管理的规定。杜绝发生一般安全事故、重大机械设备责任事故和重大火灾事故，是安全文明施工基本的要求。场容场貌达到城市管理要求，施工现场达到标准化文明工地标准，并争创安全文明标准化工地，是施工规范化管理的基本目标。其措施是：

①以制度保证安全施工。树立安全第一的观念，制定各项安全管理规章制度，建立安全管理保证体系和安全生产责任保证体系，促进安全施工。

②以教育固化安全意识。监督施工单位严格落实安全生产三级教育，做好安全交底和安全记录工作。施工现场挂好醒目安全标志牌。进入施工现场必须佩戴安全帽，高空作业必须配置安全带。

③以定期检查防范安全风险。定期对施工用电、施工机械设备进行检查。工地设门卫值班室，加强安全保卫工作。白天对外来人员和进出车辆及所有物资进行登记，夜间值班巡逻护场。

④以强化消防管理防范突发事件与意外风险。在施工组织设计中充分考虑消防水源，保证必要的消防水压与水量。工地现场设置两路电源接口，除正常施工用电外，启动消防水泵、安全电梯、安全扶梯、安全通道及紧急情况使用的电器设备必须另备电源。垂直安全通道选择楼梯间布设，通道内装设应急灯，保证在一定的时间内通行和作业时有一定的照明度。遵照施工现场的防火规定，按国家及地区的规定在工地各区域设置一定数量的灭火机和太平桶。在建筑结构和装饰施工阶段，外脚手架与楼面上每层按面积设置一定数量的灭火机和太平桶。位置设在显眼易取的地方，各层设在相同的位置。每2层或3层

设吸烟室，安排灭火装置与隔离防火设施，非吸烟室内不准吸烟。消防竖管管径为 100mm，每 2 层设 1 只直径 65mm 的消防栓，配 2 根 50m 长的消防带。临时消火栓应分别设于各层显眼且便于使用的地方，并确保消火栓的充实水柱能到达工程内任何部位。每层楼梯口、施工电梯口处各配 2 只 10L 灭火器，每 100m² 设置一组灭火器，灭火器定期检查药液的有效性。临时木工间、油漆间、机具间等，每 25m² 应配置一个种类合适的灭火器。脚手架要采用防火安全网，脚手架上每步均配备 2 只 10L 以上灭火器。配备经过专业培训的消防人员，24 小时进行巡视，以防止意外事故发生。

1.5 全过程工程咨询的法律性质

全过程工程咨询属于民事合同的管理范畴，受民法制约。民法是规定并调整平等主体的公民间、法人间及其他非法人组织之间的财产关系和人身关系的法律规范的总称。民法与行政法相对应。行政法，是规定并调整行政主体在行使行政职权和接受行政法制监督过程中，与行政相对人、行政法制监督主体之间发生的各种关系，以及行政主体内部发生的各种关系的法律规范的总称。不能以行政法的要求管理民事行为。

《中华人民共和国民法典》（中华人民共和国主席令第四十五号）第七百八十八条规定：建设工程合同是承包人进行工程建设，发包人支付价款的合同。建设工程合同包括工程勘察、设计、施工合同。第七百九十六条规定：建设工程实行监理的，发包人应当与监理人采用书面形式订立委托监理合同。第八百七十八条规定：技术咨询合同是当事人一方以技术知识为对方就特定技术项目提供可行性论证、技术预测、专题技术调查、分析评价报告等所订立的合同。技术服务合同是当事人一方以技术知识为对方解决特定技术问题所订立的合同，不包括承揽合同和建设工程合同。第八百八十二条规定：技术服务合同的委托人应当按照约定提供工作条件，完成配合事项，接受工作成果并支付报酬。第九百一十九条规定：委托合同是委托人和受托人约定，由受托人处理委托人事务的合同。从法律上说，承包合同，合同实施主体以自己的名义完成合同工作，并独立承担民事法律责任。委托合同，合同实施主体以委托人的名义完成委托工作，由委托人承担责任。委托事项的性质不同，合同类型不同，法律地位及其作用也不同。全过程工程咨询包括多个合同类型。如工程勘察、设计，属于工程建设合同，也属于承包合同；可行性研究、投资分析（含投资估算、投资概算和预算编制）、发承包计价、项目财务竣工决算编制等，属于技术咨询合同；招标代理、工程监理、项目管理等属于委托代理合同；建设工程政府报批，属于代办合同，是劳务合同的一种；协助组织实施征地拆迁、"三通一平"、银行贷款、生产准确、工程竣工验收、项目后评估等属于协办合同，是劳务合同的一种。在全过程工程咨询中的工程勘察、设计，与在工程建设中或工程总承包中直接指导施工的工程勘察、设计相比，其法律地位与作用明显不同。

各类技术审查、论证、评估、评价、检验检测、鉴证、鉴定、证明、咨询、试验等，作为行政审批受理条件的中介服务，与全过程工程咨询中的其他委托事项，又有本质上的不同。《国务院办公厅关于清理规范国务院部门行政审批中介服务的通知》（国办发〔2015〕31号）规定，国务院部门开展行政审批时，要求申请人委托企业、事业单位、社会组织等机构（中介服务机构）开展的作为行政审批受理条件的有偿服务（中介服务），包括各类技术审查、论证、评估、评价、检验检测、鉴证、鉴定、证明、咨询、试验等。除法律、行政法规、国务院决定和部门规章按照行政许可法有关行政许可条件要求规定的中介服务事项外，审批部门不得以任何形式要求申请人委托中介服务机构开展服务，也不得要求申请人提供相关中介服务材料。可见，作为行政审批受理条件的中介服务，是行政审批的前置条件，是法律、行政法规、国务院决定和部门规章按照行政许可法有关行政许可条件要求规定的中介服务。其他委托事项是为业主提供的专业性、综合性和一体化咨询或服务。

1.6 全过程工程咨询与投资管理

投资管理是项目管理的重要组成部分，它包括投资计划确定、执行、检查和纠正四个环节。从投资管理的角度来说，建设工程实施的过程，就是投资计划执行、检查和纠正的过程，也就是投资控制的过程。在建设工程实施过程中，所有工程建设活动都必须服从投资管理的需要。投资管理与全过程工程咨询，是逻辑上的从属关系、因果关系、整体与局部关系。建设工程既是建设投资的起因，也是建设投资的结果。符合投资管理要求的全过程工程咨询，才能为建设工程管理提供同向服务。虽然有的专业咨询或服务，如勘察、设计、检验、检测等，其结果体现为技术成果；有的专业咨询或服务，如工程监理、项目管理（项目代建制）等，更多地体现为管理过程，但都是在投资控制下形成的。

即投资结果是工程技术经济和工程管理在投资上的反映。在投资控制目标约束下实施全过程工程咨询，以投资控制目标作为全过程工程咨询的总目标，是工程管理的必然要求。

业主是投资管理的决策人与受益人。投资管理的使命就是实现物有所值，获得较其他投资更大的效益。在全部投资活动中，业主最关心的就是投资及其相应的回报。不是每个投资项目都要求在技术上创新与突破，不是每个项目都要求成为精品或示范工程。不超越规划、生态环境保护、工程质量安全强制性规定设定的底线，保证在建设工程实施中不发生工程质量安全事故，合法合规，是建设工程管理的普遍要求。业主负责投资决策，不等于投资决策执行、检查和纠正过程中的所有事项都必须由其决策，更不等于所有事项都要亲力亲为。相反，为实现投资管理目标，更需要其通过委托与授权，科学地分解控制责任，合理地转移控制风险。《住房和城乡建设部办公厅关于印发工程造价改革工作方案的通知》（建办标〔2020〕38号）指出，工程造价、质量、进度是工程建设管理的三大核心要素，应强化建设单位工程造价管控责任。该通知首次把投资控制列为工程建设管理的第一大核心要素，足见投资控制在工程建设管理中的核心地位与作用。目前的政策性指导文件并没有明确界定投资控制是全过程工程咨询的目标与任务，这是全过程工程咨询不能实现一体化管理的重要原因之一。在受托业务承接过程中，为更好地实现投资决策，更好地发挥工程建设管理作用，可以提请业主对投资管理权限进行科学地分解，对投资控制风险实行合理地转移，对节约的投资额按比例奖励。风险共担，利益同享，互利互惠，业主降低了投资控制的风险，受托人增大了创造价值的空间。若不能获得投资管理权限的委托，也应提请业主明确投资控制目标，并将投资控制目标进行分解，以保证专业咨询或服务在规定的投资限额内进行技术经济认证以及提供相应的管理服务，以保证建设工程各个环节都能实现有效投资控制。重视投资控制的全过程工程咨询，更能满足建设单位对建设工程咨询服务的综合性、跨阶段和一体化需求。

1.7　全过程工程咨询服务费计算及应注意的问题

在全过程工程咨询阶段，政府的相关政策文件就全过程工程咨询服务收费提出了指导意见。《国家发展改革委 住房城乡建设部关于推进全过程工程咨询服务发展的指导意见》（发改投资规〔2019〕515号）规定：投资者或建设单位应当根据工程项目的规模和复杂程度，咨询服务的范围、内容和期限等与咨询单位确定服务酬金。全过程工程咨询服务酬金可按各专项服务酬金叠加后再增加相应统筹管理费用计取，也可按人工成本加酬金方式计取。《湖南省住房和城乡建设厅关于印发湖南省全过程工程咨询试点工作方案和第一批试点名单的通知》（湘建设函〔2017〕446号）明确：建设单位与咨询企业在合同中约定全过程工程咨询服务费，可根据各项咨询服务费用叠加控制合同价，也可采用费率或总价方式。

在政策引导的背景下，全过程工程咨询服务费计算普遍采用各项专项服务的费用相叠加并增加相应统筹费用后计取的方法。它主要根据价格机构以前发布的相关指导性收费标准分项计算费用，再叠加相应统筹管理费用后计算收费总金额。费用叠加与咨询服务业分业管理相对应，与集成化管理大体相匹配，但也存在一定的不足。

首先，分专业计费，实际上肯定了分散管理的合理性。从工程建设来说，工作目标是共同的，专业边界很难区分。为了保证本行业的独立性，各行业都制定了工作规范或标准，且各专业之间工作规范或标准不完全对接。如可行性研究、测量、设计、监理、造价等都计算工程数量，但费用项目口径却不一致。可行性研究以建设规模指标为主，测量以自然形态为主，设计以图示净量为主，监理以实际施工为主，造价以定额量为主，没有考虑不同专业之间的转换与对接，也没有顺带形成可以共享的信息数据。专业间壁垒不破除，专业之间难以融合。

其次，收费标准以及计费方式五花八门。《关于再次市场化一批服务性收费的通知》（湘发改价服〔2014〕1159号）规定：降标13项收费，包括建设项目前期工作咨询服务费、建设项目环境影响咨询服务费、工程勘察设计服务费、建设工程造价咨询服务费等。《关于取消、降标和放开一批涉企经营服务性收费的通知》（湘发改价服〔2016〕144号）规定：取消施工图审查服务费、地震安全性评价服务费、防雷装置设计技术评价服务费、新（改、扩）建建（构）筑物防雷装置检测服务费、政府采购招标服务费、公共卫生及职业病防治服务性收费等9项收费；降标15项，包括建设档案利用技术服务费、城乡规划信息技术服务费、房产测绘服务费、国土资源档案资料信息服务费、建设用地地质灾害危险性评估服务费、建设工程交易服务费、安全评价服务费、林业技术鉴定服务费、营林规划设计或验收服务费、森林资源调查服务费、防雷检测服务费。这两个文件均没有明确降标收费不是市场调节价，而是政府指导价服务收费。价格管理部门出台的文件不明确，行业协会、各计费单位自行出台标准，收费的公允性和服务内容及质量验收标准的公正性无章可循，影响了咨询服务业供给的转型和升级。

1.8 关于全过程工程咨询的地方性规定

近年来，各地纷纷提出了全过程工程咨询的有关政策和规定，以湖南省为例。2018年2月，湖南省住房和城乡建设厅发布了《湖南省住房和城乡建设厅关于印发全过程工程咨询工作试行文本的通知》（湘建设〔2018〕17号）。该通知包括《全过程工程咨询招标文件试行文本》《全过程工程咨询合同文件试行文本》和《全过程工程咨询服务试行清单》三个附件。

《全过程工程咨询招标文件试行文本》规定：全过程工程咨询投标文件包括全过程工程咨询实施大纲和概念设计方案。其中，全过程咨询实施大纲包括以下内容：项目概况，进度管控，信息管控，安全管控，质量控制，技术管理（可选项），人员管理，BIM技术应用（可选项），本项目的重点、难点分析及对策，风险管理（可选项），合同管理（可选项）和投资管理（可选项）等。

概念设计方案包括以下内容：

①概念设计方案应满足地方政府的规划设计条件及要求；

②对项目用地及周边环境进行功能策划（可选项），包括功能规模配比、位置布局、交通状况、经营模式、技术经济指标、标志性景观、建筑风格构思等；

③主要成果内容（可选项），包含：区位现状分析图，市场分析图，功能分区图，项目功能布局示意图，标志性景观及建筑风格控制示意图，道路交通、绿化布置示意图，项目渲染透视图及相关的文字、图标说明，对项目的系统性、合理性、经济性及可操作性的评估等。

《全过程工程咨询合同文件试行文本》规定：全过程工程咨询服务，包括全过程工程咨询基本服务、全过程工程咨询其他服务、全过程工程咨询延期服务。其中，全过程工程咨询基本服务，是指咨询人根据发包人的委托，在合同约定服务期内提供的设计、勘察、造价咨询、监理、项目管理、招标代理等服务。基本服务费用包含在合同价格中。全过程工程咨询其他服务，是指发包人根据项目实际需求，要求咨询人另行提供合同约定基本服务外的且发包人应当单独支付费用的服务。全部过程工程咨询延期服务，是指超出原合同约定全过程工程咨询服务期后，发包人要求咨询人继续提供的全过程工程咨询服务。

《全过程工程咨询服务试行清单》规定：全过程工程咨询服务清单，用于指导业主根据工程项目的具体情况和自身需求，从清单中选择需要的服务内容和成果，与工程咨询企业谈判协商，签订服务合同。其内容如下：

（1）前期阶段（见表1-2）。

表1-2 前期工作任务表

序号	任务名称	任务内容
1	规划咨询	前期准备，编写工作大纲
		开展市场、行业调查研究
		项目目标专题论证
		编制总体方案与各专项规划方案
		规划实施、监测及纠偏
		评估反馈
2	全过程工程咨询策划	论证项目总体目标
		分析项目资源情况
		策划项目组织模式
		确定项目咨询范围
		进行项目风险评估
3	投资机会研究	分析投资动机
		鉴别投资机会
		论证投资方向
		具体项目机会论证
4	概念性方案设计	进行概念性方案设计并配合立项修改
5	各类投资的申请手续	编制初步可行性研究或项目建议书（政府投资类）
		编制可行性研究（政府投资类）
		填报项目申请报告（企业投资类）

续表

序号	任务名称	任务内容
		填报资金申请报告（投资补助、贴息和国外贷款类）
6	立项所需的相关文件 （行政报批文件、行政许可文件）	建设项目用地预审
		建设项目压覆重要矿床审批
		农用地转用审批
		土地征收审批
		供地方案审批
		建设项目土地使用证
		项目环境影响评价报告及批文
		生产建设项目水土保持方案及批文
		节能评估报告及批文
		洪水影响评价报告
		农业灌溉影响意见书
		超限高层建筑过程抗震设防审批
		新建、扩建、改建建设过程避免危害气象探测环境审批
		社会稳定风险评估报告及批文
		水、电、燃气、通信等功能性需求申请
		其他

（2）准备阶段（见表1-3）。

表1-3　准备工作任务表

序号	任务名称	任务内容
1	工程勘察	勘察方案的编制和审核
		初步勘察

续表

序号	任务名称	任务内容
		详细勘察
		勘察报告的编制审核
		提供正式勘察报告
		建立地质 BIM 模型（指导土方量平衡等）
2	BIM 工作	项目人员配置及体系建立
		BIM 实施规划编制
		BIM 模型深度标准编制
		BIM 考核办法制定
		各参与方 BIM 技术要求编制
		各参与方 BIM 工作任务书编制
		BIM 软硬件采购、部署方案
		BIM 协同平台操作手册编制
		项目 BIM 培训
		全过程工程咨询单位 BIM 应用实施细则编制
		设计 BIM 模型审核
3	工程设计	完成方案设计
		建立方案设计 BIM 模型
		方案设计评审、优化
		方案设计报规确认
		完成初步设计
		建立初步设计 BIM 模型
		初步设计评审、优化
		初步设计审查
		完成施工图设计

续表

序号	任务名称	任务内容
		建立施工图设计 BIM 模型
		施工图设计评审、优化
		施工图设计技术审查
4	造价合约咨询	对专项设计方案进行经济分析
		编制项目设计概算
		确定项目限额设计指标
		对设计文件进行造价测算
		对设计进行经济优化建议
		编制施工图预算
		编制工程量清单及招标控制价
		分析项目投资风险，提出管控措施
		编制项目资金使用计划
		制定项目合约规划
		拟定合同文本，协助合同谈判
5	工程和设备采购咨询	编制招标采购方案
		编制、备案招标文件
		发布招标公告
		组织招标文件答疑和澄清
		组织开标、评标工作
		编制评标报告报业主确认
		发送中标通知书
		协助合同签订
6	报建管理	总平方案报批
		初步设计方案报审

续表

序号	任务名称	任务内容
		人防异地建设报批
		抗震设防送审
		民用建筑节能设计审查备案
		施工图审查备案
		规划许可证
		合同备案
		质监及安监备案
		白蚁防治管理
		施工许可证申报
		环境影响评价审批
		污水排入排水管网许可
		报建费缴纳
		施工用水申请及审批
		施工用电申请及审批
7	施工准备	工程总控一级计划
		施工单位进度计划
		施工总布置方案
		临水临电方案
		技术交底及图纸会审
		工程基点移交
		工程测量

（3）实施阶段（见表1-4）。

表1-4　实施工作任务表

序号	任务名称	任务内容
1	BIM工作	审核施工阶段BIM进度计划
		审核施工阶段BIM模型
		组织设计BIM模型复核
		审核施工总平面布置
		审核重点施工方案及工艺模拟
		协助三维技术交底
		基于BIM平台的质量、安全、进度、成本管理
		审核BIM辅助变更管理及模型更新维护
2	设计服务	设计交底和图纸会审
		现场重大和关键工序施工方案的合理化建议
		设计变更管理
		现场施工的配合工作
3	投资控制	合同价款咨询（包括合同分析、合同交底、合同变更管理工作）
		施工阶段造价风险分析及建议
		施工阶段清标、预算价清理
		计算及审核工程预付款和进度款
		变更、签证及索赔管理（包括变更测算、签证审核、索赔计算或审核）
		材料、设备的询价，提供核价建议
		参与施工现场造价管理
		项目动态造价分析
		工程技术经济指标分析
		审核及汇总分阶段工程结算
4	进度控制	建立进度管理体系

续表

序号	任务名称	任务内容
		项目总控进度管理
		项目分级计划、阶段性计划
		进度计划的动态跟踪及调整
		施工企业进度计划管控
		项目工期索赔管理
5	质量控制	建立质量管理体系
		质量总控制目标及分解
		制定质量工作程序
		施工、材料质量监督
		审核施工组织设计
		施工过程质量管控
		现场重大专项方案的审查
		与设计相关技术问题处理
		项目相关质量验收工作
		重大质量事故的处理
6	职业健康安全与环境管理	督促施工企业安全、环保与现场文明管理体系的建立
		督促施工企业相关规章制度的建立与履行
		建立项目职业健康安全与环境管理办法
		安全文明施工考评
		各项预防措施的实施情况记录
		重大安全事故的处理
7	风险管理	风险管理规划
		风险源识别与评估
		风险控制与应对

续表

序号	任务名称	任务内容
8	合同管理	合同评审
		协助签订合同
		组织合同交底
		合同履行过程管理
		合同实施后评价
9	信息管理	项目相关资料的收集与归档
		参建各方之间的资料信息传递
10	竣工验收管理	竣工资料收集与整理
		竣工模型创建、审查
		项目 BIM 工作总结
		基础验槽、验收
		主体验收
		弱电检测
		防雷检测
		单机调试和联动调试完成
		消防检测、验收
		环保部门验收
		规划验收
		质检验收
		建设工程竣工验收备案完成
		工程竣工备案工程款支付情况审核表完成
		工程竣工结算备案完成
		建设工程档案预验收意见书取得
		综合竣工验收

续表

序号	任务名称	任务内容
		水、电、气正式供应
11	结算、审计	项目结算审核工作
		出具项目结算报告
		配合完成竣工结算的政府审计工作
		根据审计结果，对工程的最终结算价款进行审定
12	运营准备咨询	运营管理人员的培训
		质保期管理
		配合运营的系统调试与修正
		设备设施移交

（4）运营阶段（见表1-5）。

表1-5　运营工作任务表

序号	任务名称	任务内容
1	运营维护咨询	BIM模型的二次开发应用
		项目的运营维护管理
		运维费用支付审核
		配合运营期绩效考核报告的编制
2	延续更新咨询	配合项目延续更新
3	配合项目后评价	配合项目后评价报告的编制

2020年8月11日，湖南省住房和城乡建设厅发布了《湖南省住房和城乡建设厅关于推进全过程工程咨询发展的实施意见》（湘建设〔2020〕91号）。该意见明确：2020年，政府投资、国有资金投资新建项目全面推广全过程工程咨询；2021年，政府投资、国有资金投资新建项目全面采用全过程工程咨询，社会投资新建项目逐步采用全过程工程咨询；2025年，新建项目

采用全过程工程咨询的比例达到 70% 以上，全过程工程咨询成为前期工作的主流模式。建设单位可根据实际需求委托工程咨询企业提供包含投资咨询、招标代理、勘察、设计、监理、造价、项目管理等咨询业务的全过程工程咨询服务。已经完成立项的项目在可行性研究批复后依法以招标或直接委托方式选择工程咨询企业。政府投资的重大基础设施建设项目、民生工程项目在建设单位明确投资决策意向后，即可开展包括投资咨询在内的全过程工程咨询招标。建设单位根据项目特点、委托内容、服务需求等依法设立投标人资质、资格和业绩条件，自主确定联合体投标、咨询业务分包、委派招标人代表进入评标委员会等事项。全过程工程咨询所包含的各项咨询服务中有任一项属于依法必须招标的，应当采用招标方式。全过程工程咨询评标内容应包含咨询服务方案。建设单位可要求投标人提供设计方案，并在招标公告中明确给予未中标单位经济补偿。房屋建筑项目评标内容包括设计方案的，评标委员会应有注册建筑师参与。全过程工程咨询费用实行市场定价的，由甲、乙双方根据工程项目的规模、复杂程度、服务范围、内容和期限等进行约定，可按工程概算的一定比例计取，也可按各专项费用叠加后再增加相应统筹管理费用计取。政府投资、国有资金投资的全过程工程咨询费用应纳入项目预算，在工程总投资中列支。对按照工程咨询企业提出并落实的合理化建议所节省的投资额，建设单位应提取一定比例给予奖励。

2 基本建设程序与行政审批

基本建设程序是基本建设时序规律的客观反映，是基本建设各项工作应当遵循的先后顺序。它是制定基本建设各项管理工作制度，包括基本建设行政审批环节的基础。行政审批是指行政机关，包括有行政审批权的其他组织，基于政府行政管理需要，在基本建设相应阶段，针对特定基本建设程序相应节点设置的通过批准、审核、审查、许可、备案等方式，准予其从事基本建设或进入基本建设下一阶段及步骤的行为。

2.1 基本建设程序

基本建设从计划到建成，要经过许多阶段和步骤。基本建设的技术经济性，决定了工程项目的建设过程要经过计划决策、勘察设计、组织施工和验收投产等多个阶段，其中的每个阶段又包含着多个环节。这些环节还包括一些不同的工作步骤和工作内容。前一个阶段的工作是后一个阶段工作的前置条件，前一个阶段的工作没有完成，后一个阶段的工作就不能实施。基本建设程序的核心是：先计划，后设计，再施工。

1978 年 4 月，国家计划委员会、国家建设委员会、财政部联合发布了《关于基本建设程序的若干规定》。该规定明确：一个项目从计划建设到建成投产，一般要经过下述几个阶段：根据国家发展国民经济长远规划和建设布局的要求，编制计划任务书，选定建设地点；经批准后，进行勘察设计；初步设计经过批准，列入国家年度计划后，组织施工；工程按照设计内容建成，进行验收，交付生产使用。该规定还对基本建设程序各阶段的重要事项进行了设置。

（1）计划任务书。

计划任务书（又称设计任务书），是确定基本建设项目、编制设计文件的主要依据。所有的新建、改扩建项目，都要根据国家发展国民经济的长远规划和建设布局，按照项目的隶属关系，由主管部门组织计划、设计等单位，提前编制计划任务书。列入国家长远规划的重点专业化协作和挖潜改造项目，也要编制计划任务书。

（2）建设地点的选择。

对于建设项目，必须慎重选择建设地点。要贯彻执行工业布局大分散、小集中，多搞小城镇的方针。要考虑战备和保护环境的要求。要注意工农结合，城乡结合，有利生产，方便生活。要注意经济合理和节约用地。要认真调查原料、燃料、工程地质、水文地质、交通、电力、水源、水质等建设条件。要在综合研究和进行多方案比较的基础上，提出选点报告。

（3）设计文件。

设计文件是安排建设项目和组织工程施工的主要依据。建设项目的计划任务书和选点报告经批准后，主管部门应指定或委托设计单位，按计划任务书规定的内容，认真编制设计文件。设计单位对设计质量要负责到底。大中型建设项目，一般采用两段设计，即初步设计和施工图设计。重大项目和特殊项目，可根据各个行业的特点，经主管部门指定，增加技术设计阶段。

（4）计划安排。

建设项目必须有经过批准的初步设计和总概算，进行综合平衡后，才能被列入年度计划。

（5）施工。

所有建设项目，都必须在列入国家年度计划，做好建设准备，具备开工条件后，才能开工。年度计划确定后，基本建设主管部门应根据批准的年度基本建设计划，对建设项目进行排队，做到计划、设计、施工三个环节互相衔接，落实投资、工程内容、施工图纸、设备材料、施工力量五个方面，保证计划的全面完成。施工单位确定后，在建设过程中不得随意变更。

（6）生产准备。

建设单位要根据建设项目或主要单项工程生产技术的特点，及时组成专门班子或机构，有计划地抓好生产准备工作，保证项目或工程建成后能及时投产。

（7）竣工验收、交付生产。

所有建设项目，按批准的设计文件所规定的内容完成后，工业项目经负荷试运转和试生产考核，能够生产合格产品；非工业项目符合设计要求，能够正常使用，都要及时组织验收。大型联合企业，应分期分批组织验收。凡是符合验收条件的工程，未及时办理验收手续的，其一切费用不得从基建投资中支付。

竣工项目经验收交接后，应迅速办理固定资产交付使用的转账手续。

（8）可行性研究。

《国家计委关于颁发〈建设项目进行可行性研究的试行管理办法〉的通知》（计资〔1983〕116号）规定：可行性研究是建设前期工作的重要内容，是基本建设程序中的组成部分。可行性研究的任务是根据国民经济长远规划和地区规划、行业规划的要求，对建设项目在技术、工程和经济上是否合理和可行，进行全面分析、论证，作多方案比较，提出评价，为编制和审批设计任务书提供可靠的依据。

开展可行性研究、编制计划任务书、选择建设地点、进行工程设计、进行计划安排、组织工程施工、进行生产准备、组织竣工验收与交付生产以及办理固定资产交付使用，是我国基本建设必须遵循的先后顺序。

2.2 行政审批程序

基本建设行政审批程序是基于政府对基本建设行政管理需要而设置的审批环节，是基于基本建设程序而制定的政府管理工作制度。但是，由于我国的基本建设程序与行政审批环节程序几乎是同时进行的，许多人混淆了这两者的联系与区别。基本建设程序是形成基本建设行政审批程序的基础。基本建设行政审批程序及环节可以进一步促进基本建设程序的遵循，使基本建设更加符合其内在规律。

强化对政府投资项目的审批和监督管理，一直是我国政府的工作重点。《政府投资条例》（中华人民共和国国务院令第712号）对政府投资项目的审批和监督管理进行了全面规范。该条例规定：政府投资项目必须从投资决策、投资年度计划、投资项目实施和监督管理四个方面加强审批和监督管理。

（1）政府投资决策。

主要是根据国民经济的长远规划和社会发展规划、相关领域专项规划、产业政策等，对投资项目建议书提出的项目建设必要性，可行性研究报告分析的项目技术经济可行性、社会效益以及项目资金等主要建设条件的落实情况，初步设计及提出的投资概算是否符合可行性研究报告以及国家有关标准和规范的要求等进行审查，并作出是否批准的决定。

（2）政府投资年度计划。

主要是对安排的政府投资编制政府投资年度计划，明确项目名称、建设内容及规模、建设工期、项目总投资、年度投资额及资金来源等。

（3）政府投资项目实施。

主要是要求项目符合有关法律、行政法规规定的建设条件才能开工建设，开工建设应当按照批准的建设地点、建设规模和建设内容实施；拟变更建设地点或者拟对建设规模、建设内容等作较大变更的，应当按照规定的程序报原审批部门审批。

（4）监督管理。

主要是采取在线监测、现场核查等方式，对政府投资项目的实施情况进行监督检查。项目单位应当通过在线平台如实报送政府投资项目开工时间、建设进度、竣工等基本信息。

2.3 工程建设项目审批制度调整

为推进政府治理体系和治理能力现代化，更好更快方便企业和群众办事，加大转变政府职能和简政放权力度，湖南省人民政府办公厅印发了《湖南省人民政府办公厅关于印发〈工程建设项目审批制度深化改革实施方案〉的通知》（湘政办发〔2019〕24号）。该方案对工程建设项目审批制度进行了深度调整。其重点内容如下：

（1）精简了审批环节。

该方案明确：地震安全性评价在工程设计前完成即可，其他评估、评价和取水许可等事项在开工前完成即可；供水、供电、燃气、热力、排水、通信等市政公用基础设施报装提前到开工前办理，在工程施工阶段完成相关设施建设，竣工验收后直接办理接入。市政公用服务单位依据审查合格的施工图等办理报装手续，不得要求建设单位重复委托开展相应市政专业图纸设计工作。社会投资项目初步设计审批调整为规划设计方案审批环节的内部协作事项。

（2）重新划分了审批阶段。

将工程建设项目审批流程重新划分为立项用地规划许可、工程建设许可、施工许可、竣工验收四个阶段。其中，立项用地规划许可阶段主要包括项目审批核准、选址意见书核发、用地预审、用地规划许可证核发等。工程建设许可阶段主要包括设计方案审查、建设工程规划许可证核发等。施工许可阶段主要包括设计审核确认、施工许可证核发等。竣工验收阶段主要包括规划、土地、消防、人防、档案等验收及竣工验收备案等。其他行政许可、强制性评估、中介服务、市政公用服务以及备案等事项纳入相关阶段办理或与相关阶段并行推进。

（3）分类制定了审批流程。

简化社会投资的中小型工程建设项目审批，对于带方案出让土地的项目，不再对设计方案和初步设计进行审核，将工程建设许可和施工许可合并为一个阶段。

（4）实行联合审图和联合验收。

将消防、人防、技防等技术审查并入施工图设计文件审查，相关部门不再进行技术审查。规划、土地、消防、人防、档案等事项限时联合验收，统一竣工验收图纸和验收标准，统一出具验收意见。对于验收涉及的测绘工作，实行"一次委托、联合测绘、成果共享"。

（5）推行区域评估。

推行由政府统一组织的压覆重要矿产资源评估、环境影响评价、节能评价、地质灾害危险性评估、地震安全性评价、水资源论证、水土保持方案、取水许可、洪水影响评价、航道通航条件影响评价、重大工程气候可行性论证、建设项目安全预评价事项区域评估。实行区域评估的，政府相关部门应在土地出让或划拨前，告知建设单位相关建设要求。

（6）规范中介和市政公用服务。

让供水、供电、燃气、排水、通信等市政公用服务全面入驻政务服务大厅，实施统一规范管理，为建设单位提供"一站式"服务。

2.4 工程建设项目审批事项清单

2.4.1 湖南省工程建设项目审批事项清单

为贯彻落实《国务院办公厅关于全面开展工程建设项目审批制度改革的实施意见》（国办发〔2019〕11号）、《湖南省人民政府办公厅关于推动工程建设项目审批制度改革的指导意见》（湘政办发〔2018〕76号）、《湖南省人民政府办公厅关于印发〈工程建设项目审批制度深化改革实施方案〉的通知》（湘政办发〔2019〕24号）文件精神，2019年7月，湖南省工程建设项目审批制度改革工作领导小组办公室发布了《湖南省工程建设项目审批有关事项清单及流程指导图》（见表2-1），实现工程建设项目审批统一审批流程、统一信息数据平台、统一审批管理体系和统一监管方式的"四统一"，明晰权责关系，精简办事流程，优化营商环境，提升服务效率。

表2-1 湖南省工程建设项目审批有关事项清单——强制性评估和市政公用服务事项

序号	事项名称	事项类别	审批阶段	法律依据	适用范围	备注
1	供水报装	市政公用服务事项	第二、三阶段并联或并行办理	《城镇供水服务》（GB/T 32063—2015）	有新增供水需求的建设项目	
2	排水报装	市政公用服务事项	第二、三阶段并联或并行办理	《城镇排水与污水处理服务》（GB/T 34173—2017）	有新增排水需求的建设项目	
3	供电报装	市政公用服务事项	第二、三阶段并联或并行办理	《电力供应与使用条例》（中华人民共和国国务院令第196号）第二十三条	有新增供电需求的建设项目	
4	燃气报装	市政公用服务事项	第二、三阶段并联或并行办理	《燃气服务导则》（GB/T 28885—2015）	有新增燃气需求的建设项目	
5	通信报装	市政公用服务事项	第二、三阶段并联或并行办理	《中华人民共和国电信条例》（中华人民共和国国务院令第291号发布，国务院令第666号修订）第三十一条	有新增通信需求的建设项目	
6	地质灾害危险性评估	强制性评估或中介事项	建设单位可根据工程项目实际情况，在相应阶段自行办理	《地质灾害防治条例》（中华人民共和国国务院令第394号）第二十一条	有可能导致地质灾害发生的工程项目建设和在地质灾害易发区内进行的工程建设项目	
7	地震安全性评价	强制性评估或中介事项	建设单位可根据工程项目实际情况，在相应阶段自行办理	《中华人民共和国防震减灾法》（中华人民共和国主席令第七号）第三十五条；《地震安全性评价管理条例》（中华人民共和国国务院令第323号发布、国务院令第709号修正）第八条	国家重大建设工程；受地震破坏后可能引发水灾、火灾、爆炸、剧毒或者强腐蚀性物质大量泄露或者其他严重次生灾害的建设工程，包括水库大坝、堤防和贮油、贮气，贮存易燃易爆、剧毒或者强腐蚀性物质的设施以及其他可能发生严重次生灾害的建设工程；受地震破坏后可能引发放射性污染的核电站和核设施建设工程；省（自治区、直辖市）认为对本行政区域有重大价值或者有重大影响的其他建设工程	已开展区域评估的，实行告知承诺制

续表

序号	事项名称	事项类别	审批阶段	法律依据	适用范围	备注
8	建设项目安全评价	强制性评估或中介事项	建设单位可根据工程项目实际情况，在相应阶段自行办理	《中华人民共和国安全生产法》（中华人民共和国主席令第十三号）第二十九条；《建设项目安全设施"三同时"监督管理暂行办法》（国家安全监管总局令第36号发布，国家安全监督管理总局令第77号修改）第七条	矿山、金属冶炼建设项目和用于生产、储存危险物品的建设项目	已开展区域评估的，实行告知承诺制
9	建设工程消防设施及系统检测	强制性评估或中介事项	建设单位可根据工程项目实际情况，在相应阶段自行办理	《建设工程消防监督管理规定》（中华人民共和国公安部令106号发布，公安部令第119号修改）第二十一条	需进行消防验收和备案的建设工程	
10	雷电防护装置检测	强制性评估或中介事项	建设单位可根据工程项目实际情况，在相应阶段自行办理	《防雷装置设计审核和竣工验收规定》（中国气象局令第21号）第十六条	《建筑物防雷设计规范》（GB 50057—2010）规定的第一、二、三类防雷建筑物；油库、气库、加油加气站、液化天然气、油（气）管道站场、阀室等爆炸和火灾危险环境及设施；邮电通信、交通运输、广播电视、医疗卫生、金融证券、文化教育、不可移动文物、体育、旅游、游乐场所等社会公共服务场所和设施以及各类电子信息系统；按照有关规定应当安装防雷装置的其他场所和设施	
11	职业病危害预评价	行政审批或技术审查事项	第一、二、三阶段并联或并行办理	《中华人民共和国职业病防治法》（中华人民共和国主席令第六十号）第十七条	可能产生职业病危害的新建、扩建、改建建设项目和技术改造、技术引进项目	

2.4.2 长沙市工程建设项目审批事项清单

2019年6月，长沙市工程建设项目审批制度改革领导小组办公室发布了《长沙市工程建设项目审批流程指导图》以及《长沙市工程建设项目审批事项清单及顺序》（见表2-2）。同年7月，长沙市工程建设项目审批综合服务窗口正式启用。审批综合服务窗口包括业务咨询服务窗口、综合受理窗口、联合收费窗口和市政公用窗口等16个窗口，其中业务咨询服务窗口开展咨询、帮代办等工作；综合受理窗口按立项用地规划许可、工程建设许可、施工许可、竣工验收四个审批阶段，实行分阶段综合受理，实现"一件事一次办"；联合收费窗口将各类收费"一窗缴纳"，并公开收费清单，接受群众和企业监督；市政公用窗口，集中办理市政公用基础设施报装事项，设置供水、供电、燃气、排水、通信等市政公用事项服务。

表2-2 长沙市工程建设项目审批事项清单及顺序

序号	审批阶段	审批机构	审批事项名称	事项类型	审批事项设定依据	投资在线平台	多规合一平台
1	立项用地规划许可阶段	市发改委	权限内政府投资项目（项目建议书）审批	其他行政权力	《关于印发全国投资项目在线审批监管平台投资审批管理事项统一名称和申请材料清单的通知》（发改投资〔2019〕268号）；《长沙市人民政府关于印发〈长沙市政府投资建设项目管理办法〉的通知》（长政发〔2020〕5号）第十九条	政府投资项目建议书审批	政府投资项目建议书审批
2		市发改委	权限内政府投资项目（可行性研究报告）审批	其他行政权力	《关于印发全国投资项目在线审批监管平台投资审批管理事项统一名称和申请材料清单的通知》（发改投资〔2019〕268号）；《长沙市人民政府关于印发〈长沙市政府投资建设项目管理办法〉的通知》（长政发〔2020〕5号）第二十一条、第二十六条	政府投资项目可行性研究报告审批	政府投资项目可行性研究报告审批
3		市发改委	企业、事业单位、社会团体等投资建设的固定资产投资项目核准	行政许可	《企业投资项目核准和备案管理条例》（中华人民共和国国务院令第673号）；《关于印发全国投资项目在线审批监管平台投资审批管理事项统一名称和申请材料清单的通知》（发改投资〔2019〕268号）	企业投资项目核准	企业投资项目核准
4		市发改委	非重大和非限制类企业投资项目备案	其他行政权力	《企业投资项目核准和备案管理条例》（中华人民共和国国务院令第673号）；《关于印发全国投资项目在线审批监管平台投资审批管理事项统一名称和申请材料清单的通知》（发改投资〔2019〕268号）	企业投资项目备案	企业投资项目备案

续表

序号	审批阶段	审批机构	审批事项名称	事项类型	审批事项设定依据	投资在线平台	多规合一平台
5	立项用地规划许可阶段	市发改委	政府投资项目代建制单位招标文件、代建合同备案	其他行政权力	《湖南省政府投资项目代建制管理办法》(湖南省人民政府令第241号)第十二条、第十三条;《湖南省政府办公厅关于加快推行非经营性政府投资项目代建制的意见》(湘政办发〔2014〕14号)第一条		代建单位招标文件、代建合同备案
6		市自然资源规划局	建设项目选址意见书核发(核发选址意见书、规划条件及蓝线)	行政许可	《中华人民共和国城乡规划法》(中华人民共和国主席令第七十四号)第三十六条;《湖南省实施〈中华人民共和国城乡规划法〉办法》第二十三条;《中华人民共和国土地管理法实施条例》(国务院令第256号)第二十二条	选址意见书/建设用地(含临时用地)规划许可证核发	选址意见书(规划条件、蓝线图)、用地预审意见
7		市自然资源规划局	农用地转用方案、补充耕地方案、征用土地方案的拟订和审核报批	其他行政权力	《中华人民共和国土地管理法实施条例》(中华人民共和国国务院令第256号)第二十条;《建设用地审查报批管理办法》(中华人民共和国国土资源部令第69号)第七条		农用地转用方案、土地征收审核报批
8		市自然资源规划局	有偿使用国有土地审查、建设用地(含临时用地)规划许可证核发、划拨国有建设用地使用权审批	行政许可	《中华人民共和国城乡规划法》(中华人民共和国主席令第七十四号)第三十七条;《湖南省实施〈城乡规划法〉办法》第二十四条;《中华人民共和国土地管理法》(中华人民共和国主席令第三十二号);《中华人民共和国土地管理法实施条例》(中华人民共和国国务院令第256号);《长沙市人民政府关于印发〈长沙市国有土地使用权有偿规定〉的通知》(长政发〔2014〕24号);《长沙市人民政府关于印发〈长沙市国有土地有偿使用收入财务管理暂行办法〉的通知》(长政发〔2005〕57号)	建设用地(含临时用地)规划许可证核发	供地许可(国有建设用地使用权划拨批准及有偿使用国有土地审查)、建设用地规划许可证
9		市自然资源规划局	国有建设用地使用权(国有建设用地使用权首次登记)	行政确认	《中华人民共和国物权法》(中华人民共和国主席令第六十二号)第十条;《不动产登记暂行条例》(中华人民共和国国务院令第656号)第三条;《不动产登记暂行条例实施细则》(中华人民共和国国土资源部令第63号)、《关于印发〈不动产登记操作规范(试行)〉的通知》(国土资规〔2016〕6号)		国有建筑用地使用权首次登记

续表

序号	审批阶段	审批机构	审批事项名称	事项类型	审批事项设定依据	投资在线平台	多规合一平台
10	立项用地规划许可阶段	市自然资源规划局	乡（镇）村企业使用集体建设用地审批	行政许可	《中华人民共和国土地管理法》（中华人民共和国主席令第三十二号）第六十一条		使用集体建设用地审批
11		市自然资源规划局	收回国有土地使用权审核	其他行政权力	《中华人民共和国土地管理法》（中华人民共和国主席令第三十二号）；《国土资源听证规定》（中华人民共和国国土资源部令第22号）		收回国有土地使用权审批
12		市发改委	工程建设项目招标方式、招标组织形式和招标范围核准	行政许可	《中华人民共和国招标投标法实施条例》（中华人民共和国国务院令第613号发布，国务院令第709号修订）；《国务院关于修改和废止部分行政法规的决定》（中华人民共和国国务院令第676号）第七条		招标方式、招标组织形式和招标范围核准
13		市发改委	工程建设项目招标方式、招标组织形式和招标范围核准（邀请招标和不招标）	行政许可	《中华人民共和国招标投标法》（中华人民共和国主席令第二十一号发布，主席令第八十六号修正）；《中华人民共和国招标投标法实施条例》（中华人民共和国国务院令第613号发布，国务院令第709号修订）		招标方式、招标组织形式和招标范围核准
14		市国安局	涉及国家安全事项的建设项目审批	行政许可	《中华人民共和国国家安全法》（中华人民共和国主席令第二十九号）第五十九条；《国务院对确需保留的行政审批项目设定行政许可的决定》（中华人民共和国国务院令第412号）第六十六项		涉及国家安全事项的建设项目审批
15	工程建设许可阶段	市发改委	权限内政府投资项目概算审查（政府出资的投资项目初步设计概算审查（除市政、交通和水利项目）	其他行政审批	《关于印发全国投资项目在线审批监管平台投资审批管理事项统一名称和申请材料清单的通知》（发改投资〔2019〕268号）；《长沙市人民政府关于印发〈长沙市政府投资建设项目管理办法〉的通知》（长政发〔2020〕5号）第十九条		政府投资项目初步设计概算审批

续表

序号	审批阶段	审批机构	审批事项名称	事项类型	审批事项设定依据	投资在线平台	多规合一平台
16		市自然资源规划局	修建性详细规划、总平面图、建设工程设计方案审查	其他行政权力	《中华人民共和国城乡规划法》（中华人民共和国主席令第七十四号）第四十条；《湖南省实施〈中华人民共和国城乡规划法〉办法》第二十六条		修建性详细规划、总平面图、建设工程设计方案审查
17		市自然资源规划局	修建性详细规划、总平面图、建设工程设计方案审批	其他行政权力	《中华人民共和国城乡规划法》（中华人民共和国主席令第七十四号）第四十条；《湖南省实施〈中华人民共和国城乡规划法〉办法》第二十六条		修建性详细规划、总平面图、建设工程设计方案审查
18		市自然资源规划局	报建图审批	其他行政权力	《中华人民共和国城乡规划法》（中华人民共和国主席令第七十四号）第40条；《湖南省实施〈中华人民共和国城乡规划法〉办法》第二十六条		报建图审批
19	工程建设许可阶段	市自然资源规划局	建设工程规划许可证核发	行政许可	《中华人民共和国城乡规划法》（中华人民共和国主席令第七十四号）第四十条；《湖南省实施〈中华人民共和国城乡规划法〉办法》第二十六条	建设工程规划类许可证核发	建设工程规划许可证核发
20		市地震局	在地震监测设施和地震观测环境保护范围内进行工程建设备案	其他行政权力	《中华人民共和国防震减灾法》（中华人民共和国主席令第七号）第二十四条		在地震监测设施和地震观测环境保护范围内进行工程建设备案
21		市地震局	实施大型爆破作业备案	其他行政权力	《湖南省实施〈中华人民共和国防震减灾法〉办法》第十四条		实施大型爆破作业备案
22		市气象局	雷电防护装置设计审核和竣工验收	行政许可	《气象灾害防御条例》（中华人民共和国国务院令第570号）第二十三条；《防雷减灾管理办法》（中国气象局令第24号）第十五条；《防雷装置设计审核和竣工验收规定》（中国气象局令第21号）第五条；《湖南省雷电灾害防御条例》（湖南省人民代表大会常务委员会公告第9号）第十一条、第十三条	雷电防护装置设计审核	雷电防护装置设计审核和竣工验收

续表

序号	审批阶段	审批机构	审批事项名称	事项类型	审批事项设定依据	投资在线平台	多规合一平台
23	工程建设许可阶段	市文旅广电局	进行大型基本建设工程前在工程范围内可能埋藏文物的地方进行考古调查、勘探的许可	行政许可	《中华人民共和国文物保护法》（中华人民共和国主席令第八十四号）第二十九条	建设工程文物保护和考古许可	建设工程文物保护和考古许可
24		市文旅广电局	在文物保护单位保护范围内进行其他建设工程或爆破、钻探、挖掘等作业审批	行政许可	《中华人民共和国文物保护法》（中华人民共和国主席令第八十四号）第十七条	建设工程文物保护和考古许可	建设工程文物保护和考古许可
25		市文旅广电局	在文物保护单位建设控制地带的建设工程设计方案审核	行政许可	《中华人民共和国文物保护法》（中华人民共和国主席令第八十四号）第十八条	建设工程文物保护和考古许可	建设工程文物保护和考古许可
26		市应急管理局	危险化学品生产、储存建设项目安全条件审查	行政许可	《危险化学品安全管理条例》（中华人民共和国国务院令第344号发布，国务院第591号修订）第1条第1款		危险化学品生产、储存建设项目安全条件审查
27		市应急管理局	其他危险化学品生产、储存建设项目的安全设施设计审查	行政许可	《中华人民共和国安全生产法》（中华人民共和国主席令第十三号）第三十条		危险化学品生产、储存建设项目安全条件审查
28		市住建局	（不含交通、水利）建设工程初步设计文件审批（房屋建筑工程初步设计审批）	行政许可	《湖南省建设工程勘察设计管理条例》（湖南省第十一届人民代表大会常务委员会公告第69号修订）第二十九条、第三十条		初步设计审批（房屋建筑工程；市政基础设施工程；地下管线综合）

续表

序号	审批阶段	审批机构	审批事项名称	事项类型	审批事项设定依据	投资在线平台	多规合一平台
29	工程建设许可阶段	市住建局	（不含交通、水利）建设工程初步设计文件审批（市政基础设施工程初步设计审批）	行政许可	《湖南省建设工程勘察设计管理条例》（湖南省第十一届人民代表大会常务委员会公告第69号修订）第二十九条、第三十条		初步设计审批（房屋建筑工程；市政基础设施工程；地下管线综合）
30		市住建局	（不含交通、水利）建设工程初步设计文件审批（地下管线综合初步设计审批）	行政许可	《湖南省建设工程初步设计审批管理办法（修订）》（湘建设〔2008〕464号）第五条；《长沙市城市地下管线管理条例》（长沙市第十四届人民代表大会常务委员会公告第7号）第十六条		初步设计审批（房屋建筑工程；市政基础设施工程；地下管线综合）
31		市住建局	因工程建设需要拆除、改动、迁移供水、排水与污水处理设施审核	行政许可	《城镇排水与污水处理条例》（中华人民共和国国务院令第641号）第四十三条；《城市供水条例》（中华人民共和国国务院令第726号）第三十条		因工程建设需要拆除、改动、迁移供水、排水与污水处理设施审核
32		市人防办	人防工程建设审批（城市地下空间开发利用兼顾人防设计备案审查、结合民用建筑修建防空地下室设计备案审查、人防工程易地建设审查）	行政许可	《中华人民共和国人民防空法》（中华人民共和国主席令第七十八号）第二十二条、第二十三条；《湖南省实施〈中华人民共和国人民防空法〉办法》（湖南省第十一届人民代表大会常务委员会公告第54号）第十四条、第十五条、第十八条；《湖南省人民防空工程建设与维护管理规定》（湖南省人民政府令第297号）		人防工程建设审批（城市地下空间开发利用兼顾人防审批、结合民用建筑修建防空地下室审批、易地建设审批）

续表

序号	审批阶段	审批机构	审批事项名称	事项类型	审批事项设定依据	投资在线平台	多规合一平台
33	工程建设许可阶段	长沙市通信发展管理办公室（受湖南省通信管理局委托）	光纤到户及通信基础设施报装	其他行政权力	《湖南省人民政府关于印发〈湖南省信息通信基础设施能力提升行动计划（2018-2020年）〉的通知》（湘政办发〔2018〕53号）第四点政策措施：（二）保障规划落地，（三）推动资源开放共享、落实光纤到户标准；《湖南省住房和城乡建设厅 湖南省通信管理局关于进一步加强信息通信基础设施建设工作的通知》（湘建设〔2019〕25号）第四点：加强光纤到户建设工作全过程监督管理严格执行新建住宅光纤到户建设标准		光纤到户及通信基础设施报装
34	施工许可阶段	市住建局	建设工程消防设计审查	行政许可	《中华人民共和国消防法》（中华人民共和国主席令第六号）第十一条	建设工程消防设计审核	建设工程消防设计审查
35		市住建局	建设工程消防设计备案	其他行政权力	《中华人民共和国消防法》（中华人民共和国主席令第六号)第十条、第十一条		建设工程消防设计备案
36		市水利局	生产建设项目水土保持方案审批	行政许可	《中华人民共和国水土保持法》（中华人民共和国主席令第四十九号）第二十五条		生产建设项目水土保持方案审批
37		市发改委	固定资产投资项目节能审查	行政许可	《关于印发全国投资项目在线审批监管平台投资审批管理事项统一名称和申请材料清单的通知》（发改投资〔2019〕268号）；《固定资产投资项目节能审查办法》（中华人民共和国发展和改革委员会〔2016〕第44号令）第三条；《湖南省发展和改革委员会关于印发〈湖南省固定资产投资项目节能审查实施办法〉的通知》（湘发改环资〔2018〕449号）第三条	节能审查	节能审查

续表

序号	审批阶段	审批机构	审批事项名称	事项类型	审批事项设定依据	投资在线平台	多规合一平台
38	施工许可阶段	市生态环境局	建设项目环境影响报告书（表）审批（普通）	行政许可	《中华人民共和国环境保护法》（中华人民共和国主席令第二十二号）第十九条；《中华人民共和国环境影响评价法》（中华人民共和国第十三届全国人民代表大会常务委员会第七次会议修正）第二十二条	建设项目环境影响评价审批	建设项目环境影响报告书（表）审批（含建设项目发生重大变化的重新审批和超5年期开工建设的重新审核）
39		市林业局	临时占用林地审批	行政许可	《中华人民共和国森林法实施条例》（中华人民共和国国务院令第278号）第十七条		临时占用林地审批
40		市林业局	森林经营单位修筑直接为林业生产服务的工程设施占用林地审批	行政许可	《中华人民共和国森林法实施条例》（中华人民共和国国务院令第278号）第十八条		森林经营单位修筑直接为林业生产服务的工程设施占用林地审批
41		市住建局	施工、监理等招标文件告知性备案	其他行政权力	《中华人民共和国招标投标法》（中华人民共和国主席令第二十号发布，主席令第八十六号修正）第十二条；《中华人民共和国招标投标法实施条例》（中华人民共和国国务院令第613号发布，国务院令第709号修订）第七条；《住房和城乡建设部关于修改〈房屋建筑和市政基础设施工程施工招标投标管理办法〉的决定》（中华人民共和国住房和城乡建设部令第43号修正）第三条、第七条		施工、监理等招标文件告知性备案
42		市住建局	施工图审查情况备案（房屋建筑工程施工图设计文件审查备案）	其他行政权力	《建设工程勘察设计管理条例》（中华人民共和国国务院令第687号修订）第三十三条；《房屋建筑和市政基础设施工程施工图设计文件审查管理办法》（中华人民共和国住房和城乡建设部令第46号修订）全文；《湖南省建设工程勘察设计管理条例》（湖南省第十一届人民代表大会常务委员会公告第69号修订）第三十条、第三十一条；《建设工程质量管理条例》（中华人民共和国国务院令279号发布，国务院令第714号修订）第十一条、第二十三条		施工图审查情况备案（房屋建筑工程）

续表

序号	审批阶段	审批机构	审批事项名称	事项类型	审批事项设定依据	投资在线平台	多规合一平台
43	施工许可阶段	市住建局	施工图审查情况备案（市政基础设施工程施工图设计文件审查备案）	其他行政权力	《建设工程勘察设计管理条例》（中华人民共和国国务院令第 687 号修订）第三十条；《房屋建筑和市政基础设施施工图设计文件审查管理办法》（中华人民共和国住建部令第 13 号）第三条、第四条		施工图审查情况备案（市政基础设施建设工程）
44		市住建局	市政设施建设类审批［铺设、架设各类市政管线、杆线等设施审批（含燃气、通信、电力、广播电视、长输管线）］	行政许可	《城市道路管理条例》（中华人民共和国国务院令第 710 号修订）第二十九条；《国务院对确需保留的行政审批项目设定行政许可的决定》（中华人民共和国国务院令第 412 号修订）附件：国务院决定对确需保留的行政审批项目设定行政许可的目录；《中华人民共和国建设部关于纳入国务院决定的十五项行政许可的条件的规定》（中华人民共和国建设部令第 135 号）第十二项；《长沙市城市地下管线管理条例》（长沙市人民代表大会常务委员会公告第 7 号）第十条、第十七条；《长沙市城市桥梁隧道安全管理条例》（长沙市人大常委员会公告第 2 号）第十条		铺设、架设各类市政管线、杆线等设施审批（含燃气、通信、电力、广播电视、长输管线）
45		市住建局	国有资金投资或以国有资金投资为主的最高投标限价（招标控制价）及其成果文件备案	其他行政权力	《建筑工程施工发包与承包计价管理办法》（中华人民共和国住房和城乡建设部令第 16 号）第六条		最高投标限价（招标控制价）及其成果文件备案
46		市住建局	建筑工程施工许可证核发	行政许可	《中华人民共和国建筑法》（中华人民共和国主席令第二十九号修订）第七条；《建筑工程施工许可管理办法》（中华人民共和国住房和城乡建设部令第 42 号修订）第三条；《建设工程质量管理条例》（中华人民共和国国务院令第 279 号发布，国务院令第 714 号修订）第十三条；《建设工程安全生产管理条例》（中华人民共和国国务院令第 393 号）第十条；《湖南省建筑工程开工安全生产条件审查制度》（湘建建〔2019〕238 号）第六条	建筑工程施工许可证核发	建筑工程施工许可证核发

续表

序号	审批阶段	审批机构	审批事项名称	事项类型	审批事项设定依据	投资在线平台	多规合一平台
47		市自然资源规划局	建设工程规划条件核实合格证核发(核发建设工程规划竣工验收合格证)	其他行政权力	《中华人民共和国城乡规划法》(中华人民共和国主席令第七十四号)第四十五条		建设工程规划条件核实合格证核发
48		市自然资源规划局	建设项目用地竣工验收(竣工条件核实)	其他行政权力	《中华人民共和国城市房地产管理法》(中华人民共和国主席令第七十二号)第二十七条;《国务院关于促进节约集约用地的通知》(国发〔2008〕3号)第二十条;《关于建立建设用地竣工验收制度的通知》(长政办函〔2008〕134号)		建设项目用地竣工验收
49	竣工验收阶段	市住建局	房屋建筑和市政基础设施工程竣工验收备案〔建筑工程(含房屋建筑工程、市政基础设施工程、燃气设施工程和城镇排水与污水处理设施工程等)竣工验收备案(含档案验收)〕	其他行政权力	《建设工程质量管理条例》(中华人民共和国国务院令第279号发布,第714号修订)第四十九条;《城镇排水与污水处理条例》(中华人民共和国国务院令第641号)第十五条;《城镇燃气管理条例》(中华人民共和国国务院令第583号发布,国务院令第666号修订)第十一条;《住房和城乡建设部关于修改〈房屋建筑工程和市政基础设施工程竣工验收备案管理办法〉的决定》(中华人民共和国住房和城乡建设部令第2号)第四条;《国务院办公厅关于全面开展工程建设项目审批制度改革的实施意见》(国办发〔2019〕11号);《城市建设档案管理规定》(中华人民共和国住房和城乡建设部令第47号修订)第八条		房屋建筑工程、市政基础设施工程档案验收
50		长沙市通信发展管理办公室(受湖南省通信管理局委托)	光纤到户及通信基础设施验收备案	其他行政权力	《中华人民共和国电信条例》(中华人民共和国国务院令291号发布,国务院令第666号修订)第四十五条;《建设工程质量管理条例》(中华人民共和国国务院令第279号发布,第714号修订)第四十九条;《住宅区和住宅建筑内光纤到户通信设施工程施工及验收规范》(GB 50847—2012);《住房城乡建设部 工业和信息化部关于落实光纤入户国家标准的通知》(建标〔2013〕36号);《湖南省人民政府办公厅关于推动工程建设项目审批制度改革的指导意见》(湘政办发〔2018〕76号)		光纤到户及通信基础设施建设验收、备案

续表

序号	审批阶段	审批机构	审批事项名称	事项类型	审批事项设定依据	投资在线平台	多规合一平台
51	竣工验收阶段	市人防办	人防工程认定	行政确认	《湖南省人民防空工程产权管理办法》（湖南省人民政府令第187号）第七条；《湖南省实施〈中华人民共和国人民防空法〉办法》（湖南省第十一届人民代表大会常务委员会公告第54号）第十九条		人防工程认定
52		市住建局	建设工程消防验收	行政许可	《中华人民共和国消防法》（中华人民共和国主席令第六号）第十三条		建设工程消防验收
53		市住建局	建设工程消防验收备案	其他行政行力	《中华人民共和国消防法》（中华人民共和国主席令第六号）第十三条		建设工程消防验收备案
54		市水利局	生产建设项目水土保持设施验收备案	其他行政权力	《中华人民共和国水土保持法》（中华人民共和国主席令第四十九号）第二十七条		生产建设项目水土保持设施验收备案

3 立项许可阶段

政府投资建设项目，原则上先立项，再开展可行性研究，但小额政府投资项目可以可行性研究报告批复代替立项审批。企业投资项目，要求以可行性研究报告进行核准或备案。核准或备案实质上就是立项许可。投资性质、投资规模不同，申请立项的要求不同，不能把立项审批与可行性研究报告批复混为一谈。

3.1 项目投资机会研究与初步投资匡算

3.1.1 项目投资机会研究的编制及要求

项目投资机会研究是对项目投资提出的设想。投资发起主要有两种类型：一是为投资找项目；二是为项目找投资。投资需求是建设项目发起的前提，建设项目发起应符合投资需求。投资发起类型不同，对项目投资机会研究的要求各异。对为投资找项目的项目投资机会研究，主要根据投资能力和社会经济、产业、区域、政策发展趋势，对投资类型、投资目标、投资规模、功能及用途、建设标准、原材料来源、市场发展前景、技术资源、建设地点、生产工艺及设备、工程范围及内容和投资效益等提出构想。对为项目找投资的项目投资机会研究，主要根据项目需求和社会经济、产业、区域、政策发展趋势，对投资来源、方式、规模、比例等提出构想。项目投资机会一般要求对多个投资方案进行粗略分析，为投资者提供多种思路。它与项目建议书、项目可行性研究的区别是：它研究重点在提出构想；项目建议书、项目可行性研究的重点在技术经济分析。它是投资者决定是否投资、如何投资以及项目如何推进的重要依据。对商业类、服务类项目，尤为重要。

3.1.2 项目投资机会研究的思维模式

依据国家鼓励发展类和引导投资类政策，结合拟建项目所在地区、地点和建设条件等，提出项目投资机会研究，是项目投资机会研究符合社会经济发展需要、保障投资权益最大化的重要方法。国家鼓励发展类和引导投资类政策，包括意见、通知、办法等，是项目投资机会研究的风向标。它主要包括综合指导类和专项指导类两类文件。综合指导类文件，有《国务院办公厅关于促进建筑业持续健康发展的意见》（国办发〔2017〕19号）、《住房城乡建设部关于印发建筑业发展"十三五"规划的通知》（建市〔2017〕98号）、《产业用地政策实施工作指引（2019年版）》（自然资办发〔2019〕31号）、《社会产业结构调整指导目录（2019年本）》（中华人民共和国国家发展和改革委员会令第29号）等；专项指导类文件，有《关于加快电动汽车充电基础设施建设的指导意见》（国办发〔2015〕73号）、《关于大力发展装配式建筑的指导意见》（国办发〔2016〕71号）、《关于全面推进城镇老旧小区改造工作的指导意见》（国办发〔2020〕23号）等。国家对鼓励发展类和引导投资类投资建设，出台了税费减免、贷款贴息、低息贷款、财政补助、政府奖励等优惠政策。投资建设这类项目，项目收益和政策优惠双重受益，可以保障投资权益最大化。

3.1.3 初步投资匡算编制及要求

初步投资匡算是项目投资机会研究全部内容在投资额上的体现。它受投资者投资能力的约束，不得超过投资者的投资能力。初步投资匡算编制前，应先对投资者投资能力进行测算，其允许误差率不大于 ±30%。一般以本地区同类或类似项目的单位经济指标［建设投资（不含建设贷款利息）除以建设规模（总建筑面积或总计容建筑面积）］，乘以本项目建设规模，测算本项目投资总额，再根据贷款规模计算融资费用，加上铺底流动资金（如需要），得出初步投资匡算总额，但应注意征地拆迁费或土地使用权取得费、市政管线迁改费等对建设投资的影响。

3.2 项目建议书与初步投资估算

3.2.1 项目建议书编制及要求

项目建议书是依据项目投资机会研究与初步投资匡算，结合经济和社会发展规划、行业规划、产业政策、行业准入标准、城市总体规划和土地利用总体规划等，针对项目的拟建地点、拟建规模、主要建设内容以及社会效益、经济效益等，向投资者提出的初步建议。《湖南省人民政府办公厅关于印发〈湖南省省本级政府投资项目审批及概算管理办法〉的通知》（湘政办发〔2016〕85号）第九条规定：项目建议书应对项目建设的必要性、主要建设内容、拟建地点、拟建规模、投资匡算、资金筹措以及社会效益和经济效益等进行初步分析，并附有关建设标准或建设依据文件和财政部门的资金安排意见或资金来源审核意见以及其他文件。项目建议书是项目立项的重要基础，其质量直接影响可行性研究，应该得到重视。

一般来说，项目建议书应重点论证项目建设的必要性、可能性和正确性；全面列示项目建设相关的宏观信息，包括国家经济和社会发展规划、行业或地区规划、线路周边自然资源等；根据项目预测结果，结合用地规划和同类项目类比情况，提出合理的建设规模；全面描述项目整体构架及所能产生的社会效益与经济效益。

3.2.2 投资匡算编制及要求

投资匡算，应依据投资匡算和项目建议书，对拟投资项目现场及周边情况、征地拆迁的难度及费用水平进行实地调查，收集国家或地方以及行业依据性或参考性文件及资料，区分不同费用项目及主要费用项目组成，对项目所需总投资进行初步测算。其允许误差在 ±30% 以内。其中，工程费用匡算应采用项目所在地区已建同类或类似项目竣工结算数据，或投资估算、投资概算指标确定，不推荐采用概算定额、预算定额确定；征地拆迁费应取得项目所在地政府发布的相关征地拆迁补偿文件，除征地拆迁费外的工程建设费用应取得省级政府价格部门认可的费用文件或行业指导性收费文件。城乡一体化项目应注意收集建设工程和水利工程两个类别的收费文件，并注意这两类文件的费用项目及计算基础不能重叠交叉。城乡一体化不是城乡规划的一体化，也不是建设工程与水利工程的一体化。一般来说，按不同要求办理的规划许可，以不同标准进行的工程设计，应该归属不同的专业工程，并按不同专业工程进行计价取费。

投资匡算一般以同类或类似项目的单位经济指标［工程费用除以建设规模（总建筑面积或总计容建筑面积）］的单位经济指标，乘以本项目建设规模，计算投资匡算工程费用，再根据相关依据性或参考性文件计算本项目的工程建设费用、预备费和建设期贷款利息，测算匡算总投资。其中，征地拆迁费、土地使用权取得费和市政管线迁改费，应参考相关部门或机构取得有证明力的文件或资料，不应机械地推算。

3.2.3 投资匡算技术经济指标及其运用

同类或类似项目技术经济指标，是投资匡算的重要依据。项目建议书阶段，规划条件不明确，技术经济分析尚未展开，应根据同类或类似项目经验数据，特别是项目竣工财务决算资料，匡算拟建项目的投资费用，保证匡算投资在允许的误差范围内。

进行投资匡算时最好选择一个项目、单一来源的完整数据。若同时选择几个项目或不同来源的经济数据，应先统一费用项目口径。经济指标的来源不同，费用项目口径也不同，水平差距很大。

如建筑企业产品成本＝建筑安装产品成本＝直接人工费＋直接材料费＋机械使用费＋其他直接费用＋间接费用＋分包成本；

建设项目建设成本＝直接投资支出＋待摊投资支出＋其他投资支出＝建筑安装工程投资支出＋设备投资支出＋前期费用＋土地费用＋规费与税金＋管理性质的费用（含甲方临时设施费）＋利息支出或融资费用＋检验检测费用（含负荷联合试车费）＋工程净损失及其他损失＋信息工程费＋其他待摊投资支出＋其他投资支出；

建设项目总投资＝建设投资＋建设期贷款利息＋铺底流动资金（不含非生产性固定资产投资项目）＝单项工程综合投资＋工程建设其他投资＋建设期贷款利息＋铺底流动资金（不含非生产性固定资产投资项目）；

房地产企业开发项目总成本＝土地征用及拆迁补偿费＋前期工程费＋主体建筑安装工程费＋基础设施建设费＋公共配套设施费＋开发间接费＋借款费用。

同时，要注意费用项目时间节点。时间节点不同，所依据的工程造价计算依据不同，所包括的各项费用内容不同，经济费用水平相距较远。

如《关于调整补充增值税条件下建设工程计价依据的通知》（湘建价〔2016〕160号）规定：单位工程造价＝直接费用＋费用和利润＋销项税额＋附加税费＋其他项目费。

《关于印发 2020〈湖南省建设工程计价办法〉及〈湖南省建设工程消耗

量标准〉的通知》（湘建价〔2020〕56号）规定：单位工程建筑安装造价＝分部分项工程费＋措施项目费＋其他项目费＋销项税额/应纳税额。

虽然单位工程造价总额可能变化不大，但费用项目口径发生了实质性变化。

在确定投资匡算经济指标时，还应注意项目规划条件或要求，工程设计主要技术经济指标，工程地形、地貌、水文、地质以及项目周边市政配套、工程材料（设备）性能等。规划条件或要求越严格，市政配套条件越差，工程现场情况越复杂，工程材料（设备）档次越高，单位经济指标越高。

3.2.4 政府投资项目建议书审批

项目建议书的编制是建设单位项目前期方案研究的重要工作。项目建议书批复，是项目进入政府投资建设项目库、纳入政府投资年度计划，政府安排投资费用和用地指标的重要依据。

（1）审批机构：发改委。

（2）审批依据：《政府投资条例》（中华人民共和国国务院令第712号）第九条规定，政府采取直接投资方式、资本金注入方式投资的项目，项目单位应当编制项目建议书、可行性研究报告、初步设计，报投资主管部门或者其他有关部门审批。项目单位对项目建议书、可行性研究报告、初步设计以及依法应当附具的其他文件的真实性负责。

（3）审批条件：符合国家经济发展的长远规划和行业、地区规划、经济建设的方针、技术经济政策，满足资源情况、建设布局等条件，建设地点踏勘、投资效果初步分析合理。

（4）直接进入可行性研究报告审批程序的条件：《湖南省人民政府办公厅关于印发〈湖南省省本级政府投资项目审批及概算管理办法〉的通知》（湘政办发〔2016〕85号）第三条规定，已列入全省国民经济和社会发展五年规划纲要的，已列入国家或省政府批准的专项建设规划的，总投资1000万元以下且不需新增建设用地的，省政府常务会议研究同意的建设项目，符合其中一个条件的，不再审批项目建议书，直接进入可行性研究报告审批程序。

3.3 可行性研究报告与投资估算

可行性研究报告批复是批复初步设计及核发建设工程规划许可证的前置条件。没有取得可行性研究报告批复，不得批复初步设计及核发建设工程规划许可证。

3.3.1 可行性研究产生的背景及现状

1978 年 4 月，国家计划委员会、国家建设委员会、财政部联合发布了《关于基本建设程序的若干规定》，在项目前期工作内容中没有提出可行性研究的要求。为解决建设项目决策失误较多，建设投资综合效益不高的问题，1983 年，国家计划委员会发布了《国家计委关于颁发〈建设项目进行可行性研究的试行管理办法〉的通知》（计资〔1983〕116 号），要求把可行性研究纳入项目前期工作内容，确定了工业项目可行性研究的主要内容，并要求其他项目参照执行。2002 年，为进一步指导投资项目的可行性研究工作，国家计委发布、出版了《投资项目可行性研究指南》，用于规范可行性研究工作的内容和方法。此后，项目可行性研究主要依此而行。

从 2016 年开始，各级政府纷纷提出以投资总额控制建设规模、建设（含装饰）标准、工程范围及内容等，强调可行性研究应根据国民经济长期规划和地区规划、行业规划的要求，对项目市场需求、资源供应、建设规模、工艺路线、设备选型、环境影响、资金筹措、盈利能力等技术经济要素进行全面调查和分析比较，对投资必要性、技术可行性、财务可行性、组织可行性、经济可行性、社会可行性和风险因素及对策等进行分析，作出结论和提出建议，并把工程建设专项评价（估）纳入可行性研究报告的组成内容。由于没有明确不同项目、不同项目条件的可行性研究可以有所差异，所有可行性研究均依此而行。全而不精，杂而不深，面面俱到，不能对工程设计与施工产生有效的指导与控制作用。

可行性研究报告内容，一般包括三大部分：

一是原工业项目可行性研究的主要内容。这是可行性研究报告的基本骨架。

二是法律、法规强制要求的招标投标管理和政府鼓励采用的专项设计，如绿色建筑设计、海绵城市设计、建筑节能设计等。这是可行性研究报告内容的补充。

三是法律、法规强制要求进行的专项评价、评估和分析，如环境影响评价、劳动安全与卫生防疫评价、地质灾害危险性评估、社会影响与可持续发展分析、社会稳定性分析等。这是工程建设的前提。

当前，部分可行性研究的内容没有明确区分以下情形：工业项目、民用项目、农业项目，常规项目与非常规项目，城市规划项目（含土地规划）覆盖范围内项目与非覆盖范围内项目、规划条件确定的项目与不确定的项目，以政府文件代替立项审批的项目与需要以可行性研究报告进行审批的项目。致使不同类型项目的可行性研究报告内容大同小异。

3.3.2 可行性研究报告的内容组成

建设单位应依据项目建议书批复文件，或直接（适用于已列入政府投资年度计划储备目录的项目）组织开展项目可行性研究，按相关规定申请办理用地预审与规划选址等审批手续，并依规进行环保、水保、防洪、通航、消防、地震、人防、节能、气象等专项审查或评估。可行性研究报告还应包括社会稳定风险分析、节能评价、招标事项、安全生产等内容，并对项目资金等主要建设条件的落实情况进行说明。投资主管部门应组织相关职能部门、评审专家以及中介机构对可行性研究报告进行科学评审。

一般来说，可行性研究报告，由以下内容组成：

（1）项目总论。

主要包括项目概况（项目名称、项目性质、拟建地点、建设单位等），项目背景或改扩建项目企业现有概况、主要建设内容和规模及技术经济指标、研究依据和范围、结论与建议等。

（2）项目建设背景与必要性。

（3）需求预测与建设规模。

主要包括市场需求及发展趋势与已有生产能力预测，拟建项目规模、产品方案和发展方向分析等。

（4）生产条件及公用设施条件。

主要包括资源储量、品位、成分以及开采和利用条件，原料、辅助材料、燃料种类、数量、来源和供应可能，所需公用设施数量、供应方式和供应条件等。

（5）生产组织安排（职工总数、构成、来源和经营管理）及依据。

（6）建设条件与项目地址选择。

主要包括项目地理位置、气象、水文、地质、地形条件和社会经济现状，交通、运输及水、电、气现状和发展趋势，比较与选择意见等。

（7）工程技术与设计方案。

主要包括项目组成（单体工程）、生产工艺及技术来源、设备及来源或制造方案（改、扩、建项目说明对原有固定资产利用情况），项目布置方案（鸟瞰图、总平面布置图、平面图、基坑支护平断面图、土方计算图、建筑设计、结构设计、安装设计和装配式建筑专项设计等）及主要材料（设备）名称、规格型号、数量，基础设施、公共配套设施和项目内外交通运输方式，综合分析（经济、技术、财务和法律）等。

（8）绿色建筑设计专篇（如必要）。

主要包括设计依据，场地规划与总平面设计，建筑、结构的装修设计及技术措施，绿色建筑增量成本等。

（9）海绵城市设计专篇（如必要）。

主要包括设计概况（雨水设计概况、设计目标）、设计依据，设计方案（下垫面分析）、主要设计指标及落实情况、运营维护需注意问题说明等。

（10）建筑节能设计专篇。

主要包括分析评价依据；项目单位基本情况、项目简况；项目建设方案的节能分析和比选，包括总平面布置、生产工艺、用能工艺、用能设备、辅助和附属生产设施、能源计量器具等方面；主要节能措施，选取节能效果好、技术经济可行的节能技术和管理措施；项目能源消耗量、能源消耗结构、能源效率等方面的分析；对所在地完成能源消耗总量和强度目标、煤炭消耗减量替代目标的影响等方面的分析评价；结论及相关附件材料。

（11）环境影响评价。

主要包括建设项目概况，建设项目周围环境现状，建设项目对环境可能造成影响的分析、预测和评估，建设项目环境保护措施及其技术、经济论证，建设项目对环境影响的经济损益分析，对建设项目实施环境监测的建议，环境影响评价的结论等。

（12）劳动安全与卫生防疫评价。

主要包括建设项目劳动安全卫生预评价的主要依据和建设项目概况，建设项目的主要危险、危害因素及其定量或定性评价，劳动安全卫生对策措施（包括建筑及场地布置方面的对策措施，工艺及设备方面的对策措施，劳动安全卫生工程设计方面的对策措施，劳动安全卫生管理方面的对策措施，事故应急方面的对策措施及其他综合性措施），预评价结论和建议等。

（13）地质灾害危险性评估（如必要）。

主要包括工程建设区和规划区的地质环境条件基本特征，工程建设区和规划区各种地质灾害的危险性现状、预测和综合分析论证，防治地质灾害措施与建议，建设场地和规划区适宜性评估结论等。

（14）项目实施进度安排。

主要包括项目实施进度总计划（施工准备、施工和后期维护服务），工程施工进度计划（工期目标及关键节点、保证措施和应急预案），设计联络建议计划，材料、设备供应计划（供应、运输及仓储），设备安装系统测试计划，工程验收计划（自检与自验、预验收和竣工验收），培训服务计划（强弱电、消防、人防等操作系统），工程进度计划管理（控制责任、控制要求、控制方法、进度执行计划编制要求和主要进度计划控制）等。

（15）招标投标管理。

主要包括招标范围、招标方式及招标组织形式，招标文件编制、公告、答疑、开标和评标组织，中标、核标、投诉与处理，应注意的其他事项与建议等。

（16）投资估算和资金筹措。

主要包括项目总投资的组成，征地拆迁主要费用项目、工程费用（主体工程、基础配套设施和公共配套设施）、工程建设其他费用以及中大型临时设施费用（如有）、生产流动资金估算情况说明（如有），资金来源、筹措方式及贷款偿付方式等。

目前，规范性文件仍将投资估算视为可行性研究报告的组成部分，不利于工程造价的专业化管理。投资估算应作为独立的专业成果文件，单独出具专业成果报告。

（17）财务或经济评价。

在国家现行的财税制度和市场价格体系下，分析项目的盈利能力、偿债能力、抗风险能力等，研究和判别建设项目财务上的可行性。对于社会公共事业类项目，财务不可行时，需进行国民经济评价。国民经济评价侧重从国民经济的角度，分析项目对社会资源的消耗和对社会的贡献。

（18）社会影响与可持续发展分析。

主要包括社会影响分析、社会适应性分析和社会风险分析结论等。

（19）风险分析。

主要包括项目概况、编制依据、风险调查（内容、范围、方法和方式），风险识别（风险因素分析、风险识别方法、主要风险因素）、风险估计、风险防范和化解措施、风险等级、风险分析结论等。

（20）可行性研究结论与建议。

（21）附件。

主要包括立项批复，建设用地划拨决定书及划拨宗地平面界限图、划拨宗地规划、建设条件，评价、评估文件等。

3.3.3 可行性研究改进的建议与对策

可行性研究应该解决什么问题？笼统地以项目必要性、可行性和合理性来回答，对不同类型、不同规划条件或要求及明确程度、不同建设需求的项目，可能没有实质性意义。因为，对于有的项目，政府已经以行政文件代替了立项审批，确定要实施；有的项目，是常规工程，建设范围及内容明确，技术条件成熟；有的项目，投资资金充裕，需要技术创新。因此，针对不同类型、不同规划条件及明确程度、不同需求的建设项目等，有的放矢地开展可行性研究，是可行性研究成果统领工程设计与施工的重要基础。

（1）项目类型不同，可行性研究的内容与方法应有不同。

所谓常规项目，是指建设内容普通、工程技术成熟、有工程技术经济指标可以借鉴的项目。对这类项目的可行性研究，应以同类或类似项目的技术经济指标分析为主，找准投资费用管理的关键路径，通过对同类或类似项目的工程技术经济指标的优化，确定拟建项目工程技术经济指标，实现工程技术与建设投资的最佳平衡与逆向改进。

所谓创新项目，是指建设内容具有特殊性、工程技术需要认证、工程经济指标需要测算，或大量运用新材料、新设备、新工艺、新技术的项目。对这类项目的可行性研究，应在工业项目可行性研究的基础上，加强必要性、工程技术可行性研究，并适当兼顾经济合理性分析。

（2）规划条件或要求及明确程度不同，可行性研究的内容与方法应有不同。

《中华人民共和国城乡规划法》（中华人民共和国主席令第七十四号）发布后，城市规划已经完善，区域规划和控制性详细规划以及土地规划已经覆盖城市行政区。对在城市规划、区域规划和控制性详细规划覆盖范围内的项目，政府投资的社会公益性项目、公共基础设施项目和环境保护项目，以行政文件代替立项审批的项目，土地转让合同规划条件已经确定的项目，应以规划与工程技术研究为重点，对建设地点、建设规模（含用地面积、基底占地面积、建筑面积、计容面积、非计容面积、地上地下面积等）、工程范围及内容、功能及用途、工程特征及内容以及主要材料（工程设备）、主要技术经济指标和主要工程做法等，应进行详细地研究，以充分发挥可行性研究报告对工程设计与施工的指引作用。对在城市规划条件不明确地区的建设项目，应先通过概念性规划、修建性详细规划编审，取得城市规划及土地规划部门初步同意后，再开展项目可行性研究。

（3）常规项目和规划条件或要求明确的项目，可采用案例法开展可行性研究。

以本地区同类或类似项目为蓝本，以工程技术与设计方案以及技术经济指标为核心，以工程费用为重点，开展可行性研究，是提升常规项目和规划条件明确的项目可行性研究水平的重要方法。工程造价的大数据是什么？是同类或类似项目与拟建项目技术经济指标口径相同的数据，而不是其中的一个或几个孤立的片段；是同类或类似项目的系统数据，而不是超越项目地区及地点、工程类别、工程特征与内容以及地上地下层数、主要材料（工程设备）以及主要工程做法等的片段数据。建筑规模、主体基础（含桩基）与建筑（含结构）特征值相同率超过80%，是同类型；特征值相同率为50%~80%的，是近类型；特征值相同率低于50%的，是不同类型。案例法或同类或类似项目系统数据法，可以避免主要技术经济指标出现系统性误差。

总之，可行性研究是建设项目前期的重要工作内容，也是全过程工程咨询的初始环节和项目计划确定及工程总承包管理的纲领性文件。其研究质量和与工程设计及工程施工的紧密程度，对全过程工程咨询计划的确定与实施将产生重要影响。

3.3.4 投资估算文件组成

投资估算文件，一般由封面、签署页、编制说明、投资估算分析和总投资估算表、单项工程投资估算表以及主要技术经济指标等内容组成。投资估算主要包括工程费用、工程建设其他费用（征地拆迁补偿费、管线迁改费分别单列）、预备费和建设期贷款利息、铺底流动资金。其中，征地拆迁补偿费（含办理用地红线向有关部门缴纳的税费）的计算需依据属地区县（市）政府征地拆迁管理部门出具的征地拆迁估算明细表（用地税费以实际为准）；管线迁改费的计算需依据建设单位组织编制的初步迁改方案（包括管线种类、相应工程量和造价指标）及估算明细表。其编制要点是：

（1）编制说明。

编制说明是对总投资估算表、单项工程投资估算表相关问题的解释，一般包括以下内容：工程概况；编制范围；编制方法；编制依据；主要技术经济指标；有关技术经济参数（率值）；特殊问题如新技术、新材料、新设备、新工艺，进口材料、设备、技术，巨型结构、异形结构，节能、环保、绿色建筑、装配式建筑等费用确定方式及所占相应专业投资的比重，不包括费用项目，限额设计分项投资限额及投资分解情况，方案比选及相关经济指标等。

（2）投资估算分析。

投资估算分析是对总投资估算表和单项工程投资估算表费用项目以及影响费用项目价格的主要因素进行的分析。投资估算分析一般分析四个方面的内容：

①工程费用比例分析。对于建筑工程，一般分析土建、装饰、给排水、电气、暖通、空调、动力等主体工程和道路、广场、围墙、大门、室外管线、绿化等室外附属工程占总投资以及专业工程占所属工程投资的比例。对于工业项目，一般分析主要生产项目（列出各生产装置）、辅助生产项目、公用工程项目（给排水、供电和电信、供汽、总图运输及外管）、服务性工程、生活福利设施、厂外工程占建设总投资以及专业工程占所属工程投资的比例。

②费用项目比例分析。

一般分析设备购置费、建筑工程费、安装工程费、工程建设其他费用、预备费占建设总投资的比例，影响投资主要因素的费用占专业工程投资、总投资的比例，引进设备费占全部设备费用的比例等。

③主要费用项目以及影响分析投资主要因素的费用。

④与本地区同类或类似工程对比，分析投资高低及原因。

（3）总投资估算表和单项工程投资估算表。

投资估算是依据投资匡算、可行性研究方案以及建设项目特征、建设范围与内容、建设规模、建设标准等和工程造价计价依据或资料，对建设项目总投资及其单项工程投资的大致计算，并对主要技术经济指标进行的粗略分析。投资估算是投资估算文件的主体，是项目投资决策、投资概算和限额设计以及固定资产投资计划编制的重要依据，是项目资金筹措及建设贷款计划制订的重要参考。可按以下步骤进行编制：

①划分单项工程，按单项工程分别编制建筑工程、安装工程、设备及工器具购置费用估算。

②汇总各单项工程费用，并计算工程建设其他费用和基本预备费。

③计算价差预备费。

④计算建设期贷款利息。

⑤计算铺底流动资金。

⑥汇总计算建设项目投资估算总额。

3.3.5 投资估算编制依据

投资估算编制依据主要有：

（1）可行性研究报告。

主要是项目概况与主要技术经济指标、建设条件与项目地址选择、工程技术与设计方案、各专业设计方案以及专项评估（价）等。

（2）费用计算规范性文件。

一般包括三个方面的内容：

①工程费用计算综合类文件。如《关于印发〈湖南省建设工程计价办法〉及〈湖南省建设工程消耗量标准〉的通知》（湘建价〔2014〕113号）、《关于调整补充增值税条件下建设工程计价依据的通知》（湘建价〔2016〕160号）、《市政工程设计概算编制办法》（建标〔2011〕1号）、《关于印发〈湖南省住房和城乡建设厅湖南省建筑工程概算定额〉的通知》（湘建价〔2018〕43号）、《湖南省政府投资建设工程项目估算指标》（湘建价〔2017〕54号）、《湖南省建设工程造价管理总站关于印发2014版〈湖南省建设工程计价办法〉及〈湖南省建设工程消耗量标准解释汇编（一）〉的通知》（湘建价建〔2016〕8号）等。

②工程费用计算专项类文件。如《湖南省住房和城乡建设厅关于发布2019年湖南省建设工程人工工资单价的通知》（湘建价〔2019〕130号）、《湖南省住房和城乡建设厅关于调整建设工程销项税额税率和材料价格综合税率计费标准的通知》（湘建价〔2019〕47号）、《关于调整建设工程社会保险费计费标准的通知》（湘建价〔2019〕61号）、《湖南建设工程造价管理总站关于增值税条件下机械费除税的说明》（湘建价建〔2017〕41号）、《关于建设工程扬尘防治调整安全文明施工费计价规定的通知》（长住建发〔2018〕104号）、《关于发布新型智能环保渣土专用运输车土石方挖运计价标准的通知》（长住建发〔2015〕111号）。

③工程建设其他费用计算文件。如《关于调整湖南省征地补偿标准的通知》（湘政发〔2018〕5号）、《关于调整征地补偿标准的通知》（长政发〔2018〕10号）、《关

于调整农村集体土地地上附着物及青苗补偿标准的通知》（长政发〔2013〕23号）、《基本建设项目建设成本管理规定》（财建〔2016〕504号）、《关于督促落实降低部分经营服务性收费标准的通知》（湘发改价服〔2016〕711号）等。

（3）同类、类似项目工程经济指标。

（4）工程所在地同期信息价及市场价。

（5）价格部门、金融机构同期价格指数、利率、汇率。

（6）项目建议书与投资匡算或同级政府相关立项性文件。

（7）项目机会研究与初步投资匡算（如有）。

3.3.6 投资估算费用项目构成

从费用构成上划分，投资估算分为建设投资（固定资产投资）估算和流动资金估算两部分，包括建设项目从筹建、设计、施工直至竣工投产所需的全部费用的估算。固定资产投资，按照费用的性质划分，包括建筑安装工程费、设备及工器具购置费、工程建设其他费、预备费、建设期贷款利息等。工程建设其他费，是指从工程筹建起到工程竣工验收合格并交付使用止的整个建设期间，除建筑安装工程费和设备及工器具购置费、预备费、建设期贷款利息外，为工程建设完成以及发挥效用而产生的各项建设投资费用。大体可分为三类：

①第一类土地征用及迁移补偿费，包括土地补偿费、青苗补偿费以及附着物补偿费、安置补助费、征地动迁费、水库淹没处理补偿费和耕地占用税或城镇土地使用税、土地登记费及征地管理费等，或土地使用权出让金以及契税等为取得土地缴纳的其他税费等；

②第二类与工程建设有关的费用，包括建设管理费（含建设单位管理费、工程监理费、工程质量监督费等）、可行性研究费、研究试验费、勘察设计费（含工程勘察费、工程设计费、设计模型制作费等）、环境影响评价费、劳动安全卫生评价费、场地准备及临时设施费、引进技术和进口设备其他费（含出国人员费用、国外工程技术人员来华费用、技术引进费、分期或延期付款利息、担保费、进口设备检验鉴定费用等）、工程保险费、特殊设备安全监督检验费和市政公用设施建设及绿化补偿费等；

③第三类与未来企业生产经营有关的费用，包括联合试运转费、生产准备费、办公和生活家具购置费等。

从资金的时间价值上划分，投资估算包括静态投资估算和动态投资估算。

静态投资是以某一基准时点（日）建设要素价格为依据所计算出的建设项目投资的瞬时值。它包括建筑安装工程费、设备及工器具购置费、工程建设其他费用和基本预备费等。动态投资是指为完成一个工程项目建设预计投资需要量的总和。它除了包括静态投资所含内容，还包括建设期贷款利息、涨价预备费等。动态投资包含静态投资，静态投资是动态投资的主要组成部分，也是动态投资的计算基础。

对投资估算费用的划分（见表 3-1），以下问题需要注意区分：

表 3-1　投资估算费用项目表

序号	类别	项目名称	说明	备注
1	工程费用	单项（体）工程费	建筑工程	
			安装工程	含被安装设备价值
			不需安装设备及工器具购置费	不含应抵扣进项税额，含为生产准备的达不到固定资产标准的工具、器具
		室外辅助及配套工程费	土建部分	
			安装部分	
2	工程建设其他费	项目前期费	勘察费、设计费、研究试验费、可行性研究费及项目其他前期费用	
		征地拆迁费	土地征用及迁移补偿费、土地复垦及补偿费、森林植被恢复费及其他为取得或租用土地使用权而发生的费用	
		税费	土地使用税、耕地占用税、契税、车船税、印花税及按规定在办理行政审批或备案需向政府缴纳的其他税费	
		场地准备与临时设施费	红线外路桥线管建设费，沿红线周围临时围墙（栏）等临时设施费，"三通一平"费等	

续表

序号	类别	项目名称	说明	备注
		项目管理费	项目建设管理费或代建管理费、临时设施费、监理费、招标投标费、社会中介机构审查费、工程保险费及其他管理性质的费用	
		检验检测费	工程检测费、设备检验费、负荷联合试车费及其他检验检测类费	
		信息工程费	/	
3	预备费	基本预备费	/	
		涨价预备费	/	
4	建设期贷款利息		建设期借款或债券利息、贷款评估费、借款手续费及承诺费、汇兑损益、债券发行费和其他可以资本化的费用	/	
5	流动资金（铺底）		/	
6	建设项目投资总额		/	

（1）建筑安装工程费和设备及工器具购置费应分清。

建筑安装工程费包括被安装设备的购置费、不需要安装设备的购置费、简单安装固定设备基础或位置的固定支架费、计入设备及工器具购置费。

（2）工程费用与工程建设其他费应分清。与未来企业生产经营有关的办公和生活家具购置费，计入工程建设其他费，不计入建筑安装工程费；施工围挡、施工管理与生产及生活临时用房或设施等，计入建筑安装工程费用，不计入工程建设其他费。

（3）工程直接费、工程其他直接费、工程管理费、土地取得费和规费及税金应分清。

①工程直接费包括直接人工、直接材料和机械使用或租赁费。其中，直接

人工是指支付给施工以及为工程制作构件和运料、配料等工人的职工薪酬；直接材料，是指工程实体构成耗用的材料、结构件、配件和有助于工程实体形成的材料以及周转材料的租赁费和摊销等；机械使用或租赁费，是指机械使用折旧费或租赁费以及施工机械进出场费等。

②工程其他直接费包括施工材料搬运费、材料装卸保管费、燃料动力费、临时设施摊销、生产工具用具使用费、检验试验费、工程定位复测费、工程点交费、场地清理费等。

③工程管理费主要指建设管理费，如临时设施费、代建管理费、工程监理费、勘察设计配合费、招标投标费、社会中介机构审查费以及其他管理性质的费用等；检测检验费及生产准备费包括工程检测费、设备检验费、负荷联合试车费及其他检验检测类费用和生产准备费、办公和生活家具购置费等；信息工程费，是指为工程建设实施而开发或购置的综合管理系统集成费等。

④项目前期费包括规划设计费、工程勘察费、工程设计费、研究试验费、可行性研究费及项目其他前期费用等。

⑤项目融资费包括建设期间发生的各类借款利息、债券利息、贷款评估费、国外借款手续费及承诺费、汇兑损益、债券发行费用及其他债务利息支出或融资费用等。

⑥土地取得费包括土地征用及迁移补偿费、土地复垦及补偿费、森林植被恢复费及其他为取得或租用土地使用权而发生的费用，还包括为场地符合施工需要而发生的"三通一平"费等。

⑦规费及税金包括土地使用税、耕地占用税、契税、车船税、印花税及按规定缴纳的其他税费。

⑧其他投资损失包括固定资产损失、器材处理亏损、设备盘亏及毁损、报废工程净损失及其他损失。

（4）单位工程费用、建设项目建设成本以及固定资产应分清。

单位工程是按工程建设的专业工程类别划分的，如建筑工程、安装工程、装饰装修工程、园林景观工程、仿古建筑工程、机械土石方工程、机械打桩地基处理（不含地基强夯）基坑支护工程、装配式混凝土——现浇剪力墙工程等。单位工程费用包括工程直接费、工程其他直接费（含总价措施费）、施工单位管理费、规费和税金等，还包括施工利润。

建设项目建设成本 = 建筑安装工程投资支出 + 设备投资支出 + 待摊投资

支出。

其中，建筑安装工程投资支出是指基本建设项目建设单位按照批准的建设内容发生的建筑工程和安装工程的实际成本，其中不包括被安装设备本身的价值，以及按照合同规定支付给施工单位的预付备料款和预付工程款。设备投资支出是指项目建设单位按照批准的建设内容发生的各种设备的实际成本（不包括工程抵扣的增值税进项税额），包括需要安装设备、不需要安装设备和为生产准备的不够固定资产标准的工具、器具的实际成本。需要安装设备是指必须将其整体或几个部位装配起来，安装在基础上或建筑物支架上才能使用的设备；不需要安装设备是指不必固定在一定位置或支架上就可以使用的设备。待摊投资支出是指项目建设单位按照批准的建设内容发生的，应当分摊计入相关资产价值的各项费用和税金支出，主要包括勘察费、设计费、研究试验费、可行性研究费等其他前期费用；土地征用及迁移补偿费、土地复垦及补偿费、森林植被恢复费及其他为取得或租用土地使用权而发生的费用；土地使用税、耕地占用税、契税、车船税、印花税及按规定缴纳的其他税费；项目建设管理费、代建管理费、临时设施费、监理费、招标投标费、社会中介机构审查费及其他管理性质的费用；项目建设期间发生的各类借款利息、债券利息、贷款评估费、国外借款手续费及承诺费、汇兑损益、债券发行费用及其他债务利息支出或融资费用；工程检测费、设备检验费、负荷联合试车费及其他检验检测类费用；固定资产损失、器材处理亏损、设备盘亏及毁损费、报废工程净损失及其他损失；系统集成等信息工程的费用支出等。

固定资产是指企业为生产产品、提供劳务、出租或者经营管理而持有的、使用时间超过 12 个月、价值超过 2 000 元的非货币性资产，包括房屋、建筑物、机器、机械、运输工具以及其他与生产经营活动有关的设备、器具、工具等。房屋、建筑物按单体入账，机器、机械、运输工具、设备、器具、工具等按单件（台、辆、个）入账。单独入账的房屋固定资产价值，包括建筑工程、安装工程、装饰装修工程、机械土石方工程、机械打桩地基处理（不含地基强夯）基坑支护工程、装配式混凝土——现浇剪力墙工程等六个单位工程费用。

（5）建设期贷款利息不仅仅列示了建设期贷款利息，还包括建设债券利息、贷款评估费、借款手续费及承诺费、汇兑损益、债券发行费和其他可以资本化的费用，科学的名称为建设融资费用。

3.3.7 案例法在可行性研究中的应用

在可行性研究阶段，项目征地拆迁工作没有启动，空间规划和建设条件尚不明确，勘察设计没有实施，建设内容、建设规模及技术经济指标没有确定，如何以工程实体研究为目标、以工程费用管理为支点，开展可行性研究呢？本地区同类或类似项目案例，为可行性研究提供了一条新途径。

某政府投资农民安置房项目的可行性研究，首先收集整理了本地区 201* 年建设规模和工程特征及内容相同或相近的四个农民安置房项目的技术经济数据，具体如表 3-2 所示。

表 3-2　某市 201* 年农民安置房项目技术经济指标

序号			A 项目	B 项目	C 项目	D 项目	均值
1	面积	总建筑面积(m²)	122 760.72	148 332.78	213 437.50	135 740.99	
2		计容总面积(m²)	89 371.32	109 907.41	181 408.12	107 204.15	
3		地下室面积(m²)	37 751.95	336 90.18	31 930.85	28 536.84	
4		地上住宅面积(m²)	83 894.54	103 035.23	168 072.99	100 366.13	
5		地上其他面积(m²)	1 114.23	116 07.37	13 433.66	6 838.02	
6	经济指标	基坑支护(元/m²)	38.41	156.58	13.75	/	69.58
7		桩基础(元/m²)	13.62	51.69	33.74	129.68	57.18
8		地下室部分(元/m²)	3 438.87	4 110.96	4 349.61	3 514.85	3 628.57
9		地上住宅部分(元/m²)	2 401.07	2 349.68	1 922.11	2 435.50	2 279.34
10		地上其他部分(元/m²)	3 318.11	2 755.77	2 125.05	2 190.50	2 597.36
11		电梯采购(元/m²)	33.23	32.36	/	/	32.80
12		不可预见费(元/m²)	143.61	146.39	/	64.42	118.14
13		按建筑面积分摊成本(元/m²)	2 957.41	3168.52	2345.53	2844.17	2 828.91
14		按计容面积分摊成本(元/m²)	4 062.31	4 276.29	2759.66	3601.26	3 674.88

续表

序号			A 项目	B 项目	C 项目	D 项目	均值
15		室外附属及配套工程（元/m²）	平均值 480（按室外面积计算）				
16	技术指标	地下室钢筋指标（kg/m²）	105.23	165.11	166.49	129.80	141.66
17		地下室砼指标（m³/m²）	0.79	1.19	1.76	0.89	1.16
18		地下室砌体指标（m³/m²）	0.06	0.03	0.06	0.10	0.25
19		地上住宅钢筋指标（kg/m²）	45.91	45.07	34.11	38.51	40.9
20		地上住宅砼指标（m³/m²）	0.38	0.37	0.28	0.32	0.34
21		地上住宅砌体指标（m³/m²）	0.13	0.13	0.16	0.16	0.15

分析发现：非计容面积占比，地下面积占比，土方挖运量及智能环保运输车使用量，人工挖孔灌注桩成本管控，新型 PK 叠合板、外墙保温免拆模板、外墙复合保温砌块等新型建筑保温节能材料用量，砼、钢含量等，是影响农民安置房建设投资控制的重要因子。解决征地拆迁失地农民的居住问题，是地方政府重要的民生工程。其设计标准、房屋套型、建设及装饰标准、市政配套要求和主要技术经济指标等，均有相对成熟的技术经济资料，因此不需要重点进行必要性、可行性研究，应该重点解决规划条件或要求、技术经济要素的合理配置和投资控制的问题。于是，以这四个项目为脚本，以经济指标为切入点，开展可行性研究。最终，以略低于均值确定了拟建项目的主要技术经济指标，并采用近似值法等方法，确定了其他经济指标，为规划条件或要求确定、建设范围及内容明确、工程技术成熟的项目可行性研究，提供了一种新方式，较好地解决了可行性研究与工程设计、施工脱节的问题。其做法是：

（1）对主要技术经济及材料确定限额标准。

①地上住宅墙体，要求采用新型 PK 叠合板加免拆模板，价格控制在 $105 \sim 129$ 元/m²。

②地上住宅结构，尽量以砌体代替钢筋混凝土或混凝土，含钢量和含砼量要求控制在 $34.1 \sim 39.36$ kg/m² 和 $0.26 \sim 0.32$ m³/m²。

③室外附属工程，要求硬化铺装率控制在 31% 以下，建筑材料主要采用石材、透水砖、透水砼、植草砖、草皮等，平均经济指标控制在 219 元 / m² 以内。

④室外绿化工程，要求乔木与灌木合理配置，大乔木平均控制在 1.95 株 / 100 m² 以内，灌木平均控制在 1.75 株 / 100 m² 以内等。

（2）对工程造价容易失控的环节确定限额价格。

①人工挖孔桩、成孔费包干，包干价 280 元 / m³。

②桩基，经济指标限额，限价 2350 元 / m²。

③总措施费用（超高增加费与垂直运输费），按消耗量 60% 计算，其中装饰工程超高增加费，只计人工、不计机械降效；

④阳台锌钢栏杆，成品包干（包工包料包安装包质量合格），包干价 175 元 /m。

⑤室外附属工程，经济指标限额，限价 480 元 /m²。

（3）对在可行性研究环节难以限额或限价的费用项目，采用符合费用项目特点的方式制定控制标准。

①土方挖运量及智能环保运输车使用量，采用近似值法确定控制指标，并科学测量土方平衡量以及智能环保车外运量。表3-2中A项目，地块形状相对不规则，场地内地形较为复杂，原始地貌主要为山体，地势高差大，土石方（30 万 m³）、挡土墙（4 585 m³）、基坑支护及土石方、基础等费用共计 6 826.58 万元（按建筑面积折算 556.09 元 /m²）。B 项目，地表高差稍大，土石方（6 万 m³）、基坑支护及土石方、基础费用等共计 6 043.83 万元（按建筑面积折算 407.45 元 /m²）。从地形地貌上，拟建项目在两者之间，取其均值作为限额指标。

②工程材料（设备）价格上涨幅度，借用同期银行商业贷款利率进行测算。

③数据幅度差，参照工程预算与投资估算允许误差值 10% 进行调整。

（4）结合农民安置房经验数据，制定项目设计标准，如表3-3所示。

表 3-3　农民安置房项目设计标准

名称	类别	设计标准	备注	
住宅（毛坯）	户型	两梯四户 / 三户	二室两厅两卫（80 m²）	实测面积误差在 ±3% 以内
			三室两厅两卫（120 m²）	
			四室两厅两卫（160 m²）	
	层高	标准层	2.9 m	

续表

名称	类别	设计标准	备注	
住宅（毛坯）	楼地面	底层架空层	原则不设置	
		客厅、餐厅、卧室	水泥砂浆楼地面	①电梯门套正面和侧面均为200 mm宽深色仿大理石门套；②无地下室的一层地面做防潮处理
		厨房、卫生间	楼板按规范做防水处理	
		楼梯、楼梯间	水泥砂浆楼地面	
		电梯机房、配电小间	水泥砂浆楼地面	
		电梯厅、前室、住宅门厅	陶瓷地砖（防滑）	
		阳台	防水＋水泥砂浆楼地面	
		架空公共开放空间	陶瓷地砖（防滑）	
	踢脚板	客厅、餐厅、卧室		
		厨房、卫生间		
		楼梯、楼梯间	水泥砂浆（120 mm高，面刷灰色调和漆）	
		电梯机房、配电小间	水泥砂浆（120 mm高，面刷灰色调和漆）	
		入户大厅、电梯厅、前室、住宅门厅		
		阳台		
		架空公共开放空间	面砖踢脚（100 mm高）	
	内墙面	客厅、餐厅、卧室	混合砂浆	
		厨房、卫生间	防水砂浆	
		楼梯、楼梯间	白色防霉无机涂料	
		电梯机房、配电小间	仿瓷性涂料	
		入户大厅、电梯厅、前室、住宅门厅	一层入户大厅为釉面砖墙面（设计确定规格），一层以上为白色防霉无机涂料	
		阳台	仿瓷性涂料	
		架空公共开放空间	白色外墙涂料	
	顶棚(吊顶)	客厅、餐厅、卧室	混合砂浆	
		厨房、卫生间	混合砂浆	
		楼梯、楼梯间	白色防霉无机涂料	

续表

名称	类别	设计标准	备注	
住宅（毛坯）		电梯机房、配电小间	仿瓷性涂料	
		入户大厅、电梯厅、前室、住宅门厅	白色防霉无机涂料	
		阳台	仿瓷性涂料	
		架空公共开放空间	混合砂浆乳胶漆	
	强弱电	强电到点、弱电到入户箱		
	给水	户内给水安装到最近点，设一给水开关阀		
	排水	安装排水立管，预留排水接口并做好封堵		
	燃气	接入厨房总阀		
	有线电视	接入户内弱电箱		
	保温层	外墙保温形式	外墙内保温	
	保温层	屋面、露台保温材料	XPS挤塑板	
		楼梯间、厨房、公共部位墙面保温材料	无机水泥发泡保温板	
		户内墙面保温材料	XPS挤塑板	
		户内地面保温材料	软木地板（用户自理）	
	外立面配置标准	外墙	真石漆＋涂料	单元门口进行标志性设计
		阳台栏杆	锌钢栏杆	
		窗户	塑钢护框、窗框＋Low-E中空玻璃	采用国内著名品牌
		护窗栏杆	锌钢栏杆	
		入户门	钢质防盗门	
		阳台推拉门	塑钢框＋钢化玻璃	
	其他	卫生间排气做法	墙上开孔做保护	
地下室	层高	3.9 m		
	层数	原则设置一层，在满足规范要求下尽量减小规模，特殊情况除外		
	地面	地下车库	环氧树脂地坪	
		滤毒室、扩散室、除尘室、平战进风、排风机房、防毒通道兼简易洗消、集气室、值班室、储藏室、配电房、柴油发电机房	水泥砂浆	

续表

名称	类别	设计标准	备注	
地下室		物管用房、商业及附属用房、社区服务及附属用房	水泥砂浆	
		卫生间、盥洗室（人防区）	水泥砂浆防水楼地面	
		楼梯间、过道、电梯前室、密闭通道	仅电梯前室采用玻化砖，其余为水泥砂浆地面	
		水泵房	玻化砖	
	踢脚板	地下车库	水泥砂浆	踢脚高度300 mm
		滤毒室、扩散室、除尘室、平战进风、排风机房、防毒通道兼简易洗消、集气室、值班室、储藏室、配电房、柴油发电机房	水泥砂浆	踢脚高度150 mm，加刷耐磨地坪漆
		物管用房、商业及附属用房、社区服务及附属用房	水泥砂浆	
		卫生间、盥洗室		
		楼梯间、过道、电梯前室、密闭通道	仅电梯前室采用玻化砖	踢脚高度150 mm
		水泵房	玻化砖	
	内墙面	地下车库	白色防霉漆	
		滤毒室、扩散室、除尘室、平战进风、排风机房、防毒通道兼简易洗消、集气室、值班室、储藏室、配电房、柴油发电机房	在满足人防、消防验收要求下全部刷白色防霉漆（同地下车库墙面做法）	
		卫生间、盥洗室	防水砂浆	
		楼梯间、过道、电梯前室、密闭通道	防霉乳胶漆	
		水泵房	白色防霉漆	
	顶棚	地下车库	白色防霉漆	
		滤毒室、扩散室、除尘室、平战进风、排风机房、防毒通道兼简易洗消、集气室、值班室、储藏室、配电房、柴油发电机房	在满足人防、消防验收要求下全部刷白色防霉漆（同地下车库顶棚做法）	

续表

名称	类别	设计标准	备注	
地下室		物管用房、商业及附属用房、社区服务及附属用房	水泥砂浆	
		卫生间、盥洗室	水泥砂浆	
		楼梯间、过道、电梯前室、密闭通道	白色防霉漆	
		水泵房	白色防霉漆	
	车库出入口	做阳光雨棚（型钢＋钢化玻璃）		
	照明	普通节能灯/LED节能灯		
商业	楼地面	商业部分	水泥砂浆楼地面	① 电梯门套为200 mm宽深色仿大理石门套；② 弱电机房及消防控制室室内墙面及顶棚防静电处理措施，另请专业公司二次设计
		商业部分卫生间	水泥砂浆防水楼地面	
		商业楼梯、楼梯间	水泥砂浆楼地面	
		电梯机房	水泥砂浆楼地面	
		公厕	防水＋陶瓷地砖（防滑）	
	踢脚板	商业部分		
		商业部分卫生间		
		商业楼梯及楼梯间	水泥砂浆（120 mm高，面刷灰色调和漆）	
		电梯机房	水泥砂浆（120 mm高）	① 电梯门套为200 mm宽深色仿大理石门套；② 弱电机房及消防控制室室内墙面及顶棚防静电处理措施，另请专业公司二次设计
		公厕		
	内墙面	商业部分	混合砂浆	
		商业部分卫生间	防水砂浆	
		商业楼梯及楼梯间	刮白或水泥砂浆	
		电梯机房	刮白或水泥砂浆	

续表

名称	类别	设计标准	备注	
商业	顶棚	公厕	釉面砖	
		商业部分	水泥砂浆（原结构顶打磨找平）	
		商业部分卫生间	水泥砂浆（原结构顶打磨找平）	
		商业楼梯及楼梯间	刮白或水泥砂浆	
		电梯机房	刮白或水泥砂浆	
		公厕	铝扣板吊顶	
	强弱电	强电到点、弱电到入户箱		
	给水	户内给水安装到最近点，设一个给水开关阀		
	排水	安装排水立管，预留排水接口并做好封堵		
	燃气	预留公共燃气接驳口		
	有线电视	接入户内弱电箱		
	保温层	外墙保温形式	外墙内保温	
		屋面、露台保温材料	XPS 挤塑板	
		楼梯间、公共部位墙面保温材料	无机水泥发泡保温板	
		户内墙面保温材料	XPS 挤塑板	
		户内地面保温材料	XPS 挤塑板	
	外立面配置标准	外墙	真石漆 + 干挂大理石	
		窗户	铝合金护框及窗框+Low-E 中空玻璃	
		护窗栏杆	锌钢栏杆	
	其他	空调形式	大开间预留中央空调机位和布线，小开间商户自理	
		卫生间排气做法	墙上开孔	
物业、社区用房	楼地面	社区用房、物管用房	水泥砂浆楼地面	电梯门套为 200 mm 宽深色仿大理石门套
		卫生间	水泥砂浆防水楼地面	
		楼梯间	水泥砂浆楼地面	
	踢脚板	社区用房、物管用房		
		卫生间		

续表

名称	类别	设计标准	备注	
物业、社区用房		楼梯间	水泥砂浆（120 mm 高，面刷灰色调和漆）	
	内墙面	社区用房、物管用房	混合砂浆	
		卫生间	防水砂浆	
		楼梯间	混合砂浆＋乳胶漆	
	顶棚	社区用房、物管用房	水泥砂浆（原结构顶打磨找平）	
		卫生间	水泥砂浆（原结构顶打磨找平）	
		楼梯间	混合砂浆乳胶漆	
	强弱电	强电到点、弱电到入户箱		
	给水	户内给水安装到最近点，设一给水开关阀		
	排水	安装排水立管，预留排水接口并做好封堵		
	燃气	预留公共燃气接驳口		
	有线电视	接入户内弱电箱		
	保温层	外墙保温形式	外墙内保温	
		屋面、露台保温材料	XPS 挤塑板	
		楼梯间、公共部位墙面保温材料	无机水泥发泡保温板	
		户内墙面保温材料	XPS 挤塑板	
		户内地面保温材料	XPS 挤塑板	
	外立面配置标准	外墙	真石漆＋干挂大理石／涂料	物业用房和社区用房如跟商业为一体建筑，则参照商业外立面做法，反之则为真石漆＋涂料
		窗户	塑钢护框、窗框＋Low-E 中空玻璃	
		护窗栏杆	锌钢栏杆	
	其他	空调形式	预留分体空调机位及空调孔洞	
		卫生间排气做法	墙上开孔	
幼儿园	楼地面	男卫、女卫、残卫、洗衣房	砂浆找平地面	
		配电室、教具储藏	/	

续表

名称	类别	设计标准	备注	
幼儿园	楼地面	隔离室、保健室、晨检室、门卫室	/	
		楼梯间、走廊、门厅	/	
		卫生间（幼儿）	/	
		活动室、衣帽间、寝室		
		办公室、会议室、教师值班室		
		音体活动室		
		厨房部分（含更衣室等）		
	踢脚板	男卫、女卫、残卫、洗衣房	/	
		配电室、教具储藏室	面砖踢脚（120mm 高）	
		隔离室、保健室、晨检室、门卫室		
		楼梯间、走廊、门厅		
		卫生间（幼儿）		
		活动室、衣帽间、寝室		
		办公室、会议室、教师值班室	面砖踢脚（120 mm 高）	
		音体活动室		
		厨房部分（含更衣室等）		
	墙裙	男卫、女卫、残卫、洗衣房		
		配电室、教具储藏室		
		隔离室、保健室、晨检室、门卫室	建议贴砖，具体做法根据教育局规范实施	
		楼梯间、走廊、门厅	建议贴砖，具体做法根据教育局规范实施	
		卫生间（幼儿）		
		活动室、衣帽间、寝室	建议贴砖，具体做法根据教育局规范实施	
		办公室、会议室、教师值班室		
		音体活动室	建议贴砖，具体做法根据教育局规范实施	
		厨房部分（含更衣室等）		
	内墙面	男卫、女卫、残卫、洗衣房	乳胶漆	

续表

名称	类别	设计标准	备注	
幼儿园		配电室、教具储藏室	乳胶漆	
		隔离室、保健室、晨检室、门卫室	乳胶漆	
		楼梯间、走廊、门厅	乳胶漆	
		卫生间（幼儿）	乳胶漆	
		活动室、衣帽间、寝室	乳胶漆	
		办公室、会议室、教师值班室	乳胶漆	
		音体活动室	乳胶漆	
		厨房部分（含更衣室等）	釉面砖墙面（300mm×450mm）	
	顶棚（吊顶）	男卫、女卫、残卫、洗衣房	铝扣板吊顶（600mm×600mm）	吊顶高度平梁底
		配电室、教具储藏室	乳胶漆	
		隔离室、保健室、晨检室、门卫室	乳胶漆	
		楼梯间、走廊、门厅	乳胶漆（楼梯间）轻钢龙骨纸面石膏板吊顶（走廊、门厅）	
		卫生间（幼儿）	铝扣板吊顶	
		活动室、衣帽间、寝室	乳胶漆	
		办公室、会议室、教师值班室	乳胶漆	
		音体活动室	乳胶漆	
		厨房部分（含更衣室等）	乳胶漆	
	强弱电	强电到点、弱电到入户箱		
	给水	户内给水安装到最近点，设一个给水开关阀		
	排水	安装排水立管，预留排水接口并做好封堵		
	燃气	预留公共燃气接驳口		
	有线电视	接入户内弱电箱		
	保温层	外墙保温形式	外墙内保温	
		屋面、露台保温材料	XPS挤塑板	
		楼梯间、公共部位墙面保温材料	无机水泥发泡保温板	
		户内墙面保温材料	XPS挤塑板	

续表

名称	类别	设计标准	备注	
幼儿园	外立面配置标准	户内地面保温材料	XPS 挤塑板	
		外墙	真石漆 + 涂料	
		窗户	塑钢窗框 +Low-E 中空玻璃	
		护窗栏杆	锌钢栏杆	
	功能配置	游乐设施		
景观工程	成本	综合单价 300 元 /m²		
	功能配置	健身器材、休闲设施		
	围墙	通透式铁艺围墙 + 真石漆		
	雨水回收系统	施工图进行深化设计		
其他配套	车位充电	预留机动车位充电条件		
	消防、人防设计	满足最新规范验收标准		
电梯	质保期	两年		
	品牌	国内二线品牌		
	电梯井道尺寸	担架电梯	不宜小于 2 200mm×2 100mm	
		客梯	不宜小于 2 200mm×2 100mm	
	电梯轿厢尺寸	担架电梯	不宜小于 1 500mm×1 600mm	
		客梯	不宜小于 1 500mm×1 600mm	
	净空高度	不宜小于 2 450 mm		
	开门尺寸	不宜小于 900 mm×2 100 mm		
	载重	不宜小于 1 000 kg		
	运行速度	不宜小于 1.75 m/s		

备注：防水材料采用国内一线品牌。

3.3.8 工程建设收费

工程建设收费是政府及相关机构和咨询服务单位，为建设工程提供管理和服务，向工程建设项目收取的费用。《中华人民共和国价格法》（中华人民共和国主席令第九十二号）规定：价格包括商品价格和服务价格。其中，商品价格是指各类有形产品和无形资产的价格；服务价格是指各类有偿服务的收费。我国价格包括三大类：市场调节价、政府指导价和政府定价。其中，市场调节价，是指由经营者自主制定，通过市场竞争形成的价格；政府指导价，是指依照本法规定，由政府价格主管部门或者其他有关部门，按照定价权限和范围规定基准价及其浮动幅度，指导经营者制定的价格；政府定价，是指依照本法规定，由政府价格主管部门或者其他有关部门，按照定价权限和范围制定的价格。大多数商品和服务价格实行市场调节价，极少数商品和服务价格实行政府指导价或者政府定价。工程建设收费在工程建设其他费中占有较大的比重。工程建设其他费用是根据有关规定应在基本建设投资中支付的，并列入建设项目总投资的，除工程费用、预备费、建设期贷款利息以外的归属建设投资的费用。

3.3.8.1 工程建设收费（见表3-4）

工程建设收费，根据收费性质，可以分为行政事业性收费、服务性或经营服务性收费两种；根据收费依据文件性质，可以分为强制性收费、降标服务性收费和市场化服务性收费三种。

①行政事业性收费。行政事业性收费是指国家机关、事业单位、代行政府职能的社会团体及其他组织，根据法律、行政法规、地方性法规等有关规定，依照国务院规定程序批准，在向公民、法人提供特定服务的过程中，按照成本补偿和非营利原则，向特定服务对象收取的费用。工程建设行政事业性收费主要有：城市基础设施配套费、城市道路挖掘修复费、城市绿化赔偿费和城市绿化补偿费、水土保持设施补偿费、水资源费、防空地下室异地建设费及人防工程及设施毁损赔（补）偿费、白蚁预防费、土地复垦费、土地闲置费、耕地开垦费、特种设备检验检测费、森林植被恢复费、新菜地建设基金、价格调节基金、不动产登记费、破损公路及公路设施赔补偿费和公路占用费等。

②降标服务性收费。降标是指降低标准。服务性收费是指向社会提供场所、设施，或技术、知识、信息、体力劳动，包括代替服务等，依据价格部门收费许可而收取的费用。工程建设降标服务性收费主要有：建设项目前期工作咨询服务费，建设项目环境影响咨询服务费，畜牧业生产建设项目环评咨询服务费，工程勘察设计服务费，水利、水电、电力建设项目前期工作工程勘察服务费，建设工程造价咨询服务费，建设档案利用技术服务费，城乡规划信息技术服务费，房产测绘服务费，国土资源档案资料信息服务费，建设用地地质灾害危险性评估服务费，公共资源交易服务费，建设工程交易服务费，产权交易服务费，

建设项目安全评价服务费，防雷检测服务费等。

③市场化服务性收费。市场化服务性收费是指服务机构按照公平合法和诚实信用的原则，依据服务质量、服务成本和市场供求状况自主确定的收费。工程建设市场化服务性收费主要有：招标代理服务费，地籍测绘服务费、拔地定桩（放线）服务费，政府重点工程建设用地代办服务费，集体土地征地拆迁服务费，环境监测专业技术服务费，压覆矿产资源评估服务费、矿产资源规划编制服务费，土地利用规划技术服务费，建筑智能化系统工程安全服务费，担保服务费、界址点测绘服务费和房产基础测绘服务费，征占用林地可行性论证报告收费，气象预报服务费、特种气象服务费、大气环境影响评价气象服务费、气象信息服务费，气象资料服务费、施放气球技术服务费，考古调查、勘探、发掘服务费等。这类收费具有以下特点：政府文件要求实施，政府相关部门制定有收费标准，服务价格由双方协商确定。

表 3-4　工程建设收费项目及依据表

序号	项目	依据文件
1	城市基础设施配套费（行政事业性收费）	《湖南省住房城乡建设系统行政事业性收费管理办法》（湘价费〔2009〕169号）、《关于发布湖南省住房城乡建设系统行政事业性收费标准的通知》（湘发改价费〔2015〕1119号）
2	城市道路挖掘修复费（行政事业性收费）	
3	城市绿化赔偿费和城市绿化补偿费（行政事业性收费）	
4	不动产登记费（行政事业性收费）	
5	防空地下室异地建设费及人防工程及设施毁赔（补）偿费（行政事业性收费）	《关于公布人防系统行政事业性收费标准的通知》（湘发改价费〔2017〕1187号）、《湖南省物价局、湖南省财政厅关于核定人防系统行政事业性收费标准的通知》（湘价费〔2014〕60号）
6	破损公路及公路设施赔补偿费和公路占用费（行政事业性收费）	《关于发布〈湖南省交通运输系统行政事业性收费管理办法〉的通知》（湘价费〔2011〕167号）
7	水土保持设施补偿费（行政事业性收费）	《关于降低2017年度涉企行政事业性收费标准的通知》（湘发改价费〔2017〕534号）、《关于印发水土保持补偿费收费标准的通知》（湘发改价费〔2014〕1171号）

续表

序号	项目	依据文件
8	水资源费〔包括从河、湖或者地下取用水的单位（供水企业和农村集中供水单位）和个人〕（行政事业性收费）	《湖南省水资源费征收使用管理实施办法》（湘财综〔2018〕40号）、《关于调整水资源费征收标准的通知》（湘价费〔2013〕104号）
9	土地复垦费、土地闲置费、耕地开垦费（行政事业性收费）	《湖南省耕地开垦费征收使用管理办法》（湘政办发〔2019〕38号）、《湖南省耕地开垦费土地复垦费征收使用管理办法》（湘政办发〔2000〕1号）、《关于切实加强土地闲置费征收管理的通知》（湘财综〔2008〕68号）
10	特种设备〔锅炉、容器、压力管道、起重机、厂（场）内机动车辆、电梯、游乐设施、客运索道〕检验检测费（行政事业性收费）	《关于发布湖南省市场监督管理系统行政事业性收费标准的通知》（湘发改价费〔2019〕224号）
11	森林植被恢复费（行政事业性收费）	《湖南省森林植被恢复费征收使用管理实施办法》（湘财综〔2018〕44号）、《财政部国家林业局关于调整森林植被恢复费征收标准引导节约集约利用林地的通知》（财税〔2015〕122号）
12	新菜地建设基金、价格调节基金（行政事业性收费）	《长沙市政府关于规范和统一建设项目行政事业性收费按面积计费的通知》（长政发〔2003〕10号）
13	建设用地地质灾害危险性评估服务费（降标服务性收费）	《关于取消、降标和放开一批涉企经营服务性收费的通知》（湘发改价服〔2016〕144号）规定，按现行（湘价服〔2012〕87号）收费标准下调10%
14	建设项目安全评价服务费（降标服务性收费）	《关于取消、降标和放开一批涉企经营服务性收费的通知》（湘发改价服〔2016〕144号）规定，按现行（湘价服〔2014〕91号）收费标准下调10%
15	建设项目前期工作咨询服务费（包括项目建议书、可行性研究编制、评估费）（降标服务性收费）	《关于再次市场化一批服务性收费的通知》（湘发改价服〔2014〕1159号）按现行（湘价房字〔2000〕第95号）收费标准下调10%
16	工程勘察设计服务费（降标服务性收费）	《关于再次市场化一批服务性收费的通知》（湘发改价服〔2014〕1159号）规定，按现行（湘价服〔2002〕41号）收费标准下调10%
17	建设项目环境影响咨询服务费（降标服务性收费）	《关于再次市场化一批服务性收费的通知》（湘发改价服〔2014〕1159号）按现行（湘价服〔2002〕80号）收费标准下调20%
18	畜牧业生产建设项目环评咨询服务费（降标服务性收费）	《关于再次市场化一批服务性收费的通知》（湘发改价服〔2014〕1159号）规定，按现行（湘价服〔2008〕20号）收费标准下调10%

续表

序号	项目	依据文件
19	水利水电电力建设项目前期工作工程勘察服务费（降标服务性收费）	《关于再次市场化一批服务性收费的通知》（湘发改价服〔2014〕1159号）规定，按现行（湘价服〔2006〕113号）收费标准下调20%
20	建设工程造价咨询服务费（降标服务性收费）	《关于再次市场化一批服务性收费的通知》（湘发改价服〔2014〕1159号）规定，按现行（湘价服〔2009〕81号）收费标准下调20%
21	房产测绘服务费（降标服务性收费）	《关于取消、降标和放开一批涉企经营服务性收费的通知》（湘发改价服〔2016〕144号）规定，按现行（湘价服〔2012〕154号）收费标准下调10%
22	建设档案利用技术服务费（降标服务性收费）	《关于取消、降标和放开一批涉企经营服务性收费的通知》（湘发改价服〔2016〕144号）规定，按现行（湘价服〔2012〕86号、湘发改价服〔2014〕966号、湘发改价服〔2014〕1160号）收费标准下调50%
23	国土资源档案资料信息服务费（降标服务性收费）	《关于取消、降标和放开一批涉企经营服务性收费的通知》（湘发改价服〔2016〕144号）规定，按现行（湘价服〔2012〕87号）收费标准下调50%
24	城乡规划信息技术服务费（降标服务性收费）	《关于取消、降标和放开一批涉企经营服务性收费的通知》（湘发改价服〔2016〕144号）规定，按现行（湘价服〔2013〕128号、湘发改价服〔2014〕966号）收费标准下调30%
25	防雷检测服务费（降标服务性收费）	《关于取消、降标和放开一批涉企经营服务性收费的通知》（湘发改价服〔2016〕144号）规定，按现行（湘价服〔2011〕194号、湘发改价服〔2014〕1160号）收费标准下调20%
26	建设工程交易服务费（降标服务性收费）	《关于我省公共资源交易服务收费的通知》（湘发改价费〔2019〕366号）规定，收费上限为每宗交易服务费最高不超过10万元，按现行（湘价服〔2014〕33号）收费标准下调40%
27	建设工程质量检测服务费（市场化服务性收费）	《湖南省物价局关于进一步规范建设工程质量检测服务收费的通知》（湘价服〔2009〕186号）
28	城市建筑垃圾运输处置费（市场化服务性收费）	《长沙市城市建筑垃圾运输处置管理规定》（长政发〔2015〕15号）
29	劳动安全卫生评审费（市场化服务性收费）	《市政工程设计概算编制办法》（建标〔2011〕1号）

续表

序号	项目	依据文件
30	建设工程消防设施及系统检测服务费（市场化服务性收费）	《关于规范消防检测技术服务收费有关问题的通知》（湘价服〔2012〕157号）
31	招标代理服务费（市场化服务性收费）	《关于降低部分建设项目收费标准规范收费行为等有关问题的通知知》（计价格〔2011〕534号），《招标代理服务收费管理暂行办法》（计价格〔2002〕1980号）
32	工程监理费（市场化服务性收费）	《建设工程监理与相关服务收费管理规定》（发改价格〔2007〕670号）
33	征占用林地可行性论证报告收费包括林业技术鉴定费、营林规划设计费、营林检查验收费、森林资源调查费（市场化服务性收费）	《关于进一步规范林业技术服务收费的通知》（湘发改价服〔2014〕841号）
34	水利规划编制、水资源论证报告编制费、水土保持方案报告编制费、水土保持设施竣工验收技术评估报告编制费、洪水影响评价报告编制费、防洪评价报告编制费、占用水域影响评价报告编制费（市场化服务性收费）	《关于公布水利系统服务性收费项目和标准的通知》（湘价服〔2013〕134号）
35	建筑智能化系统工程安全服务收费（市场化服务性收费）	《关于省产商品质量监督检验研究院建筑智能化系统工程安全服务收费标准的复函》（湘价函〔2013〕182号）
36	地籍测绘服务费、拔地定桩放线服务费（市场化服务性收费）	《关于规范国土资源系统服务性收费有关问题的通知》（湘价服〔2012〕87号）
37	政府重点工程建设用地代办服务费（市场化服务性收费）	《关于规范国土资源系统服务性收费有关问题的通知》（湘价服〔2012〕87号）
38	集体土地征地拆迁服务费（市场化服务性收费）	《关于规范国土资源系统服务性收费有关问题的通知》（湘价服〔2012〕87号）
39	高可靠供电费（市场化服务性收费）	《关于停止收取供配电贴费有关问题的补充通知》（湘价重〔2004〕25号）
40	渣土处置服务费、卸土区场地占用费（市场化服务性收费）	《关于发布新型智能环保渣土专用运输车土石方挖运计价标准的通知》（长住建发〔2015〕111号）
41	入河排污口设置论证报告编制费（市场化服务性收费）	《湖南省入河排污口监督管理办法》（湘政办发〔2018〕44号）

续表

序号	项目	依据文件
42	污水处理费（市场化服务性收费）	《湖南省发展和改革委员会关于发布湖南省政府定价的经营服务性收费目录清单（2019年版）的公告》（湖南省发展和改革委员会公告2019第5号）
43	压覆矿产资源评估服务费、矿产资源规划编制服务费（市场化服务性收费）	《关于公布2015年版政府定价行政审批前置服务收费目录清单和涉企经营服务收费目录清单的通知》（湘发改价服〔2015〕847号）
44	土地利用规划技术服务费（市场化服务性收费）	《关于制定土地利用规划技术服务收费标准的批复》（湘价函〔2013〕82号）
45	环境监测专业技术服务费（市场化服务性收费）	《关于重新审定环境监测专业技术服务收费标准的通知》（湘价服〔2001〕18号）
46	界址点测绘服务费和房产基础测绘服务费（市场化服务性收费）	《关于规范房产测绘服务费有关问题的通知》（湘价服〔2012〕154号）
47	气象预报服务费、特种气象服务费、大气环境影响评价气象服务费、气象信息服务费、气象资料服务费、施放气球技术服务费(市场化服务性收费）	《关于重新公布气象系统技术服务收费项目和收费标准的通知》（湘价服〔2011〕194号）
48	考古调查、勘探、发掘服务费（市场化服务性收费）	《关于公布2015年版政府定价行政审批前置服务收费目录清单和涉企经营服务收费目录清单的通知》（湘发改价服〔2015〕847号）
49	交通运输系统技术审查（咨询）费、试验检测费（市场化服务性收费）	《关于规范交通运输系统技术服务收费有关问题的通知》（湘价服〔2012〕171号）

此外，取消的服务性收费项目主要有：施工图审查费，地震安全性评价服务费，防雷装置设计技术评价服务费，新建、改建、扩建建（构）筑物防雷装置检测服务费，政府采购招标服务费，公共卫生及职业病防治服务性收费等。

市政公用服务强制报装费用，如供水报装、排水报装、供电报装、燃气报装和通信报装等的收费，没有明确标准。这类项目具有以下特点：

①需要经过施工及安装才能使用；

②需要经过权属单位或运维单位同意才能开梯；

③工程材料及设备需经权属单位认可才能施工；

④安装完工后需要经权属单位验收合格后才能开通等。

这类项目发生的费用一般据实计入建筑安装工程造价。这并不科学，也容易与市政配套设施费重复列支，其费用也难以控制，应视同非经营性收费进行管理。

3.3.8.2 湖南省住房城乡建设系统行政事业性收费

《关于发布湖南省住房城乡建设系统行政事业性收费标准的通知》（湘发改价费〔2015〕1119号）规定：湖南省住房城乡建设系统行政事业性收费分三大类：房地产收费、城建城管收费和考试报名费，详见表3-5。

表3-5　湖南省住房城乡建设系统行政事业性收费项目及标准表

单位：元

序号	收费项目	计费单位	收费对象	执收单位	收费标准	备注
1	房屋登记费	每件	房屋登记申请人	各市州、县（市）房产主管部门		申请预告登记不得收费；因房屋坐落的街道、门牌号码或因房屋名称变更、权利人姓名或者名称变更而申请的房屋所有权变更登记，减半收取；不动产登记收费政策明确后，房屋登记收费统一按不动产登记收费政策执行
1.1	住宅				70	向一个以上房屋权利人核发权属证书时，每增加一本证书加收证书工本费10元
1.2	非住宅				520	
2	房屋转让手续费	每平方米	房屋交易者	各市州、县（市）房产主管部门		
2.1	住宅					首次交易的房改房按每平米1元收取
2.1.1	新建商品住宅				2	由转让方承担
2.1.2	存量住房				4	转让双方各承担一半，交易双方有合同规定的，从其规定

续表

序号	收费项目	计费单位	收费对象	执收单位	收费标准	备注
2.2	非住房	计税价格				每宗最高不得超过5万元
2.2.1	新建商品房				0.5%	由转让方承担
2.2.2	存量房				1%	转让双方各承担一半，交易双方有合同规定的，从其规定
3	白蚁防治费	每平方米	新建、改建、扩建及装饰装修房屋所有人	各市州、县（市）白蚁防治机构		
3.1	新建、改建、扩建房屋				2.5	改建、扩建房屋按改建、扩建部分建筑面积收取
3.2	装饰装修房屋				3	对非营利性住房不得收费
4	城市基础设施配套费	按上年商品房平均销售价格	在城市规划区国有土地范围内（含风景名胜园区内）新建、改建（指原国有土地上的建筑改变原有性质等）、扩建住宅、工业和商业类建设项目的单位和个人	各级住建行政管理部门		在报建环节征收
4.1	长沙、株洲、湘潭				住宅3%、办公用房（含配套设施用房）及工业生产厂房3%、商业类4%	（1）按照《中华人民共和国城市规划法》的规定，城市是指国家按行政建制设立的直辖市、市、镇；（2）办公用房含行政事业单位、医院、大中专院校、企业办公用房；大中专院校教学楼及学生公寓、食堂等后勤服务配套设施用房；医院住院楼和医疗设施设备配套用房；（3）上年度商品房平均售价以统计部门公布的数据为准；（4）具体收费标准由市州、县（市、区）发改部门制定
4.2	其余市、州				住宅2.5%、办公用房（含配套设施用房）及工业生产厂房2.5%、商业类3.5%	
4.3	县（市）				住宅1%，其他2%	
4.4	建制镇				住宅1%，其他2%	
5	城市道路占用与挖掘修复费			各市州、县（市）住建行政管理部门或当地政府分管城市道路的管理部门		对临时停车和三轮车、摩托车等免收；收取城市道路挖掘修复费的不得同时再收取城市道路占用费

续表

序号	收费项目	计费单位	收费对象	执收单位	收费标准	备注
5.1	城市道路占用费		经住建行政管理部门或当地政府分管城市道路的管理部门批准，并办理临时占道手续，且占道时间在一个工作日以上的建设项目和其他项目的单位和个人			
5.1.1	建设工程项目	每日每平方米				
	市、州				1.5	
	县（市）				1	
5.1.2	其他项目					
	市、州				3	
	县（市）				2	
5.2	城市道路挖掘修复费	实时造价	经住建行政管理部门或当地政府分管城市道路的管理部门批准，在城市规划区内挖掘城市道路或因其他原因对城市道路造成毁坏的单位或个人		按破损面积实时造价的150%	城市道路挖掘和损毁后，原则上由城市建设管理部门进行修复；对挖掘和损毁城市道路的单位及个人自行修复并经城市建设主管部门验收合格的不得收费；新建、改建的城市道路两年内对其开挖的，按道路修复成本的两倍收费
6	园林绿化费			各市州、县（市）城市园林绿化主管部门		
6.1	赔偿费		故意或其他原因对原有城市规划内的绿化地、树木、花草和绿化设施造成损坏或破坏的责任人		（直接费＋间接费）×150%	经当地发改、财政部门审核，报当市、州政府批准后公布，并报省发改、财政部门备案；直接费是指林（苗）木花草购买时的实际价格，间接费是指种植的施工费用及生产生长周期的养管费用。为简便计算，间接费按不超过直接费的65%计算

续表

序号	收费项目	计费单位	收费对象	执收单位	收费标准	备注
6.2	补偿费	每平方米	因故达不到政府规定的附属绿化用地面积标准的新建、改建、扩建工程，经批准临时占用绿地6个月至2年的当事人，经批准因故减少现有绿地或减少规划绿地的当事人		各市州政府所在地城区收费标准：长沙市11 000元；株洲市9 000；湘潭市7 900；衡阳市7 000；岳阳市8 000；常德市7 800；张家界市7 500；邵阳市6 900；益阳市6 200；郴州市6 000；怀化市5 570；永州市5 500；娄底市5 400；吉首市5 200元	补偿费由县级及以上的园林城市的园林主管部门收取；区、县（县级市）城区补偿费收费标准在不超过当地上年商品房平均销售价格的两倍；由市（州）发改部门制定，报省发改、财政部门备案
7	考试报名费					项目及标准另行下文

备注：下列情况免收房屋转让手续费：经济适用房（控制面积以内）、限价商品房、棚户区改造安置住房等保障性住房；因继承、遗赠、婚姻关系共有发生的房屋转让；按照《中小企业划型标准规定》（工信部联企业〔2011〕300号）确定的小微企业；企、事业单位在改制重组过程中发生房屋产权转移，且属于税务部门契税免征范围的。

（1）房地产收费。

房地产收费为房地产主管部门依据国家的法律法令对房地产进行登记和在其他管理中收取的行政事业性费用，包括房屋所有权登记费、房屋安全鉴定费、白蚁预防费等。

①房屋所有权登记费是指房地产主管部门对房屋权属依法进行各类登记时向房屋登记申请人收取的行政事业性费用。分为住宅登记和非住宅登记收费。

②城市房屋安全鉴定费是指房屋安全鉴定机构依房屋所有人或使用人申请进行安全鉴定时收取的行政事业性费用。

③白蚁预防费是指房屋白蚁防治机构对新建、改建、扩建房屋和装饰装修房屋的所有者收取的行政事业性费用。

（2）城建城管收费。

城建城管收费是指为征集城市建设和城市管理所需要的资金，补偿城市建设部门在为公民、法人及团体服务中的费用开支以及收缴占有城市资源者付出的报酬所收取的行政事业性费用。包括城市基础设施配套费、园林绿化费、城市道路占用费、城市道路挖掘修复费。

①城市基础设施配套费是指政府为建设城市配套设施及进行城市管理等所收取的行政事业性费用。用于建设城市道路、桥梁、公共交通设施、城市园林景观、地下排污管网，举办义务教育和环卫的各项工作开支。按工程建设项目的隶属关系由同地同级建设行政主管部门在报建环节收取。

《关于长沙市城市基础设施配套费征收标准及有关问题的通知》（长财综〔2018〕3号）规定：凡在全市城市规划区国有土地范围内（含风景名胜园区内）新建、改建（指原国有土地上的建筑改变原有性质等）、扩建住宅、办公用房（含配套设施用房）及工业生产厂房、商业类等建设项目的单位和个人，均应按规定的征收方式和标准缴纳城市基础设施配套费。

a. 征收标准如表3-6所示。

表3-6　长沙市城市基础设施配套费征收标准

单位：元／m²

类别	一级地	二级地	三级地	四级地	五级地	六级地
住宅类	206	168	137	115	92	69
办公用房（含配套设施用房）及工业生产厂房类	206	168	137	115	92	69
商业类	275	230	183	153	122	92

备注：①办公用房含行政事业性单位、医院、大中专院校、企业办公用房；包括大中专院校教学楼及学生公寓、食堂等后勤服务配套设施用房；医院住院楼和医疗设施设备配套用房。
②住宅类、办公用房（含配套设施用房）及工业生产厂房、商业类以外的建设类别，其城市基础设施配套费按照办公用房（含配套设施用房）及工业生产厂房类收费标准执行。
③六级以下用地，按照六级地收费标准执行。雨花区跳马镇，天心区暮云街道、南托街道行政区域范围内建设项目按六级地收费标准执行。

b. 减免补退范围。

（ⅰ）对房屋所有权人对自有房屋拆除后在原有土地上按原面积原性质重新建房、公租房、经济适用房、廉租住房、安置用房、部队军事和办公用房、中小学（含幼儿园）教学及配套设施用房、社会福利事业单位非营利性用房等

续表

免征城市基础设施配套费；对非营利性养老和医疗机构建设免征城市基础设施配套费，对营利性养老和医疗机构建设减半征收城市基础设施配套费。

（ii）临时建筑免征城市基础设施配套费。

（iii）建设项目的配套设施（仅限于地上部分的车库，地下空间部分的车库、设备用房、交通用房）免征城市基础设施配套费。

（iv）经批准，建设项目在建设过程中因土地利用条件、规划条件等调整而造成规划用途改变或建筑面积增减的，应当按照调整后的规划用途和规划建筑面积予以补退城市基础设施配套费（其中，原由国土在用地审批环节征收的城市基础设施配套费，因容积率减少退付需经规划部门核准）。

②城市道路占用费是指由住房城乡建设行政主管部门或当地政府分管城市道路的管理部门，向经城市建设行政主管部门批准并办理临时占道或破路手续，且占道时间在一个工作日以上的建设项目和其他项目的单位和个人收取的行政事业性收费。用于道路破损修复、临时占道管理的工作开支及占道造成损失的补偿。

建设项目的占道是指新建各种建（构）筑物、基建施工和建筑过程中在道路上堆物堆料。

其他项目的占道是指在道路上停放机动车辆、搭建临时棚房、摆放已办理营业执照的固定摊点以及设置临时广告标志牌。

③城市道路挖掘修复费是指经有权机关批准在城市规划区内挖掘城市道路或因其他原因对城市道路造成毁坏的单位或个人收取的行政事业性收费。用于城市道路修复的各项开支。执收单位为住房城乡建设行政管理部门或政府分管城市道路主管部门。对挖掘或毁坏道路者自己修复并经验收合格的不得收费；收取城市道路挖掘修复费的同时不得再收取城市道路占用费。

④园林绿化费包括城市绿化赔偿费和城市绿化补偿费。

城市绿化赔偿费是指由城市园林绿化主管部门对故意或其他原因对原有城市规划内的绿化地、树木、花草和绿化设施造成损坏或破坏的责任人收取的行政事业性费用。用作绿化建设的直接费和绿化植物在生产生长周期内的养管费用，是惩罚性质的赔偿。

城市绿化补偿费是指由省级（含）以上的园林城市的园林主管部门对因故

达不到政府规定的附属绿化用地面积标准的新建、改建、扩建工程，经批准临时占用绿地6个月至2年的当事人，经批准因故减少现有绿地或减少规划绿地的当事人收取的行政事业性收费。用于园林绿化部门实行异地绿化的各项工作开支。

3.3.8.3 工程建设收费计算需要注意的问题

可行性研究报告编制和评估费、工程设计费、工程造价编制与审核费、工程勘察费、工程测量费、第三方监测费、工程检测费和工程监理费的计算，是工程建设常见的服务。根据《关于在全国开展交通运输业和部分现代服务业营业税改征增值税试点税收政策的通知》（财税〔2013〕37号）的规定，这些服务是围绕工程建设而提供的"部分现代服务业"。"部分现代服务业"是指围绕制造业、文化产业、现代物流产业等基础产业而提供技术性、知识性服务的业务活动。它包括研发和技术服务、信息技术服务、文化创意服务、物流辅助服务、有形动产租赁服务、鉴证咨询服务、广播影视服务等。

根据文件规定，工程建设服务活动，包含研发和技术服务、文化创意服务和鉴证咨询服务。

研发和技术服务，具体包括研发服务，技术咨询服务，工程勘察、勘探服务等。其中，技术咨询服务是指对特定技术项目提供可行性论证、技术预测、专题技术调查、分析评价报告和专业知识咨询等业务活动。

工程勘察、勘探服务，是指在采矿、工程施工以前，对地形、地质构造、地下资源蕴藏情况进行实地调查的业务活动。

文化创意服务，具体包括设计服务、知识产权服务、广告服务和会议展览服务等。其中，设计服务，是指把计划、规划、设想通过视觉、文字等形式传递出来的业务活动，包括工程设计、工业设计、造型设计、环境设计、创意策划、文印晒图等。

鉴证咨询服务，具体包括认证服务、鉴证服务和咨询服务。其中，认证服务，是指具有专业资质的单位利用检测、检验、计量等技术，证明产品、服务、管理体系符合相关技术规范、相关技术规范的强制性要求或者标准的业务活动；鉴证服务，是指具有专业资质的单位，为委托方的经济活动及有关资料进行鉴证，发表具有证明力的意见的业务活动，包括工程造价鉴证、资产评估、环境评估、房地产土地评估、建筑图纸审核、医疗事故鉴定等；咨询服务是指提供和策划财务、税收、法律、内部管理等信息或者建议的业务活动。

可见，项目建议书、可行性研究报告编制与评估，工程造价编制，工程勘察、勘探以及工程测量、工程监测等，同属于"部分现代服务"中的研发和技术服务。其中，项目建议书、可行性研究报告编制与评估，工程造价编制等，属于技术咨询服务；工程勘察、勘探以及工程测量、工程监测，属于研发和技术服务。工程设计属于文化创意服务；工程检测属于鉴证咨询服务中的认证服务；工程造价审核、建筑图纸审核，属于鉴证咨询服务中的鉴证服务；工程监理，在"部分现代服务"中没有明确划分所属类型，可归属传统委托代理服务。

《关于在全国开展交通运输业和部分现代服务业营业税改征增值税试点税收政策的通知》（财税〔2013〕37号）是从增值税征收的角度对"部分现代服务"进行了分类。其分类标准的确定，主要考虑的是工作内容及特征、收支特点和税负以及经济发展水平等，不能替代工程建设专业服务分类。如工程监理，是指具有相应资质的工程监理单位，受建设单位的委托，在监理合同约定的范围内，依照法律、行政法规及有关的技术标准、设计文件和建筑工程承包合同，对承包单位在施工质量、建设工期和建设资金使用等方面，代表建设单位实施的监管。其特性是服务性、相对的独立性和有限的公正性。它具有认证属性，也具有鉴证特征，但主要是法律意义上的代理。代理是指代理人在代理权限内，以被代理人的名义与第三人实施民事法律行为，由此产生的法律后果由被代理人承担的一种法律制度。

虽然专业分类可以不考虑经济分类，但所有服务都是流转税的课税对象，最终均离不开税收。税收不同，对服务提供人的实际收入影响不同。专业分类与经济分类错位，可直接导致法律定位不准。如工程造价，若编制及施工过程中合同价款确认属于研发和技术服务，工程造价审核属于鉴证服务，二者在法律上是完全不同的身份。研发和技术服务出现差错，无论是主观还是客观原因造成的，都属于水平和服务态度以及职业道德问题，只需承担经济法律责任和职业道德责任，无需承担刑事法律责任；鉴证服务则具有证明作用，若出现重大差错，如果是主观行为，应承担刑事法律责任。在工程建设中，两者法律地位与作用完全不同。再如工程设计，专业分类中工程设计包括工程勘察。工程勘察主要为地基及基坑处理、基础设计与主体设计提供依据。根据"部分现代服务"分类，工程勘察属于研发和技术服务，设计文件编制属于文化创意服务，设计文件审核属于鉴证服务，其法律意义完全不同。鉴证是专业机构及人员，通过专业手段和方法，识别、判断某物质、事物的性质或者物体的本质，具有判别、识别和证明作用，以增强除责任方之外的使用者对鉴证对象信息的信任程度。其作用与技术服务完全不同。研发和技术服务是工程建设赖以继续的前提，是工程建设不可缺少的重要环节，而鉴证则是除责任方外，有需要才发生。两者在工程建设中的地位也完全不同。

3.3.9 政府投资项目可行性研究报告审批

投资估算是建设项目投资控制的最高限额。《湖南省人民政府办公厅关于进一步加强省本级政府投资项目审批及概算管理有关事项的通知》（湘政办发〔2019〕13 号）规定：报请省人民政府审议决策的省本级政府投资项目，由项目单位或项目实施机构委托具备相应资信等级的工程咨询机构，按国家规定的深度要求，如实规范编制项目可行性研究报告。投资概算原则上不得超出批复的可行性研究报告投资估算 10%，超出 10% 以内的资金按可行性研究报告批复明确的来源渠道（或比例）解决。湖南省发展和改革委员会审核或审批投资概算时，如发现超出批复的可行性研究报告投资估算 10% 的，可要求项目单位或项目实施机构重新编报可行性研究报告，或责令项目单位或项目实施机构调减建设规模或内容、降低建设及装修标准，重新开展初步设计、重新编制项目投资概算。

（1）审批机构：湖南省发展和改革委员会。

（2）同时核准事项：招标方式、组织形式和范围核准。

（3）审批依据：《湖南省人民政府办公厅关于印发〈湖南省省本级政府投资项目审批及概算管理办法〉的通知》（湘政办发〔2016〕85 号）第十四条、第十五条规定：省本级政府投资项目可行性研究报告应当包含招标范围、招标方式、招标组织形式等内容。总投资 1 000 万元以下，且不需新增建设用地的建设项目，可以简化可行性研究报告编制内容，重点阐述项目建设的必要性、建设依据、建设内容及规模、资金来源等情况。

（4）审批需要报送资料。

①城乡规划行政主管部门出具的选址意见书（仅指新增划拨用地项目）；

②国土资源行政主管部门出具的用地预审意见（不涉及新增用地，在已批准的建设用地范围内进行改扩建的项目可以不进行用地预审）；

③省级财政部门出具的资金安排意见或资金来源审核意见（省发改委全额安排建设资金，或安排部分资金，其余申请中央预算内投资补助的项目除外）；

④根据法律法规要求或省政府有关规定应提交的其他文件。

（5）不能以工程设计标准评审可行性研究报告。

目前，对可行性研究特别是其中的投资估算，并没有建立完善的质量评价标准。一些工程造价机构及其造价人员，往往机械地沿用对工程设计特别是对工程预算的质量标准进行评审，导致了管理上的混乱。如某道路改线工程可行性研究评审，专家评审提出了审查意见。编制单位因对投资估算的专业认识不足，也盲目承诺进行整改；后因整改不到位，落了个漏计重大项目而被通报批评。例如：

湖南省某市道路改线工程可行性研究投资估算审查需与设计确认的问题：

①估算弃方运距按 10 km 计算，设计文件无弃土场的位置，需明确。

回复：根据讨论初步确定弃土场位置，已重新估算弃方运距。

②本项目路基每公里土石方数量表中弃土方 47.25 万 m^3，弃石方 24.24 万 m^3，借土方 19.95 万 m^3，为何不用挖方来填？

回复：已按照江南段、江北段分别调运土石方。

③大桥（连续梁桥）基础和下部工程具体工程数量，如主桥桩基础、承台、主墩薄壁实体墩的工程数量，设计文件均未明确，请提供。

回复：已补充图纸。

④主桥上部结构：连续刚构、连续箱梁设计文件表述不一，请核实。

回复：主桥为连续变截面箱梁，图纸标示错误处已修改。

⑤设计文件需要明确声屏障是设置在路基段还是桥梁段。

回复：已在图纸文件中明确为路基段，并调整了声屏障单价。

⑥第二部分土地使用及拆迁补偿费：

a. 需提供拆迁户数。

回复：已补充。

b. 根据某市人民政府关于印发《某市集体土地征收与房屋拆迁补偿安置办法的通知》文件要求，经核实漏计搬家腾地奖、整体腾地奖、电杆和电力线补偿费用、拆迁工作经费、被征地农民社会保障基金、需设计单位确认。

回复：已补充相关费用。

c. 根据《湖南省财政厅　湖南省林业厅转发财政部国家林业局关于调整森林植被恢复费征收标准引导节约集约利用林地的通知》（湘财综〔2015〕44 号）文件，经核实漏计森林植被恢复费，需设计单位确认。

回复：已补充相关费用。

上述专家意见，存在以下缺陷：

①关于标准要求与设计确认的问题。

超出了可行性研究的范围。可行性研究阶段没有设计单位，可行性研究报告提供的技术方案，充其量叫作设计方案。设计方案与方案设计不是一回事。设计单位要在可行性研究批复之后，才能进入工程设计阶段。

②关于设计文件无弃土场的位置的问题。

弃土场位置，不是投资估算必须完成的工作。投资估算是为后续方案设计、初步设计明确投资控制总目标与总任务，可以不考虑施工组织设计方面的工作。在建设程序中，渣土外运路线、运输方式、实际运距及弃土地点，是开工前应该完成的工作。当然，在投资估算土方工程费用中，必须包括这项费用。

③关于土石方数量表为何不用挖方来填的问题。

土方平衡的问题，不是投资估算必须解决的问题，而是详细勘察阶段应该解决的问题。投资估算阶段的土方工程费用，可以包括挖运弃的全部费用，可不进行试算平衡。

④关于大桥（连续梁桥）基础和下部工程具体工程数量，设计文件均未明确的问题。

主桥桩基础、承台、主墩薄壁实体墩的工程数量确认，是施工图设计阶段的任务，不是可行性研究阶段的工作。可行性研究只需要对主桥桩基础、承台、主墩薄壁实体墩的技术方案进行分析，对技术方案分析涉及的工程数量进行预估。可行性研究阶段没有设计文件，也不可能对主桥桩基础、承台、主墩薄壁实体墩的工程数量进行准确计算。即使提供了工程量数据，也是预估数据，也是大于预算工程量的数据，从理论上说，预估量不超过10%，都是可以的。

⑤关于主桥上部结构——连续刚构、连续箱梁设计文件表述不一的问题。

可行性研究中的工程技术文件表述不一致，是工程技术分析不严谨造成的。工程技术包括工程设计，但并不等于工程设计。不能把工程技术出现的问题都认定为工程设计存在的问题。

⑥关于设计文件需要明确声屏障是设置在路基段还是桥梁段的问题。

可行性研究中的工程技术文件不等于工程设计文件，声屏障设置的费用可以包括在桥梁附属设施中。针对道路跨越城市居住密集区可能对居民生活造成的影响设置声屏障，是可行性研究阶段应该考虑的，但对声屏障的具体设计，是设计阶段应该考虑的问题，不能以设计阶段的要求作为衡量可行性研究报告的质量标准。

⑦关于土地使用及拆迁补偿费中需提供拆迁户数的问题。

在可行性研究阶段，可行性研究单位应明确提出要求建设单位开展征地拆迁方案及征地搬迁补偿费安置标准的工作，并同时向可行性研究单位提供相应数据。可行性研究单位没有向建设单位索要相关数据，是可行性研究单位的责任，但是建设单位不能提供相应数据，是建设单位的责任。若可行性研究报告需要提供具体拆迁户数及征地拆迁补偿安置标准，也是建设单位的责任。若建设单位不提供，可行性研究报告只需说明或预估即可。征地搬迁具体工作与可行性研究是不同的工作任务。可行性研究只解决征地拆迁的必要性、可行性和经济性的问题。

⑧关于土地使用及拆迁补偿费中搬家腾地奖、整体腾地奖、电杆和电力线补偿费用、拆迁工作经费、被征地农民社会保障基金的问题。

这个是可行性研究单位的疏忽，可行性研究应该依据文件充分计取征地搬迁费用，但该文件本身存在错误，"搬家腾地奖、整体腾地奖"不是征地搬迁政策允许计取的费用，该项费用应该包括在征地拆迁管理工作经费中，是征地搬迁管理的一项措施与手段。专家对地方文件的理解不能机械地照搬照抄，并机械地要求别人执行。需要说明的是，可行性研究单位不是设计单位，即使该项目的工程设计由可行性研究单位承担，此阶段仍属于可行性研究单位的工作内容。

⑨关于土地使用及拆迁补偿费漏计森林植被恢复费的问题。

应根据文件计提，但不是直接依据《湖南省财政厅　湖南省林业厅转发财务部国家林业局关于调整森林植被恢复费征收标准引导节约集约利用林地的通知》（湘财综〔2015〕44号），而是依据《湖南省森林植被恢复费征收使用管理实施办法》（湘财综〔2018〕44号）计算。

综上所述，评审专家没有分清评审对象到底是可行性研究报告还是工程设计文件，始终以工程设计文件的要求评审投资估算，只有漏计森林植被恢复费方向是正确的，其他五条都有失偏颇。纵观评审专家所提出的六条意见，从可行性研究的角度来衡量，没有一项是重大问题，且六条意见的漏项金额汇总也没有达到投资估算总额10%及以上，因此得出的重大漏项结论，是不符合投资估算评审要求的。

3.3.10 小额、简单与应急抢险救灾项目简易审批

《长沙市人民政府关于印发〈长沙市政府投资建设项目管理办法〉的通知》（长政发〔2020〕5号）对小额、简单与应急抢险救灾项目简易审批流程进行了具体规定。内容如下：

（1）小额政府投资建设项目简易审批流程。

小额政府投资建设项目，是指总投资1 000万元及以下且不新征建设用地的政府投资建设项目，可以不报批初步设计及概算，按相关规定完成施工图设计审查。

①在立项用地规划许可阶段，总投资100万元及以下的，已明确资金来源且原则上在部门经费预算总额范围内统筹解决的，无需办理投资审批手续；

②总投资100万元至200万元（不含）的，只审批建设单位提交的资金申请报告；

③总投资200万元至1 000万元（含）的，只审批可行性研究报告，同时简化可行性研究报告内容，重点阐述项目建设的必要性、建设依据、建设内容及规模、建设方案、招标事项、投资估算、资金来源等。

（2）建设内容单一、技术方案的简单建设项目及拆迁类土地整理项目审批流程。

①技术较简单的二级及以下公路建设及养护项目，在工程建设许可阶段可采用一阶段施工图设计，由行业主管部门直接审批施工图及预算。

②规划24 m及以下路幅宽度的新建城市支路（技术较简单且无复杂路基处理、无高边坡，同时不含城市桥梁或隧道）在完成可行性研究审批后，经初步设计深化并完成概算审批，即可进入施工图设计阶段。

③旧城改造（含棚户区改造）、城中村改造等拆迁类土地整理项目，可只审批项目建议书。

（3）应急抢险救灾工程审批管理。

应急抢险救灾工程是指本市行政区域内因突发事件，必须迅速采取紧急措施的工程。主要包括：因自然灾害和其他不可抗力因素引起的地质灾害、环境保护及防洪、排水、防火等的抢险排险、修复加固工程；房屋建筑和市政、环境卫生、交通运输、供电等公共设施的抢险修复工程；因事故灾难、公共卫生事件、社会安全事件发生后需及时采取应急措施的应急抢险救灾工程。

①对经济、社会和环境有重大影响的应急抢险救灾工程项目，由建设单位将设计方案、投资规模报本级政府批准。

②对如不采取紧急措施将发生严重危害或者危害结果进一步扩大，需要立即开工的应急抢险救灾工程，可立即对险情进行处理并将设计方案和投资规模同时报告本级政府审批，事后按要求完善相关行政审批手续并提供影像等佐证资料。其中，属于临时使用土地的，灾后应当恢复原状并交还原土地使用者，不再办理用地审批手续；属于永久性建筑使用土地的，建设单位应当在灾情结束后 6 个月内完成用地审批手续补办工作。

③建设单位可采取直接委托或邀请招标等方式，选取具备相应资质的勘察、设计、监理、施工单位，签订框架合同后组织实施。确因情况紧急未签订框架合同的，应当自工程实施之日起 15 日内补签合同，明确施工单位、工程量、工程费用、验收标准及质量保证责任等内容。

④对应急抢险救灾费用支付：使用财政性资金且需支付预付款的，经本级政府批准后，由财政部门开辟绿色通道，按照合同额支付 30% 预付款；工程完工后，建设单位按程序将勘察、设计、监理、抢险措施及过渡费用、工程费报财政部门评审并出具结算评审报告后支付余额；应急抢险救灾建设项目除险后，按照本级政府认定的责任划分，由责任方按比例承担相应费用；超出已认定应急抢险救灾范围自行建设其他内容的，超出部分的费用由建设单位自行承担。

3.3.11 企业投资项目核准

（1）核准机构：中华人民共和国发展和改革委员会。

（2）同时核准事项：招标方式、招标组织形式和招标范围。

（3）核准依据：《中华人民共和国招标投标法实施条例》（中华人民共和国国务院令第 613 号发布，国务院令第 709 号修订）第七条规定，按照国家有关规定需要履行项目审批、核准手续的依法必须进行招标的项目，其招标范围、招标方式、招标组织形式应当报项目审批、核准部门审批、核准。项目审批、核准部门应当及时将审批、核准确定的招标范围、招标方式、招标组织形式通报有关行政监督部门。《企业投资项目核准和备案管理条例》（中华人民共和国国务院令第 673 号）第三条规定，对关系国家安全、涉及全国重大生产力布局、战略性资源开发和重大公共利益等项目，实行核准管理。

（4）企业办理项目核准手续，应当向核准机关提交项目申请书。项目申请书应当包括下列内容：

①企业基本情况；

②项目情况，包括项目名称、建设地点、建设规模、建设内容等；

③项目利用资源情况分析以及对生态环境的影响分析；

④项目对经济和社会的影响分析。

企业应当对项目申请书内容的真实性负责。

（5）核准机关审查内容：

①是否危害经济安全、社会安全、生态安全等国家安全；

②是否符合相关发展建设规划、技术标准和产业政策；

③是否合理开发并有效利用资源；

④是否对重大公共利益产生不利影响。

（6）审批前置条件：

①取得城市规划审查意见；

②取得项目用地预审意见。

3.3.12 非重大和非限制类企业投资项目备案

（1）备案机构：中华人民共和国发展和改革委员会。

（2）备案依据：《企业投资项目核准和备案管理条例》（中华人民共和国国务院令第673号）第三条规定，对关系国家安全、涉及全国重大生产力布局、战略性资源开发和重大公共利益等项目，实行核准管理。对前款规定以外的项目，实行备案管理。

（3）备案管理应告知信息：

①企业基本情况；

②项目名称、建设地点、建设规模、建设内容；

③项目总投资额；

④项目符合产业政策的声明。

企业应当对备案项目信息的真实性负责。

（4）备案前置条件：

①取得城市规划审查意见；

②取得项目用地预审意见。

3.4 政府投资项目代建

代建，是指依法通过招标方式，选择专业化的管理单位（即代建单位）负责政府投资项目的实施，控制项目投资、质量、工期和保证施工安全，工程竣工验收后移交使用单位的制度。鼓励和提倡政府投资项目实行代建制。

3.4.1 代建范围

代建包括全程代建和阶段代建。发改部门在批复项目建议书时确定代建方式。全程代建是指从项目建议书批复开始至竣工验收，对项目进行全过程代建管理；阶段代建是指从初步设计批复开始至竣工验收，对项目进行阶段性代建管理。

《湖南省政府投资项目代建制管理办法》（湖南省人民政府令第241号）规定，以下政府投资公共工程和公益性项目重点推行代建制：

（1）机关及所属单位、团体办公业务用房等建设项目；

（2）科、教、文、卫、体、民政及社会福利等社会事业项目；

（3）环境保护、市政设施、生态治理等公用工程项目。

3.4.2 代建单位职责

《湖南省政府投资项目代建制管理办法》（湖南省人民政府令第241号）规定，采用全程代建方式的，代建单位负责代办以下事项：

（1）依据批准的项目建议书组织编报项目可行性研究报告、初步设计和施工图设计；

（2）依法组织开展项目勘察、设计、施工、监理及设备材料采购招标，负责工程合同的洽谈与签订，并将招投标情况、签订的合同报送发改委、财政和相关行业管理部门备案；

（3）办理规划、用地、拆迁、施工、环保、消防、人防、园林、市政等有关报批手续；

（4）会同使用单位按项目进度提出年度投资计划和年度基建支出预算，并按月向发改委、财政部门和使用单位报送工程进度及资金使用情况；

（5）按照国家和省有关规定以及代建合同约定组织工程验收及办理竣工验收备案；

（6）编制工程结算表及竣工财务决算报财政部门审批，并按照批准的资产价值向使用单位办理资产交付手续；

（7）整理汇编移交项目有关资料。

采用阶段代建方式的，代建单位代办初步设计批复后的事项。

代建单位应当按照批准的项目初步设计文件组织施工建设，并按照合同约定控制投资，确保投资不超过初步设计概算。有下列情形之一需变更工程设计或者调整项目概算的，须由代建单位提出并经监理单位、使用单位审查，按照原工程设计和项目概算的审批程序报批：

①不可抗力的重大自然灾害；

②国家重大政策调整；

③因受地质等自然条件制约造成重大技术方案调整。

代建单位应当依法对项目的勘察、设计、施工、监理和重要设备材料采购进行招标，代建项目建成后，应当按照国家和省有关规定以及代建合同约定进行竣工验收，工程竣工验收合格后，方可交付使用；应当在竣工验收合格后3个月内向财政部门申请办理工程结算及竣工财务决算审批事宜。

3.4.3 使用单位职责

《湖南省政府投资项目代建制管理办法》（湖南省人民政府令第241号）规定，采用全程代建方式的，使用单位负责办理以下事项：

（1）提出项目的建设性质、建设规模、使用功能配置、建设标准，组织编报项目建议书；

（2）参与项目可行性研究报告、初步设计和施工图设计编报；

（3）协助办理规划许可、施工许可等有关手续；

（4）监督项目勘察、设计、施工、监理及设备材料采购的招标工作；

（5）会同代建单位编制年度投资及基建支出预算计划，向发改部门申请项目年度投资计划，向财政部门申请年度基建支出预算及资金拨付；

（6）筹措自筹资金；

（7）监督工程质量、施工进度及资金使用情况，参与工程验收。

采用阶段代建方式的，使用单位还应当负责组织编报项目可行性研究报告、初步设计。

代建服务费用在项目概算总投资中按照招标确定的具体金额列支，并由使用单位按照代建合同约定支付。项目竣工财务决算审核批准后，决算投资比合同约定投资有节余的，可以按照不超过结余资金 20% 的比例对代建单位实行奖励，奖励开支计入建设成本。

3.4.4 代建服务费计算

《关于印发湖南省政府投资项目代建服务取费标准的通知》（湘发改价服〔2015〕744 号），对代建服务费覆盖范围及内容、计费方式、取费基数和费率标准及专业调整系数、阶段调整系数等进行了规定。

（1）代建服务费覆盖范围及内容。

代建服务费是指依法通过招标方式选择的社会化专业管理单位（代建单位），在代理项目使用（管理）单位行使项目建设管理职责过程中，为项目使用（管理）单位提供项目前期、实施、验收及后期结算、审计等阶段管理服务，并独立承担控制项目投资、质量和工期的责任和风险所收取的费用。包括代建单位在项目前期、实施、验收及后期结算、审计等阶段的管理成本、人员工资及福利、应缴税费和合理利润。不包括勘察、设计、监理等中介服务费用。

代建服务费内容包括：代建工作人员的基本工资、工资性津贴、社会保险（基本养老、基本医疗、失业、工伤保险）费用、住房公积金、职工福利费等人工费用，代建服务所必需的办公费、差旅费、固定资产使用费等工作费用，为推动项目建设所直接发生的各项管理性质的开支（不超过建设单位管理费范围）以及应缴的各种税费。

（2）代建服务费计算方式。

代建服务费不额外增加项目投资，从批复的项目估算内的建设单位管理费和基本预备费中计提，即在核定初步设计概算时，不再计取建设单位管理费，并相应减少基本预备费，单列代建服务费科目并按本标准计提费用，确保总投资控制在批复的可行性研究估算总投资内。

（3）代建服务费取费基数。

代建服务费取费基数为代建管理范围内投资主管部门最终批准的初步设计概算（二次装修纳入代建范围的取费基数还应加上经财政部门审定的二次装修费用），包括建设工程费用、建设工程其他费用、设备及工器具购置费用及预备费等。不在代建范围内或代建合同签订前已经完成的项目投资，如项目使用（管理）单位自行完成的土地征用拆迁费用、与工程建设无关的设备购置费用等，不计入代建服务取费基数。

多个项目捆绑招标的项目代建服务费应每个项目分别计算后再汇总取和。

对不在代建范围内，但代建单位参与了协调、管理的项目内容，如土地征用拆迁、与工程建设无关的设备的购置、安装与管理等，其收费标准可以该部分投资金额为基数，按照表 3-7 的费率和计算方法，根据代建单位实际工作内容，另行协商收取代建服务费。

经正规程序申报概算投资调整且获得投资主管部门批准的，可按调整后的投资概算规模相应调整代建服务收费。

因不可抗力、法律、行政行为和项目使用（管理）单位原因导致代建周期延长的，代建单位有权获得工期和费用补偿，其补偿费用按代建服务费除以正常代建周期得出平均费用，乘以延长周期后计取。

（4）代建服务费费率标准、专业工程调整系数及代建阶段调整系数（见表 3-7 ~ 表 3-9）。

表 3-7 代建服务费费率标准

计费额	费率	算例（计费额 × 费率）
3 000 万元及以下	4%	$B \times 4\%$
3 000 万元~5 000 万元（含）	3%	$120+（B-3 000）\times 3\%$
5 000 万元~1 亿元（含）	2.5%	$180+（B-5 000）\times 2.5\%$
1 亿元~2 亿元（含）	2%	$305+（B-10 000）\times 2\%$
2 亿元~5 亿元（含）	1.5%	$505+（B-20 000）\times 1.5\%$
5 亿元~10 亿元（含）	0.5%	$955+（B-50 000）\times 0.5\%$
10 亿元以上	0.2%	$1 205+（B-100 000）\times 0.2\%$

备注：①代建服务费＝取费基数 × 费率 × 工程类别系数 × 代建阶段调整系数；
②代建服务费实行差额定律累进计费，取费基数 × 费率的算例如表中所示，其中 B 为取费基数；
③工程类别专业调整系数、代建阶段调整系数见表 3-8 ~ 表 3-9；
④通过招标确定的收费标准，不得低于按备注①计算的代建服务费的 80%。

表 3-8　专业工程调整系数

专业工程	专业调整系数
1 交通运输工程	
1.1 民用机场工程	1.1
1.2 铁路、公路、城市道路、轻轨工程	1.1
1.2 水运、地铁、桥梁、隧道、索道工程	1.2
2 建筑市政工程	
2.1 园林绿化工程	0.9
2.2 建筑、人防、市政公用工程	1
2.3 邮政、电信、广播电视工程	1
3 水利工程	
3.1 水库工程	1.2
3.2 其他水利工程	1.0
4 能源工程	
4.1 风力发电	1.0
4.2 火电工程、送变电工程	1.1
4.3 水电、核电工程	1.2
5 农业林业工程	
5.1 农业工程	1.0
5.2 林业工程	1.0

备注：未在本表计列的其他专业领域代建项目可根据专业领域技术特点及实际管理成本，参照本表所列调整系数，由代建合同双方协商一致后报代建主管部门核定。

表 3-9　代建阶段调整系数

代建阶段	阶段调整系数
阶段性代建	1
全过程代建	1.2

备注：阶段性代建是指从项目初步设计批复之后开始介入项目管理的代建管理方式；全过程代建是指从项目可行性研究报告批复后至初步设计批复之前开始介入项目管理的代建管理方式。

3.4.5 政府投资项目代建单位招标文件及代建合同备案

（1）备案机构：发展和改革部门。

（2）备案依据：《湖南省政府办公厅关于加快推行非经营性政府投资项目代建制的意见》（湘政办发〔2014〕14号）第一条规定，政府性投资为主、项目总投资在3 000万元以上的非经营性政府投资项目（主要包括各类机关事业单位办公业务用房项目，公检法司建设项目，科研、教育、文化、卫生、体育、民政及社会福利等社会事业项目），必须实行代建制。上述项目总投资在3 000万元以下，业主单位有要求的，也可实行代建制。对于实行代建制的非经营性政府投资项目，业主单位在项目申报时，需书面提交项目代建报告。投资主管部门在批复项目建议书或可行性研究报告时，明确项目代建方式。代建单位招标文件和代建合同需向当地发改部门备案。代建服务取费按照《湖南省物价局关于规范政府投资项目代建服务费有关问题的通知》（湘价服〔2011〕160号）执行。

4 规划用地许可阶段

2018 年 3 月，国务院机构改革，中华人民共和国自然资源部成立，国土空间"五级三类"规划概念随即提出。为推进政府职能转变、深化"放管服"改革和优化营商环境，中华人民共和国自然资源部发布了《自然资源部关于以"多规合一"为基础推进规划用地"多审合一、多证合一"改革的通知》（自然资规〔2019〕2 号），合并了规划选址和用地预审，合并了建设用地规划许可和用地批准，推行"多测合并、联合测绘、成果共享"措施，打破了《中华人民共和国城乡规划法》（中华人民共和国主席令第七十四号）和《中华人民共和国土地管理法》（中华人民共和国主席令第三十二号）的管辖范围。

4.1 国土空间规划与工程建设规划

4.1.1 国土空间规划

国土空间规划，是在空间和时间上对一定区域国土空间开发保护作出的安排。它包括"五级三类四体系"。"五级"是指国家、省、市、县、乡（镇）；"三类"是指总体规划、专项规划和详细规划（城镇单元控制性详细规划和乡村地区控制性规划）；"四体系"是指审批体系（含编制、论证、审批、发布）、实施监督体系（含监测、评估、修订、考核、督察）、法规政策体系（含法律、法规、规章、政策）和技术标准体系（技术导则、技术规程、定额标准）。

总体规划，是对国土空间作出的全局安排，是国土空间保护、开发、利用、修复的政策和总纲，是编制详细规划的依据和相关专项规划的基础。相关专项规划，是涉及空间利用的专项规划，是为体现特定区域（流域）、特定领域的特定功能，对空间开发保护利用作出的专门安排。它包括海岸带、自然保护地等区域（流域）规划，交通、能源、水利、农业、信息、市政等基础设施，公共服务设施，军事设施，以及生态环境保护、文物保护、林业草原等的专项规划。详细规划是对具体地块用途和开发建设强度等作出的实施性安排，是开展国土空间开发保护活动、实施国土空间用途管制、核发城乡建设项目规划许可、进行各项建设等的法定依据。

《关于建立国土空间规划体系并监督实施的若干意见》（中发〔2019〕18号）指出：国土空间规划是国家空间发展的指南、可持续发展的空间蓝图，是各类开发保护建设活动的基本依据。建立国土空间规划体系并监督实施，将主体功能区规划、土地利用规划、城乡规划等空间规划融合为统一的国土空间规划，建立"多规合一"的规划编制审批体系、实施监督体系、法规政策体系和技术标准体系，建立以国土空间总体规划为政策和总纲，全国国土空间开发保护"一张图"的国土空间保护、开发、利用、修复体系，强化国土空间规划对各专项规划的指导约束作用，科学布局生产空间、生活空间和生态空间，是形成绿色生产方式和生活方式、推进生态文明建设、建设美丽中国的关键举措，是实现高质量发展和高品质生活、建设美好家园的重要手段，是实现国家治理体系和治理能力现代化的必然要求。

4.1.2 工程建设规划

工程建设规划包括建设用地规划和建设工程规划。

（1）建设用地规划。

建设用地规划，是指标明建设用地具体位置、界限和规划技术经济指标等的规划设计总平面图纸。《自然资源部关于以"多规合一"为基础推进规划用地"多审合一、多证合一"改革的通知》（自然资规〔2019〕2号），合并了规划选址和用地预审，由自然资源主管部门统一核发建设项目用地预审与选址意见书；合并了建设用地规划许可和用地批准，统一核发建设用地规划许可证。建设用地规划许可证，是自然资源规划部门依法批准的规划设计总平面图纸，符合城乡规划要求的法律凭证。

（2）建设工程规划。

建设工程规划，包括标明建设用地单位，建设用地项目名称、位置、宗地号以及子项目名称、建筑性质、栋数、层数、结构类型、计容面积及各分类面积等的建设项目总平面图、各层建筑平面图、各向立面图和剖面图。建设工程规划许可证，是自然资源规划部门依法批准的建设项目总平面图、各层建筑平面图、各向立面图和剖面图，符合城乡规划要求的法律凭证。

《湖南省自然资源厅关于落实自然资源部以"多规合一"为基础推进规划用地"多审合一、多证合一"改革等相关文件精神的通知》（湘自然资发〔2019〕34号）规定：建设工程规划许可证、乡村建设规划许可证申报材料、审批流程等，暂按原法律法规和省工程建设项目审批制度改革相关要求执行，若法律、法规进行修改或自然资源部出台新要求和规定，按新要求和规定执行。

4.1.3 建设条件与项目建设条件

（1）建设条件。

建设条件指项目建设应当符合国土空间规划、工程建设规划和市政公用基础设施服务报装、国家强制性评估（价）要求，是项目建设应当具备的基本建设管理要求的总称。只有按政府相关要求完成了这些工作，并经相关行政主管部门及单位审核批准即具备建设条件后，工程建设才能实现下一步骤或阶段的工作。

表2-1《湖南省工程建设项目审批有关事项清单及流程指导图》规定的市政公用服务和强制评估事项有：供水报装、排水报装、供电报装、燃气报装和通信报装；地质灾害危险性评估、地震安全性评价、建设项目安全评价、建设工程消防设施及系统检测、雷电防护装置检测和职业病危害预评价。

表2-2《长沙市工程建设项目审批事项清单及顺序》规定的工程建设许可事项有：涉及国家安全事项的建设项目审批；政府投资项目概算审查；修建性详细规划、总平面图、建设工程设计方案审查；报建图审批；建设工程规划许可证核发；在地震监测设施和地震观测环境保护范围内进行工程建设备案；实施大型爆破作业备案；雷电防护装置设计审核和竣工验收；进行大型基本建设工程前，在工程范围内有可能埋藏文物的地方进行考古调查、勘探的许可；在文物保护单位保护范围内进行其他建设工程或爆破、钻探、挖掘等作业审批；在文物保护单位建设控制地带的建设工程设计方案审核；危险化学品生产、储存建设项目安全条件审查；其他危险化学品生产、储存建设项目的安全设施设计审查；建设工程初步设计文件审批；因工程建设需要拆除、改动、迁移供水、排水与污水处理设施审核；人防工程建设审批（城市地下空间开发利用兼顾人

防设计备案审查、结合民用建筑修建防空地下室设计备案审查、人防工程易地建设审查）；光纤到户及通信基础设施报装；建设工程消防设计审查；建设工程消防设计备案；生产建设项目水土保持方案审批；固定资产投资项目节能审查；建设项目环境影响报告书（表）审批（普通）；临时占用林地审批；森林经营单位修筑直接为林业生产服务的工程设施占用林地审批；施工、监理等招标文件告知性备案等。

（2）项目建设条件。

项目建设条件指拟建项目的建设施工条件和生产经营条件。工业项目的建设条件一般包括：

①资源条件，主要指为项目生产经营长期提供的矿产资源和农业资源的条件；

②原材料供应条件，指施工所需建筑材料和生产经营所需各种材料的供应条件；

③燃料、动力供应条件，项目建设和生产经营的燃料与动力的设施条件；

④交通运输条件，指保证生产经营所需的厂内、厂外运输条件；

⑤工程地质和水文地质条件，指所在地的地质构造、地层的稳定性，地貌、地下水类型及其形成、分布与运动规律，主要含水层的物理、化学性质等条件；

⑥"三废"治理条件，投产后"三废"对环境的影响程度及其治理措施条件；

⑦协作配套条件；

⑧厂址选择条件，包括项目建厂地区选择和项目具体厂址选择的条件。

4.1.4 毛地、生地和熟地

建设用地审批报批，应经过申请受理、审查和报批三个环节。《建设用地审查报批管理办法》（中华人民共和国国土资源部令第69号）规定的工作流程是：

（1）用地单位提出用地预审申请，取得用地预审意见。

（2）自然资源主管部门拟订农用地转用方案、补充耕地方案、征收土地方案和供地方案，经同级人民政府审核同意后，报上一级自然资源主管部门审查。

（3）上一级自然资源主管部门审查后，经同级政府批准后，由同级自然资源主管部门作出批复。

（4）经批准的农用地转用方案、补充耕地方案、征收土地方案和供地方案，由土地所在地的市、县人民政府组织实施。

（5）市、县自然资源主管部门应当依照征地补偿、安置方案向被征收土地的农村集体经济组织和农民支付土地补偿费、地上附着物和青苗补偿费，并落实农业人口安置途径。

（6）市、县自然资源主管部门公布城市建设用地范围内城市规划占用土地的规划要求，设定使用条件，确定使用方式，并组织实施。其中，以有偿使用方式提供国有土地使用权的，由市、县自然资源主管部门与土地使用者签订土地有偿使用合同，并向建设单位颁发《建设用地批准书》；土地使用者缴纳土地有偿使用费后，依照规定办理土地登记。以划拨方式提供国有土地使用权的，由市、县自然资源主管部门向建设单位颁发《国有土地划拨决定书》和《建设用地批准书》，依照规定办理土地登记；《国有土地划拨决定书》应当包括划拨土地面积、土地用途、土地使用条件等内容。

取得建设用地使用权，使毛地变成生地，是具备建设条件的重要内容。完成征地拆迁，使生地变成熟地；完成"三通一平"，使熟地满足施工要求，是具备施工条件的重要内容。毛地，是指未开发的土地；生地，是指完成土地征用，未经开发、不可直接作为建筑用地的农用地或荒地等土地；熟地，是指经过土地开发、具备基本建设条件的土地。土地开发，是指对未利用土地，通过工程、生物或综合措施，使其达到可利用状态的活动，包括开发为农用地和开发为建设用地。土地开发类型，包括农荒地的开发、闲散地开发、农业低利用率土地开发、沿海滩涂开发、城市新区开发和城市土地的再开发等。土地开发分为一级开发和二级开发两种。

土地一级开发，是指政府实施或者授权其他单位实施，按照土地利用总体规划、城市总体规划及控制性详细规划和年度土地一级开发计划，对确定的存量国有土地、拟征用和农转用土地，统一组织进行征地、农转用、拆迁和市政道路等基础设施建设的行为，包含土地整理、复垦和成片开发。

土地二级开发，是指土地使用者从土地市场取得土地使用权后，直接对土地进行开发建设的行为。

4.2 建设项目用地预审与选址意见书核发

《中华人民共和国城乡规划法》（中华人民共和国主席令第七十四号）所指的城乡规划，包括城镇体系规划、城市规划、镇规划、乡规划和村庄规划。

城镇体系规划，分为省域城镇体系规划、设区的市和自治州域城镇体系规划、县（市）域镇区（集镇）布局规划、跨行政区域城镇体系规划。城市规划，分为总体规划、专项规划和详细规划。详细规划，分为控制性详细规划和修建性详细规划。控制性详细规划，是实施建设项目规划许可的依据。城乡规划确定的铁路、公路、港口、机场、道路、绿地、输配电设施及输电线路走廊、通信设施、广播电视设施、管道设施、河道、水库、水源地、自然保护区、防汛通道、消防通道、核电站、垃圾填埋场及焚烧厂、污水处理厂和公共服务设施的用地以及其他需要依法保护的用地，不得擅自改变用途。其设施建成后，也不得随意进行改变。

《中华人民共和国土地管理法》（中华人民共和国主席令第三十二号）规定：我国实行土地的社会主义公有制，即全民所有制和劳动群众集体所有制。城市市区的土地属于国家所有。农村和城市郊区的土地，除由法律规定属于国家所有的以外，属于农民集体所有；宅基地和自留地、自留山，属于农民集体所有。土地使用权可以依法转让。国家为了公共利益的需要，可以依法对土地实行征收或者征用并给予补偿。国家实行土地用途管制制度。国家编制土地利用总体规划，规定土地用途，将土地分为农用地、建设用地和未利用地。严格限制农用地转为建设用地，控制建设用地总量，对耕地实行特殊保护。其中，农用地是指直接用于农业生产的土地，包括耕地、林地、草地、农田水利用地、养殖水面等；建设用地是指建造建（构）筑物的土地，包括城乡住宅和公共设施用地、工矿用地、交通水利设施用地、旅游用地、军事设施用地等；未利用地是指农用地和建设用地以外的土地。使用土地的单位和个人必须严格按照土地利用总体规划确定的用途使用土地。

（1）核发机构：自然资源部。

（2）核发依据。

①《自然资源部关于以"多规合一"为基础推进规划用地"多审合一、多证合一"改革的通知》（自然资规〔2019〕2号）第一条规定：将建设项目选址意见书、建设项目用地预审意见合并，自然资源部统一核发建设项目用地预审与选址意见书，不再单独核发建设项目选址意见书、建设项目用地预审意见。

涉及新增建设用地，用地预审权限在自然资源部的，建设单位向地方自然资源主管部门提出用地预审与选址申请，由地方自然资源主管部门受理；经省级自然资源主管部门报自然资源部通过用地预审后，地方自然资源主管部门向建设单位核发建设项目用地预审与选址意见书。用地预审权限在省级以下自然资源主管部门的，由省级自然资源主管部门确定建设项目用地预审与选址意见书办理的层级和权限。

使用已经依法批准的建设用地进行建设的项目，不再办理用地预审；需要办理规划选址的，由地方自然资源主管部门对规划选址情况进行审查，核发建设项目用地预审与选址意见书。

②《湖南省自然资源厅关于落实自然资源部"多规合一"为基础推进规划用地"多审合一、多证合一"改革等相关文件精神的通知》（湘自然资发〔2019〕34号）第一条规定：

a. 适用范围：以划拨方式取得国有土地使用权或者需要新增建设用地，在立项用地规划许可阶段，应当取得建设项目用地预审与选址意见书，不再单独出具用地预审意见、选址意见书。需审批、核准的建设项目，在项目可行性研究报告或申请报告批准、核准前，办理建设项目用地预审与选址意见书；需备案的建设项目，在办理备案手续后，办理建设项目用地预审与选址意见书。

b. 审批层次：原则上由项目批准、核准、备案机关的同级人民政府自然资源主管部门受理、核发建设项目用地预审与选址意见书。由国家批准、核准、备案的项目，由省自然资源厅受理申请，并核发建设项目用地预审与选址意见书。

建设项目用地预审审批权限在自然资源部、核发选址意见书权限在省级及以下自然资源主管部门的，由办理选址意见书的自然资源主管部门受理；经省自然资源厅出具建设项目用地预审初审意见后，报自然资源部审批；审批通过后，由办理选址意见书的自然资源主管部门核发建设项目用地预审与选址意见书。

建设项目用地预审审批权限在省自然资源厅、核发选址意见书权限在省级以下自然资源主管部门的，由办理选址意见书的自然资源主管部门受理，并出具初审意见；省自然资源厅审核通过后，向建设单位核发建设项目用地预审与选址意见书。

涉及占用生态保护红线的，按国家相关规定执行。属于湖南省人民政府在长沙市开展下放省级土地管理权限改革试点的建设项目用地预审事项范围的，选址意见书审批权限相应委托下放。

③建设项目用地预审与选址意见书申报材料清单。

a. 建设项目用地预审选址申请表。

b. 申请报告（格式参考原建设项目用地预审申请报告模板，另在报告中说明是否涉及生态保护红线，是否占用自然保护区等情况）。

c. 项目建设依据文件。

d. 拟建项目用地范围的标准地形图（2000 国家大地坐标系 3 度分带高斯投影坐标系），项目用地边界拐点坐标 TXT 文件。

e. 建设项目所在地县级以上自然资源主管部门出具的初审意见（格式参考原建设项目用地预审初审意见模板，另在意见中说明是否涉及生态保护红线，是否占用自然保护区情况，是否符合城乡规划、土地利用总体规划的符合性说明）。

f. 在土地利用规划图、城乡规划或者相关专项规划图上的用地范围图（仅不需编制用地预审与选址论证报告的建设项目提供）。

g. 属于下列情形之一的，应当提供用地预审与规划选址论证报告：

（ⅰ）需要对土地利用总体规划进行修改或者城乡规划强制性内容进行修改的；

（ⅱ）因公共安全、环境保护、卫生、资源等需要在成片规划建设用地范围外独立选址建设的区域基础设施、区域公用设施、特殊用地、采矿、水库、电站等国家和省重大建设项目；

（ⅲ）化工、天然气、石油等易燃易爆危险物品的生产、存储项目；

（ⅳ）涉及永久基本农田、生态保护红线、历史文化名城、名镇、名村、历史文化街区、传统村落、各级文物保护单位、尚未核定公布为文物保护点的不可移动文物点、地下文物埋藏区、国家公园、风景名胜区、自然保护区、森林公园、湿地公园、地质公园、水源保护区等保护范围和建设控制地带内的建设项目。

h. 用地预审与规划选址论证报告具体内容包括：

（ⅰ）项目概况，包括建设项目的基本情况，选址、用地的相关行业标准要求；

（ⅱ）项目各拟选址方案的基本情况；

（ⅲ）各拟选址方案与土地利用总体规划、城乡规划和相关专业规划符合性分析，以及与历史文化保护区、国家公园、风景名胜区、自然保护区、森林公园、湿地公园、地质公园、水源保护区等资源保护区，地质灾害危险性区域的关系；

（ⅳ）建设项目用地涉及修改土地利用总体规划的，提出规划修改方案；涉及占用永久基本农田的，出具永久基本农田补划方案；

（ⅴ）用地定额标准符合性分析：国家和省尚未制定用地定额标准或者超出用地定额标准的，作节地评价；

（ⅵ）建设项目涉及穿越生态保护红线的，做项目避让生态保护红线专题论证；

（ⅶ）推荐选址的地质灾害评估、环境影响评价、安全评价等工作开展情况；

（ⅷ）结论与建议：对推荐选址方案的合理性、可行性提出研究结论，提出按推荐选址方案进行建设的条件及建议。

4.3 建设用地规划许可证审批

建设单位或者个人在国有土地上进行建设活动，应当取得建设用地规划许可证，并按建设用地规划许可证明确的建设用地位置、用地范围、面积、用地性质、建设规模等以及建设用地规划条件、规划用地图等进行建设活动。建设用地规划许可证载明了项目名称、用地位置、用地范围、用地限界、用地性质、建设规模和容积率、建筑高度、建筑密度、绿地率等土地开发强度指标，周边建设和环境保护、安全设施，配套设施及其具体建设时序，地下空间开发利用要求等，是工程设计必须符合的主要技术经济要求。

城市建设用地规模应当充分利用现有建设用地，不占或者尽量少占农用地。各级政府对土地利用实行计划管理，进行建设用地总量控制。建设占用土地，涉及农用地转为建设用地的，应当办理农用地转用审批手续。其中，永久基本农田转为建设用地的，由国务院批准。将永久基本农田以外的农用地转为建设用地的，由国务院或者国务院授权的省、自治区、直辖市政府批准。建设单位使用国有土地，应当以出让等有偿使用方式取得。

（1）审批机构：自然资源规划部门。

（2）审批依据：

①《自然资源部关于以"多规合一"为基础推进规划用地"多审合一、多证合一"改革的通知》（自然资规〔2019〕2号）第二条规定：将建设用地规划许可证、建设用地批准书合并，自然资源主管部门统一核发新的建设用地规划许可证，不再单独核发建设用地批准书。

以划拨方式取得国有土地使用权的，建设单位向所在地的市、县自然资源主管部门提出建设用地规划许可申请，经有建设用地批准权的人民政府批准后，市、县自然资源主管部门向建设单位同步核发建设用地规划许可证、国有土地划拨决定书。

以出让方式取得国有土地使用权的，市、县自然资源主管部门依据规划条件编制土地出让方案，经依法批准后组织土地供应，将规划条件纳入国有建设用地使用权出让合同。建设单位在签订国有建设用地使用权出让合同后，市、县自然资源主管部门向建设单位核发建设用地规划许可证。

②《湖南省自然资源厅关于落实自然资源部以"多规合一"为基础推进规划用地"多审合一、多证合一"改革等相关文件精神的通知》（湘自然资发〔2019〕34号）第二条规定：将建设用地规划许可证、建设用地批准书合并，自然资源主管部门统一核发新的建设用地规划许可证，不再单独核发建设用地批准书。

（3）办理流程：

以划拨方式取得国有土地使用权的，建设单位向项目所在地城市、县自然资源主管部门提出建设用地规划许可申请，自然资源主管部门应在3个工作日内审理完毕，经有建设用地批准权的人民政府批准后，市、县自然资源主管部门向建设单位同步核发建设用地规划许可证、国有土地划拨决定书。

以出让方式取得国有土地使用权的，市、县自然资源主管部门依据控制性详细规划编制土地出让方案，经依法批准后组织土地供应，将规划条件纳入国有建设用地使用权出让合同。建设单位在签订国有建设用地使用权出让合同后，市、县自然资源主管部门在1个工作日内向建设单位核发建设用地规划许可证。

建设用地规划许可证申报材料清单如下：

a. 以划拨方式取得土地使用权的：

（ⅰ）建设用地规划许可证申请表；

（ⅱ）建设项目批（核）准文件；

（ⅲ）建设项目用地预审与选址意见书（新增建设用地的提交）；

（ⅳ）国土测绘报告。

b. 以出让方式取得土地使用权的：

（ⅰ）建设用地规划许可证申请表；

（ⅱ）建设项目批（核）准、备案文件；

（ⅲ）国有建设用地使用权出让合同。

（4）建设用地划拨条件。

经县级以上政府依法批准，以下建设用地，可以以划拨方式取得：

①国家机关用地和军事用地；

②城市基础设施用地和公益事业用地；

③国家重点扶持的能源、交通、水利等基础设施用地；

④法律、行政法规规定的其他用地。

土地划拨不等于土地征收。土地征收是指国家为了公共利益需要，依照法律规定的程序和权限将农民集体所有的土地转化为国有土地，并依法给予被征地的农村集体经济组织和被征地农民合理补偿和妥善安置的法律行为。土地划拨指的是土地使用权划拨或者是土地无偿拨用。土地使用权划拨由县级以上政府依法批准，在土地使用者缴纳补偿、安置等费用后，将该土地使用权交付其使用，或将土地使用权无偿交付给土地使用者使用的行为。土地划拨不等于不发生费用，土地使用者原则上需缴纳土地征收费、补偿安置费等费用。

4.4 国有建设用地使用权登记

不动产是指土地、海域以及房屋、林木等定着物。不动产不一定是实物形态的，如探矿权和采矿权等；也不一定不发生改变，如建筑物自然老化及土地上植物生长。依自然性质或法律规定不可移动的土地、土地定着物、与土地尚未脱离的土地生成物、因自然或者人力添附于土地并且不能分离的其他物，包括物质实体和依托于物质实体上的权益等，均属于不动产。土地使用权属于不动产。

4.4.1 不动产特点

不动产主要有自然性和社会经济性的特点。

（1）自然性。主要表现在：

①不可移动性，地理位置固定；

②独特性，包括位置差异、利用程度差异、权利差异等；

③耐久性，不因使用或放置而损耗、毁灭且增值；

④数量有限性，总量相对固定，经济供给却具有弹性。

（2）社会经济性。主要表现在：

①价值量大，与一般物品相比，单价高，总价大；

②用途多样，土地利用的经济性优先顺序：商业、办公、居住、工业、耕地、牧场、放牧地、森林、不毛荒地；

③涉及面广，不动产涉及社会多方面，容易对外界产生影响，包括正外部性和负外部性；

④权益受限，政府通过设置管制权、征收权、征税权和充公权四种特权进行管理；

⑤变现力弱、流动性差，影响变现的因素主要有不动产的通用性、独立使用性、价值量、可分割性、开发程度、区位市场状况等；

⑥保值增值性，增值指不动产价值随着时间推移而增加，保值是指不动产具有抵御通货膨胀的能力。

4.4.2 不动产登记管理

不动产登记，是指不动产登记机构依法将不动产权利归属和其他法定事项记载于不动产登记簿的行为。对不动产首次取得、变更、转移、注销、更正、异议、预告、查封等，国家实行统一登记制度。

《自然资源部关于以"多规合一"为基础推进规划用地"多审合一、多证合一"改革的通知》（自然资规〔2019〕2号）第三条规定：将建设用地审批、城乡规划许可、规划核实、竣工验收和不动产登记等多项测绘业务整合，归口成果管理，推进"多测合并、联合测绘、成果共享"。不得重复审核和要求建设单位或者个人多次提交对同一标的物的测绘成果；确有需要的，可以进行核实更新和补充测绘。在建设项目竣工验收阶段，将自然资源主管部门负责的规划核实、土地核验、不动产测绘等合并为一个验收事项。

（1）登记机构：自然资源规划部门。

（2）登记依据：《不动产登记暂行条例》（中华人民共和国国务院令第656号）第五条规定，集体土地所有权，房屋等建（构）筑物所有权，森林、林木所有权，耕地、林地、草地等土地承包经营权，建设用地使用权，宅基地使用权，海域使用权，地役权，抵押权和法律规定需要登记的其他不动产权利，需要不动产权利登记。

4.5 乡（镇）村建设用地管理

除由法律规定属于国家所有的以外的农村和城市郊区的土地，宅基地和自留地、自留山，属于农民集体所有。《湖南省自然资源厅关于落实自然资源部以"多规合一"为基础推进规划用地"多审合一、多证合一"改革等相关文件精神的通知》（湘自然资发〔2019〕34 号）第三条规定：建设工程规划许可证、乡村建设规划许可证申报材料、审批流程等暂按原法律法规和省工程建设项目审批制度改革相关要求执行，若法律法规进行修改或自然资源部出台新要求和规定，按新要求和规定执行。各级自然资源主管部门可结合"多规合一"业务协同平台与省工程建设项目审批管理系统建设，简化建设工程规划许可证和乡村建设规划许可的申报材料，优化审批流程。

4.5.1 利用建设用地兴办企业条件

农村集体经济组织使用乡（镇）土地利用总体规划确定的建设用地兴办企业或者与其他单位、个人以土地使用权入股、联营等形式共同举办企业，应具备以下条件：

（1）符合乡（镇）土地利用总体规划；

（2）农村集体经济组织兴办企业或者与其他单位、个人以土地使用权入股、联营等形式共同举办企业或者乡（镇）村公共设施、公益事业建设；

（3）涉及占用农用地的，应依法办理农用地转用审批手续；

（4）涉及占用未利用地的，应依据上级下达土地利用年度计划办理转用手续。

4.5.2 利用建设用地兴办企业需要提交的资料

（1）申请用地报告（原件）。

（2）有批准立项权的部门出具的批文或备案登记表、可行性研究报告及批复，属地质灾害易发区的，提交地质灾害危险性评估报告（复印件）。

（3）建设用地规划定点批复文件及附图（原件）、建设用地规划许可证（复印件）。

（4）建设项目总平图（复印件，备原件核对）。

（5）集体土地所有权证书及宗地图（复印件，备原件核对）。

（6）建设用地红线图及测绘成果（原件）。

（7）土地所有权人同意并签订的书面协议（原件）。

（8）申请人身份证明，包括农村集体经济组织证明文件、法定代表人有效身份证（复印件）；企业法人营业执照、企业法定代表人证书和法定代表人有效身份证（复印件）；若无企业法定代表人证书，须提交上级主管单位下发的企业法定代表人任命文件，提交复印件的须由任命单位加盖公章确认；委托他人代理申请的，还须提供经加盖公章的委托书（原件），委托代理人有效身份证（复印件）。

（9）入股、联营双方签订的协议书及申请用地单位与原土地权属单位达成的土地补偿协议（原件）及交纳补偿费凭证（复印件）。

4.5.3 利用建设用地兴办企业管理

（1）利用建设用地兴办企业审批。

（2）审批机构：自然资源规划部门。

（3）审批依据：《中华人民共和国土地管理法》（中华人民共和国主席令第三十二号）第六十一条规定，乡（镇）村公共设施、公益事业建设，需要使用土地的，经乡（镇）政府审核，向县级以上地方政府自然资源部门提出申请，按照省、自治区、直辖市规定的批准权限，由县级以上地方政府批准。其中，涉及占用农用地的，应当办理农用地转用审批手续。永久基本农田转为建设用地的，由国务院批准。在土地利用总体规划确定的城市、村庄和集镇建设用地规模范围内，为实施该规划而将永久基本农田以外的农用地转为建设用地的，按土地利用年度计划分批次按照国务院规定由原批准土地利用总体规划的机关或者其授权的机关批准。在已批准的农用地转用范围内，具体建设项目用地可以由市、县政府批准。在土地利用总体规划确定的城市、村庄和集镇建设用地规模范围外，将永久基本农田以外的农用地转为建设用地的，由国务院或者国务院授权的省（自治区、直辖市）政府批准。

4.6 国有土地使用权收回

建设单位使用国有土地的，应当按照土地使用权出让等有偿使用合同的约定或者土地使用权划拨批准文件的规定使用土地；确需改变该土地建设用途的，应当经有关自然资源部门同意，报原批准用地的政府批准。其中，在城市规划区内改变土地用途的，在报批前，应当先经有关城市规划部门同意。房屋被依法征收的，国有土地使用权同时收回。

4.6.1 国有土地使用权收回情形

（1）为实施城市规划进行旧城区改建以及其他公共利益需要，确需使用土地的。

（2）土地出让等有偿使用合同约定的使用期限届满，土地使用者未申请续期或者申请续期未获批准的。

（3）因单位撤销、迁移等原因，停止使用原划拨的国有土地的。

（4）公路、铁路、机场、矿场等经核准报废的。

4.6.2 国有土地使用权收回管理

（1）审批机构：自然资源规划部门。

（2）审批依据：《中华人民共和国土地管理法》（中华人民共和国主席令第三十二号）第五十八条规定，为实施城市规划进行旧城区改建，需要调整使用土地的，有关政府土地部门报经原批准用地的政府或者有批准权的政府批准，可以收回国有土地使用权。

4.6.3 征收房屋一般要求

（1）符合国民经济和社会发展规划、土地利用总体规划、城乡规划和专项规划，保障性安居工程建设、旧城区改建，应当纳入市、县级国民经济和社会发展年度计划。

（2）征收补偿方案经市、县级政府批准，涉及被征收人数量较多的，还应由政府常务会议讨论决定。

（3）对征收补偿方案进行论证并予以公布，征求公众意见。

（4）进行社会稳定风险评估。

（5）及时公告房屋征收决定。

（6）对房屋权属、区位、用途、建筑面积等进行调查登记，并公布在房屋征收范围内向被征收人公布调查结果。

（7）对被征收房屋价值，由具有相应资质的房地产价格评估机构进行评估。

（8）先补偿、后搬迁。

4.6.4 征收房屋具体情形

（1）国防和外交的需要。

（2）由政府组织实施的能源、交通、水利等基础设施建设的需要。

（3）由政府组织实施的科技、教育、文化、卫生、体育、环境和资源保护、防灾减灾、文物保护、社会福利、市政公用等公共事业的需要。

（4）由政府组织实施的保障性安居工程建设的需要。

（5）由政府依照城乡规划法有关规定组织实施的对危房集中、基础设施落后等地段进行旧城区改建的需要。

（6）法律、行政法规规定的其他公共利益的需要。

4.6.5 征收房屋补偿方式

市、县级政府应制定补助和奖励办法，对被征收人给予补助和奖励。对被征收房屋价值的补偿，不得低于房屋征收决定公告之日被征收房屋类似房地产的市场价格。被征收人可以选择货币补偿，也可以选择房屋产权调换。房屋征收补偿包括以下方式：

（1）被征收房屋价值的补偿；

（2）因征收房屋造成的搬迁、临时安置的补偿；

（3）因征收房屋造成的停产、停业损失的补偿。

4.7 涉及国家安全事项管理

国家安全是指国家政权、主权、统一和领土完整、人民福祉、经济社会可持续发展和国家其他重大利益相对处于没有危险和不受内外威胁的状态，以及保障持续安全状态的能力。维护国家安全，应当坚持预防为主、标本兼治，专门工作与群众路线相结合原则。

4.7.1 申请涉及国家安全事项行政许可的范围

以下建设项目在新建、改建、扩建时，应当向国家安全机关申请行政许可：

（1）国家机关、军事机构、军事设施、军工企业和涉密科研单位以及其周边的建设项目；

（2）出入境口岸、邮政枢纽、电信枢纽；

（3）其他涉及国家安全事项的建设项目。

4.7.2 申请涉及国家安全事项行政许可应提交的材料

（1）书面申请书和相关身份证明。

（2）拟建设项目地理位置示意图。

（3）拟建设项目投资性质、使用功能、周边地理环境的说明文件。

（4）可能涉及国家安全事项的其他材料。

4.7.3 涉及国家安全事项的建设项目审批和验收

（1）审批机构：国家安全机构。

（2）审批依据：《中华人民共和国国家安全法》（中华人民共和国主席令第二十九号）第五十九、六十一条规定，国家建立国家安全审查和监管的制度和机制，对影响或者可能影响国家安全的外商投资、特定物项和关键技术、网络信息技术产品和服务、涉及国家安全事项的建设项目以及其他重大事项和活动，进行国家安全审查，有效预防和化解国家安全风险。省（自治区、直辖市）依法负责本行政区域内有关国家安全审查和监管工作。

（3）审批前置条件：选址意见申请书、建设项目位置图及地形图。

4.8 建筑工程规划报建阶段的设计工作

建筑工程规划报建阶段的设计工作，包括编制建设工程设计方案、编制符合控制性详细规划和规划条件的修建性详细规划等。该阶段设计工作的成果主要以当地住建部门或自然资源部门主持的规划方案评审会议结果为依据，一般为"规划方案批复"或者相关的会议纪要。经批复的规划方案，是初步设计及施工图设计的主要依据。

4.8.1 建筑方案设计

（1）建筑设计方案的组成。

建筑方案设计是指在建筑项目实施之前，根据项目要求和所给定的条件确立的项目设计主题、项目构成、内容和形式的过程。建筑方案设计是建筑设计的最初阶段，为修建性详细规划、初步设计、施工图设计奠定基础。建筑方案设计成果由以下组成：设计说明书、总平面图以及建筑设计图纸、透视图、鸟瞰图、模型。

①设计说明书，包括各专业设计说明以及投资估算等内容。

②总平面图以及建筑设计图纸（若为城市区域供热或区域煤气调压站，应提供热能动力专业的设计图纸）。

③设计委托或设计合同中规定的透视图、鸟瞰图、模型等。

全过程咨询招标过程中包含设计方案内容的，可在取得甲方认可的情况下，直接使用投标方案作为定稿方案。

（2）方案设计文件的编排顺序。

①封面：写明项目名称、编制单位、编制时间。

②扉页：写明编制单位法定代表人、技术总负责人、项目总负责人及各专业负责人的姓名，并经上述人员签署或授权盖章。

③设计文件目录。

④设计说明书。

⑤设计图纸。

（3）装配式建筑技术策划文件组成。

①技术策划报告，包括技术策划依据和要求、标准化设计要求、建筑结构体系、建筑围护系统、建筑内装体系、设备管线等内容。

②技术配置表，包括装配式结构技术选用及技术要点。

③经济性评估，包括项目规模、成本、质量、效率等内容。

④预制构件生产策划，包括构件厂选择、构件制作及运输方案，经济性评估等。

4.8.2 修建性详细规划

修建性详细规划是以城市总体规划、分区规划或控制性详细规划为依据，制订用以指导各项建筑和工程设施的设计和施工的规划设计，是城市详细规划的一种。原则上说，修建性详细规划作为工程设计的指导性文件，应该在初步设计之前完成。但实际执行中，初步设计中的技术路线与措施设计，往往对建筑外轮廓线和高度产生一定的影响，修建性详细规划的报规，实际上是在已经批复的初步设计的基础上编制。

（1）修建性详细规划的内容。

根据《城市规划编制办法》（中华人民共和国建设部令第146号），修建性详细规划应当包括下列内容：

①建设条件分析及综合技术经济论证；

②建筑、道路和绿地等的空间布局和景观规划设计，布置总平面图；

③对住宅、医院、学校和托幼所等建筑进行日照分析；

④根据交通影响分析，提出交通组织方案和设计；

⑤市政工程管线规划设计和管线综合；

⑥竖向规划设计；

⑦估算工程量、拆迁量和总造价，分析投资效益。

（2）修建性详细规划的成果。

①规划说明书：

a. 现状条件分析；

b. 规划原则和总体构思；

c. 用地布局；

d. 空间组织和景观特色要求；

e. 道路和绿地系统规划；

f. 各项专业工程规划及管网综合；

g. 竖向规划；

h. 主要技术经济指标，一般应包括以下各项：

（ⅰ）总用地面积；

（ⅱ）总建筑面积；

（ⅲ）住宅建筑总面积，平均层数；

（ⅳ）容积率、建筑密度；

（ⅴ）住宅建筑容积率，建筑密度；

（ⅵ）绿地率。

（ⅶ）工程量及投资估算。

②图纸：

a. 规划地段位置图，标明规划地段在城市的位置以及和周围地区的关系；

b. 规划地段现状图，图纸比例尺为 1/500～1/2 000，标明自然地形地貌、道路、绿化、工程管线及各类用地和建筑的范围、性质、层数等；

c. 规划总平面图，比例尺同上，图上应标明规划建筑、绿地、道路、广场、停车场、河湖水面的位置和范围；

d.道路交通规划图，比例尺同上，图上应标明道路的红线位置、横断面、道路交叉点坐标、标高，停车场用地界线；

e.竖向规划图，比例尺同上，图上标明道路交叉点、变坡点控制高程，室外地坪规划标高；

f.单项或综合工程管网规划图，比例尺同上，图上应标明各类市政公用设施管线的平面位置、管径、主要控制点标高，以及有关设施和构筑物位置；

g.表达规划设计意图的模型或鸟瞰图。

4.8.3 建筑信息化模型

建筑信息化模型（building information modeling，BIM）是在建设活动中，对建筑物创建和使用的、被程式系统自动管理的可计算数码信息。所有建筑构件信息，除几何信息外，还包括建筑工程的其他非几何信息。这些信息提供程式系统充分的计算依据，使这些程式能根据构件的数据，自动计算出查询者所需要的准确信息。查询的信息可以有多种表达形式，如建筑平面图、立面图、剖面图、详图、三维立体视图、透视图、材料表、房间自然采光照明效果图、所需空调通风量和空调电力消耗表等。BIM的含义可以从以下几个方面进行理解：首先，它是一个协同工作平台，项目参与各方可以通过这一平台完成职责权限内的各项工作；其次，它是一个信息化的工作工具，项目参与方可以依靠其提供的知识资源（包括技术经济方案）进行可靠地决策；再次，它是一个识别并抓取相关专业软件信息成果的工具，依靠识别并抓取相关专业软件信息成果，不断丰富本身的知识资源并为项目参与方源源不断地提供解决方案；最后，它还是一个功能应用强大的解决项目所有问题的总集成，项目的参与方可以通过平台高效地完成工作，项目工作需要的全部信息可以自动储存并自动地进行处理，与项目相关的专业软件信息成果可以自动识别并抓取等。正确理解建筑信息化模型与建筑图像模型、建筑信息模型的区别，有助于建筑信息化模型的应用。

4.8.3.1 建筑信息化模型应用需要明确的问题

（1）建筑图像模型不等于建筑信息模型。

在建设开始前，根据二维平面图纸"翻"出来一个三维模型。开工后，仍按传统方式施工。施工结束后，根据实际施工对模型进行调整，形成一个竣工版模型。在建设开始前，根据二维平面图纸"翻"出来一个三维模型。开工后，仍按传统方式施工。施工结束后，根据实际施工对模型进行调整，形成一个竣工版模型，这是目前的建筑信息模型，不是真正意义上的建筑信息模型，是以计算机展示的建筑物三维图像。三维图像技术是计算机展示技术。它可以逼真地展示产品的动态组合过程。它主要是利用视觉差别和光学折射原理，使人们在一个平面内可以看到一幅三维立体图。它主要是模拟人眼看世界，使眼睛能看到物体的上下、左右、前后三维关系。平面图像只反映物体的上下、左右二维关系，可以有立体感，但主要是运用光影、虚实、明暗对比来体现。有些建筑图像模型，还可以附带构件尺寸、主要材料和分部分项工程说明等。除工程设计外，工程建设活动的其他信息都没有输入到模型中去。

建筑信息模型一般应包括以下信息：

①项目概念阶段：项目选址模拟分析、可视化展示等；

②勘察测绘阶段：地形测绘与可视化模拟、地质参数化分析与方案设计等；

③项目设计阶段：参数化设计、日照能耗分析、交通路线规划、管线优化、结构分析、风向分析、环境分析等；

④招标投标阶段：造价分析、绿色节能、方案展示、漫游模拟等；

⑤施工建设阶段：施工模拟、方案优化、施工安全、进度控制、实时反馈、工程自动化、供应链管理、场地布局规划、建筑垃圾处理等；

⑥项目运营阶段：智能建筑设施、大数据分析、物流管理、智慧城市建设、云平台存储等；

⑦项目维护阶段：3D点云、维修检测、清理修整、火灾逃生模拟等；

⑧项目更新阶段：方案优化、结构分析、成品展示等；

⑨项目拆除阶段：爆破模拟、废弃物处理、环境绿化、废弃运输处理等。

（2）建筑信息模型不等于建筑信息化模型。

美国国家BIM标准（NBIMS）对BIM的定义是：BIM是一个设施（建设项目）物理和功能特性的数字表达，是一个共享的知识资源，是一个分享有关该设施的信息，为该设施从概念到拆除的全生命周期中的所有决策提供可靠依据的过程。在这个过程的不同阶段，不同利益相关方可以通过在BIM中插入、提取、更新和修改信息，以支持和反映其各自职责的协同作业。

① building，可以理解为一栋建筑，也可以理解为整个项目建设活动。

② information，信息，包括几何信息和非几何信息。桩基、基础、柱、梁、板、墙体、屋面、门窗尺寸等，都是几何信息。除了尺寸信息之外的其他

信息为非几何信息。用几何信息无法表达的影响建设活动的元素，都应把它放到 BIM 模型中去，以便提前发现并解决问题。

③ modeling，可以翻译为模型，也可以作动词，表示一个过程即建模或模拟，指项目参与各方工作动态过程及其结果的模拟。业主组织设计方、施工方、材料供应商、监理方等各方（而不仅仅是设计方），在建设活动发生前，通过电脑模拟各项建设活动，发现问题，提出合理方案，解决问题后再模拟，以持续地解决可能存在的问题。

④建筑图像模型不是 BIM，建筑信息模型不等于 BIM。BIM 是由完全充足的信息构成、用以支持生命周期管理，并可由电脑程序直接解释的工程信息模型，是以数字技术支撑对建筑环境的生命周期管理。其中，信息化，是指利用计算机、人工智能、互联网、机器人等信息化技术及手段，实现建设领域的智能化。信息与信息化虽然只有一字之差，却有本质不同。信息是死的、静止的、没有生命力的，信息化是活的、动态的、能够直接作用于工作的。只有实现信息化，让信息产生应用功能，BIM 才能体现价值。建筑信息化模型就是要把信息放到实时变化的模拟中去，把项目的所有信息即建筑设计、结构设计、机械设计、建造过程、价格预算、日程安排及工程生命周期管理等连接起来协同工作；使建筑物施工像工业产品生产一样，通过信息化实现高效率的生产。

（3）功能应用是 BIM 技术的核心价值。

BIM 所含的功能应用越多，所储存的信息量越大，价值越大。一般来说，BIM 应具备以下功能应用：

① BIM 模型维护。根据项目建设进度，建立和维护 BIM 模型，通过 BIM 平台汇总各项目团队所有的建筑工程信息，消除信息孤岛，并且结合三维模型对信息进行整理和储存，以备项目参与各方共享。BIM 工具并不能完成所有的工作。建立符合项目现有条件和使用用途的 BIM 模型，如设计模型、施工模型、进度模型、成本模型、制造模型、操作模型等，是目前 BIM 技术应用的选择之一。

②场地分析。场地分析是研究影响建筑物定位的主要因素，是确定建筑物的空间方位和外观、建立建筑物与周围景观的联系的过程。在规划阶段，场地的地貌、植被、气候条件等，需要通过场地分析，对景观规划、环境现状、施工配套及建成后交通流量等各种影响因素进行评价和分析。BIM 可以利用地理信息系统（GIS），对场地及拟建的建筑物空间数据进行模拟，得出分析结果，评估场地的使用条件和特点，从而对新建项目场地规划、交通流线组织关系、

建筑布局等进行合理决策。

③建筑策划。BIM可以对建设目标所处社会环境及相关因素进行逻辑数理分析，研究项目任务书对设计的合理导向，论证建筑设计依据，确定设计的内容，并寻找达到这一目标的科学方法。在建筑规划阶段，通过对空间进行分析，理解复杂空间的标准和法规，既可节省时间，也可以为团队实现更多增值活动提供可能。特别是在客户讨论需求、选择以及分析最佳方案时，可借助BIM及相关分析数据，做出关键性的决策。设计人员可以通过BIM随时查看初步设计是否符合业主的要求，是否满足建筑策划阶段得到的设计依据，以减少详图设计阶段修改设计造成的浪费。

④方案论证。在方案论证阶段，投资方通过BIM可以评估设计方案布局、视野、照明、安全、人体工程学、声学、纹理、色彩及规范的遵循情况；可以对建筑局部进行细节推敲，分析设计和施工中可能需要应对的问题；可以利用BIM提供的不同解决方案进行决策；可以通过数据对比和模拟分析，找出不同解决方案的优缺点，评估建筑投资方案的成本和时间。传统设计的实时修改，往往是基于最终用户的反馈，而在BIM平台下，项目各方关注的焦点问题比较容易得到直观展现并迅速达成共识，进而减少决策的时间。设计方可以通过BIM评估所设计的空间，获得较高的互动效应，以便从使用者和业主处获得积极的反馈。

⑤可视化设计。3Dmax、Sketchup等三维可视化设计软件，弥补了业主及最终用户因缺乏对传统建筑图纸的理解而造成的与设计师的交流障碍。BIM可以使设计师不仅拥有三维可视化的设计工具，所见即所得，更重要的是通过工具，可以利用三维的思考方式完成建筑设计，同时也可以使业主及最终用户真正摆脱技术壁垒的限制，随时查看效果。

⑥协同设计。协同设计可以使分布在不同地理位置的不同专业的设计人员，通过网络协同展开设计工作。协同设计是数字化建筑设计技术与快速发展的网络技术相结合的产物。现有的协同设计主要是基于CAD平台，并不能充分实现专业间的信息交流。这是因为CAD的通用文件格式仅仅是对图形的描述，无法加载附加信息，进而导致专业间的数据不具有关联性。BIM技术为协同设计提供底层支撑，可以大幅提升协同设计的技术含量。借助BIM技术，协同的范畴也从单纯的设计阶段，扩展到建筑全生命周期，规划、设计、施工、运营等各方共同参与，可以大幅提升综合效益。

⑦性能化分析。在 CAD 时代，分析软件要通过手工输入相关数据开展分析计算，而操作和使用这些软件，不仅需要专业技术，同时由于设计方案的调整，原本就耗时耗力的数据录入工作可能需要经常性的重复录入或者校核，导致包括建筑能量分析在内的建筑物理性能化分析，通常被安排在设计的最终阶段，使得建筑设计与性能化分析计算严重脱节。利用 BIM 技术，建筑师在设计过程中创建的虚拟建筑模型，已经包含了大量的设计信息（几何信息、材料性能、构件属性等），只要将模型导入相关的性能化分析软件，就可以得到相应的分析结果，原本需要专业人员花费大量时间输入专业数据的过程，如今可以自动完成，大大降低了性能化分析的周期，提高了设计质量，同时也使设计公司能够为业主提供更专业的技能和服务。

⑧工程量统计。CAD 无法存储可以让计算机自动计算工程项目构件的必要信息，需要依靠人工根据图纸或者 CAD 文件进行测量和统计，或者使用造价计算软件根据图纸或者 CAD 文件进行建模后，然后由计算机自动进行统计。前者不仅需要消耗大量的人工，而且易出现手工计算带来的差错，而后者同样需要不断地根据调整后的设计方案及时更新模型。而 BIM 是一个富含工程信息的数据库，可以真实地提供造价管理需要的工程量信息，借助这些信息，计算机可以快速对各种构件进行统计分析，减少了烦琐的人工操作和潜在错误，非常容易实现工程量信息与设计方案的完全一致。通过 BIM 获得的准确的工程量统计，可以用于前期设计过程中的成本估算、在业主预算范围内不同设计方案的探索或者不同设计方案建造成本的比较以及施工开始前的工程量预算和施工完成后的工程量决算。

⑨管线综合。使用 CAD 软件，设计主要由建筑或者机电专业牵头，将图纸打印成流程图，然后由各专业进行管线综合。由于二维图纸信息缺失以及没有直观的交流平台，管线综合容易出现漏缺和碰撞。利用 BIM 技术，通过三维模拟，设计师可以发现设计可能出现的漏缺和碰撞，提高设计能力和工作效率，减少设计变更，降低施工成本，避免工期延误，提高施工效率。

⑩施工进度模拟。工程施工是一个动态过程。BIM 与施工进度连接，将空间信息与时间信息整合在可视的 4D（3D+Time）模型中，参建各方可以直观、精确地了解施工过程。在工程建造过程中，施工模拟技术可以合理地制订施工计划，精确地掌握施工进度，优化施工资源以及科学地进行场地布置，从而对整个工程施工进度、资源和质量实行统一管理。借助 4D 模型，施工企业在工

程项目投标中可以全面地展现本企业的施工优势；借助 BIM ，评标专家可以从 4D 模型中很快了解投标单位针对投标项目的主要施工方法是否科学，施工安排是否均衡，总体计划是否合理，从而对投标单位作出客观公正、实事求是地评估。

⑪施工组织模拟。各阶段施工需要准备的工作内容，施工过程中各施工单位、施工工种以及施工资源之间的相互关系，都依靠施工组织设计。施工组织设计是用来指导施工全过程技术、经济和组织的综合性解决方案，是施工技术与施工管理有机结合的产物。BIM 可以对施工重点或难点进行可建性模拟，按月、日、时进行施工优化。对重要施工环节或采用新工艺的关键部位、施工现场平面布置等进行模拟和分析，可以提高计划的可行性；结合施工组织计划进行预演，可以提高复杂建筑体系的可造性。项目管理方直观地了解整个安装环节的时间节点和工序，可以准确地把握安装难点和要点。施工方对原有安装方案进行优化，可以提高施工效率和施工安全。

⑫数字化建造。利用数字化数据模型，实现制造方法的自动化，是制造业生产效率提高的重要手段。BIM 模型与数字化建造结合，可以实现建造流程自动化。建造构件可以异地加工，然后运到现场进行装配（如门窗、预制混凝土结构和钢结构等）。数字化建造，可以自动完成建造构件的预制，降低建造误差，大幅度提高构件制造的生产率，缩短建造工期。BIM 模型用于制造环节，便于制造商与设计人员形成自然的反馈循环，在设计流程中尽可能多地提前考虑数字化建造。与制造商共享构件模型，有助于缩短招标周期，便于制造商根据设计构件用量，编制更加严谨科学的招标文件。BIM 模型用于标准化构件之间的协调，也有助于减少现场问题的发生，降低建造、安装成本。

⑬物料跟踪。随着建筑行业标准化、工厂化、数字化水平以及建筑使用设备复杂性的提高，越来越多的建筑及设备构件通过工厂加工并运送到施工现场进行高效的组装。而这些建筑构件及设备是否能够及时运到现场，是否满足设计要求，质量是否合格等，是影响建造过程中施工计划关键路径的重要环节。BIM 出现以前，建筑行业往往借助物流管理经验及技术方案如 RFID 无线射频识别电子标签。RFID 可以把各个设备、构件贴上标签，实现对这些物体进行跟踪管理，但无法进一步获取物体更加详细的信息，如生产日期、生产厂家、构件尺寸等。BIM 模型可详细记录设备和构件的全部信息。BIM 模型作为一个建筑物的多维度数据库，并不擅长记录各种设备、构件的状态信息，而基于

RFID 技术的物流管理信息系统，可以对物体的状态信息数据进行记录，并对物体进行跟踪管理。BIM 与 RFID 互补，可以解决建筑行业对日益增长的物料跟踪带来的管理压力。

⑭施工现场配合。BIM 不仅可集成建筑物的完整信息，同时还可提供一个三维的交流环境。与传统模式下项目各方人员在现场从图纸堆中找到有效信息后再进行交流相比，效率大大提高。BIM 逐渐成为一个便于施工现场各方交流的沟通平台，可以让项目各方协调项目方案，论证项目可造性，及时排除风险隐患，减少工程变更，缩短施工时间，降低由设计协调造成的成本增加，提高施工现场生产效率。

⑮竣工模型交付。建筑作为一个系统，当完成建造过程准备投入使用时，首先需要对建筑进行必要的测试和调整，以确保它可以按照当初的设计来运营。在项目完成后的移交环节，物业管理部门需要得到的不只是常规的设计图纸、竣工图纸，还需要真实的设备状态、材料安装使用情况等与运营维护相关的文档和资料。BIM 可将建筑物空间信息和设备参数信息有机地整合起来，为业主获取完整的建筑物全局信息提供途径。通过 BIM 与施工过程记录信息的关联，甚至可以实现包括隐蔽工程资料在内的竣工信息集成，为后续的物业管理带来便利，为业主及项目团队在未来的翻新、改造、扩建过程中提供有效的历史信息。

⑯维护计划。在建筑物使用寿命期间，建筑物结构设施（如墙、楼板、屋顶等）和设备设施（如设备、管道等）都需要不断维护。一个成功的维护方案可提高建筑物性能、降低能耗和修理费用，进而降低总体维护成本。BIM 模型结合运营维护管理系统，可以充分发挥空间定位和数据记录的优势，合理制订维护计划，分配专人进行专项维护工作，以降低建筑物在使用过程中出现突发状况的概率。对一些重要设备还可以跟踪维护工作的历史记录，以便对设备的使用状态提前作出判断。

⑰资产管理。一套有序的资产管理系统，可有效提升建筑资产或设施的管理水平，但由于建筑施工和运营的信息割裂，这些资产信息在运营初期需要依赖大量的人工操作录入，很容易出现数据录入错误。BIM 中包含的大量建筑信息可顺利导入资产管理系统，大大减少了系统初始化在数据准备方面的时间及人力投入。此外，由于传统的资产管理系统本身无法准确定位资产位置，通过 BIM 结合 RFID 的资产标签芯片，还可以使资产在建筑物中的定位及相关参数

信息一目了然，被快速查询。

⑱空间管理。空间管理是业主为节省空间成本、有效利用空间、为最终用户提供良好工作生活环境而对建筑空间所做的管理。BIM 不仅可以用于有效管理建筑设施及资产等资源，也可以帮助管理团队记录空间的使用情况，处理最终用户要求空间变更的请求，分析现有空间的使用情况，合理分配建筑物空间，确保空间资源的最大利用率。

⑲建筑系统分析。建筑系统分析是对照业主使用需求及设计规定来衡量建筑物性能的过程，包括机械系统如何操作和建筑物能耗分析、内外部气流模拟、照明分析、人流分析等涉及建筑物性能的评估。BIM 结合专业的建筑物系统分析软件，避免了重复建立模型和采集系统参数。通过 BIM 可以验证建筑物是否按照特定的设计规定和可持续标准建造，通过这些分析模拟，最终确定、修改系统参数甚至系统改造计划，以提高整个建筑的性能。

⑳灾害应急模拟。BIM 利用相应灾害分析模拟软件，可以在灾害发生前，模拟灾害发生的过程，分析灾害发生的原因，制定避免灾害发生的措施，以及发生灾害后人员疏散、救援支持的应急预案。当灾害发生后，BIM 模型可以提供救援人员紧急状况点的完整信息，有效提高突发状况应对效率。此外，数字自动化系统能及时获取建筑物及设备的状态信息，通过 BIM 和数字自动化系统的结合，BIM 模型能清晰地呈现出建筑物内部紧急状况的位置以及到达紧急状况点最合适的路线，救援人员可以做出正确的现场处置，提高应急行动成效。

4.8.3.2 工程实施阶段 BIM 应用管理模式

（1）组织架构。

为推进项目 BIM 应用实施，应由全过程工程咨询单位的项目管理服务团队负责 BIM 应用实施的组织与领导；BIM 总控服务团队负责 BIM 应用实施的统筹与监督；其他参建单位负责 BIM 应用实施的操作与执行。

①项目管理服务团队。项目管理服务团队应在建设单位的授权范围内负责建设工程项目全生命期或阶段性 BIM 应用实施的统筹与管理，监督各参建单位的 BIM 应用实施。

②BIM 总控服务团队。BIM 总控服务团队，是指在项目管理服务团队领导下，开展 BIM 应用实施总体规划、执行、指导及推动，并且有 BIM 综合应用实施管理业绩和经验丰富的团队。其职责：

a. 根据建设工程项目的特点及 BIM 应用总体目标，参照国家相关标准及地方相关规定编制《BIM 应用实施规划》和《全过程工程咨询单位 BIM 应用实施细则》，并对 BIM 应用实施过程进行统筹、协调、管理与考核；

b. 在设计阶段负责组织协调相关工作，审核、验收设计阶段 BIM 应用交付成果，并对过程文件及最终成果进行整理与归档；

c. 负责审核、验收并接收施工阶段 BIM 应用交付成果，并对成果进行整理与归档；

d. 负责监督、管理及推动各参建单位开展 BIM 应用工作，并向各参建单位提供相关的 BIM 技术支持；

e. 根据建设工程项目的特点及 BIM 应用目标，利用 BIM 协同平台对建设工程项目 BIM 应用进行协同管理，并负责 BIM 协同平台的日常维护与管理工作。

③勘察设计服务团队。勘察设计服务团队应具备 BIM 设计应用能力，配备经验丰富的 BIM 设计应用团队和负责 BIM 配合相关工作的 BIM 工程师。其职责：

a. 根据《BIM 应用实施规划》，结合建设工程项目特点及合同约定，配合编制《全过程工程咨询单位 BIM 应用实施细则》，并保证其与建设工程项目整体计划协调一致；

b. 根据所确定的 BIM 设计软件进行 BIM 设计，满足项目的数据信息格式，符合数据互用标准或数据互用协议；

c. 根据合同要求完成相应 BIM 成果，并对其准确性完整性负责；

d. 保证所创建模型的准确性完整性，交付成果应满足要求；

e. 参加模型会审，并对各参建单位进行设计交底，解答各参建单位提出的设计问题；

f. 基于 BIM 协同平台配合各参建单位完成相关协同管理工作，保证项目 BIM 应用的顺利进行，并对设计成果文件进行归档；

g. 配合项目管理服务团队审核施工总承包单位提交的深化设计模型、施工过程模型，分阶段核查模型是否符合设计图纸及变更图纸要求；

h. 接受项目管理服务团队的管理，并负责开展相关 BIM 应用实施工作。

④造价咨询服务团队。造价咨询服务团队应具备运用 BIM 技术进行造价咨询工作的能力，配备经验丰富的 BIM 造价咨询服务团队。其职责：

a. 根据《BIM 应用实施规划》，结合建设工程项目特点及合同约定，配合编制《全过程工程咨询单位 BIM 应用实施细则》，保证其与建设工程项目整体计划协调一致；

b.具备模型数据与造价数据之间的转换能力；

c.基于 BIM 协同平台进行建设工程项目造价咨询日常管理工作；

d.参与项目管理服务团队审核项目的深化设计模型、施工过程模型并进行相应的费用控制；

e.接受项目管理服务团队的管理并负责开展 BIM 相关应用实施工作。

⑤监理服务团队。监理服务团队应具备 BIM 应用实施管理能力，配备经验丰富的 BIM 应用实施管理团队和负责 BIM 配合相关工作的协调人员。其职责：

a.根据《BIM 应用实施规划》，结合建设工程项目特点及合同约定，配合编制《全过程工程咨询单位 BIM 应用实施细则》，保证其与建设工程项目整体计划协调一致；

b.负责审查施工总承包单位提交的 BIM 应用交付成果；

c.协助项目管理服务团队组织模型会审及设计交底，并对成果文件进行收集、整理、归档；

d.配合项目管理服务团队、代建方单位审核施工总承包单位提交的深化设计模型、施工过程模型和竣工模型；

e.通过 BIM 协同平台实现施工现场质量控制、进度控制、安全管理等工作，并对监理 BIM 应用交付成果进行归档；

f.接受项目管理服务团队的管理，并负责开展 BIM 应用实施工作。

（2）各阶段 BIM 工作内容。

①前期准备阶段。本阶段主要工作内容为：建立项目 BIM 技术管理体系，同时根据项目需求，完成 BIM 软硬件及协同平台的采购及部署，并在此基础上，针对各参建方进行专项培训工作，做好项目开工前的 BIM 应用基础准备工作。

a.项目人员配置及体系建立。在项目准备阶段，BIM 总控服务团队需要根据项目的特点，建立 BIM 工作的相关人员配置以及人员组织架构。

b.建立项目 BIM 技术管理体系。在项目前期准备阶段，BIM 总控服务团队方根据项目特点、业主需求，建立 BIM 技术管理体系。具体包括：编制本项目 BIM 整体实施规划；编制项目 BIM 模型深度要求；编制项目 BIM 文档管理要求；制定各参与方 BIM 考核办法等。

　　c.BIM 软硬件采购、部署方案。BIM 总控服务团队负责编制项目 BIM 协同平台及软硬件采购方案，提供相关的硬件配置建议，根据 BIM 协同平台的功能编制相应的操作手册。

　　②设计阶段。该阶段为项目信息从无到有的过程，也是 BIM 技术将项目过程中可能遇到的问题前置解决的重要环节。现场管理、造价、运营等团队，应积极参与紧密结合，提出设计优化项、非几何信息添加要求等，以协助设计成果实施，数据应用。其职责：

　　a.BIM 三维设计。基于 BIM 技术进行本项目红线范围内初步设计和施工图设计。

　　b.设计 BIM 模型应用。BIM 总控服务团队，组织勘察设计服务团队、专项深化勘察设计服务团队，对各专业 BIM 模型进行整合及深度应用，包括：建筑空间可视化分析、模型视觉检查、碰撞检查及管线综合；同时，输出相关 BIM 成果，如：机电管线综合图、复杂节点剖面图、结构留洞图、砌体墙留洞图、重要房间三维详图等。

　　c.设计 BIM 模型审核。BIM 总控服务团队，负责审核各专业 BIM 模型是否具有可行性及可建性，模型成果是否满足国家规范要求，保证模型可以顺利移交至施工阶段进行应用。

　　d.基于 BIM 平台的 BIM 文档管理。利用 BIM 协同平台，对项目造价相关 BIM 资料进行分类上传、存储、管理。

　　此外，勘察设计服务团队，应根据优化后的 BIM 模型，绘制管线综合图、结构留洞图、砌体留洞图等相应 BIM 成果。BIM 总控服务团队，负责相关 BIM 模型的审核工作，勘察设计服务团队、专项深化勘察设计服务团队，应积极配合 BIM 总控服务团队方进行模型修改、优化等。

　　③施工阶段。该阶段为 BIM 技术落地应用的重点。项目场地复杂，施工质量要求高、整体协调难度大。该阶段由项目管理服务团队牵头领导，BIM 总控服务团队牵头实施，监理服务团队、勘察设计服务团队、造价团队配合与辅助，施工单位负责开展具体的应用实施工作。

　　a.施工阶段 BIM 实施细则编制。施工阶段的 BIM 技术应用，应当充分契合本项目的 BIM 实施目标，各项 BIM 相关工作需做好详细的实施计划，以确保各项 BIM 技术应用工作能够充分发挥效益，解决现场实际问题。此部分工作主要包括：编制施工阶段 BIM 进度计划、施工阶段 BIM 模型管理办法。

b.BIM 模型进行调整及优化。项目管理服务团队，应在 BIM 总控服务团队协助下，在施工之前组织施工单位复核 BIM 模型。施工单位根据场地情况组织施工工艺、施工方法，复核勘察设计服务团队提交的 BIM 模型。在保证项目品质、费用节约的前提下，经业主同意，对 BIM 模型进行调整及优化，以确保项目的质量及易实施性。

c.基于 BIM 模型的施工过程模型应用。施工单位在收到设计 BIM 模型后，根据自身施工工艺、施工进度对其进行深化，复核机电管线的安装标高、位置，确定支吊架安装、施工顺序等内容。除此之外，还包括：

（ⅰ）施工总平面布置。若项目场地存在已建建筑、山体等，需借助 BIM 三维可视化技术，优化施工现场总平面布置，以提高施工现场的工作效率、安全性和实施性。施工单位应根据施工组织设计、现场情况，搭建施工总平面布置 BIM 模型，调整优化施工现场总平面布置，从而保证现场施工的有序、顺利开展。

（ⅱ）重点施工方案及工艺模拟。项目管理服务团队应联合监理服务团队，在 BIM 总控服务团队协助下，结合现场实际情况，论证并确定需要进行施工方案及施工工艺模拟的区域、范围和深度。施工单位应对重要（复杂）部位进行施工方案及施工工艺模拟，将模拟成果提交项目管理服务团队进行初步审查。项目管理服务团队还应对施工单位提交的模拟视频进行审查，同时对可施工性进行初步分析，出具《重要（复杂）施工部位可施工性报告》，然后交由监理服务团队进行专业性审查。审查通过后的报告用于指导现场施工。

（ⅲ）三维技术交底。项目管理服务团队应配合监理服务团队，在 BIM 总控服务团队协助下，组织基于专业模型的三维技术交底。在不改变传统交底模式的前提下，充分发挥 BIM 模型三维可视化的特点，协调解决本项目各施工区域、各单位及各专业间的问题；同时组织相关参建单位召开三维协调周例会。利用三维 BIM 模型及相关 BIM 技术应用成果对现场技术人员进行施工交底。

（ⅳ）基于 BIM 平台辅助质量、安全、进度管理。基于 BIM 技术的质量与安全管理，是通过现场施工情况与模型的比对，利用 BIM 协同平台，及时有效地暴露施工现场的质量安全问题，提高质量检查的效率与准确性，有效控制危险源。本项工作主要由监理服务团队依托项目施工 BIM 模型和 BIM 协同管理平台开展，项目管理服务团队作为领导单位组织本项工作的实施。

基于 BIM 技术的 4D 进度管理，主要是通过建立 4D 进度模型，利用进度模拟的形式，将方案进度计划和实际进度进行定期比对，找出差异并分析原因，实现对项目进度的合理控制与优化。

（ⅴ）BIM辅助变更管理及模型更新维护。在施工过程中，项目管理服务团队应根据工程实际情况，结合变更和现场情况，组织施工单位，定期（月度、季度、半年度）将施工过程中产生的变更、过程信息、设备信息、运维所需信息等，加载到三维模型中，按照要求定期更新三维模型。

④竣工阶段。竣工交付阶段的工作重点是创建本项目的竣工模型。本阶段工作包括两部分内容：施工单位对竣工资料进行收集和整理，形成完备的竣工资料库，供监理单位审核确认；施工单位根据项目实施过程中持续更新的施工BIM模型，进行竣工模型的创建工作，同时将竣工信息和竣工资料添加到创建后的竣工模型及BIM协同管理平台中，以保证模型与工程实体的一致性和信息资料的完整性。

a.竣工资料收集与整理。施工单位在监理服务团队的监督下，利用本项目BIM协同平台，对项目建设过程中的各类过程资料进行归档、整理，形成竣工文档数据库，做好竣工模型创建的准备工作。

b.竣工模型创建。施工单位根据竣工资料，在工程竣工交付前，将相关竣工图、资料、数据与信息录入模型中，形成与工程实体一致且信息资料完整的项目竣工BIM模型。

c.竣工模型审查。BIM总控服务团队在竣工交付阶段定期接收和审查施工单位提交的各专业竣工模型，经监理服务团队确认同意后，进行竣工模型的审查工作。其中，监理单位主要检查竣工模型的完备性、准确性以及与现场一致性；项目管理服务团队主要检查竣工模型中挂接的竣工资料的完整性。

d.项目BIM工作总结。全过程工程咨询单位组织项目各参与方，对项目各阶段BIM工作进行总结。

5 施工准备阶段

工程建设许可阶段的主要工作是完成勘察和初步设计文件编制与审批、工程建设拆改、迁市政公用水处理设施审批和工程总承包的招标投标（如运用）等。工程总承包对初步设计（含勘察）以及项目前期管理提出了要求。它要求初步设计（含勘察）必须满足工程总承包价格确定的深度。严格地说，以招标投标后核定的施工图预算，或以财政投资评审机构最终核定的价格，作为工程竣工结算依据的工程总承包，不是真正的工程总承包。工程总承包，应该是工程范围及内容和价格事先协商一致的总承包。

5.1 初步设计文件编制及要求

建设工程勘察，是指依据工程建设目标，查明并分析、评价建设场地和有关范围内地质地理环境特征和岩土工程条件，编制建设项目所需文件，并提供相关服务的活动。建设工程设计，是指依据工程建设项目目标，对其技术、经济、资源、环境等进行综合策划，论证编制建设项目所需文件，并提供相关服务的活动。工程建设应当先勘察、后设计、再施工。勘察和初步设计文件应依据可行性研究报告以及方案设计和投资估算，对工程技术经济方案进行深入分析，解决建设项目技术中观层面的问题。其深度标准由建设场地和有关范围内地质地理环境特征和岩土工程条件确定，单项工程、单位工程、分部工程范围清楚，主要建筑特征及内容明确。

5.1.1 建设工程勘察

建设工程勘察，按工作内容分为两类：岩土工程勘察、水文地质勘察（含凿井），工程测量、工程物探，岩土工程设计、治理、监测。按勘察阶段分为三种：选址勘察、初步勘察和详细勘察。工程勘察费包括实物工作费和技术工作费。

（1）发包人职责。

发包人应办理工程勘察相关许可，购买有关勘察所需资料；拆除场地内障碍物，开挖以及修复地下管线；修通至作业现场道路，接通电源、水源以及平整场地；提供勘察材料以及加工设备；提供水上作业用船、排、平台以及缴纳水监费；承担勘察机械进出场费用；承担场地内青苗、树木以及水域养殖物赔偿费等。具体是：

①确定勘察任务及技术要求；

②具备勘察所需总平面图、地形图等图纸及已有水准点和坐标控制点等技术资料；

③提供勘察所需立项批复、占用和挖掘道路许可等立项批准及勘察许可文件；

④完成土地征用、障碍物清除、场地平整、水电接口和青苗赔偿等工作，提供勘察作业场地及进场通道并承担相关费用；

⑤提供勘察场地内地下管线、地下构筑物等地下埋藏物资料、图纸；

⑥提供勘察安全生产防护条件并支付相关费用；

⑦负责勘察现场特别是有毒、有害等危险现场安全保卫工作，对从事危险作业的现场人员进行保健防护，并承担费用；

⑧按照合同约定及时支付合同价款及费用。

其中，勘察任务书是指发包人对工程勘察范围及内容、技术标准、项目特定要求、勘察成果提交以及质量差错责任等而出具的书面文件，是勘察合同文件的组成部分和勘察工作的行动纲领。勘察任务书作业范围及内容清楚，勘察布点及深度、精度符合设计要求，责任边界清晰，是保证勘察成果质量的基础。

（2）勘察人职责。

工程勘察受托人，应收集已有的勘察资料、进行现场工程踏勘，制订工程勘察纲要，进行测绘、勘探、取样、试验、测试、检测、监测等勘察作业，并编制工程勘察文件。具体是：

①按勘察任务书和技术要求并依据有关技术标准完成工程勘察工作。

②按本合同约定的时间提交质量合格的成果资料，并对其质量负责；

③提供后期服务；

④发现地下文物，应及时向发包人和文物主管部门报告并妥善保护；

⑤遵守职业道德及安全生产方面的法律、法规，确保人员、设备和设施的安全。

⑥编制燃气管道、热力管道、动力设备、输水管道、输电线路、临街交通要道及地下通道（地下隧道）附近等风险性较大的地点以及易燃易爆地段及放射、有毒环境的工程勘察安全防护方案及应急预案；

⑦制订环境保护具体措施，并保护作业现场环境。

（3）工程勘察变更处理原则。

工程勘察变更，系指在合同签订日后，因法律法规及技术标准、规划方案或设计条件、不利物质条件、发包人要求、政府临时禁令以及其他情形引起的勘察作业范围、内容、时间、要求和方式等的改变。变更情形出现后，勘察人应在7天内就调整后的技术方案，以书面形式向发包人提出变更要求，发包人应在收到报告后7天内予以确认，逾期不予确认也不提出修改意见，视为同意变更。变更工程的价格，合同中有适用的，按合同执行；合同中只有类似的，参照类似的执行；合同中没有适用或类似的，由勘察人提出，经发包人确认后执行。一方在双方确定变更事项后14天内，应向对方提出变更合同价款报告，否则视为该项变更不涉及合同价款的变更；一方在收到对方提交的变更合同价款报告之日起14天内应予以确认。逾期无正当理由不予确认的，则视为该项变更合同价款报告已被确认。由勘察人自身原因导致的变更，勘察人无权要求追加合同价款。一方不同意对方提出的合同价款变更的，应按争议解决的约定处理。

5.1.2 建设工程设计

建设工程设计，是指根据建设工程的要求，对建设工程所需的技术、质量、经济、资源、环境等条件进行综合分析、论证，编制建设工程设计文件的活动。从设计阶段划分，包括方案设计、初步设计、施工图设计三阶段。技术要求简单的民用建筑工程，经有关部门同意，可以不做初步设计，在方案设计审批后直接进入施工图设计。建设工程设计是基本建设的重要环节，在项目选址及设计任务已经确定的情况下，建设项目技术上是否先进，经济上是否合理，主要由设计决定。

（1）建设工程设计分类。

建设工程设计分为房屋建筑工程设计和专业建设工程设计两类。

房屋建筑工程设计，是指建设用地规划许可证范围内的建（构）筑物设计、室外工程设计、地下工程设计和小区规划设计，包括总平面布置、竖向设计、管网（线）设计、景观设计、室内外环境设计和建筑装饰、道路、消防、智能、安保、通信、防雷、人防、供配电、照明、废水治理、空调设施、抗震加固等专业设计。

专业建设工程设计，是房屋建筑工程以外的各行业建设工程设计的统称，是指房屋建筑工程以外各行业建设工程主体工程和厂（矿）区内电站、道路、专用铁路、通信、管网（线）等配套工程以及与主体工程、配套工程相关的土木、建筑、环境保护、水土保持、消防、安全、卫生、节能、防雷、抗震、照明工程等专业工程设计。具体包括煤炭、化工石化医药、石油天然气（海洋石油）、电力、冶金、军工、机械、商物粮、核工业、电子通信广电、轻纺、建材、铁道、公路、水运、民航、市政、农林、水利、海洋等专业工程设计。

在使用建设工程设计合同示范文本时，若建设项目既涉及房屋建筑工程，又涉及专业建设工程，应区分有关技术、标准和规范上的不同，分别计算设计费用。专业不同，专业取费系数有别，取费专业系数不能随意高套或低取。

（2）发承包方职责。

工程设计资料，是指根据合同约定，发包人向设计人提供的用于完成工程设计范围与内容所需要的资料。工程设计资料包括项目基础资料和现场障碍资料。

项目基础资料包括经有关部门批准、核准或备案的文件（如选址报告、资源报告、勘察报告、专项评估报告等）、资料（如气象、水文、地质资料等）、协议（如燃料、水、电、气、运输协议等）等。

现场障碍资料包括地上和地下已有的建（构）筑物、线缆、管道、受保护古建筑、古树木等坐标方位、数据和其他相关资料。工程设计资料的完整性、真实性、准确性和有效性以及交接手续的明确性，是发承包双方责任分解和设计质量追究的重要依据。发包人应重视工程设计资料的提供和交接工作。

①发包人职责：提供设计所需的项目立项文件、可行性研究报告批复文件、规划选址意见书、用地预审文件、建设用地规划许可文件、建设用地批准文件、建设工程规划许可以及可行性研究报告批复前和建设许可阶段应取得的各种专项评价（估）文件；提供方案设计、初步设计、施工图设计（包括专业设计，如人防工程设计、消防工程设计、防雷装置设计等）审批或备案，

以及市政公用服务，如供水报装、排水报装、供电报装、燃气报装和通信报装等强制报装专项设计文件；与施工方协调配合，组织技术交底和工程竣工验收，协调工程设计与工程项目外部机构、特别是政府主管部门以及工程项目内部施工、监理方的关系。若委托设计人或全过程工程咨询办理，应在合同中明确约定责任人、工作范围及内容、职责与权限、价款与酬金等，避免因职责不清而出现互相推诿。

②设计人职责：完成合同约定范围内的方案设计、初步设计、施工图设计，提供符合有关技术、标准和规范的设计文件；提供施工配合服务，并对设计原因造成的不能及时办理许可、核准或备案手续和对需要二次设计的专业设计要求没有明确规定等，导致的设计工作量增加、设计文件的修改和设计周期的延长等承担责任。对工程设计选用材料、构件、设备，应注明规格、型号、性能等技术指标及适应性，并符合质量、安全、节能和环保要求；按设计任务委托书确定的工作内容以及业主明确的限额设计任务指标完成各项设计任务，并对需要二次深化设计的范围及内容、设计完成时间、限额设计指标、主要材料及设备规格型号性能等，提出明确要求。不得将承包的全部工程设计转包给第三人，或将承包的全部工程设计肢解后以分包的名义转包给第三人；不得将工程主体结构、关键性工作及禁止分包的工程设计分包给第三人。

（3）设计合同价格。

设计合同价格，包括基本服务费和其他服务费两部分。基本服务，是指设计人根据发包人的委托，提供编制初步设计、施工图设计、技术交底、解决施工中技术问题、参加试车（试运行）和竣工验收等服务。其他服务，是指发包人要求设计人另行提供且应当单独支付费用的服务，包括总体设计服务、主体设计协调服务、采用标准设计和复用设计服务、非标准设备设计编制服务、施工图预算编制服务、竣工图编制服务等。合同形式可以采用单价合同、总价合同以及其他形式。

①单价合同。单价合同是指以建筑面积（包括地上建筑面积和地下建筑面积）每平方米单价或实际投资总额的比例等计算、调整和确认价格的合同。在约定风险范围及幅度内，合同单价不调整；超过约定风险范围及幅度以外的风险费用，按合同约定的方式及比例调整合同价格。

②总价合同。总价合同是指以发包人提供的上一阶段工程设计文件及有关条件进行合同价格计算、调整和确认的合同。在约定的范围及幅度内，合同总

价不调整；超过约定风险范围及幅度以外的风险费用，按合同约定方式及比例调整合同价格。

其中，设计任务书，又称技术任务书，是设计合同的组成部分和设计活动的行动指南。合同价格是完成设计任务的价值体现。可行性研究报告不等于设计任务书。《国家计委关于颁发〈建设项目进行可行性研究的试行管理办法〉的通知》（计资〔1983〕116号）第三条规定：可行性研究的任务是根据国民经济长期规划和地区规划、行业规划的要求，对建设项目在技术、工程和经济上是否合理和可行，进行全面分析论证，作多方案比较，提出评价，为编制和审批设计任务书提供可靠的依据。以可行性研究报告替代设计任务书并不可取。在可行性研究报告的基础上，单独编制设计任务书，不仅有利于界定设计范围及内容、技术、标准、规范及要求，而且有利于对设计活动的质量进行管理，避免设计错、漏、缺、碰撞等引发设计变更，导致投资失败。设计任务书范围及内容清楚，技术标准及要求明确，责任边界明晰，错、漏、缺、碰撞等引发的设计变更不得超过合同约定比例（即不超过 ±3%），对保证设计成果质量具有重要作用。

设计合同应对给付定金和支付预付款进行明确规定。设计活动时间紧、任务重、技术要求高，一旦启动，就需要投入人力、物力。定金和预付款过多或过少，对设计质量都会产生直接影响。设计定金的比例一般不应超过合同总价款的20%；预付款的比例一般不低于合同总价款的20%。设计活动一旦启动，就应保证设计任务委托的严肃性。若必须变动，特别是设计范围及内容、规模、功能及用途、基础（含桩基）与主体结构、规划条件与建设条件、主要技术经济指标等变动，发包人应当提供书面文件，签订补充协议，增加相应费用。

5.1.3 建设工程初步勘察

（1）初步勘察的主要任务。

建设工程初步勘察，是根据选址勘察报告，了解建设项目类型、规模、建筑物高度、基础形式及埋置深度和主要设备等情况。其任务是：

①搜集本项目可行性研究报告(附建筑场区地形图,比例尺1:2 000 ~ 1:5 000)、有关工程性质及工程规模的文件；

②初步查明地层、构造、岩石和土的性质，地下水埋藏条件、冻结深度、不良地质现象的成因和分布范围及其对场地稳定性的影响程度和发展趋势，当

场地条件复杂时，进行工程地质测绘与调查；

③对抗震设防烈度为 7 度或 7 度以上的建筑场地，判定场地和地基的地震效应。

初步勘察时，在搜集分析已有资料的基础上，根据需要和场地条件还可进行工程勘探、测试以及地球物理勘探工作。

（2）初步勘察报告的主要内容。

初步勘察的目的是对场地内建筑地段的稳定性作出评价，为确定建筑总平面布置、主要建筑物地基基础设计方案以及不良地质现象防治进行工程地质论证。一般包括以下内容：

①工程概况；

②勘察目的与任务，勘察技术标准，勘察方法，坐标系统、高程系统及高程引测依据，勘察工作布置与完成工作量等；

③场地工程地质条件，包括地形地貌、地基土的构成与特征、地基土的物理力学性质、地下水、场地地震效应、不良地质现象等；

④地基土分析与评价，包括拟建场地的稳定性及适宜性、天然地基、桩基、基坑围护方案与参数、信息化监测等；

⑤结论与建议；

⑥附图（表），包括建筑物和勘探点平面位置图、工程地质剖面图、柱状图、原位测试成果图（表）、室内试验成果图（表）、水土腐蚀性分析成果表、工程地质分区图、基岩图、埋深值线图等。

5.1.4 建设工程初步设计

（1）初步设计的主要任务。

①完成项目总体设计。

②完成方案设计，包括建筑设计、工艺设计的方案比选等。

③编制初步设计文件，包括完善选定的方案，分专业设计并汇总，编制设计说明与投资概算。

④参加初步设计审查以及修正初步设计等。

（2）初步设计的编制依据。

①经审批机关批准的项目建议书、可行性研究报告。

②经规划部门批准的项目选址意见书、规划设计条件和调查红线图。

③勘察设计任务书。

④有关技术经济协议文件和基础资料。

⑤有关技术标准、规范、规程。

上述前四项文件及资料，由业主提供，并对其真实性、齐全性负责。有关技术标准、规范、规程，由设计（含勘察）单位负责收集。凡违反有关技术标准、规范、规程的行为，应由设计（含勘察）单位承担责任。

（3）初步设计文件的主要内容。

①设计总说明，包括工程设计依据、工程建设规模、设计范围、总指标、设计要点综述，提请解决或确定的主要问题等。

②总平面，包括设计说明书和设计图纸。

a.设计说明书，包括设计依据及基础资料、场地概述、总平面布置、竖向设计、交通组织、主要技术经济指标、室外工程主要材料等。

b.设计图纸，包括区域位置图、总平面图、竖向布置图，可增加交通组织图、日照分析图、土石方图等。

③建筑专业设计。

a.设计说明书，包括设计依据，设计概述，建筑项目主要特征，分期建设内容和对续建、扩建的设想及相关措施，幕墙工程与金属、玻璃和膜结构等特殊屋面工程及其他需要专项设计、制作的工程内容的必要说明，需提请主管部门审批时解决的问题或确定的事项以及其他需要说明的问题，建筑节能设计说明，绿色建筑设计说明等。

b.设计图纸，包括平面图，立面图，剖面图，平面放大图或节点详图，贴邻的原有建筑局部平、立、剖面，绿色建筑设计技术内容，装配式建筑设计技术内容等。

④结构专业设计。

a.设计说明书，包括工程概况、设计依据、建筑分类等级、主要荷载或作用取值、上部及地下室结构设计、地基基础设计、结构分析、主要结构材料、绿色建筑设计结构技术说明、装配式建筑设计结构技术说明等。

b.结构布置图，包括基础平面图及主要基础构件的截面尺寸，主要楼层结构平面布置图，注明主要的定位尺寸、主要构件的截面尺寸，结构主要或关键性节点、支座示意图，伸缩缝、沉降缝、防震缝、施工后浇带的位置和宽度等。

c.建筑结构工程超限设计可行性论证报告，包括工程概况，设计依据，建筑分类等级，主要荷载（作用）取值，结构选型、布置和材料，结构超限类型和程度判别，抗震性能目标，性能设计结构限值指标，结构计算文件，静力弹性分析，弹性时程分析，静力弹塑性分析，弹塑性时程分析，楼板应力分析，关键节点、特殊构件及特殊作用工况下的计算分析，大跨空间结构的稳定分析，超长结构行波效应的多点多维地震波输入分析比较，高层和大跨空间结构连续倒塌分析、徐变分析和施工模拟分析，结构抗震加强措施及超限论证结论等。

d.计算书，包括荷载作用统计、结构整体计算、基础计算等。

⑤建筑电气。

a.设计说明书，包括设计依据，设计范围，变、配、发电系统，照明系统，电气节能及环保措施，绿色建筑电气设计，装配式建筑电气设计，防雷、接地及安全措施，电气消防，智能化设计，机房工程等。

b.设计图纸，包括电气总平面图，变、配电系统，防雷系统、接地系统，电气消防，智能化系统等。

c.设备及主要材料表，包括名称、型号、规格、单位、数量等。

d.计算书，包括用电设备负荷计算，变压器、柴油发电机选型计算，典型回路电压损失计算，系统短路电流计算，防雷类别的选取或计算，典型场所照度值和照明功率密度值计算等。

⑥给水排水。

a.设计说明书，包括设计依据，工程概况，设计范围，建筑小区或室外给水设计，建筑小区或室外排水设计，建筑室内给水设计，建筑室内排水设计，中水系统设计，节水、节能减排措施，隔振及防噪声建（构）筑物给排水设施所采取的技术措施，地震区、湿陷性或胀缩性土地区、冻土地区、软弱地基给水排水采取的技术措施，绿色建筑设计，装配式建筑设计，需提请在设计审批时解决或确定的主要问题等。

b.设计图纸，包括给水排水总平面图、室内给水排水平面图和系统原理图等。

c.设备及主要材料表，包括名称、性能参数、计数单位、数量等。

d.计算书，包括系统用水量和雨水排水量以及热水设计小时耗热量等，中水水量平衡、水力计算及热力计算、主要设备相关信息和构筑物尺寸计算等。

⑦供暖通风与空气调节。

a.设计说明书，包括设计依据，工程概况，设计范围，设计计算参数，供暖、空调、通风防排烟设计，空调通风系统防火、防爆措施，节能设计，绿色建筑设计，装配式建筑设计，废气排放处理和降噪、减震等环保措施，需提请在设计审批时解决或确定的主要问题等。

b. 设计图纸，包括图例，冷热源系统、供暖系统、空调水系统、通风及空调风路系统、防排烟系统流程图，供暖、通风、空调、防排烟、冷热源机房平面图等。

c. 设备表，包括名称、性能参数、数量等。

d. 计算书，包括供暖通风与空调工程的热负荷、冷负荷、通风和空调系统风量、空调冷热水量、冷却水量等的计算及主要设备相关信息。

⑧热能动力。

a. 设计说明书，包括设计依据，设计范围，锅炉房，其他动力站房，室内管道，室外管网，节能、环保、消防、安全措施，绿色建筑设计等的说明，需提请设计审批时解决或确定的主要问题等。

b. 设计图纸，包括热力系统图、锅炉房平面图、其他动力站房图，室内外动力管道图等。

c. 主要设备表，包括名称、性能参数、单位和数量等。

d. 计算书，包括负荷、水电和燃料消耗量、主要管道管径等的计算及主要设备相关信息。

⑨概算书。

概算书，包括概算编制说明、建设项目总概算表、工程建设其他费用表、单项工程综合概算表、单位工程概算书。

目前，规范性文件仍将投资概算作为初步设计文件的组成部分，不利于工程造价的专业化管理。投资概算应作为独立的专业成果文件，单独出具专业成果报告。

5.1.5 初步设计管理

对于房屋建筑工程、市政基础设施工程和市政地下管线综合工程，需要其初步设计文件经过行政审批后，才能进行施工图设计与预算编制。

（1）审查事项：初步设计审查。

（2）审查机构：住建部门。

（3）审查依据：《湖南省建设工程勘察设计管理条例》（湖南省第十一

届人民代表大会常务委员会公告第 69 号修订）第二十九条、三十条规定，设计一般应有初步设计和施工图设计，大中型和重要的民用建筑工程，在初步设计之前还应当进行方案设计。对设计文件实行审查制度，审查批准机关对审查结果承担相应责任。

（4）审查主要内容。

①是否符合批准的建设规模、建设标准、设计方案和投资估算。

②是否符合地基和结构安全、抗震、防洪、消防、环境保护、卫生节能等强制性技术标准。

③法律、法规规定的其他内容。

经批准立项的建设项目设计文件，由项目计划批准机关的同级建设行政管理部门组织有关专业管理部门和技术专家审查，并作出是否批准的决定。审查批准机关对审查结果承担相应责任。

（5）审查前置条件。

①有经有关职能部门批准的工程可行性研究报告或核准备案文件，项目选址意见书，建设工程规划设计条件和气象、水文、工程地质等基础资料，以及征地红线、资金来源证明等。

②有初步设计文件。

③承担工程勘察设计单位具有与工程建设规模相应的勘察设计资质证书。

④有按规定进行了工程勘察设计招投标的文件。

⑤对超出国家现行规范、规程所规定的适用高度和适用结构类型的高层建筑工程以及体型特别不规则的高层建筑工程，按有关规定要求进行了超限高层抗震专项审查。

⑥对工艺复杂的有特殊要求的项目，按有关法律法规要求，有地震安全性评价报告、职业病危害预评价报告、环境影响报告书、水土保持方案、地质灾害危险性评估报告和压覆矿产资源评估报告等批复文件。

5.2 市政公用水处理设施及管线迁改管理

5.2.1 供水设施管理

城市供水，是指城市公共供水和自建设施供水。城市公共供水，是指城市自来水供水企业以公共供水管道及其附属设施向单位和居民的生活、生产和其他各项建设提供用水。自建设施供水，是指城市的用水单位以其自行建设的供水管道及其附属设施主要向本单位的生活、生产和其他各项建设提供用水。城市供水发展规划是城市总体规划的组成部分。城市自来水供水企业和自建设施供水的企业是城市供水的专用水库、引水渠道、取水口、泵站、井群、输（配）水管网、进户总水表、净（配）水厂、公用水站等设施管理的责任单位。用水单位自行建设的与城市公共供水管道连接的户外管道及其附属设施，需经城市自来水供水企业验收合格并交其统一管理后，方可使用。

（1）审核事项：工程建设拆、改、迁城市供水设施审核。

（2）审核机构：住建部门。

（3）审核依据：《城市供水条例》（中华人民共和国国务院令第726号）第三十条、三十一条、三十二条规定：因工程建设确需改装、拆除或者迁移城市公共供水设施的，建设单位应当报经县级以上人民政府城市规划行政主管部门和城市供水行政主管部门批准，并采取相应的补救措施。涉及城市公共供水设施的建设工程开工前，建设单位或者施工单位应当向城市自来水供水企业查明地下供水管网情况。施工影响城市公共供水设施安全的，建设单位或者施工单位应当与城市自来水供水企业商定相应的保护措施，由施工单位负责实施。禁止擅自将自建的设施供水管网系统与城市公共供水管网系统连接；因特殊情况确需连接的，必须经城市自来水供水企业同意，并在管道连接处采取必要的防护措施。禁止产生或者使用有毒、有害物质的单位将其生产用水管网系统与城市公共供水管网系统直接连接。

5.2.2 排水与污水处理设施管理

城镇排水与污水处理规划是城镇排水与污水处理管理的主要依据之一。城镇排水与污水处理设施的建设、维护与保护，城镇排水设施排水与污水处理，以及城镇内涝防治必须符合城镇排水与污水处理的规划。城镇排水与污水处理规划一经批准公布，应当严格执行；因经济社会发展确需修改的，应当按照原审批程序报送审批。在保护范围内，从事爆破、钻探、打桩、顶进、挖掘、取土等可能影响城镇排水与污水处理设施安全的活动的，应当与设施维护运营单位等共同制定设施保护方案，并采取相应的安全防护措施。新建、改建、扩建建设工程，不得影响城镇排水与污水处理设施安全。

（1）审核事项：工程建设拆、改、迁排水与污水处理设施审核。

（2）审核机构：住建部门。

（3）审核依据：《城镇排水与污水处理条例》（中华人民共和国国务院令第641号）第四十三条规定，建设工程开工前，建设单位应当查明工程建设范围内地下城镇排水与污水处理设施的相关情况。城镇排水主管部门及其他相关部门和单位应当及时提供相关资料。建设工程施工范围内有排水管网等城镇排水与污水处理设施的，建设单位应当与施工单位、设施维护运营单位共同制定设施保护方案，并采取相应的安全保护措施。因工程建设需要拆除、改动城镇排水与污水处理设施的，建设单位应当制定拆除、改动方案，报城镇排水管理部门审核，并承担重建、改建和采取临时措施的费用。

5.2.3 地下管线迁改工程管理

地下管线，是指城市行政区范围内给水、排水、燃气、热力、工业、电力、广播电视、通信等地下管线及其附属设施以及用于铺设上述管线的综合管廊。

《长沙市城市地下管线管理条例》（长沙市人民代表大会常务委员会公告第7号）规定，地下管线管理应当遵循统一规划、统筹管理、资源共享、保障安全的原则。城乡建设主管部门负责地下管线的统筹协调管理。地下管线权属单位应当加强地下管线维护管理，保障地下管线运行安全。任何单位和个人不得损毁、侵占、盗窃地下管线。

城乡规划主管部门组织编制地下管线综合规划，报政府批准后实施。改建、扩建的地下管线工程应当履行基本建设程序，按照有关规定办理立项、可行性研究批复、规划许可、施工图设计文件审查备案、工程招投标、施工许可、工程质量安全监督和竣工验收及备案等手续。

新建、改建、扩建的地下管线工程，建设单位应当编制地下管线工程设计方案，并向城乡规划主管部门申请办理建设工程规划许可证。地下管线工程设计方案应当包含地下管线的容量、管径、位置、走向和主要控制点标高等内容。与道路同步建设的地下管线工程，可以与道路工程一并办理建设工程规划许可证。

地下管线建设单位在办理施工许可前，应当通过查询地下管线综合信息管理平台、咨询地下管线权属单位、现场探测等方式查明既有管线等地下设施现状。地下管线建设单位开展现状调查时，相关地下管线权属单位应当配合。

地下管线工程应当办理施工许可。地下管线工程开工前，地下管线建设单位应当委托具备相应资质的测绘单位进行定位、放线，并依法办理规划验线手续。地下管线工程在覆土前，地下管线建设单位应当委托相应资质的测绘单位及时进行覆土前测量，形成准确、完整的测量数据文件和管线测量图，并记录地下管线类别、材质、管径等基本属性特征信息。地下管线建设单位应当将完整的测量成果报送城建档案管理机构，未报送的，不得组织下道工序的建设。

城乡规划主管部门和建设工程质量监督机构应当督促地下管线建设单位及时进行地下管线覆土前测量。地下管线工程建设完工后，城乡规划主管部门应当对地下管线工程是否符合规划条件进行规划核实。未经核实或者核实不符合规划要求的，建设单位不得组织竣工验收。

单独建设的地下管线工程，地下管线建设单位应当组织工程勘察、设计、施工、监理等相关单位进行地下管线工程的竣工验收。与道路同步建设的地下管线工程，由道路建设单位会同地下管线权属单位组织竣工验收，并在验收合格后向地下管线权属单位移交。

《长沙市政府投资项目管线迁改工程管理规定》（长政办发〔2016〕27号）规定的管线改迁移工程审批流程及费用处理原则如下：

（1）委托测绘单位对项目建设影响范围内的管线进行勘查与实测，查清管线现状，包括管线名称、权属、准确位置、规格、数量等。

（2）委托设计单位进行管线综合初步设计，费用列入投资概算。

（3）住建部门组织相关部门、专家及权属单位或运维单位进行管线综合初步设计审查。

（4）建设单位委托管线权属单位负责组织实施。

（5）管线权属单位核实管线规划审批手续，分清管线性质，分别进行处理。

未经规划批准建设的、规划明确自行拆除的、临时管线到期未延期的、虽经规划批准但未按批准的施工图施工的管线，由权属单位自行拆除并承担拆除费用；2008年1月前动工的以及涉及历史遗留问题的管线，由住建部门与相关部门共同认定后，按历史遗留问题处理，计入拆迁费用范畴；永久性迁改的管线，不考虑线缆及管道利旧，线缆及管道由电力部门处置，拆除及运储费用由电力部门承担；临时改迁需要迁回的（不超过一年），环网柜、箱式变电变压器等设备考虑利旧，改迁费用计入投资概算；电力迁改过程中属于配网自动化建设范畴的产品和设备（如智能环网柜、开关、智能模块、光缆等），在电力部门配网自动化改造计划内的（电力部门应在年初向住建部门或市管线办提供配网自动化改造计划），新旧设备产生的差价由电力部门承担，不在电力部门配网自动化改造计划内的，设备费用由建设单位承担。

（6）管线迁改工程预算送财政或审计机构审定，只计取施工成本，不计取利润；管线迁改合同为暂估价，最终以财政或审计机构的工程竣工结算审核为准。

管线迁改可以减免占路挖掘、渣土运输及园林绿化占用迁移等行政审批费用。

（7）专项施工图设计，由管线产权单位根据管线综合初步设计，委托设计单位编制，送住建部门备案。

（8）管线改迁工程覆土前，应委托测绘机构进行竣工测量，送住建部门、城建档案馆备案存档，并在取得住建部门的资料预验收单和城建档案馆的档案初验认可证后，组织竣工验收。

军缆迁改费用（含勘察设计费、现场盯防费、通信中断费和链路调度费、综合赔偿费等）实行经费包干。

电力杆线迁改，包括地上杆线，但不包括路灯，还应按《长沙市政府投资项目电力管线改迁工程实施细则》（长住建发〔2019〕3号）的相关规定执行。

5.3 投资概算编制及要求

投资概算，是依据投资估算及可行性研究报告批复文件、设计任务委托书和初步设计审查前需要取得的专项评价（估）、方案等，对初步设计文件进行的经济核算，是初步设计文件在投资额上的反映。它要求初步设计不得超过投资估算允许误差范围 ±10%。《湖南省人民政府办公厅关于印发〈湖南省省本级政府投资项目审批及概算管理办法〉的通知》（湘政办发〔2016〕85号）第二十条规定，省本级政府投资项目初步设计应当按可行性研究报告批复要求进行设计，明确各单项工程或者单位工程的建设内容、建设规模、建设标准、主要材料、设备规格和技术参数等设计方案，做好市政配套、人防工程、建筑节能等专项设计，并编制投资概算。

5.3.1 投资概算文件组成

设计概算主要包括工程建设费、工程建设其他费（征地拆迁补偿费、管线迁改费分别单列）、预备费等费用以及建设期利息等项目。建设单位应与管线权属单位共同编制管线迁改初步设计及概算明细表。投资概算文件，由概算编制说明、建设项目总概算表、工程建设其他费用表、单项工程综合概算表和单位工程概算书等组成。

5.3.1.1 概算编制说明

（1）工程概况。

简述建设项目的建设地点、设计规模、建设性质（新建、扩建或改建）和主要建筑特征及内容等。

（2）编制依据。

①设计说明书及设计图纸。

②有关工程建设和造价管理的法律、法规和规定。

③政府及主管部门颁布的概算定额、指标（或预算定额、综合预算定额）、单位估价表、类似工程造价指标、工程费用定额和相关费用文件等。

④同期建设工程价格信息价及市场价。

⑤工程建设其他费用计费依据。

⑥反映建设场地自然条件和施工条件相关文件及资料。

⑦有关工程建设的文件、合同、协议等。

⑧经批准的可行性研究报告、项目建议书等。

（3）概算编制范围。

（4）资金来源。

（5）相关问题说明。

（6）概算成果说明。

①概算总投资、工程费用、工程建设其他费用、预备费及列入项目概算总投资中的其他相关费用。

②技术经济指标。

③主要材料消耗指标。

5.3.1.2 建设项目投资总概算表

建设项目投资总概算表由工程费用、工程建设其他费用、预备费、建设期贷款利息以及其他应列入项目概算总投资的费用组成，详见表 5-1。建设项目投资总概算编制不应采用同类或类似建设项目综合指标，即建筑安装工程费、工程建设其他费和建设期贷款利息等费用的指标。不同项目的建筑安装工程费、工程建设其他费的组成内容不同，建设期贷款规模不同，价格悬殊，没有可比性。

表 5-1　投资总概算费用项目组成表

序号	建设项目	单项工程 （工程建设其他费用）	单位工程	分部分项工程
1	工程费用	（1）教学楼 （2）实验楼 （3）图书馆 （4）综合楼 （5）体育馆 （6）学生食堂 …	建筑工程	地基处理与边坡支护工程
				桩基工程
				砌筑工程
				钢筋、混凝土工程
				门窗工程
				屋面与防水工程
				保温、隔热、防腐工程
				…
			安装工程	电气设备安装工程
				给排水、采暖、燃气工程
				通风空调工程
				消防工程
				建筑智能化工程
				…
			装饰工程	楼地面工程
				墙柱面工程
				天棚工程
				门窗工程
				油漆涂料裱糊工程
				…
			室外总体工程	土石方工程
				室外道路工程
				室外围墙工程
				室外排水工程

续表

序号	建设项目	单项工程 （工程建设其他费用）	单位工程	分部分项工程
			室外总体工程	园林景观工程
				...
		单项工程合计		
2	工程建设 其他费用	建设用地费		
		建设管理费		
		场地准备费及临时设施费		
		勘察设计费		
		造价咨询费		
		工程监理费		
		招标代理服务费		
		市政公用设施费		
		研究试验费		
		前期工作咨询费		
		环境影响评价费		
		工程保险费		
		劳动安全卫生评价费		
		检验检测费		
		专利及专有技术使用费		
		生产准备及开办费		
		联合试运转费		
		信息工程费		
		...		
		工程建设其他费合计		

续表

序号	建设项目	单项工程 （工程建设其他费用）	单位工程	分部分项工程
3	预备费		基本预备费 （暂列金额）	
			涨价预备费 （暂列金额）	
4	建设期贷款费用			
5	流动资金（铺底）			
6	建设项目总概算			

第一部分：工程费用。按各单项工程综合概算汇总组成。建设项目，是指按一个总体设计组织施工，建成后具有完整的系统，可以独立地形成生产能力或者发挥使用价值的建设工程。凡属于一个总体设计中的主体工程和相应附属配套工程、综合利用工程、环境保护工程、供水供电工程以及水库干渠配套工程等，都可作为一个建设项目。一个建设项目往往由多个单项工程组成。如一所学校，包括教学楼、实验楼、图书馆、综合楼、体育馆、学生宿舍、学生食堂等。单项工程是一个建设项目中具有独立的设计文件、竣工后可以独立投入使用或发挥效益的工程。一个单项工程，往往包括建筑工程、装饰工程、安装工程和室外总体工程等多个单位工程。在方案设计或初步设计不能明确到分部分项工程以及只明确到建（构）筑物名称、体型、平面尺寸、层数（地上层数、地下层数）、总高度、结构类型、地基与基础方案和周边环境、场地地理位置等主要建筑特征时，推荐采用同类或类似单项工程预（结）算综合指标编制工程费用概算。

第二部分：工程建设其他费用。由各项费用汇总而成。各项费用计算需要取得适合本项目的、有效的计费依据文件。其中，行政事业性收费和政府指导性服务价收费应取得收费依据文件，并按文件标准执行；市场化收费可参考价格部门发布的或行业协会制定的文件执行，但应合理评估本项目收费水平，避免奇高奇低；征地拆迁及"三通一平"费，可按本项目相关标准计算，不能简单推算。

第三部分：预备费。包括基本预备费和涨价预备费。其中，基本预备费又称不可预见费。其使用范围是：

①经批准的初步设计范围内，技术设计、施工图设计及施工过程中增加的工程费用；

②自然灾害造成的损失和预防自然灾害所采取的措施费用；

③为鉴定工程质量对隐蔽工程进行必要的挖掘和修复费用；

④超规超限设备运输增加的费用等。

基本预备费 =（设备及工器具购置费 + 建筑安装工程费 + 工程建设其他费）× 基本预备费费率，通常，基本预备费费率取5%。其中，工程建设其他费可不包括征地拆迁费、管线改迁费。征地拆迁费、管线改迁费按实计算。

涨价预备费，又称价差预备费，是指为防止建设项目可能发生的材料（设备）涨价等不定性因素而预估的一项费用，包括从设计文件编制时点至竣工验收时点的人工、材料、施工机械价差费，建筑安装工程及工程建设其他费和利率及汇率调整增加费等。

各年应计涨价预备费 =（当年建筑安装工程费用 + 当年设备及工器具购置费）×$[（1+ 价格指数）^{0.5}（1+ 价格指数）^{（计算期第几年 -1）}-1]$。各年应计涨价预备费之和，即为建设项目涨价预备费总额。

涨价预备费的计算基数为建筑安装工程费用和设备及工器具购置费之和。工程建设其他费用，属于基本预备费的计算基数，但不属用涨价预备费的计算基数；建设期贷款利息、铺底流动资金与任何预备费的计算无关。通常，建设期超过六个月、不超过一年的项目，涨价预备费按项以平均价格变动率6%预估，不再分年计算。建设期未超过六个月的项目，不计涨价预备费。

第四部分：建设期贷款利息、铺底流动资金等其他应列入项目概算总投资的费用。建设期贷款利息是指工程项目在建设期间内发生并计入固定资产的利息以及贷款所发生的其他相关费用，可按同期银行贷款年利率预估；当年贷款按半年计息，上年贷款按全年计息。

各年应计利息 =（年初借款本息累计 + 当年借款额 /2）× 年利率。各年应计利息之和，即为建设期贷款利息总额。

铺底流动资金，是指生产性建设工程项目为保证生产和经营正常进行，按规定应列入建设工程项目总投资的资金，一般按流动资金的30%计算。

5.3.1.3 工程建设其他费用表

应列出费用项目名称、费用计算基础、费率、金额及所依据的国家和地方政府或行业协会以及本项目有关文件名称、发文单位和文号等。

5.3.1.4 单项工程综合概算表

单项工程综合概算表，由每一个单项工程内各单位工程概算汇总组成。单项工程综合概算表中要列出技术经济指标。经济指标应包括计量单位、数量和单价。

5.3.1.5 单位工程概算书

单位工程概算书，由建筑（土建）工程、装饰工程、机电设备及安装工程、室外总体工程等专业工程概算书组成。各专业工程概算书，应明确至分部分项工程，并按规定计量套价。其中，室外总体工程包括场地内土石方、道路、广场、围墙、大门、室外管网（线）、园林绿化等工程。单位工程概算应考虑零星工程费。装配式建筑应包括其设计、生产、运输、施工安装等费用。

单位工程费用计算应关注以下问题：

（1）室外散水、明沟、台阶、外墙外侧坡道和室外水、电、燃气、消防管道等，归类为室外附属工程；

（2）室外水、电、燃气管道的分界点在用户室内水、电、气表内侧；

（3）屋面天沟、檐沟、排水管道，归类建筑工程；

（4）防雷及接地装置、给水系统设备、热水系统设备、机械排水系统设备、消防系统设备、采暖系统设备、水处理系统设备以及通风空调系统的各类水泵、风机、冷水机组、冷却塔、空调机组、新风机组等设备，一般按成套系统设备计算费用，不分室内室外，均计入安装工程等；

（5）土石方工程、地基处理及基坑支护工程、桩基工程以及基础挖填、室内挖填，除人工挖土可直接列入建筑工程外，其他应列入机械土石方工程和机械打桩、基地处理（不包括强夯地基）、基坑支护工程；

（6）室外总体工程，不包括征地拆迁、管线改迁和"三通一平"以及用地红线外发生的费用项目。征地拆迁、管线改迁和"三通一平"以及用地红线外发生的费用项目，列入工程建设其他费。

5.3.2 市政专业工程概算项目组成

（1）给水工程投资概算项目组成。

给水工程，承担着提取和输送原水、改善原水水质和输送合格用水到用户的作用，包括取水工程、输配水管网工程和净水处理工程等。给水工程建设其他费费率可取 13.34%，基本预备费费率可取 10%。其工程概算费项目如下：

①输配水管网：由水平干管、立管和支管组成，布置形式主要有树枝状管网和环状管网两种。其中，树枝状管网，从引水点至用水点的管线布置成树枝状，管径随用水点的减少而逐步变小。它适合于用水点较分散的情况，构造简单，造价低，管线长度短，但供水安全可靠性差，并且在树状网末端，因用水量小，管中水流缓慢，甚至停留，致使水质容易变坏，出现浑浊水和红水的可能。环状管网，输配水管线纵横相互接近，形成闭合的环状管网。环状管网中任何管道都可由其余管道供水，保证供水的可靠性，还可降低管网中的水头损失，减轻水锤造成的影响，但增加了管线长度和投资。工程内容包括开槽、埋管、顶管、顶管接收井与工作井、倒虹管、管桥以及道路开挖及修复、绿化破坏及修复等费用项目。所用管材主要有镀锌钢管、球墨钢管、铝塑管、衬塑钢管、UPVC 管、PPR 管、PPC 管、PEX 管等。

②取水工程和净水处理工程：取水工程包括水源、取水口、取水构筑物、提升原水的一级泵站以及输送原水到净水工程的输水管（渠）网等设施；净水处理工程包括加药加氟间及 PLC 控制站、絮凝池、沉淀池（分平流式、辐流式和斜板斜管式）、滤池（分普通滤池、双阀滤池、气水反冲滤池等）、净水池（储水池）和送水泵房（一般装有大功率变频器和电机）以及污泥平衡池、污泥脱水泵及泵房等。此外，平面布置工程可包括厂区道路、围墙、大门、绿化、平面管道、平面设备、厂区土石方等。

（2）排水工程投资概算项目组成。

排水工程，由收集和输送废水（污水）管网和污水处理厂组成。投资概算费用项目如下：

①排水管网工程：由雨水收集输送管网、污水收集输送管网、排水提升输送泵站等组成。工程包括开槽埋管、箱涵、渠道、顶管、顶管接收井与工作井、倒虹管、管桥、窨井、出水口以及道路开挖及修复、绿化破坏及修复等。主要管材有铸铁管、UPVC（分实壁和空心）、混凝土管、陶土管等。

②污水处理厂：包括粗格栅、进水泵房（含污水提升泵及泵座基础等）、细格栅、沉砂池（分平流式、竖流式和旋流式或曝气池）、初次沉淀池（包括平流式、竖流式和辐流式，分进水区、沉淀区、缓冲区、污泥区和出水区）、

生物池（包括活性污泥法和生物膜法）、鼓风机房（采用活性污泥法时设置）、二次沉淀池、接触消毒池、排水泵房、污泥回流泵房（送回生物池）、污泥泵房、污泥浓缩池和污泥脱水间等。此外，平面布置包括厂区道路、围墙、大门、绿化、厂区土石方等。

③排水泵站工程：在排水管道中途和终点，需要提升废水时，需要设置泵站。主要由泵房和集水池组成；泵房设置水泵和动力设备；动力设备通常是电动机及配电盘。泵房顶部设起重设备，供安装和检修起吊机组之用。集水池设置机械或人工清除垃圾的格栅，拦挡粗大和容易截住的悬浮物，防止水泵阻塞。集水池有一定的储水容积，以利于水泵的启动。按照废水的性质，排水泵站有污水泵站、雨水泵站和合流泵站之分。污水泵站常采用离心式污水泵；雨水泵站可以不设备用电源和备用机组，雨水泵站常采用轴流泵。排水泵站应有备用电源和备用机组。此外，平面布置可包括厂区道路、围墙、大门、绿化等。

（3）道路、桥涵工程投资概算项目组成。

①道路由路基和路面以及路面排水、道路附属构筑物组成。道路工程包括土石方工程、路基处理工程、道路基层工程、道路路面工程、人行道及侧平（缘石）工程、拆除工程、挡土墙工程、交通设施工程、人行天桥工程、人行地下通道工程、照明工程、排水工程等。

②桥梁由基础工程、下部结构和上部结构组成，包括空心板桥梁、悬索桥、斜拉桥、预应力混凝土箱梁桥等构造形式。桥梁工程包括钢筋混凝土钻孔灌注桩、钢筋混凝土承台、钢筋混凝土墩台、预制预应力钢筋混凝土梁、现浇预应力钢筋混凝土箱梁、钢－混凝土连续梁、钢结构箱梁、提篮式钢－拱组合梁、桥面系、台背回填、桥梁照明工程等。

③涵洞有圆管涵、箱涵、盖板涵、拱涵等多种构造形式。涵洞工程包括打桩工程、钻孔灌注桩工程、砌筑工程、现浇混凝土工程、预制混凝土工程、立交箱涵工程、安装工程、钢结构工程和装饰工程等。

④附属设施包括安全设施（标线标识、信号灯、照明、护栏、公交停靠站等）及城市家具（座椅、公交站亭、垃圾箱等）等。

⑤临时设施包括临时便道和临时便桥等。

（4）风景园林工程投资概算项目组成。

风景园林工程包括土石方工程、绿化工程、铺装工程、园林小品工程、照明工程、喷灌工程、弱电工程等。

5.3.3 工程费用概算编制方法

（1）单项工程综合指标法。

它一般以投资估算和初步设计文件为基础，以本地区已有同类或类似项目建筑安装工程预（结）算数据为依据，以单项工程为对象，以建筑面积为计量单位而进行编制，要求初步设计达到工程特征及内容清楚的程度。

如建筑工程，必须明确地上地下层数、层高、桩基、基础类型如预制管柱、满堂基础等，人防要求，抗震设防烈度，主体结构类型如框架结构、框剪结构等，混凝土及钢筋混凝土类别如有梁板、墙柱泵送商品砼等，墙体材料如多孔砖填充墙、轻质隔墙、外墙聚苯板保温等，屋面形式如平屋面保温防水等，主要楼地面做法如水泥楼地面、公共部位地板砖等，内墙面、天棚做法如粉灰＋仿瓷涂料等，外墙做法如外墙漆，门窗做法如防火门、防盗门、铝合金门窗等。安装工程则需要明确专业工程类别，如给排水工程、电气工程、弱电工程、消防工程等；每类专业工程系统设备组成内容、材质，如电气系统，包括照明系统、动力系统、防雷接地系统，包含配电箱、桥架、配管配线、开关、插座、灯具（户内节能灯）等。否则，无法使用同类或类似建筑安装工程预（结）算指标。

内容组成不同，材料性能及档次不同，价格差异很大。对拟建工程初步设计与同类或类似工程特征及内容完全不同的工程费用项目，可以其他相同的工程项目费用指标进行换算。

（2）单位工程概算定额法（扩大单价法）。

它要求单位工程特征及分部分项工程内容明确，工程内容清楚，工程量可以计算，与概算定额的深度持平，并按照计价取费程序与标准计算各项费用。

所谓工程特征，是指反映工程之间的主要差异、对工程价格形成具有实质性影响的属性。如土石方工程的挖运淤泥及运距、回填打夯，机械挖运土方及运距、机械原土碾压，爆破石方、明挖出渣及运距；基础及打桩工程的基础及桩基类型及材料、桩基长度；墙柱面工程的墙体位置、柱类型及砌筑、装饰材料与尺寸；楼地面、屋盖工程的楼地面、天棚、屋面、屋盖结构构件材料及做法；门窗、楼梯、雨篷、扶手、栏杆、栏板的材料与做法等。

所谓分部分项工程，是指组成单位工程的主要部位或主要施工材料或专业类型及组成内容、主要施工材料（设备）等。如建筑工程包括土石方工程、桩基础及基坑支护工程、砖砌体工程、钢筋工程、混凝土工程、钢结构工程、防水工程、保温工程、地面工程、墙面工程、天棚工程、门窗工程、油漆涂料工程等。

所谓工程内容是指要求实施或完成的主要工作或施工工艺等。如土石方工程包括挖运弃，桩基础包括打桩、护壁桩芯混凝土、钢筋笼安装、凿桩头，基坑支护包括土钉成孔、灌浆、喷射混凝土、挂网等。

计算出分部分项工程人材机直接费后，还需要按直接费 3% ～ 5% 计算在初步设计中不能明确类型及材质的零星项目或构件费用，即其他直接费，如台阶、散水、厕所蹲台等。

所谓计价取费程序与标准，主要是指如《关于调整补充增值税条件下建设工程计价依据的通知》（湘建价〔2016〕160 号）附表"K5、K6 单位工程概算费用计算程序及费率"以及《湖南省住房和城乡建设厅关于调整建设工程销项税额税率和材料价格综合税率计费标准的通知》（湘建价〔2019〕47 号）、《关于调整建设工程社会保险计费标准的通知》（湘建价〔2019〕61 号）等相关计价取费文件规定的费用计算顺序、费用项目及相应计算基础与费率等。

（3）预算定额法（单价法）。

它要求分项工程施工内容具体，项目特征描述完整、明确，能准确计算出清单项目工程量。如建筑工程，必须明确地上地下层数、层高，桩基、基础类型如预制管柱、满堂基础等，人防要求，抗震设防烈度，主体结构类型如框架结构、框剪结构等，混凝土及钢筋混凝土类别如有梁板、墙柱泵送商品砼等，墙体材料如多孔砖填充墙、轻质隔墙、外墙聚苯板保温等，层面形式如平屋面保温防水，主要楼地面做法如水泥楼地面、公共部位地板砖等，内墙面、天棚做法如粉灰＋仿瓷涂料等，外墙做法如外墙漆，门窗做法如防火门、防盗门、铝合金门窗等。安装工程则需要初步设计明确专业工程类别，如给排水工程、电气工程、弱电工程、消防工程等；并明确每类专业工程系统设备组成内容、材质，如电气系统包括照明系统、动力系统、防雷接地系统，包含配电箱、桥架、配管配线、开关、插座、灯具（户内节能灯）等。否则，无法使用同类建筑安装工程预（结）算指标。内容组成不同，材料性能及档次不同，价格差异很大。

运用预算定额法编制概算，其计算方法与单位工程概算定额法相似，只是组价选用的定额主要是预算定额。在运用预算定额进行清单项目组价，计算直接工程费后，还应按零星项目占主要项目总价的一定比例计算零星项目费。其中，隧道土建工程为 1% ～ 3%；建（构）筑物工程、管网工程、道路工程、桥梁工程等土建工程和机械设备、市政管道工程、电气设备、自控仪表设备等安装工程，零星项目费占主要项目总价的比例为 3% ～ 5%；管配件、电气材料为 5% ～ 10%。

实际操作中不推荐采用预算定额法，一则初步设计毕竟是草图，分项工程内容及特征没有定型，设计上没有明确分项工程的材料及做法，只能依赖概算编制人员根据常规材料和通常做法去补充，准确性不高；二则工作量大，若施工图确定或改变，与概算编制人员根据常规材料和通常做法补充的内容不吻合，容易发生争议。

（4）机电设备价值百分比法。

它主要计算机电设备的安装工程费。它要求被安装机电设备（包括次要设备或材料）规格、型号、性能、产地、安装部位及使用要求明确，单价可以从市场或其他渠道获得。

对于设备安装工程费占设备购置费（材料预算价）的比例，国产机械设备、电气设备安装工程费为 10% ～ 12%；管配件、电气材料、自控仪表设备为 15% ～ 20%。

设备购置费由设备原价、成套设备服务费、设备运杂费、备品备件购置费和次要设备或材料费以及进口设备从属费组成。其中，成套设备服务费占设备购置费的 1%，设备运杂费占设备原价的 7% ～ 8%，备品备件费占设备原价的 1%，次要设备或材料费，可按需计算。

5.3.4 单位工程概算编制规定

（1）《关于调整补充增值税条件下建设工程计价依据的通知》（湘建价〔2016〕160 号）的规定。

《关于印发〈湖南省建筑工程概算定额〉的通知》（湘建价〔2018〕43 号）对 2001 年《湖南省建筑工程概算定额》部分内容进行了修改，并规定：建设工程初步设计概算编制，按照《关于印发〈湖南省建设工程计价办法〉及〈湖南省建设工程消耗量标准〉的通知》（湘建价〔2014〕113 号）执行；单位工程概算费用计算程序与费用标准，按照《关于调整补充增值税条件下建设工程计价依据的通知》（湘建价〔2016〕160 号）、《湖南省住房和城乡建设厅关于调整园林苗木等综合税率和社会保险费计费标准的通知》（湘建价〔2017〕134 号）等文件执行，并将湘建价〔2016〕160 号文件附表"K5、K6 单位工程概算费用计算程序及费率表"第六项规费中 1 ～ 5 项的费率由 3.78% 调至 3.75%。

《关于调整补充增值税条件下建设工程计价依据的通知》（湘建价〔2016〕160 号）规定：单位工程概算计税模式为一般计税法；计算基础包括以人工费与机械费之和为计算基础、以人工费为计算基础两种方式。单位工程概算投资由直接费、企业管理费、利润、安全文明施工增加费、规费和税金组成。其中，直接费包括人工费、材料费、机械费、大型施工机械进出场及安拆费、工程排水费、冬雨季施工增加费和零星工程费等。材料费和机械费需以扣除进项税金的材料购置费和机械设备使用或租赁费后的金额计算。大型施工机械进出场及安拆费、工程排水费、冬雨季施工增加费和零星工程费，以人工费、材料费、机械费、主材费之和为基础计算。企业管理费、利润、安全文明施工增加费，以规定的人工费和机械费之和或人工费为计算基础。以人工费和机械费或人工费为计算基础，实际上是以企业管理费、利润和安全文明施工增加费为计算基础。规费分两类：建筑，市政道路、桥涵、隧道、构筑物，机械土石方和仿古建筑，以人工费、材料费、机械费、主材费和大型施工机械进出场及安拆费之和为基础计算；单独装饰工程，安装，市政给排水、燃气，园林景观、绿化，以人工费总额为基础计算。单位工程概算费用计算程序及费率表如表 5-2，5-3 所示。

表 5-2　K5 单位工程概算费用计算程序及费率表

（一般计税法，以人工费和机械费为计算基础）

序号	费用名称	计算基础及计算程序	费率（%）				
			建筑	市政道路、桥涵、隧道、构筑物	机械土石方	仿古建筑	
1	直接费	1.1 ～ 1.8 项					
1.1	人工费	直接工程费和施工措施费中的人工费					
1.2	材料费	直接工程费和施工措施费中的材料费					

续表

序号	费用名称	计算基础及计算程序	费率（%）			
			建筑	市政道路、桥涵、隧道、构筑物	机械土石方	仿古建筑
1.3	机械费	直接工程费和施工措施费中的机械费				
1.4	主材费	除1.2项以外的主材费				
1.5	大型施工机械进出场及安拆费	（1.1～1.4项）×费率	0.5	0.5	1.5	0.5
1.6	工程排水费	（1.1～1.4项）×费率	0.2	0.2	0.2	0.2
1.7	冬雨季施工增加费	（1.1～1.4项）×费率	0.16	0.16	0.16	0.16
1.8	零星工程费	（1.1～1.4项）×费率	5	4	3	4
2	企业管理费	按规定计算的（人工费＋机械费）×费率	23.33	18.27	6.19	24.36
3	利润	按规定计算的（人工费＋机械费）×费率	25.42	23.54	7.97	26.54
4	安全文明施工增加费	按规定计算的（人工费＋机械费）×费率	24.77	19.76	6.87	24.90
5	其他					
6	规费	（1～5项）×费率	3.78	3.78	3.78	3.78
		1.1项人工费总额×费率	9.5	9.5	9.5	9.5
7	建筑安装费用	1～6项合计				

续表

序号	费用名称	计算基础及计算程序	费率（%）				
				建筑	市政道路、桥涵、隧道、构筑物	机械土石方	仿古建筑
8	销项税额	7项×税率		11	11	11	11
9	附加税费	（7+8项）×费率	市区	0.36	0.36	0.36	0.36
			县镇	0.3	0.3	0.3	0.3
			其他	0.18	0.18	0.18	0.18
10	单位工程概算总价	7～9项合计					

备注：采用一般计税法时，材料、机械台班单价均执行除税单价。

表5-3　K6单位工程概算费用计算程序及费率表

（一般计税法，以人工费为计算基础）

序号	费用名称	计算基础及计算程序	费率（%）			
			单独装饰工程	安装	市政给排水、燃气	园林景观、绿化
1	直接费	1.1～1.8项				
1.1	人工费	直接工程费和施工措施费中的人工费				
1.2	材料费	直接工程费和施工措施费中的材料费				
1.3	机械费	直接工程费和施工措施费中的机械费				
1.4	主材费	除1.2项以外的主材费				
1.5	大型施工机械进出场及安拆费	（1.1～1.4项）×费率	0.5	0.5	0.5	0.5

续表

序号	费用名称	计算基础及计算程序	费率（%）				
			单独装饰工程	安装	市政给排水、燃气	园林景观、绿化	
1.6	工程排水费	（1.1～1.4项）×费率	0.2	0.2	0.2	0.2	
1.7	冬雨季施工增加费	（1.1～1.4项）×费率	0.16	0.16	0.16	0.16	
1.8	零星工程费	（1.1～1.4项）×费率	5	4	3	4	
2	企业管理费	按规定计算的人工费×费率	33.18	28.98	23.32	25.02	
3	利润	按规定计算的人工费×费率	36.16	31.59	30.01	32.25	
4	安全文明施工增加费	按规定计算的人工费×费率	29.62	27.33	23.22	26.04	
5	其他						
6	规费	（1～5项）×费率	3.78	3.78	3.78	3.78	
		1.1项人工费总额×费率	9.5	9.5	9.5	9.5	
7	建筑安装费用	1～6项合计					
8	销项税额	7项×税率	11	11	11	11	
9	附加税费	（7+8项）×费率	市区	0.36	0.36	0.36	0.36
			县镇	0.3	0.3	0.3	0.3
			其他	0.18	0.18	0.18	0.18
10	单位工程概算总价	7～9项合计					

备注：采用一般计税法时，材料、机械台班单价均执行除税单价

　　需要说明的是：《湖南省住房和城乡建设厅关于调整园林苗木等综合税率和社会保险费计费标准的通知》（湘建价〔2017〕134号）已废止，被以下两

个文件取代：

一是《关于调整建设工程社会保险费计费标准的通知》（湘建价〔2019〕61号），其规定社会保险费费率由3.15%调至2.84%，从2019年5月1日执行。

二是《湖南省住房和城乡建设厅关于调整建设工程销项税额税率和材料价格综合税率计费标准的通知》（湘建价〔2019〕47号），其规定销项税额税率调整为9%。材料含税预算价综合税率：适用增值税税率3%的以砂、石子、水泥为原料的普通及轻骨料商品混凝土等自产自销材料的综合税率为3.6%；适用增值税税率13%的水泥、砖、瓦、灰及混凝土制品，沥青混凝土、特种混凝土等其他混凝土，砂浆及其他配合比材料，黑色及有色金属等材料的综合税率为12.95%；适用增值税税率9%的园林苗木、自来水等材料的综合税率为9%；其他未列明分类的材料增值税综合税率为12.95%。具体材料及其品种参考《湖南省住房和城乡建设厅关于印发〈关于增值税条件下计价程序和计费标准的规定〉及〈关于增值税条件下材料价格发布与使用的规定〉的通知》（湘建价〔2016〕72号）的附件2《关于增值税条件下材料价格发布与使用的规定》。该文件自2019年4月1日起施行。

（2）《关于印发2020〈湖南省建设工程计价办法〉及〈湖南省建设工程消耗量标准〉的通知》（湘建价〔2020〕56号）的规定。

2020年，湖南省住房和城乡建设厅颁布了《关于印发2020〈湖南省建设工程计价办法〉及〈湖南省建设工程消耗量标准〉的通知》（湘建价〔2020〕56号）（以下简称计价办法和消耗量标准）。其中，消耗量标准，包括《湖南省房屋建筑与装饰工程消耗量标准》《湖南省安装工程消耗量标准》《湖南省市政工程消耗量标准》《湖南省市政排水设施维护工程消耗量标准》《湖南省仿古建筑工程消耗量标准》《湖南省园林绿化工程消耗量标准》。

①计价办法与消耗量标准配套使用，计价办法及消耗量标准适用于湖南省行政区域内的建筑工程、装饰工程、安装工程、市政工程、市政排水设施维护工程、仿古建筑工程、园林绿化工程发承包及实施阶段的工程计价。

②本通知自2020年10月1日开始施行，2014年颁布的《关于印发〈湖南省建设工程计价办法〉及〈湖南省建设工程消耗量标准〉的通知》（湘建价〔2014〕113号）、《湖南省装配式建设工程消耗量标准（试行）》（湘建价〔2016〕237号）、《湖南省城市地下综合管廊工程消耗量标准（试行）》（湘建价〔2018〕212号）及与之配套的取费文件、补充定额、解释说明同时废止。

③已发出招标文件并已公示招标控制价的工程或已签订施工合同的工程，仍按原招标文件的规定或施工合同的约定执行，合同约定不明确的，由双方签订补充协议明确是否按照新计价依据执行。

《湖南省建设工程造价管理总站关于机械费调整及有关问题的通知》（湘建价市〔2020〕46 号）规定：

①执行 2020 年《湖南省建设工程消耗量标准》（2020 年《湖南省安装工程消耗量标准》除外）的工程，机械费调整系数为 0.92。

② 2001 年《湖南省建筑工程概算定额》及 2004 年《湖南省房屋修缮工程计价定额》在执行 2020 年《湖南省建设工程计价办法》时，其人工工资单价按《湖南省住房和城乡建设厅关于发布 2019 年湖南省建设工程人工工资单价的通知》（湘建价〔2019〕130 号）的规定并乘以系数 1.15 执行。

消耗量标准和计价办法以及相关配套文件，在工程造价术语、一般规定、费用项目组成及取费费率等方面进行了重大调整：

①《关于调整补充增值税条件下建设工程计价依据的通知》（湘建价〔2016〕160 号）规定：单位工程造价＝直接费用＋费用和利润＋销项税额＋附加税费＋其他项目费＝人工费＋材料费＋机械费＋管理费＋利润＋总价措施费＋规费（工程排污费＋职工教育和工会经费＋住房公积金＋安全生产责任险＋社会保险）＋销项税额＋附加税费＋其他项目费（包括暂列金额、暂估价、计日工、总承包服务费、索赔与现场签证以及销项税额与附加税费等）。

②《关于印发 2020〈湖南省建设工程计价办法〉及〈湖南省建设工程消耗量标准〉的通知》（湘建价〔2020〕56 号）规定：单位工程建筑安装造价＝分部分项工程费＋措施项目费＋其他项目费＋销项税额/应纳税额＝（直接费＋管理费＋其他管理费＋利润）＋（单价措施项目费＋总价措施项目费＋绿色施工安全防护措施费）＋（暂列金额项目＋专业工程暂估项目＋分部分项工程暂估项目＋计日工项目＋总承包服务费＋优质工程增加费＋安全责任险和环境保护税＋提前竣工措施增加费＋索赔签证等）＋销项税额/应纳税额＝（人工费、材料费和机械费）＋管理费＋其他管理费＋利润＋（单价措施项目费＋总价措施项目费＋绿色施工安全防护措施费）＋（暂列金额项目＋专业工程暂估项目＋分部分项工程暂估项目＋计日工项目＋总承包服务费＋优质工程增加费＋安全责任险和环境保护税＋提前竣工措施增加费＋索赔签证等）＋销项税额/应纳税额。

消耗量标准和计价办法的变化，主要体现在以下方面：

①撤销了直接费用包括分部分项工程费和单价措施项目费的界定。"消耗量标准"把单价措施项目费归入了措施项目费；把直接费（人工费、材料费和机械费）、管理费、其他管理费和利润，确定为分部分项工程费的组成要素，并把分部分项工程费中的人材机费归类为直接费。

②撤销了费用和利润的提法，把费用和利润的组成要素重新进行了归类与拆分。把管理费和利润调整归入了分部分项工程费；把单价措施项目费、总价措施项目费和绿色施工安全防护措施费，统一归并为措施项目费。其中，原安全文明施工费，调整为绿色施工安全防护措施费；并不只是名称的改变，而是有实质性内容的调整。消耗量标准和计价办法规定：绿色施工是在保证质量、安全等基本要求的前提下，通过科学管理和技术进步，最大限度地节约资源，减少对环境负面影响的施工活动，实现节能、节地、节水、节材、环境保护（"四节一环保"）的建筑工程施工活动。调整后的绿色施工安全防护措施费分两大块：

第一块：固定费率部分（安全文明施工费），其内容包括原安全文明施工费中难以以工程量单独计量的部分内容，即安全施工费、文明施工费以及环境保护费和临时设施费。能够以工程量单独计量的部分内容，调入了按实计量部分。这块费用基本上只要按施工组织设计方案进行了实施，即可进入工程结算。从理论上推导，这部分费用是包括管理费和利润在内的费用。

第二块：按工程量计算部分（绿色施工措施费），其内容包括：扬尘控制措施费、场内道路建设费、场内临时排水设施费、施工围挡或墙设施费、智慧管理设备及系统费。这些费用发生前需要有专项方案及审批、施工过程及结束后有现场签证、现场签证还要有合规的审查确认手续，才能进入工程结算。从理论上推导，这部分签证口径应与分部分项工程费计算口径保持一致。

③对其他项目费进行了调整。它包括暂列金额项目、专业工程暂估项目、分部分项工程暂估项目、计日工项目、总承包服务费、优质工程增加费、安全责任险、环境保护税、提前竣工措施增加费、索赔签证等。这部分费用是包括管理费和利润在内的费用。特别注意这部分费用没有包括税金及附加税费。税金在工程费用汇总时一并计算。附加税费在税金计算后计算，列入管理费中。

安全责任险、环境保护税，是每个建设项目均要发生的费用，从理论上说是管理性的费用。安全责任险是在安全责任事故发生后用以赔付的商业保险，实际上是政策强制保险；环境保护税是因建筑施工造成的大气污染而向国家缴纳的税收。它小于工程排污费的内容。工程排污费还包括排水污水费和建筑垃圾处理费等。

④对销项税额与附加税费进行了调整。附加税费归入了管理费中。增值税销项税额在工程项目费用汇总时统一计算。

⑤对建设工程概算费用项目组成、取费程序及费率进行了调整（见表5-4）。

表5-4　建设工程概算取费程序表

序号	费用名称	计算基础及程序	费率（%）				
			建筑工程	桥涵、隧道、生活垃圾处理工程	机械土石方（强夯地基）工程	桩基工程	仿古建筑工程
1	直接费	1.1～1.3项					
1.1	人工费	人工费总额					
1.2	材料费（不含设备）	材料费总额					
1.3	机械费	机械费总额					
2	设备费/其他						
3	大型施工机械进出场及安拆费	（1～2项）×费率	0.5	0.5	1.5	1.5	0.5
4	工程排水费	（1～2项）×费率	0.2	0.2	0.2	0.2	0.2
5	冬雨季施工增加费	（1～2项）×费率	0.16	0.16	0.16	0.16	0.16
6	零星工程费	（1～2项）×费率	5	4	3	3	4
7	企业管理费	1项×费率	9.65	9.65	9.65	9.65	9.65
8	其他管理费	（设备费/其他）×费率	2	2	2	2	2

续表

序号	费用名称	计算基础及程序	费率（%）				
			建筑工程	桥涵、隧道、生活垃圾处理工程	机械土石方（强夯地基）工程	桩基工程	仿古建筑工程
9	利润	1项×费率	7	7	7	7	7
10	绿色施工安全防护措施费	1项×费率	7.25	5.13	6.25	5.52	7.25
11	安全责任险环境保护税	（1~10项）×费率	1	1	1	1	1
12	税前造价	1~11项合计					
13	销项税额	12项×税率	9	9	9	9	9
14	单位工程概算总价	12+13项					

5.3.5 投资概算管理

本级政府投资项目，是指由本级政府安排政府性资金（含本级预算资金、上级政府投资补助、本级政府性专项建设基金、主权外债资金，以及以本级财政性资金为还款来源的借贷资金）为主体（占项目总投资50%及以上）投资建设，且建设责任主体为本级单位的固定资产投资项目。对政府投资项目投资概算，实行本级政府行政审批管理。

（1）审批事项：政府投资项目投资概算审批。

（2）审批机构：发改、建设、交通、水利等部门。

（3）审批依据：《湖南省人民政府办公厅关于印发〈湖南省省本级政府投资项目审批及概算管理办法〉的通知》（湘政办发〔2016〕85号）第二十二条、二十三条规定，省本级政府投资项目初步设计编制完成后，由项目单位按程序报送省直有关部门审批。其中，交通项目由省交通运输厅组织审批，水利项目由省水利厅组织审批，房屋建筑和市政工程项目由省住房城乡建设厅组织审批，铁路项目由省发改委审批，其余项目由相关行业主管部门组织审批。省本级政府投资项目概算由省发改委在项目初步设计阶段委托评审后审批，或由省发改委核定额度后提交相关行业主管部门与初步设计一并批复。

（4）审批原则。

投资概算包括国家规定的项目建设所需的全部费用，包括建筑安装工程费用（含房屋类建设项目装修费用）、设备费、工程建设其他费用、代建费、基本预备费等。其中，建筑安装工程费中，一般房屋类建设项目装修标准，参照《党政机关办公用房建设标准》（发改投资〔2014〕2674号）执行，费用按不超过建筑安装工程费的35%控制；特殊用途房屋类建设项目装修，按相关建设标准或参照外省市同类项目的中等水平核定控制标准。除项目建设期价格大幅上涨、政策调整、地质条件发生重大变化和自然灾害等不可抗力因素外，经核定的投资概算不得突破。

（5）超过投资估算10%的处理。

《湖南省人民政府办公厅关于印发〈湖南省省本级政府投资项目审批及概算管理办法〉的通知》（湘政办发〔2016〕85号）第二十一条规定，省本级政府投资项目投资概算超过可行性研究报告批准的投资估算10%的，或者项目单位、建设性质、建设地点、建设规模、技术方案等发生重大变更的，应及时报告项目审批单位。项目审批单位可以要求项目单位重新组织编制和报批可行性研究报告，并征求省财政厅关于追加资金安排的意见；或要求项目单位严格按照可行性研究报告批复，重新编制和报批初步设计及概算。

（6）长沙市对政府投资项目投资概算管理的要求。

《长沙市政府投资建设项目管理办法》（长政发〔2020〕5号）规定：政府投资项目须按照估算控制概算、概算控制预算、预算控制结算的原则进行投资成本控制。投资概算是控制政府投资项目总投资的依据，项目总投资应控制在批复的概算以内。

所谓估算控制概算，是指初步设计概算未超过可行性研究报告批复估算10%（不含征地拆迁补偿费和管线迁改费），由概算审批部门批复，超出10%以内的资金按可行性研究报告批复来源渠道（或比例）解决；超过10%的（不含征地拆迁补偿费和管线迁改费），或建设性质、建设地点、建设规模、技术方案等发生重大变化的，投资主管部门可以要求建设单位重新报批可行性研究报告，或要求建设单位修改初步设计及概算，重新报批，或责成建设单位或项目实施机构调减建设规模或内容、降低建设或装修标准，重新开展初步设计、重新编制项目设计概算，确保设计概算不超过投资估算的 10%。

所谓概算控制预算，是指施工图预算（招标控制价）不得超过批复设计概算中工程建设总费用及相应的基本预备费之和。工程变更应先批准后变更，先设计再施工。未经批准而实施工程变更的，由建设单位或项目实施机构承担全部责任，并不予支付变更增加的费用。

对于"正负零"或地面以上等建设条件简单、明晰的分部工程，不得以工程变更名义增加投资规模。

因突发事件、紧急事务，为避免发生严重危害或者危害结果进一步扩大，必须采取措施或者变更方案的工程，应立即报工程变更审批部门确认并先行处理。建设单位在下达变更指令后 5 个工作日内按程序补办变更审批手续，并提供影像等佐证资料。

由建设期价格大幅上涨、政策调整、地质条件发生重大变化和自然灾害等不可抗力原因导致原批复概算不能满足工程实际需要的，或者经批准的工程变更导致超原批复概算需调整投资规模的，建设单位应在建设项目竣工且已完善工程变更等手续的情况下，按照政府投资财政评审相关规定报财政评审部门出具预评审结论，并征求原概算审批部门意见后，向市政府提交调整申请（应含拟调整概算与原核定概算对比表）并说明调整缘由及依据。经市政府批示后，由投资主管部门对投资规模调整进行论证并提出意见报分管副市长和常务副市长批准。财评部门据此出具建设项目最终结算评审报告，原概算审批部门据此下达概算调整批复。概算调整批复前对超概算部分资金不予追加安排。

5.4 工程总承包管理

工程总承包，是指承包单位按照与建设单位签订的合同，对工程设计、采购、施工或者设计、施工等阶段实行总承包，并对工程的质量、安全、工期和造价等全面负责的工程建设组织实施方式。工程总承包是针对工程建设特定时段、特定范围及内容、特定价格等而采用的组织实施方式。工程总承包管理，是指针对工程总承包活动而进行的管理。它包括为具备工程总承包实施条件而进行的管理和对工程总承包活动进行的管理两个方面的内容。

5.4.1 发承包方的职责

边界清晰、权责对等，是工程总承包实施的重要基础。建设单位和工程总承包，是政府投资项目工程建设活动的两大实施主体。建设单位，作为业主和投资人，主要履行项目决策、监管和竣工验收确认等宏观管理职能；工程总承包，作为工程建设项目详细勘察设计、采购和施工的实施人，主要负责建筑产品的详细设计与制造任务，是工程建设直接责任主体，对工程建设的质量、安全、造价与进度等全面负责。

（1）建设单位职责。

对符合规划条件或要求和国家强制性质量标准的工程设计成果以及技术经济分析结果进行确认是项目决策的主要形式。对符合规划条件或要求和国家强制性质量标准的工程设计成果以及技术经济分析结果的正确性负责是项目决策者必须承担的责任。政府投资项目实行两级决策制，即建设单位决策与政府责任部门或机构审批制，应按层级确定建设单位项目决策责任。

建设单位主要是对项目决策的正确性、项目实施的合规性和竣工验收确认的客观性承担责任。项目决策是指对建设地址、建设范围及内容、建设规模、功能及用途、建设标准、建设工期、规划条件、项目咨询服务方式和工程组织实施方式等影响工程建设的要素进行的确认。建设程序管理审批的技术经济分析文件，是项目决策的主要载体。如项目建议书、可行性研究报告、征地拆迁方案、市政管线迁改方案、专项审查或评估报告、招标投标文件、初步设计文件、施工图设计文件以及重大设计变更文件等。

遵循建设程序，是建设单位的重要职责。项目实施的合规性，主要是指建设程序管理审批履行的合规性以及取得政府审批的技术经济分析文件的真实性。竣工验收确认的客观性，主要表现在竣工验收资料的真实性和过程的专业性。建设单位是竣工验收的组织者，对竣工验收是否合格没有决定权，但对竣工验收资料的真实性和过程的专业性具有实际控制权，应对竣工验收资料的真实性和过程的专业性负责。

《关于落实建设单位工程质量首要责任的通知》（建质规〔2020〕9号）规定，建设单位是工程质量第一责任人，依法对工程质量承担全面责任。建设单位工程质量首要责任包括：

①严格执行法定程序和发包制度。建设单位要严格履行基本建设程序，禁止未取得施工许可等建设手续开工建设。严格执行工程发包承包法规制度，依法将工程发包给具备相应资质的勘察、设计、施工、监理等单位，不得肢解发包工程、违规指定分包单位，不得直接发包预拌混凝土等专业分包工程，不得

指定按照合同约定应由施工单位购入用于工程的装配式建筑构配件、建筑材料和设备或者指定生产厂、供应商。按规定提供与工程建设有关的原始资料，并保证资料真实、准确、齐全。

②保证合理工期和造价。建设单位要科学合理确定工程建设工期和造价，严禁盲目赶工期、抢进度，不得迫使工程其他参建单位简化工序、降低质量标准。调整合同约定的勘察、设计周期和施工工期的，应相应调整相关费用。因极端恶劣天气等不可抗力以及重污染天气、重大活动保障等原因停工的，应给予合理的工期补偿。因材料、工程设备价格变化等原因，需要调整合同价款的，应按照合同约定给予调整。落实优质优价，鼓励和支持工程相关参建单位创建品质示范工程。

③推行施工过程结算。建设单位应有满足施工所需的资金安排，并向施工单位提供工程款支付担保。建设合同应约定施工过程结算周期、工程进度款结算办法等内容。分部工程验收通过后原则上应同步完成工程款结算，不得以设计变更、工程洽商等理由变相拖延结算。政府投资工程应当按照国家有关规定确保资金按时支付到位，不得以未完成审计作为延期工程款结算的理由。

④全面履行质量管理职责。建设单位要健全工程项目质量管理体系，配备专职人员并明确其质量管理职责，不具备条件的可聘用专业机构或人员。加强对按照合同约定自行采购的建筑材料、构配件和设备等的质量管理，并承担相应的质量责任。不得明示或者暗示设计、施工等单位违反工程建设强制性标准，禁止以"优化设计"等名义变相违反工程建设强制性标准。严格质量检测管理，按时足额支付检测费用，不得违规减少依法应由建设单位委托的检测项目和数量，非建设单位委托的检测机构出具的检测报告不得作为工程质量验收依据。

⑤严格工程竣工验收。建设单位要在收到工程竣工报告后及时组织竣工验收，重大工程或技术复杂工程可邀请有关专家参加，未经验收合格不得交付使用。住宅工程竣工验收前，应组织施工、监理等单位进行分户验收，未组织分户验收或分户验收不合格，不得组织竣工验收。加强工程竣工验收资料管理，建立质量终身责任信息档案，落实竣工后永久性标牌制度，强化质量主体责任追溯。

（2）工程总承包职责。

工程总承包模式，是一种较为成熟的工程项目组织实施方式。工程总承包企业接受业主委托，可以对工程项目的设计、采购、施工、试运行、竣工验收等实行全过程或若干阶段的承包，对工程项目的质量、安全、工期、造价全面负责。不是所有的工程项目都可以采用工程总承包，不是工程项目的所有工作都适合进行工程总承包，建设单位应当根据工程项目的规模和复杂程度等，合理选择建设项目的组织实施方式。一般要求在可行性研究、方案设计或者初步设计完成后，在项目范围、建设规模、建设标准、功能需求、投资限额、工程质量和进度要求确定后，对工程项目的设计采购施工或设计施工等进行工程总承包。项目范围、建设规模、建设标准、功能需求、投资限额、工程质量和进度要求不明确的项目，不宜采用工程总承包方式。

工程总承包不是设计、采购、施工或设计、施工的简单叠加，而是设计、采购、施工等各阶段工作的深度融合和集约化管理。组织实施 = 组织 + 实施 = 管理 + 生产 = 生产方式 = 生产力 + 生产关系。生产方式是指社会生活所必需的物质资料的谋取方式（生产力），和在生产过程中形成的人与自然和人与人之间关系（生产关系）的能动统一。它要求对设计、采购和施工以及试运行等进行科学的统筹管理，从而达到较分开行动更加高效的目的。它要求项目组织机构不是专业分割或项目集成化管理，而是以专业技术职能管理为支撑、以项目部管理为前驱的双重、双向的集约化管理，从而取得更大的效益。

《建设项目工程总承包管理规范》（GB/T 50358—2017）规定，工程总承包管理流程如下：项目启动（任命项目经理，组建项目部，明确职责与权限）→制订项目管理计划→制订项目实施计划→赢得值管理→项目实施→项目控制→项目收尾。其中，赢得值是对进度和费用的双重管理，是以已完工工程费用预算衡量项目进展完成状况的尺度。这是工程总承包管理与一般工程项目管理最大的区别。它要求工程总承包项目以进度和费用控制为主要目标，对工程总承包项目造价、质量、进度和安全实施全面管理，其管理单位对实施的结果承担法律责任。

工程总承管理应符合三条原则：一是合同范围内的工作与总价对应。按约定完成了合同工作，就应取得约定的总价。除超出约定的风险范围及幅度外，原则上不调整总价。合同外的工作，应通过协商签订补充协议，另行确定价格。二是工程总承包是对红线内工程内容或事项进行的承包。红线外的管理协调、报建报批等由发包人负责。除在实施过程中产生的人为差错外，工程总承包人不承担任何责任。三是工程总承包与招标投标文件口径保持一致。对必须施工而招标投标文件以及合同均不明确的内容，在符合强制性规范、标准的前提下，有自行决定施工材料（设备）及主要做法的权力。建设单位无权因承包人自主决定施工而调整合同价格。

5.4.2 工程总承包计价管理

工程总承包项目的发包要求包括：目标、范围、规模、功能、建设标准、技术标准、设计指标要点、质量、安全、工期、检验试验、主要材料设备的参数指标和品牌档次、验收和试运行以及风险承担等。发包人在招标文件中应提出承包人供应材料、工程设备的技术标准和质量要求。未列出具体设备、规格、型号或数量的，可以由投标人在满足招标要求的情况下自主列项，同时注明所报设备的规格、型号和数量。

（1）工程总承包费用项目组成。

工程总承包费用项目由工程设计费、建筑安装工程费、设备购置费、工程总承包其他费、暂列金额（不可预见费）等组成（见表5-5）。

表 5-5　工程总承包费用项目表

序号	项目名称	金额（元）	备注
1	工程设计费		
2	建筑安装工程费		
3	设备购置费		
4	工程总承包其他费		
5	暂列金额（不可预见费）		
	合计		

备注：以上费用均为全费用价格（包含税金）。

其中：

①工程设计费，包括编制方案设计文件、初步设计文件、施工图设计文件、非标准设备设计文件、施工图预算文件、竣工图文件等服务所需的费用（见表5-6）。

表 5-6 工程设计费项目表

序号	项目名称	工作内容	金额（元）	备注
1	工程设计费			
1.1	方案设计费			
1.2	初步设计费			
1.3	施工图设计费			
1.4	非标准设备设计费			
1.5	施工图预算编制费			
1.6	竣工图编制费			
1.7	其他设计费			

备注：以上费用均为全费用价格（包含税金）。

②建筑安装工程费，包括完成建设项目发生的工程施工、验收交付、质量缺陷保修所需的费用，但不包括应列入设备购置费的设备价值。

a. 建筑工程，主体结构可以分为地上部分、地下室、粗装修工程等费用项目；精装修工程可以分为外墙装饰工程、不同功能区的室内装饰工程等费用项目；安装工程分为电气、给排水、暖通、消防、智能化、电梯等不同专业类别的费用项目；总图工程分为硬质景观、绿化、室外道路及排水等费用项目。

b. 市政工程，分为道路工程、桥梁工程、防洪工程、隧道工程、排水泵站工程、污水处理厂工程、取水和净水厂工程、综合管廊工程、园林景观工程、环境卫生工程等不同专业类别的费用项目（见表5-7）。

表 5-7 建筑安装工程费项目表

序号	项目名称	工作内容	单位	数量	单价（元）	合价（元）	备注
2	建筑安装工程费						
2.1							
2.2							
2.3							

续表

序号	项目名称	工作内容	单位	数量	单价（元）	合价（元）	备注
2.4							
2.5							
…	其他						

③设备购置费：包括为建设项目购置或者自制达到固定资产标准的各种国产或者进口设备及备品备件、工具、器具、家具的购置费用（见表5-8）。

表5-8　设备购置费项目表

序号	设备名称	品牌	技术参数、规格型号	单位	数量	单价（元）	合价（元）
3	设备购置费						
3.1	设备						
3.1.1	设备1						
3.1.2	设备2						
…							
3.2	备品备件						
3.2.1	备品备件1						
3.2.2	备品备件2						
…	其他						
	合计费用						

备注：以上费用为设备运抵并卸货至项目现场的全费用价格，如包含安装需另外注明。

④工程总承包其他费，包括工程总承包管理费、试运行服务费和其他费用。具体包括：

a.工程总承包管理费，是指因工程总承包增加的工作人员工资及相关费用、办公费、办公场地租用费、差旅交通费、劳动保护费、工具用具使用费、固定资产使用费、招募生产工人费、技术图书资料费（含软件）、业务招待费、施工现场津贴、竣工验收费、保险费、税金和其他管理性质的费用等。不包括建筑安装工程费中的管理费。

b.试运行服务费用，是指工程总承包企业派驻具有相应资格和经验的试运行指导人员，并提供所需要的其他临时辅助设备、设施、工具和器具及相应的准备工作所发生的费用。

c.其他费用。

（ⅰ）土地租用、占道及补偿费，即承包人在建设期间因需要而用于租用土地使用权或临时占用道路而发生的费用以及用于土地复垦、植被或道路恢复等的费用。

（ⅱ）临时设施费，即承包人用于未列入建筑安装工程费的临时水、电、路、通信、气等工程和临时仓库、生活设施等建（构）筑物的建造、维修、拆除的摊销或租赁费用以及铁路码头租赁等费用。

（ⅲ）系统集成费，即承包人用于系统集成等信息工程（如网络租赁、BIM、系统运行维护等）的费用。

⑤工程保险费，即承包人在项目建设期内对建筑工程、安装工程、机械设备和人身安全进行投保而发生的费用，包括建设工程设计责任险、建筑安装工程一切险、人身意外伤害险等，不包括已列入建筑安装工程费中的施工企业的人员、财产、车辆保险费。

⑥暂列金额，指为项目预备的用于项目建设期内不可预见的费用。暂列金额的设定比例一般为工程设计费、建筑安装工程费、设备购置费三项之和的5% ~ 15%，不宜高于15%。暂列金额由发包人掌握使用。发包人按照合同约定支付后，暂列金额如有余额归发包人所有。

（2）工程总承包费用项目价格和最高投标限价的编制依据。

①项目的建设规模、建设标准、功能要求以及发包人要求。

②经批准的项目可行性研究报告、方案设计或初步设计文件。

③拟定的招标文件。

④与建设项目相关的标准、规范及相关技术资料。

⑤项目现场情况、工程特点。

⑥类似工程经验数据。

⑦建设主管部门颁发的估算、概算计价办法。

⑧其他的相关资料。

（3）工程总承包项目合同价款调整和结算。

工程总承包项目宜采用总价合同，特殊情形时可以采用单价合同等适合本项目工程特点的其他合同价格形式。对于总价合同，除合同约定可以调整的情况外，合同价款一般不予调整；采用其他合同价格形式的，除合同约定可以调整的情况外一般不予调整。发包人承担的主要风险包括：

①发包人提出的建设范围、建设规模、建设标准、功能需求、工期或者质量要求的调整；

②主要工程材料、设备、人工价格和基准期价格相比，波动幅度超过合同约定幅度的部分；

③因国家法律、法规、政策变化引起的合同价格的变化；

④不可预见的地质条件造成的工程费用和工期的变化；

⑤不可抗力所造成的工程费用和工期的变化。

5.4.3 对工程总承包活动的监管

（1）核准部门与监管部门：发改委、住建部门。

（2）核准依据与监管依据：《中华人民共和国招标投标法》（中华人民共和国主席令第二十一号发布，主席令第八十六号修正）第三条规定，大型基础设施、公用事业等关系社会公共利益、公众安全的项目，全部或者部分使用国有资金投资或者国家融资的项目，使用国际组织或者外国政府贷款、援助资金的项目，以及法律或者国务院规定的必须进行招标的其他项目，其勘察、设计、施工、监理以及与工程建设有关的重要设备、材料等采购，必须进行招标；第九条规定，招标项目按照国家有关规定需要履行项目审批手续的，应当先履行审批手续，取得批准。《房屋建筑和市政基础设施项目工程总承包管理办法》（建市规〔2019〕12号）第五条规定，县级以上政府住建部门负责本行政区域内工程总承包活动的监督管理。县级以上政府发改部门依据相关法律法规在本行政区域内履行相应的管理职责。

5.4.4 工程总承包项目管理需要注意的问题

工程总承包成本，是指承包单位按照与建设单位签订的合同，完成工程设计、采购、施工或者设计、施工等总承包工作，并在符合质量、安全、工期和造价等约定前提下，必须消耗或使用的人工、材料、工程设备、施工机械台班及其管理等方面发生的费用和按规定缴纳的规费和税金。发包人工程总承包成本＝设计费＋采购费＋施工费＋项目管理费。

（1）不是所有的工程项目都可以采用工程总承包。

《房屋建筑和市政基础设施项目工程总承包管理办法》（建市规〔2019〕12号）第六条规定：建设内容明确、技术方案成熟的项目，适宜采用工程总承包方式。

建设内容包括：项目内容、范围、规模、标准、功能、质量、安全、节约能源、生态环境保护、工期、验收等。

技术方案：指针对工程建设各类技术问题，提出的系统方法、措施及对策，包括规划方案、建设方案、设计方案、施工方案、施工组织设计、投标技术文件、大型吊装作业方案、管理方案、技术措施、技术路线、技术改进方案等。发包前应完成的水文地质、工程地质、地形等勘察以及可行性研究报告、方案设计文件或者初步设计文件等，是技术方案形成的重要基础。

若量化计算，除主要工程材料、设备、人工价格波动幅度超过合同约定幅度的部分，法律、法规、政策变化引起合同价格变化，不可预见的地质条件造成的工程费用和工期的变化，建设单位原因产生的工程费用和工期的变化，不可抗力造成的工程费用和工期变化外，从工程总承包实施到最终工程竣工结算的价格变化幅度如下：投资估算后发包的，不超过工程费用估算的 ±10%；投资概算后发包的，不超过工程费用概算的 ±5%。

需要说明的是，对于不区分建设内容的明确程度、技术方案的成熟程度，盲目采用工程总承包模式的项目，不得不采取过程干预的方式进行事中管理，限制了工程总承包作用的发挥。

国际咨询工程师联合会（FIDIC）的《设计采购施工（EPC）／交钥匙工程合同条件》（银皮书）在序言中提及：EPC模式强调关注产品的功能，而非产品的生产过程，并要求雇主尽可能减少对承包商实施过程的监控。雇主应该仅提供基于功能的原则和基础设计，而非详细的设计。雇主关心的是建筑产品所能实现的功能，而非产品的具体构造。这是EPC模式实施的关键所在。雇主、咨询师、承包商将传统施工承包模式下"按图施工"的思维带入到项目的实施过程中，要求提供细致的图纸和规范，项目实施中对承包商图纸进行详细审核，聘请监理公司对承包商施工进行严密的监控等，是大量EPC项目失败和产生纠纷的主要原因。

（2）不是所有工作都适合进行工程承包。

工程建设涉及的合同类型主要有：建设工程合同、承揽合同、运输合同、技术合同、技术合同、技术咨询合同和委托合同等。事项的性质不同，合同的类别不同，合同双方的法律地位也不相同。切不可"一包了之"。

《中华人民共和国民法典》（中华人民共和国主席令第四十五号）规定，建设工程合同是承包人进行工程建设、发包人支付价款的合同。建设工程合同包括工程勘察、设计、施工合同。

承揽合同是承揽人按照定作人的要求完成工作、交付工作成果、定作人支付报酬的合同。承揽包括加工、定作、修理、复制、测试、检验等工作。

运输合同是承运人将旅客或者货物从起运地点运输到约定地点，旅客、托运人或者收货人支付票款或者运输费用的合同。

技术合同是当事人就技术开发、转让、许可、咨询或者服务订立的确立相互之间权利和义务的合同。

技术开发合同是当事人就新技术、新产品、新工艺、新品种或者新材料及其系统的研究开发所订立的合同。技术开发合同包括委托开发合同和合作开发合同。

技术咨询合同是当事人一方以技术知识为对方就特定技术项目提供可行性论证、技术预测、专题技术调查、分析评价报告等所订立的合同。委托人应当按照约定阐明咨询的问题，提供技术背景材料及有关技术资料，接受受托人的工作成果，支付报酬；受托人应当按照约定的期限完成咨询报告或者解答问题，提出的咨询报告应当达到约定的要求。

技术服务合同是当事人一方以技术知识为对方解决特定技术问题所订立的合同，不包括承揽合同和建设工程合同。

建设工程实行监理的，发包人应当与监理人采用书面形式订立委托监理合同。委托合同是委托人和受托人约定，由受托人处理委托人事务的合同。受托人应当按照委托人的指示处理委托事务。受托人应当亲自处理委托事务。经委托人同意，受托人可以转委托。

（3）工程量清单计价不是工程总承包价格形成的方式。

工程总承包项目的招标控制价或招标总价，一般由多个依据承包范围及内容划分的费用项目组成。这些费用项目有工程或工作量，且是一个总的工程或工作量。费用项目所涵盖的其他分部分项工程或工作内容，均未确定工程或工作量。费用项目的口径大于清单项目。

费用项目与清单项目是不同层级的概念。清单项目是分项工程的组成元素，一个分项工程可以包括一个或多个清单项目。

费用项目是指一个项目包括的全部费用，一般以分部工程为节点进行设置。

《湖南省房屋建筑和市政基础设施工程总承包招标投标活动管理暂行规定》（湘建监督〔2017〕76号）第九条规定：投标报价由设计费、建筑安装工程费、设备购置费、总承包管理费、工程检测费、工程保险费、财务费以及税金等组成。

①设计费。包括详细勘察所需要的费用。

②设备购置费。《基本建设项目建设成本管理规定》（财建〔2016〕504号）第三条规定：设备投资支出是指项目建设单位按照批准的建设内容发生的各种设备的实际成本（不包括工程应抵扣的增值税进项税额），包括需要安装设备、不需要安装设备和为生产准备的达不到固定资产标准的工具、器具的实际成本。

设备投资支出与建设投资中的设备购置费相对应。但建筑安装工程费用的设备购置费中需要安装设备的设备购置费，被列入了安装工程费用中。若建设单位在工程总承包中没有不需要安装设备和为生产准备的达不到固定资产标准的工具、器具的购置需求，设备购置费应明确为需要安装且构成工程实体的设备购置费，并列出主要设备的名称、规格型号、质保要求以及随机备品备件清单等。

③工程检测费。《湖南省物价局关于进一步规范建设工程质量检测服务收费的通知》（湘价服〔2009〕186号）规定，建设工程质量检测服务费初次检测由建设方承担，初次检测不合格需再次检测的，由施工方承担。《〈湖南省建设工程计价办法〉及有关工程量消耗量标准统一解释汇总及勘误》（湘建价计〔2007〕34号）第一项明确，工程招标投标时其"检测试验费"可不予考虑，在施工过程中发生的检测内容，按照省物价局湘价服〔2005〕138号文件以及合同约定向委托的建设工程质量检测机构支付其费用，即在施工过程中发生的检测试验费由建设单位承担。可见，建设单位委托第三方进行的初次工程检测费，原则上由建设单位直接承担，不是工程总承包合同价格的组成部分。

④工程保险费。工程建设其他费中的工程保险费，包括建筑工程一切险或安装工程一切险，由建设单位承担。

国家工商总局、住房和城乡建设部《建设项目工程总承包合同》（GF—2013—0201号）通用合同条款规定，除专用合同条款另有约定外，发包人应投保建筑工程一切险或安装工程一切险；发包人委托承包人投保的，因投保产生的保险费和其他相关费用由发包人承担。由承包人投保的保险包括承包人人员工伤事故保险、人身意外伤害险、第三者责任险。发包人和承包人以及监理人应各自为其施工现场的全部人员办理意外伤害保险并各自承担己方人员的保险费。

若建筑工程一切险或安装工程一切险投保纳入工程总承包范围，则投标报价应该明确包括这一部分费用及相应要求。

⑤财务费。财务费包括项目建设期间发生的各类借款利息、债券利息、贷款评估费、国外借款手续费及承诺费、汇兑损益、债券发行费用及其他债务利息支出或融资费用。项目在建设期间的建设资金存款利息收入冲减债务利息支出，利息收入超过利息支出的部分，冲减待摊投资总支出。根据《基本建设项目建设成本管理规定》（财建〔2016〕504号）第四条规定，只有建设单位申请办理建设贷款，财务费才作为工程建设其他费用以净额计入待摊投资总支出。工程总承包不需要考虑承包方的施工资金来源，因此这部分费用不必包括在投标报价中。

⑥风险费用。建设单位应承担的风险包括主要工程材料、设备、人工价格与招标基期价相比波动幅度超过合同约定幅度的部分；因国家法律、法规、政策变化引起的合同价格的变化；不可预见的地质条件造成的工程费用和工期的变化；因建设单位产生的工程费用和工期的变化；不可抗力造成的工程费用和工期的变化等。工程总承包项目管理风险、勘察设计质量风险、施工质量安全造价工期风险等经营管理风险，应由工程总承包方承担。

《湖南省房屋建筑和市政基础设施工程总承包招标投标活动管理暂行规定》（湘建监督〔2017〕76号）第十一条规定，招标人承担的风险至少包括：

a.招标人提供的文件，包括环境保护、气象水文、地质条件，初步设计、方案设计等前期工作的相关文件不准确、不及时，造成费用增加和工期延误的风险；

b.在经批复的初步设计或方案设计之外，提出增加建设内容；

c.在初步设计或方案设计之内提出调整或改变工程功能，以及提高建设标准等要求，造成设备材料和人工费用增加的风险；

　　d. 招标人提出的工期调整要求或因前期工作进度而影响的工程实施进度的风险；

　　e. 主要设备、材料市场价格波动超过合同约定幅度的风险。

　　承包人承担的风险至少包括：

　　a. 未充分理解招标文件要求而产生的人员、设备、费用和工期变化的风险；

　　b. 未充分认识和理解通过查勘现场及周边环境（除招标人提供文件和资料之外）取得的可能对项目实施产生不利影响或作用的风险；

　　c. 投标文件的遗漏和错误，以及含混不清等，引起的成本及工期增加的风险。

　　（4）EPC 不等于 F+EPC。

　　F+EPC 模式即融资 + 工程总承包模式。这是一种融资建设工程总承包模式。当下，地方政府负债建设被国家明令禁止。一些地方政府为规避负债建设的违规风险，不以政府或其相关部门作为主体，而是指定平台公司或者国有企业作为 F+EPC 的操作主体。从表面上看，建设负债主体是平台公司或者国有企业，实际上债务仍然是政府在进行担保和兜底。债务偿还的来源仍然是地方政府所属的国有资产。

　　① F+EPC 实施模式。

　　F+EPC 实施模式，主要有三种：

　　a. 共同出资型。项目 EPC 承包方与项目业主共同出资成立合资公司，以合资公司的名义筹措项目建设资金，用于支付 EPC 工程总承包费用，再逐年由地方政府对平台公司或国有企业进行补偿。

　　b. 委托贷款型。EPC 承包商以委托贷款、信托贷款或者借款等方式向项目业主提供建设资金，由项目业主支付 EPC 工程总承包费用，再逐年由地方政府对 EPC 承包商进行补偿。

　　c. 延期付款型。项目 EPC 承包方先行融资建设，项目建设期间支付一部分，EPC 工程总承包费用的剩余部分由项目业主延期支付，地方政府再对平台公司或国有企业进行补偿。

　　② F+EPC 模式参与各方面临风险。

　　a. 地方政府面临违规举债的风险。

　　《关于进一步规范地方政府举债融资行为的通知》（财预〔2017〕50 号）规定：地方政府举债一律采取在国务院批准的限额内发行地方政府债券方式，除此以外地方政府及其所属部门不得以任何方式举借债务；地方政府及其所属部门不得以文件、会议纪要、领导批示等任何形式，要求或决定企业为政府举债或变相为政府举债。《政府投资条例》（中华人民共和国国务院令第712号）第二十二条规定：政府投资项目不得由施工单位垫资建设。2006年建设部、发改委、财政部、中国人民银行《关于严禁政府投资项目使用带资承包方式进行建设的通知》规定：政府投资项目一律不得以建筑业企业带资承包的方式进行建设，不得将建筑业企业带资承包作为招投标条件。带资承包、拖延支付工程款等，项目工程款最终由地方财政承担，实质为政府隐性债务。

b.平台公司面临支付违约的风险。

《关于进一步规范地方政府举债融资行为的通知》（财预〔2017〕50号）规定：地方政府及其所属部门不得为任何单位和个人的债务以任何方式提供担保，不得承诺为其他任何单位和个人的融资承担偿债责任。如F+EPC模式采用延期付款型，本质上还是EPC模式，只是在工程价款上做了延期支付的安排。若平台公司资金紧张，财政拨款又不能及时到位，EPC总承包商强行要求支付工程款，有可能构成违约。

c.参与承包商面临回款困难、资金链断裂的风险。

一是回款风险。平台公司的资金来源于政府，若地方政府不能对平台公司及时拨款，平台公司就有可能停止支付，这对承包商来说，形成了工程款不能及时收回的风险。

二是贷款被追偿的风险。政府既不能向银行借款，也不能为项目提供担保，同时银行对平台公司信誉评价较低，也不认可平台公司的担保，需要承包商同时对银行贷款进行担保，承包商将要面对资金支付不及时、贷款偿还困难而被银行追偿的压力。

F+EPC模式，对参与各方来说都有很高的风险。为规避该类风险，应该通过发行地方政府债券资金，尽快筹集资金，去除融资功能，回归EPC模式，增加公共产品和公共服务供给，规避项目风险。

5.4.5 承包人工程总承包成本控制需要明确的问题

5.4.5.1 项目成本控制的方法

工程成本控制的关键是项目。以合同项目为中心的成本控制体系，是决定工程成本控制好坏的关键。项目作为成本控制中心，是实现企业效益最大化的源头。一般的成本控制方法主要有：

（1）优化施工组织设计。

中标后，根据项目的合同条款、施工条件、图纸变更、各种材料的市场价格等因素，结合企业施工能力、管理水平，测算每道工序（单元）应消耗的时间、投入的劳力、材料、机械等生产要素，实行成本倒逼，优化施工组织设计方案，并依据优化的施工组织设计方案，客观、公正、合理地确定工序单价和该项目的目标成本。

（2）分解目标成本责任。

按照纵向到底、横向到边原则，将目标成本进行细分，纵向分解到工区、作业队、工班（班组）；横向分解到项目部各分管领导、职能部门和个人。

（3）招标采购施工材料。

进行市场调研，比质比价，确定各种材料（主材、地材等）的购进价格，然后对材料供应商进行公开招标。根据报价、质量、售后服务等情况，择优选定，签订合同。

（4）采用工序单价承包。

依据细化的班组和分解的目标责任成本，以定额为基础，以工班（班组）为基本核算单元，推行工序单价承包，签订合同，明确责、权、利。还可引入竞争机制，通过科学、合理地测算每道工序的承包单价，在工班（班组）之间开展竞标，实行优胜劣汰，调动积极性，达到控制和降低成本的目的。

（5）"计价付款集体决策"。

"验工看现场，计价看验工，多方共签认，拨款集体确定，留足质保金，出了问题追责任"。同时，项目部应按月、按季向企业主管部门报送计价和拨款报表，以便企业能够随时掌握施工进度和工程价款的使用情况。

（6）动态考核工程成本。

一方面，必须在实施过程中开展经常性的经济活动分析，如单位（单项）工程成本分析，工费、料费、机械费等单项费用分析等，找出存在问题和成本节超的原因，制订并采取切实可行的改进措施。另一方面，各个层次逐级对下一实施阶段性的成本考核制度，按照分解的责任成本目标，与工程进度挂钩，进行节点考核和奖惩。

（7）及时办理清算、决算。

要做到完工一项清算一项，不留尾巴和后患。这样，既能使经济纠纷和风险在施工过程中得到化解，又可减少竣工决算的难度。当整个项目完工后，应按合同要求，及时组织有关人员搞好竣工决算，核实项目发生的实际成本，分析目标责任成本的执行情况。

（8）成本超支一票否决。

把工期、质量、安全、文明施工等纳入成本管理的范畴，与其密切结合起来，建立科学有效的成本管理机制。对突破目标成本控制指标的项目部及其主要领导、直接施工单位和个人等，在评先评优、职务提升、收入分配等方面，坚持成本一票否决制度。

（9）对工程变更索赔增加的合同金额实行奖励或分成。

认真研究设计文件、图纸、合同条款和现场条件等，找准索赔的切入点，抓住机会，及时编制索赔资料，据理力争，把索赔工作贯穿于施工的全过程，提高索赔效果。对索赔有功人员，给予重奖或按索赔额的一定比例分成。

5.4.5.2 成本控制的措施

如某房地产开发项目，抓住工程设计、材料（设备）采购和施工控制，分别采取了不同的成本控制措施。其主要做法是：把投资控制指标分解至分部分项工程，要求设计文件需明确至清单项目及项目特征的深度，分部分项工程所含清单项目合价之和不得突破分部分项工程限额指标，设计变更累计不得超过单位工程造价的 2.5%。其主要控制要点是：

（1）地质钻探成本控制要点。

①设计控制。

a. 对初勘地基承载力、土质变形模量和压缩模量、土壤渗透系数等参数以及基础选型进行审核，提出优化建议。

b. 确定详勘方案及钻孔布点图，标明具体钻孔深度。原则上根据拟采用的基础形式进行钻探布点，钻探点、线间距应符合岩土工程勘察、建筑桩基、建筑基坑支护技术规范的要求。

c. 对勘察结果负责验收，以保证施工图设计桩端地质持力层标高与钻探报告，每根最大误差不超过 2 米。

②采购控制。

按照《关于再次市场化一批服务性收费的通知》（湘发改价服〔2014〕1159 号）、《国家计委、建设部关于发布〈工程勘察设计收费管理规定〉的通知》（计价格〔2002〕10 号）、湘价服〔2002〕41 号文件确定的收费标准下调10%，分别核定工程勘察实物工作费以及实物工作量、附加专业调整系数和技术工作费。其中，利用已有勘察资料的，技术工作费按该部分实物工作费（不计附加调整系数）的40%计取；工程物探技术工作费按收费比例的22%确定。钻孔封孔费：原土封孔不计，水泥浆封孔按8元/m计算，工程测量、检测监测、工程物探按600元/组日计算，岩土工程勘察按816元/台班计算，水文地质勘察按1 008元/台班计算；水文地质钻探实物工作收费按自然进尺110元/米计算。

③施工控制。

现场代表进行施工旁站，逐日逐审核勘察记录表及钻孔照片。

（2）土石方工程成本控制要点。

①设计控制。

根据控规标高、现状标高和设计方案，复核工程测量场地地形、测点高程数据、设计高程点数据以及土方平衡计算结果，是否符合埋深最浅、开挖量最小的原则，并根据土方平衡结果，估算土方回填量，合理确定场内弃土点，尽量减少外运外弃。若需要造坡、堆山造景，要求设计明确规划挡土墙及小区道路位置，避免重复挖弃。

②采购控制。

a. 结合勘察报告，审定土方开挖施工方案和工程量清单。其中，勘察报告中有石方工程的，粒径小于1m的石块按土方计算；粒径超过1m的石方，按炮机破碎、静力爆破和炸药爆破分别核定破碎方式及价格。

b. 明确综合单价内容组成，采用固定综合单价包干。若弃土场与运距以及运输线路需要在施工前确定，应明确约定是否包括此项费用。如包括此项费用，应明确不按规定弃土、运输被相关部门处罚所产生的风险由谁承担。

③施工控制。

a. 现场代表施工前审签原始地面标高、地形图测量绘制记录；土方工程完工后分批审核签收方计量、标高测量记录以及现场照片。

b. 现场代表应在土方外运前确认弃土场与运距以及运输线路，并办理相关的审核确认与费用缴纳手续，原则上不由土方外弃方直接办理。

（3）基坑及边坡支护工程成本控制要点。

①设计控制。

a. 从常规支护方案中，提供两种及以上的比选方案及测算成本。常规支护方案先后顺序：土方放坡、喷浆、挂网喷浆、预应力锚杆+喷射、毛石挡墙、挡墙、深层搅拌桩、深搅桩＋围护桩＋锚杆、钢板桩等。

b. 对 5m 以上的深基坑，优先考虑阶梯放坡；对深度或高度大于 12m 的深基坑边坡，要求设计提供专项方案；对工程估价大于 200 万元的，要求提供两个以上专项方案。

②采购控制。

基坑开挖及边坡支护，优先采用包括降排水等技术措施费在内的全费用综合包干单价。工期短，复杂程度低的，可采用总价包干；周边条件复杂的，还可引入工程保险。对于需要在冬雨季施工的桩基工程，应重点关注基坑开挖后基底土质遇水软化而影响桩基施工机械场内运输的问题，明确规定由此造成的工期延误或钢板路基箱铺设增加的费用，包括在综合单价内。若对基坑需要进行全自动监测，应明确费用基准价包含仪器、测点、基准点安装、调试，监测数据分析处理，软件使用，信息反馈，基准点人工复核等费用。

③施工控制。

现场代表对基坑及边坡支护，逐日确认现场施工记录及照片。

（4）桩基础工程成本控制要点。

①设计控制。

a. 提供两种以上的基础方案（含桩型、桩位布置等）；若为单方案设计，需提供专项方案可行性报告，并具体说明理由。

b. 优先选择成本低的桩基形式，并确定设计施工专项方案。桩基成本先后顺序：浅地基基础、预应力管桩、筏板、人工挖孔桩（受限制）、灌注桩。对预应力管桩桩身砼和其他桩灌浆料，选用高强度或高性能混凝土必须提供专项认证报告，且经评审确定。混凝土质量的主要指标之一是抗压强度，混凝土抗压强度与水泥强度成正比。性能主要包括力学性能、化学性能和物理性能。力学性能主要是指强度、硬度、塑性、韧性等；化学性能是指抗氧化能力、耐腐蚀能力等；物理性能是指导电性、导热性、密度、熔点等。

c. 充分评估桩基工程与主体工程的工期关系，尽量减少因工期延长而增加的降排水等费用。

d. 桩基检测，优先采用高应变检测，必要时采用静载试验。

e. 对红线外侧场地高差处理，应与市政规划相对接，避免以高投入的长期设施设计代替临时过渡设施设计。

②采购控制。

数量按实际签证计算，价格采用全费用综合单价包干，包括规费和税金。若送桩后不能达到承台底面标高，无论是承台加深或是购新桩接桩增加的费用，均包括在综合单价内。

③施工控制。

现场代表确认桩基进场时间，逐日确认现场打桩记录及照片。

（5）主体土建成本控制。

①设计控制。

a.优先选用成本低的结构形式。结构成本先后顺序：砖混结构、矩形柱框架、异形柱框架、剪力墙、框架剪力墙、短肢剪力墙。

b.确定交楼标准，保证建筑做法与交楼标准必须一致；需要二次设计的工程内容，应在主体结构封顶前明确预埋、预留或施工部位及材质、尺寸。其中，电梯井道尺寸以及相应结构要求需要在主体结构施工前明确。

c.设备房、消防水池、人防区域，优先设置在柱网密集区。

d.地下室不做地坪漆。

e.墙面、柱面不做抹灰，清理后批腻子、刷乳胶漆各一遍，高度至梁底（不含梁底面积）。

f.天棚不考虑腻子刮白。

g.地下室底板、裙房顶板采用结构找坡，避免整体建筑找坡。特别注意分期建设项目而地下室连通的地下室顶板标高，以及单桩不同规格承台标高的一致性问题，避免因高差调整而出现工程变更。

h.优先考虑平屋顶；若特殊需要，可采用局部坡屋顶与平屋顶相结合。

i.楼地面地坪采用结构面原浆压光，不做水泥砂浆找平；卫生间沉箱防水层上不做保护层。

j.设计文件应及时与市政公用供水、强电、弱电、燃气等管理机构和消防、地震、人防、防雷等相关行政审批机构的对接，并办理相关审核批准手续，避免不符合要求在竣工验收时返工。

②采购控制。

a.土建工程计价，采用工程量清单招标。若图纸不完善，可采用综合单价包干，但不得实行总价包干。

b.总价措施费采用总价包干（除建筑面积变化后可以调整外），原则上不得调整。

c. 钢筋、砼按施工期（开工至结构封顶，地上、地下分开调差）平均信息价调整。材料价差＝信息价（施工期算术平均价）－基准价（投标当期信息价）。

d. 泵送商品混凝土，特别是隐藏部位的泵送商品混凝土，既不按小票也不按图纸，而是按支模后实际测量的体积，要求供货方确认后计算工程量，以固定全费用综合单价结算，包括混凝土输送泵的价格。

e. 甲定乙供材料，在采购前确定样材料名称、规格型号、定样价格；合同包干价内材料，应提供三家以上的品牌资源，且明确不同品牌的准用系列、型号等参数，先定样品后采购。

③施工控制。

a. 图纸会审引起的改变按工程变更办理。

b. 图纸会审后工程变更及现场签证总额不得超过总造价 0.5%。

c. 施工技术措施费变更引起费用调整的，现场代表应现场确认。总价措施费原则上不调整（建筑面积增加除外）。

（6）外墙涂料、面砖成本控制。

①设计控制。

a. 外立面分色图及面积比例明确。

b. 阳台改房间部位外墙应考虑简单涂料施工，凸窗、装饰线条及零星构件不得使用外墙砖。

c. 涂料工艺、样板及技术参数明确。

d. 外墙装饰构件尺寸与外墙砖尺寸匹配，以减少施工损耗。

②采购控制。

外墙涂料、面砖包工包料，为包括勾缝剂、黏结剂、缝宽等在内的全费用综合单价包干。

③施工控制。

外架拆除后，不能使用吊绳涂刷面漆部位，应在外架拆除前完成所有工序。

（7）外墙保温、防水成本控制。

①设计控制。

a. 优先选择成本低的保温材料。保温材料成本选择顺序：聚苯颗粒砂浆、泡沫聚苯板、挤塑聚苯板。

b. 防水、保温施工部位施工范围明确。

②采购控制。

采用综合单价包干，保温、防水综合单价为包含附加层、管线洞口、加强层等费用在内的综合单价。

③施工控制。

a.防水、保温工程绘制专项竣工图，明确施工范围。

b.对防水工程、保温工程的施工部位，要求提供施工记录并经现场代表确认。特别是结构联系梁板上下侧、阳台反边、凸窗底板上侧、阳台顶板、外墙腰线、凹阳台墙地面、露台隔墙等处防水、保温施工，要求提供施工记录，并经现场代表确认。

（8）电气工程成本控制。

①设计控制。

a.应急用电尽量设计应急线供电，避免双电源切换供电。如设计双电源切换供电，供电系统应由两个电源组成，一个常用电源，一个备用电源，当常用电源出现故障或断电时，通过双电源切换开关自动切换为备用电源；常用电源恢复正常时，又通过双电源切换开关自动切换为常用电源。

b.用电负荷指标：联排别墅18kW/户；两房6kW/户；三房8kW/户；复式10kW/户。

c.高层配电竖井内优先采用预分支电缆，不采用母线槽。

d.由电表箱至进户配电箱优先使用电线，不采用电缆；穿线管尽量选择PVC管，少用钢管。

e.进户配电箱采用总漏电开关，回路不设漏电开关。

f.灯具选用节能及环保产品，如节能灯、荧光灯配电子镇流器等。

g.地下车库应急用电与正常用电分开，以减少发电机容量，应急灯具只在车道设置，不在车位设置。

h.室外一般低压主电缆选用四芯电缆，型号就低不就高。选择顺序；普通型、阻燃型、耐火型。小区（室外）配电线路选择顺序：普通电缆＋全程穿管、铠装电缆＋全程穿管、普通电缆＋电缆沟、铠装电缆＋电缆沟。当电线、电缆根数达到一定数量集中铺设时，选用电缆沟铺设方式更省。

②采购控制。

a.采用工程量清单招标。

b.对电线电缆、桥架、母线槽实行甲定乙供，三相电箱表实行甲供或甲定乙供。

c. 对吊灯等特殊灯具，应先取得实物或类似灯具，明确灯具材质、结构、光源电器、配件等技术要求，准确定价。

③施工控制。

确定毛坯交楼标准，减少业主入伙后二次装修的返工，同时减少成本。

（9）给排水工程成本控制。

①设计控制。

a. 地下室及竖井内给水管采用钢塑复合管，入户水表后给水管采用 PPR 管；户内排水管及排水立管采用普通 UPVC 管，转换层和排出管采用加厚 UPVC 管。

b. 室外埋地消防管道与生活管道采用 PE 管。

c. 化粪池尽量加大容量，减少数量。

d. 根据项目产品组合（高层、小高层、多层），进行供水方案技术经济比选。成本递减顺序：带水箱变频加压控制系统，无负压管网直联式供水系统，市政压力直供或多方案组合等。

e. 尽量减少检查井数量，道路污水（雨水）检查井间距在 15 米以上。

②采购控制。

采用清单招标；主要材料，如钢塑管、PPR 管、排水管甲定乙供；水泵及控制箱甲供或甲定乙供。

（10）高低压配电及高压进线电缆工程、柴油发电机及环保工程成本控制。

①设计控制。

a. 复核用电负荷，提供两种外电引入方案并进行比选，保证满足用电要求，达到成本最低。

b. 变配电房原则上应建在供电范围中心位置，尽量控制供电半径，减少低压电缆长度。

c. 如有重要负荷，则应在低压室设置一段应急母排，为重要负荷提供电源，而不是在发电机与市电双回路末端切换。

d. 优先采用环网负荷开关柜，其次选用断路器柜。

e. 低压开关柜、高压开关柜、变压器、发电机等设备在满足使用要求的前提下，尽量选用通用性强的产品。

f. 除变配电所所在楼栋外，其余采用 TN-C-S 系统。

②采购阶段。

a. 非垄断地区可实行高低压工程单独招标。

b.除外电线路按长度单价包干外,其他费用总价包干。

c.对于一些离市政电源供电点较远的项目,可能有多种供电方案,为取得较短的线路,可先行方案招标,对于优选的外电方案,也可以对提供优惠方案的单位实行直接委托。

(11)消防工程成本控制。

①消防工程设备及器材宜选用国产品牌。

②灭火器与消防箱尽量设置在一起,不单独设置灭火器箱。线管尽量用PVC管,少用钢管。

③消火栓系统管道优先使用焊接钢管,尽量不用镀锌钢管、无缝钢管,但喷淋系统应采用镀锌钢管。

④消控中心设置应按项目综合考虑,尽量减少消控中心数量,消控中心尽量与智能化控制中心合并。

⑤各楼栋核心筒的火灾自动报警系统,除对烟感探测器、警铃、广播、楼层地址外,对其余消防设备(报警按钮、消火栓按钮等)只给出楼栋地址,减少模块。

⑥各楼栋不设置区域报警器。

⑦通风、排烟管道选用形式(如镀锌铁皮风道、玻璃钢风道)应做经济对比分析后择优选择。

(12)中央空调成本控制。

①设计控制。

a.准确地计算冷负荷和系统阻力,避免设备选型偏大;尽力与计费系统、自控系统的配套、兼容,避免出现独家垄断。

b.对自有物业,应综合考虑初次投资与后期运行、维护费用,选择寿命周期成本最低的设备。

②采购控制。

实行清单计价,总价包干;设备采用甲供,直接通过厂家采购。

(13)园林绿化工程成本控制。

①设计控制。

a.花池、墙体压顶等装饰性石材厚度选择一般不超过20mm,周边采用双层石材倒角、粘边;小区入口、大堂门口、会所等重要部位酌情加厚。

b.非行车道路路面石材厚度不超过20mm(荔枝面可采用30mm)。

c.行车道优先采用沥青路面、砼彩砖，会所入口、小区入口等重点部位需采用石材，厚度不超过 30mm。

d.小区道路原则上不设置立道牙，如需要设置，优先采用砼道牙。

e.石材及苗木优先考虑就地取材。

f.绿化用水按照人工浇灌考虑，取水点服务半径为 20m。

g.泳池系统与水景系统严格分开。

h.光源采用节能灯。

i.非开放区尽量不要采用照树灯以及泛光照明，需要采用的应该有分析报告进行论证。

j.路灯（庭院灯）间距 = 灯具高度 × 5，路灯采用间隔控制，采用四芯 VV 电线电缆。

k.高层建筑消防登高面与消防车道之间不得布置高大的大型乔木，考虑以灌木及小型乔木为准，以免消防验收通不过。

在结构施工图设计前，需完成园林绿化方案定位图（明确水景、泳池、构筑物、大乔木位置）、覆土厚度分区布置图，园林造坡考虑内置空心板架空或泡沫塑料板填充，以减少地下室顶板集中荷载过大，以免增加结构成本。大的乔木种植应结合柱网布置在柱顶，减小板面结构荷载。

②采购成本控制。

a.优先选用本地施工单位。

b.5 000 元 / 棵以上的乔木优先考虑甲供。

③施工控制。

a.工程需严格按照图纸控制苗木密度及规格。

b.明确展示区（营销要求）施工面积及标准，避免作为施工样板区，严格控制按图施工。

（14）会所、样板房、临时售楼处装修工程成本控制。

①设计控制。

样板房设计图纸优先考虑套用原有经典设计；招标前，设计提供材料招标样板。

②采购阶段。

a.投标单位依据设计样板，提供材料样板，并及时封存；定标后及时移交至项目现场。

b.五金、洁具应限定品牌、价格区间，投标单位投标时提供样品图片。除特殊部位（如会所吊灯），灯具类样式为常用型，避免市场供应的唯一性。

（15）公共部位装修、精装交楼工程成本控制。

①设计控制。

建筑图纸与二次精装修图纸设计应紧密配合，避免前后矛盾，造成成本上的浪费。

②采购控制。

a.公共部位精装修及精装修交楼工程须样板先行，在效果、成本均满足的条件下，方可招标。

b.甲定乙供材料、甲供材至少包括以下范围：木地板、墙地砖（或石材）、户内门、橱柜、洁具、洁柜、灯具、成品柜体、厨房电器、开关插座。

c.公共部位墙面砖尽量少采用玻化砖，以防止大面积空鼓掉落，增加后期维保成本。

（16）铝合金门窗、百叶、幕墙工程成本控制。

①设计控制。

a.铝合金门窗、百叶施工图设计与施工分开招标。

b.幕墙工程总估算造价在200万元以上必须进行施工图的设计招标。

c.五金件区分户内门窗、公共部位与外立面门窗，采用不同标准，楼梯间、标准层电梯厅及走道按降低一档标准选材。

②采购控制。

如同一期项目内含不同档次产品（如别墅、高层），招标文件内应根据不同档次确定不同五金配件品牌。

③施工控制。

按照招标样板进行验收，重点关注型材厚度、玻璃厚度、五金配件的真假等方面。

（17）栏杆、雨篷工程成本控制。

①设计控制。

a.栏杆扶手采用图集标准做法。

b.消防楼梯间优先选用钢管靠墙扶手。

c.外立面栏杆优先选用铁栏杆，不得带花。

d.屋顶女儿墙优先采用简易铁护栏。

e.住宅产品不得采用玻璃雨棚。

②采购控制。

区域采购。

③施工控制。

室外栏杆必须采用热镀锌工艺，栏杆验收必须严格测量有效高度、间距、材料规格。

（18）智能化工程成本控制。

①设计控制。

施工图设计进行单独招标；设备、材料选用合理，防止功能过剩，品牌应大众化。

②采购阶段。

按施工图总价包干。安防系统需要当地政府部门验收的项目，合同中应明确承包方的验收通过责任（承诺按照招标图纸通过验收）。

6 建设条件专项审查阶段

建设条件专项审查包括建设工程规划与乡村建设规划管理、在地震监测设施和观测环境保护范围内进行工程建设备案、大型爆破作业备案、地震安全性报告编制与评价、防雷装置设计审核与竣工验收、建设工程或爆破（钻探、挖掘）等作业文物保护、安全条件与安全设施管理、人防工程建设管理和光纤到户及通信基础设施报装等。行政审批（含备案、验收、评价、报装等）是工程施工的前置条件，没有取得或通过行政审批的，不能开工建设。

6.1 建设工程规划与乡村建设规划管理

在城市、镇规划区内进行建（构）筑物、道路、管线和其他工程建设的，建设单位或者个人应当向城市、县政府城乡规划部门或者省、自治区、直辖市政府确定的镇政府申请办理建设工程规划许可证。需要建设单位编制修建性详细规划的建设项目，还应当提交修建性详细规划。修建性详细规划应当符合控制性详细规划和规划条件。经审定的修建性详细规划、建设工程设计方案的总平面图应予公布。

（1）审批事项：建设工程规划许可证核发和乡村建设规划许可证核发。

（2）审批机构：自然资源规划部门。

（3）审批依据：《中华人民共和国城乡规划法》（中华人民共和国主席令第七十四号）第四十、四十一条规定，建设单位或者个人在城市、镇规划区内进行工程建设，应当向城市、县政府城乡规划部门或者省（自治区、直辖市）政府确定的镇政府申请办理建设工程规划许可证；在乡、村庄规划区内建设乡镇企业、乡村公共设施和公益事业的，应当向乡、镇政府提出申请，由乡、镇政府报城市、县政府城乡规划部门核发乡村建设规划许可证，在取得乡村建设规划许可证后，方可办理用地审批手续。

（4）审批前置条件：

①取得使用土地的有关证明文件，其中在乡、村庄规划区内建设乡镇企业、乡村公共设施和公益事业建设以及农村村民住宅的，确需占用农用地的，应当办理农用地转用审批手续；

②编制建设工程设计方案以及总平面图；

③编制符合控制性详细规划和规划条件的修建性详细规划。

（5）审批单位责任：受理申请的机关应当在取得规划许可证之前组织定位、放线；其基础、管线等隐蔽工程完工后，应当组织验线。

6.2 在地震监测设施和观测环境保护范围内的工程建设备案

防震减灾规划，是对规划区域内地震重点监视防御区的地震监测台网建设、震情跟踪、地震灾害预防措施、地震应急准备、防震减灾知识宣传教育等进行的具体安排。防震减灾规划一经批准公布，应当严格执行。国家依法保护地震监测设施和地震观测环境。新建、扩建、改建建设工程，应当避免对地震监测设施和地震观测环境造成危害。

（1）备案机构：地震机构。

（2）备案依据：《中华人民共和国防震减灾法》（中华人民共和国主席令第七号）第二十四条规定，建设国家重点工程，确实无法避免对地震监测设施和地震观测环境造成危害的，建设单位应当按照县级以上地方政府地震管理机构的要求，增建抗干扰设施；不能增建抗干扰设施的，应当新建地震监测设施。对地震观测环境保护范围内的建设工程项目，城乡规划部门在依法核发选址意见书时，应当征求地震管理机构的意见；不需要核发选址意见书的，城乡规划部门在依法核发建设用地规划许可证或者乡村建设规划许可证时，应当征求地震管理机构的意见。

（3）前置条件：

①取得建设项目立项批复文件（发改部门批复）；

②编制建设工程对地震监测设施和地震观测环境影响评价技术报告。

6.3 大型爆破作业备案

（1）备案机构：地震管理机构。

（2）备案依据：《湖南省实施〈中华人民共和国防震减灾法〉办法》第十四、十九条规定，一次齐发爆破用药相当于4吨TNT（三硝基甲苯）炸药能量以上或者在人口稠密地区实施大型爆破作业的，有关单位应当事先向社会发布信息，并报告当地政府地震管理机构。

6.4 地震安全性报告编制与评价

制定城市总体规划，应当依据国家颁布的地震烈度区划图或者地震动参数区划图，将重要建设项目避开地震危险地段和地震活动断裂带。建设单位应当按照《中国地震动参数区划图》（GB 18306—2015）或者地震安全性评价确定的参数，在工程建设全过程中落实抗震设防要求。建设工程的勘察、设计、施工、监理等单位应当履行抗震设防职责。地震安全性评价单位，应当按照地震安全性评价相关标准和技术规范开展工作，编制评价报告，并对评价工作质量和成果终身负责。

（1）备案机构：地震管理机构。

（2）备案依据：《湖南省实施〈中华人民共和国防震减灾法〉办法》第十六条规定，新建、扩建、改建以下工程的，应当进行地震安全性评价：

①核电站和核设施建设工程；

②抗震设计规范要求进行地震安全性评价的水利水电工程；

③特殊设防类（甲类）房屋建筑工程；

④抗震规范要求进行地震安全性评价的公路、桥梁、隧道；

⑤轨道交通结构抗震设计规范规定的特殊设防类工程；

⑥化学工业建（构）筑物抗震设防分类标准规定的特殊设防类（甲类）建筑物；

⑦油气输送管线线路工程抗震设计规范规定的重要区段管道；

⑧受地震破坏后可能引发火灾、爆炸、剧毒或者强腐蚀性物质大量泄露或者其他严重次生灾害的建设工程，包括水库大坝、堤防、贮油、贮气、贮存易燃易爆、剧毒或者强腐蚀性物质的设施以及其他可能发生严重次生灾害的建设工程。

⑨国家和省政府规定应当进行地震安全性评价的其他建设工程。

本规定以外的其他建设工程，必须按照国家颁布的地震烈度区划图或者地震动参数区划图确定抗震设防要求，进行抗震设防。

6.5 防雷装置设计审核与竣工验收

防雷装置是指用于减少雷电击中建（构）筑物或建（构）筑物附近造成物质性损害和人身伤亡的装置，它由外部防雷装置和内部防雷装置组成。外部防雷装置由接闪器、引下线和接地装置组成；内部防雷装置由防雷等电位连接和与外部防雷装置的间隔距离组成。其中，接闪器由拦截闪击的接闪杆、接闪带、接闪线、接闪网以及金属屋面、金属构件等组成；引下线是指用于将雷电流从接闪器传导至接地装置的导体；接地装置是接地体和接地线的总和，用于传导雷电流并将其流散入大地；接地体是指埋入土壤中或混凝土基础中作散流用的导体；接地线是指从引下线断接卡或换线处至接地体的连接导体，或从接地端子、等电位连接带至接地体的连接导体。

6.5.1 防雷装置设计审核和竣工验收的范围

以下建筑物、设施和场所等需要办理防雷装置设计审核和申请竣工验收：

（1）《建筑物防雷设计规范》（GB 50057—2010）规定的第一、二、三类防雷建筑物；

（2）油库、气库、加油加气站、液化天然气、油（气）管道站场、阀室等爆炸和火灾危险环境及设施；

（3）邮电通信、交通运输、广播电视、医疗卫生、金融证券、文化教育、不可移动文物、体育、旅游、游乐场所等社会公共服务场所和设施以及各类电子信息系统；

（4）按照有关规定应当安装防雷装置的其他场所和设施。

6.5.2 建筑物防雷设计分类

建筑物防雷设计主要分三类：

（1）第一类防雷建筑物。

①凡制造、使用或贮存火炸药及其制品的危险建筑物，因电火花而引起爆炸、爆轰，会造成巨大破坏和人身伤亡者。

②具有 0 区或 20 区爆炸危险场所的建筑物。

③具有 1 区或 21 区爆炸危险场所的建筑物，因电火花而引起爆炸，会造成巨大破坏和人身伤亡者。

（2）第二类防雷建筑物。

①国家级重点文物保护的建筑物。

②国家级的会堂、办公建筑物、大型展览和博览建筑物、大型火车站和飞机场、国宾馆，国家级档案馆、大型城市的重要给水泵房等特别重要的建筑物。其中，飞机场不含停放飞机的露天场所和跑道。

③国家级计算中心、国际通信枢纽等对国民经济有重要意义的建筑物。

④国家特级和甲级大型体育馆。

⑤制造、使用或贮存火炸药及其制品的危险建筑物，且电火花不易引起爆炸或不致造成巨大破坏和人身伤亡者。

⑥具有 1 区或 21 区爆炸危险场所的建筑物，且电火花不易引起爆炸或不致造成巨大破坏和人身伤亡者。

⑦具有 2 区或 22 区爆炸危险场所的建筑物。

⑧有爆炸危险的露天钢质封闭气罐。

⑨预计雷击次数大于 0.05 次 /a（一个防雷周期）的部、省级办公建筑物和其他重要或人员密集的公共建筑物以及火灾危险场所。

⑩预计雷击次数大于 0.25 次 /a 的住宅、办公楼等一般性民用建筑物或一般性工业建筑物。

（3）第三类防雷建筑物。

①省级重点文物保护的建筑物及省级档案馆。

②预计雷击次数大于或等于 0.01 次 /a，且小于或等于 0.05 次 /a 的部、省级办公建筑物和其他重要或人员密集的公共建筑物，以及火灾危险场所。

③预计雷击次数大于或等于 0.05 次 /a，且小于或等于 0.25 次 /a 的住宅、办公楼等一般性民用建筑物或一般性工业建筑物。

④在平均雷暴日大于 15 天 /a 的地区，高度在 15m 及以上的烟囱、水塔等孤立的高耸建筑物；在平均雷暴日小于或等于 15 天 /a 的地区，高度在 20m 及以上的烟囱、水塔等孤立的高耸建筑物。

6.5.3 防雷装置设计审核应提交材料

（1）初步设计审核应提交材料：

①《防雷装置设计审核申请书》；

②总规划平面图；

③设计单位和人员的资质证和资格证书的复印件；

④防雷装置初步设计说明书、初步设计图纸及相关资料；

⑤需要进行雷电灾害风险评估的项目，提交雷电灾害风险评估报告。

（2）施工图设计审核应提交材料：

①《防雷装置设计审核申请书》；

②设计单位和人员的资质证和资格证书的复印件；

③防雷装置施工图设计说明书、施工图设计图纸及相关资料；

④设计中所采用的防雷产品相关资料；

⑤经当地气象主管机构认可的防雷专业技术机构出具的防雷装置设计技术评价报告；

⑥防雷装置未经过初步设计的，应当提交总规划平面图；经过初步设计的，应当提交《防雷装置初步设计核准意见书》。

6.5.4 防雷装置设计审核和竣工验收管理

（1）审核和验收机构：气象管理机构。

（2）审核和验收依据：《防雷装置设计审核和竣工验收规定》（中国气象局令第 21 号）第五条规定，防雷装置设计未经审核同意的，不得交付施工；防雷装置竣工未经验收合格的，不得投入使用；新建、改建、扩建工程的防雷装置必须与主体工程同时设计、同时施工、同时投入使用。

《湖南省雷电灾害防御条例》（湖南省人民代表大会常务委员会公告第 9 号）第九条规定，对易燃易爆等危险化学品生产、储存场所或者设施，重要物资仓库或者重大建设工程，建设单位应当进行雷击风险评估。评估结果作为建设项目可行性论证和设计的依据。

（3）审批要求：建设单位申请新建、改建、扩建建（构）筑物设计文件审查时，应当同时申请防雷装置设计审核；竣工验收，应当通知当地气象主管机构同时验收防雷装置。经验收符合要求的，气象主管机构应当办理有关验收手续，出具《防雷装置验收意见书》。

6.6 建设工程或爆破、钻探、挖掘等作业的文物保护

6.6.1 文物管理一般规定

地下、内水和领海中遗存的一切文物，属于国家所有。文物保护单位的保护范围内不得进行其他建设工程或者爆破、钻探、挖掘等作业。根据保护文物的实际需要，经省（自治区、直辖市）政府批准，可以在文物保护单位的周围划出一定的建设控制地带，并予以公布。在文物保护单位的保护范围和建设控制地带内，不得建设污染文物保护单位及其环境的设施，不得进行可能影响文物保护单位安全及其环境的活动。建设工程选址，应当尽可能避开不可移动文物；因特殊情况不能避开的，对文物保护单位应当尽可能实施原址保护。国有不可移动文物由使用人负责修缮、保养；非国有不可移动文物由所有人负责修缮、保养。非国有不可移动文物有损毁危险，所有人不具备修缮能力的，当地政府应当给予帮助；所有人具备修缮能力而拒不依法履行修缮义务的，县级以上政府可以给予抢救修缮，所需费用由所有人负担。核定为文物保护单位的革命遗址、纪念建筑物、古墓葬、古建筑、石窟寺、石刻等（包括建筑物的附属物），在进行修缮、保养、迁移时，必须遵守不改变文物原状的原则。不可移动文物已经全部毁坏的，应当实施遗址保护，不得在原址重建。凡因进行基本建设和生产建设需要文物勘探、考古发掘的，所需费用和劳动力由建设单位列入投资计划和劳动计划，或者报上级计划部门解决。

6.6.2 文物保护范围

（1）具有历史、艺术、科学价值的古文化遗址、古墓葬、古建筑、石窟寺和石刻。

（2）与重大历史事件、革命运动和著名人物有关的，具有重要纪念意义、教育意义和史料价值的建筑物、遗址、纪念物。

（3）历史上各时代珍贵的艺术品、工艺美术品。

（4）重要的革命文献资料以及具有历史、艺术、科学价值的手稿、古旧图书资料等。

（5）反映历史上各时代、各民族社会制度、社会生产、社会生活的代表性实物。

6.6.3 保护范围内文物管理

（1）审批事项：进行大型基本建设工程前在工程范围内有可能埋藏文物的地方进行考古调查、勘探的许可；在文物保护单位保护范围内进行其他建设工程或爆破、钻探、挖掘等作业审批；在文物保护单位建设控制地带的建设工程设计方案审核。

（2）审批机构：文旅广电部门。

（3）审批依据：《中华人民共和国文物保护法》（中华人民共和国主席令第八十四号）第十七条至第二十二条规定，因特殊情况需要在文物保护单位的保护范围内进行其他建设工程或者爆破、钻探、挖掘等作业的，必须保证文物保护单位的安全，并经核定公布该文物保护单位的政府批准，在批准前应当征得上一级政府文物管理部门同意；在全国重点文物保护单位的保护范围内进行其他建设工程或者爆破、钻探、挖掘等作业的，必须经省（自治区、直辖市）政府批准，在批准前应当征得国务院文物管理部门同意。

在文物保护单位的建设控制地带内进行建设工程，不得破坏文物保护单位的历史风貌；工程设计方案应当根据文物保护单位的级别，经相应的文物管理部门同意后，报城乡建设规划部门批准。

实施原址保护的，建设单位应当事先确定保护措施，根据文物保护单位的级别报相应的文物管理部门批准；未经批准的，不得开工建设。

无法实施原址保护，必须迁移异地保护或者拆除的，应当报省、自治区、直辖市政府批准；迁移或者拆除省级文物保护单位的，批准前须征得国务院文物管理部门同意。

全国重点文物保护单位不得拆除；需要迁移的，须由省（直辖市、自治区）政府报国务院批准。

对文物保护单位进行修缮，应当根据文物保护单位的级别报相应的文物管理部门批准；对未核定为文物保护单位的不可移动文物进行修缮，应当报登记的县级政府文物管理部门批准。

因特殊情况需要在原址重建的，由省（直辖市、自治区）政府文物管理部门报省（直辖市、自治区）政府批准；全国重点文物保护单位需要在原址重建的，由省（直辖市、自治区）政府报国务院批准。

6.7 安全条件与安全设施管理

6.7.1 安全条件论证和安全评价

危险化学品，是指具有毒害、腐蚀、爆炸、燃烧、助燃等性质，对人体、设施、环境具有危害的剧毒化学品和其他化学品。生产、储存、使用、经营、运输危险化学品的单位的主要负责人对本单位的危险化学品安全管理工作全面负责。任何单位和个人不得生产、经营、使用国家禁止生产、经营、使用的危险化学品。

（1）审查事项：危险化学品生产、储存建设项目安全条件审查。

（2）审查机构：应急管理部门。

（3）审查依据：《危险化学品安全管理条例》（中华人民共和国国务院令第 344 号发布，国务院令第 591 号修订）第十二条规定，新建、改建、扩建生产、储存危险化学品的建设项目，应当由安全生产监督管理部门进行安全条件审查。

建设单位应当对建设项目进行安全条件论证，委托具备国家规定的资质条件的机构对建设项目进行安全评价，并将安全条件论证和安全评价的情况报告报建设项目所在地设区的市级以上政府安全生产监督管理部门。

新建、改建、扩建储存、装卸危险化学品的港口建设项目，由港口行政管理部门按照国务院交通运输主管部门的规定进行安全条件审查。

6.7.2 安全设施管理

安全设施是指企业（单位）在生产经营活动中，将危险、有害因素控制在安全范围内，为减少、预防和消除危害所配备的装置（设备）以及采取的其他措施。生产经营单位新建、改建、扩建工程项目的安全设施，必须与主体工程同时设计、同时施工、同时投入生产和使用。安全设施投资列入建设项目概算。建设项目安全设施的设计人、设计单位应当对安全设施设计负责。矿山、金属冶炼建设项目和用于生产、储存、装卸危险物品的建设项目的施工单位必须按照批准的安全设施设计施工，并对安全设施的工程质量负责。生产经营单位的主要负责人对本单位的安全生产工作全面负责。生产经营单位使用的危险物品的容器、运输工具，以及涉及人身安全、危险性较大的海洋石油开采特种设备和矿山井下特种设备，必须经具有专业资质的检测检验机构检测检验合格，取得安全使用证或者安全标志，方可投入使用。

（1）安全设施分类。

①预防事故设施：包括检测、报警设施，设备安全防护设施，防爆设施，作业场所防护设施，安全警示标志等。

②控制事故设施：包括泄压和止逆设施，紧急处理设施等。

③减少与消除事故影响设施：包括防止火灾蔓延设施、灭火设施、紧急个体处置设施、应急救援设施、逃生避难设施、劳动防护用品和装备等。

（2）安全设施安全评价。

①审查事项：其他危险化学品生产、储存建设项目安全设施设计审查与竣工验收监督核查。

②审查机构：应急管理部门。

③审查依据：《中华人民共和国安全生产法》（中华人民共和国主席令第十三号）第二十九至三十一条规定，矿山、金属冶炼建设项目和用于生产、储存、装卸危险物品的建设项目，应当按照国家有关规定进行安全评价；矿山建设项目和用于生产、储存危险物品的建设项目的安全设施设计应当报经有关部门审查，审查部门及其负责审查的人员对审查结果负责；矿山、金属冶炼建设项目和用于生产、储存危险物品的建设项目竣工投入生产或者使用前，应当由建设单位负责组织对安全设施进行验收，验收合格后，方可投入生产和使用；安全生产监督管理部门应当加强对建设单位验收活动和验收结果的监督核查。

6.8 人防工程建设管理

6.8.1 人防工程建设要求

人防工程建设规划是国民经济和社会发展规划、国土空间规划的重要组成部分。自然资源主管部门应当将人防工程建设规划内容纳入城市控制性详细规划。建设单位编制修建性详细规划，应当依据控制性详细规划，明确人防工程建设的规模、功能、防护等级等内容。人防工程，是指为保障战时人员与物资掩蔽、人民防空指挥、医疗救护等单独修建的地下防护建筑（单建人防工程）和结合地面建筑修建的战时可用于防空的地下室（防空地下室）。城市新建民用建筑应当根据规定，按照地面建筑面积的一定比例修建战时可用于防空的地下室（防空地下室），并与地面建筑同步设计、施工，同时投入使用。人防工程施工图确需修改的，应当经原勘察、设计单位变更设计，或者经原勘察、设计单位书面同意，由建设单位委托其他具有相应资质的勘察、设计单位修改；需要作重大修改的，还应当由施工图审查机构审查合格后，报人防主管部门备案。人民防空专用设备，应在土建施工时安装、预留、预埋。人民防空专用设备生产安装企业应当严格按照国家标准和技术规范进行生产安装。

6.8.2 同步修建防空地下室的要求

在县城以上城市规划区内新建民用建筑，同步修建防空地下室，应符合以下要求：

（1）一类国家人防重点城市不低于地面总建筑面积的 6%；

（2）二类和三类国家人防重点城市不低于地面总建筑面积的 5%；

（3）县城不低于地面总建筑面积的 4%。

园区和重要经济目标区新建防空地下室的建设标准，按照所在地城市或者县城的规定执行。其抗力等级和战时用途由负责项目审查的人防部门确定。

6.8.3 缴纳防空地下室易地建设费的情形

新建民用建筑因地形、地质条件限制不能修建防空地下室或者应建防空地下室面积小于 1 000（含）平方米的，按照分级管理权限经人防部门批准，在办理建设工程规划许可证之前，依法缴纳防空地下室易地建设费。符合以下情形，可以缴纳防空地下室易地建设费：

（1）采用桩基且桩基承台顶面埋置深度小于三米或者不足规定的地下室空间净高的；

（2）按照规定标准应建防空地下室的面积小于地面建筑主楼首层的面积，且基础和结构处理困难的；

（3）因流沙、暗河等地质条件限制不宜修建的；

（4）因建设场址所在区域的房屋或者地下管道设施密集，防空地下室不能施工或者难以采取措施保证施工安全的；

（5）不符合人民防空工程建设规划的。

《关于公布人防系统行政事业性收费标准的通知》（湘发改价费〔2017〕1187 号）规定，新建民用建筑（工业生产厂房除外），不宜修建防空地下室的建设单位和个人，防空地下室易地建设费标准如表 6-1 所示。

表 6-1　防空地下室易地建设费标准

收费对象及范围	分类	计费面积	收费标准（元 / ㎡）
城市规划区内（含开发区、工业园区、保税区、高校园区等各类园区和重要经济目标区）新建民用建筑（工业生产厂房除外）的建设单位或者个人	长沙市	按地面总建筑面积的 6%	1 152
	其他省辖城市及长沙县、吉首市	按地面总建筑面积的 5%	896
	冷水江市、南岳区、君山区、云溪区、武陵源区	按地面总建筑面积的 5%	512
	除长沙县、吉首市、冷水江市以外的县级城市	按地面总建筑面积的 4%	512

此外，在建设过程中，拆除、报废、损毁人防工程及设施的，根据《湖南省物价局、湖南省财政厅关于核定人防系统行政事业性收费标准的通知》（湘价费〔2014〕60 号）规定，需要缴纳人防工程及设施毁损赔（补）偿费。其缴费基数确定方法及标准：由当地价格认证机构对毁损的人防工程及设施的实时造价进行认证评估，按实时造价的 150% 赔（补）偿。

6.8.4 不修建防空地下室、不缴纳易地建设费的情形

符合以下情形，可以不修建防空地下室、不缴纳易地建设费：

（1）工业生产厂房及其配套设施（办公用房、宿舍除外）；

（2）物流仓储用房；

（3）公益建筑，包括公共厕所、垃圾中转站、水泵房、消防站、变配电房（站）、开闭所、区域机房、纪念塔、殡葬等设施；

（4）围墙、发射塔、烟囱、水塔、露天泳池、老旧居民楼加装电梯、公共停车楼、独立车棚等特殊建（构）筑物；

（5）法律、法规规定的其他建设项目。

6.8.5 城市地下空间开发利用兼顾人民防空需要的规定

城市地下空间开发利用应兼顾人民防空需要：城市地铁、隧道等地下交通干线、交通综合枢纽，应符合人防工程防护规范及标准；除单建人防工程外的

其他独立开发的地下空间项目，修建不低于地下总建筑面积 40% 的人防工程。人防主管部门参与城市地下空间开发项目的审查。

6.8.6 人防工程设计审查与竣工验收

（1）审批事项：人防工程建设审批（城市地下空间开发利用兼顾人防审批、结合民用建筑修建防空地下室审批、易地建设审批）。

（2）审批机构：人防办。

（3）审批依据：《湖南省实施〈中华人民共和国人民防空法〉办法》（湖南省第十一届代表大会常务委员会公告第 54 号）第十八条、十九条规定，人防部门参与应建防空地下室的民用建筑项目的报建联审，负责防空地下室人防防护部分的设计审查；未经审查或者审查不合格的，城乡规划、住建部门不得核发建设工程规划许可证、施工许可证；防空地下室竣工验收后，建设单位应当取得人防部门的认可文件；未取得认可文件的，住建部门不得办理工程竣工验收备案手续，房产部门不得办理房屋权属登记、发放房屋所有权证书。

《湖南省人民防空工程建设与维护管理规定》（湖南省人民政府令第 297 号）第十四、第十七条规定，单建人防工程建设项目依照国家和省有关规定，由发改部门办理立项手续，在人防部门办理项目初步设计审查、质量与安全监督手续、开工报告手续和竣工验收备案；自然资源部门依法核发单建人防工程规划许可、办理不动产登记；防空地下室应当与地面建筑同步竣工验收，并由建设单位向人防主管部门申请质量认定。人防主管部门认定质量合格的，出具质量合格认可文件。认定质量不合格的，限期采取补救措施；拒绝补救或者确实无法补救的，依法缴纳防空地下室易地建设费。

6.9 光纤到户及通信基础设施报装

（1）审批机构：湖南省通信管理局或其委托机构。

（2）审批依据：《湖南省人民政府办公厅关于印发〈湖南省信息通信基础设施能力提升行动计划（2018—2020 年）〉的通知》（湘政办发〔2018〕53 号）规定，各地城乡规划主管部门在编制审批各类法定城乡规划过程中，如涉及通信铁塔及相关站址配套设施，要征求本级工业和信息化主管部门、铁塔公司意见；如涉及通信管道、机房、综合管廊等通信基础设施，要征求本级工业和信息化部门、电信企业意见；各级住房城乡建设部门要严格落实新建住宅小区和商业楼宇光纤到户国家标准，推动出台《建筑物移动通信基础设施建设规范》，将铁塔基站、配线管网、入户光纤、设备间和机房等通信基础设施等同于水、电、气纳入建筑物的必备配套建设中，与建筑物同步设计、施工、验收，并到省通信管理局驻各地通信发展管理办公室备案。

《湖南省住房和城乡建设厅 湖南省通信管理局关于进一步加强信息通信基础设施建设工作的通知》（湘建设〔2019〕25号）规定：全省范围内商品住房、商住楼、保障性住房等新建住宅建设项目，通信配套设施必须严格执行国家、省光纤到户建设标准，相关工程费用纳入建设项目概算。工程规划许可时要将有关通信基础设施的空间预留作为重要审查内容，确保通信设备机房、天线位置以及用地红线内的通信管道、设备间和建筑内配线管网的安装条件。初步设计审查时应通知通信发展管理办公室派有关技术人员参加，并按要求对光纤到户设计提出具体审查意见。施工图审查机构应严格按照国家、省有关技术标准对光纤到户施工图设计进行审查。建设单位严格按照规定组织对光纤到户通信设施验收和备案，验收确认光纤到户通信设施建设与施工图设计及相关标准相符后方可接入公用电信网，未经验收、验收不合格或者未按要求备案的，该建设工程不得交付使用，不得接入公用电信网。

7 招标投标与合同管理阶段

我国 1999 年颁布《中华人民共和国招标投标法》（中华人民共和国主席令第二十一号发布，主席令第八十六号修正）、2002 年颁布《中华人民共和国政府采购法》（中华人民共和国主席令第十四号）、2011 年颁布《中华人民共和国招标投标法实施条例》（中华人民共和国国务院令第 613 号发布，国务院令第 709 号修订）、2014 年颁布《中华人民共和国政府采购法实施条例》（中华人民共和国国务院令第 658 号），招标投标与政府采购进入法制化时期。

7.1 招标管理

招标分为公开招标和邀请招标。公开招标，是指招标人以招标公告的方式邀请不特定的法人或者其他组织投标。邀请招标，是指招标人以投标邀请书的方式邀请特定的法人或者其他组织投标。招标是一种国际上普遍运用的、有组织的市场交易行为，是一种货物、工程和服务的买卖方法，是招标人选择最适用、最合理的供货商、承建商和服务商的一种手段。招标的过程就是选择的过程。但是，对纳入《中华人民共和国招标投标法》（中华人民共和国主席令第二十一号发布，主席令第八十六号修正）第三条规定的必须招标的项目以及政府采购项目而言，招标采购已不仅仅是一种采购方式，而是政府行政管理的一种手段和方法。招标不仅仅是为了降低成本，更重要的是保证采购过程的公平、公正和公开，是保护国家利益、社会公共利益和招标投标活动当事人的合法权益，提高经济效益，保证项目质量。发承包计价既是工程项目招标投标的要求，也是招标投标确定的交易原则实施的结果。它可以视为投资管理的一种手段，可以视为投资控制的一种相对独立的结果。

7.1.1 工程建设项目招标范围和规模

工程建设项目包括建（构）筑物的新建、改建、扩建及其相关的装修、拆除、修缮等。工程建设项目招标是指为完成工程的勘察、设计、施工、监理以及与工程建设有关的设备、材料等的采购。

（1）《必须招标的工程项目规定》（中华人民共和国国家发展和改革委员会令第16号）第二条、第三条规定：使用预算资金200万元人民币以上，并且该资金占投资额10%以上的项目；使用国有企业事业单位资金，并且该资金占控股或者主导地位的项目；使用世界银行、亚洲开发银行等国际组织贷款、援助资金的项目；使用外国政府及其机构贷款、援助资金的项目，达到标准的，必须招标。勘察、设计、施工、监理以及与工程建设有关的重要设备、材料等采购达到下列标准之一的，必须招标：

①施工单项合同估算价在400万元人民币以上；

②重要设备、材料等货物的采购，单项合同估算价在200万元人民币以上；

③勘察、设计、监理等服务的采购，单项合同估算价在100万元人民币以上。

同一项目中可以合并进行的勘察、设计、施工、监理以及与工程建设有关的重要设备、材料等的采购，或采取设计施工总承包、全过程咨询招标，合同估算价达到上述规定的，必须招标。

（2）《中华人民共和国政府采购法实施条例》（中华人民共和国国务院令第658号）第二条规定，国家机关、事业单位和团体组织的采购项目既使用财政性资金的，又使用非财政性资金的，使用财政性资金采购的部分，适用政府采购法及条例；财政性资金与非财政性资金无法分割采购的，统一适用政府采购法及条例。政府采购工程以及与工程建设有关的货物、服务，采用招标方式采购的，适用《中华人民共和国招标投标法》（中华人民共和国主席令第二十一号发布，主席令第八十六号修正）及其实施条例；采用非招标方式采购货物、服务的，应按政府采购的相关规定，选择竞争性谈判、单一来源、询价采购、竞争性磋商等合适方式进行政府采购。

（3）《湖南省人民政府办公厅关于印发〈湖南省房屋建筑和市政基础设施工程招标投标管理办法〉的通知》（湘政办发〔2019〕31号）规定：依法必须进行招标的工程，包括国有资金投资工程以及大型基础设施、公用事业等涉及社会公共利益、公众安全的其他投资工程。其中，国有资金投资工程包括政府投资工程以及使用国有企业、事业单位资金且该资金占控股或者主导地位的工程。

政府投资工程包括使用下列资金的工程：

①各级财政预算资金；

②上级部门专项补助资金；

③国际金融组织和国外政府贷款等政府主权外债资金，以及财政性资金为还款来源的借贷资金；

④地方政府债券资金；

⑤其他纳入财政管理的资金或资产。

招标人可以对工程的勘察、设计、施工、监理等分别进行招标，也可以对全过程工程咨询、工程总承包进行招标。

7.1.2 经批准，可以进行邀请招标的情形

全部使用国有资金投资以及国有资金投资占控股或者主导地位的建设项目，应当依法公开招标。但符合下述情形的，可以采用邀请招标的方式。

（1）《中华人民共和国招标投标法实施条例》（中华人民共和国国务院令第 613 号发布，国务院令第 709 号修订）第八条规定，有下列情形之一的，可以采用邀请招标的方式：

①技术复杂、有特殊要求或者受自然环境限制，只有少量潜在投标人可供选择；

②采用公开招标方式的费用占项目合同金额的比例过人。

符合上述所列情形之一的，属于依法实行审批、核准的项目，由项目审批、核准部门在审批、核准项目时作出认定；其他项目由招标人申请有关行政监督部门（如住建部门等）作出认定。

（2）《湖南省实施〈中华人民共和国招标投标法办法〉》第十六条规定：有下列情形之一的，可以采用邀请招标方式：

①因项目技术复杂或者有特殊要求，只有少数潜在投标人可供选择的；

②受自然资源或者环境限制，不宜公开招标的；

③涉及国家安全、国家秘密或者抢险救灾，适宜招标但不宜公开招标的；

④法律、法规规定不宜公开招标的。

符合上述所列情形之一，招标人要求采用邀请招标方式的，应当经项目审

批部门核准；省重点项目，应当经省人民政府批准。

7.1.3 经批准，可以不进行招标的情形

（1）《中华人民共和国招标投标法》（中华人民共和国主席令第二十一号发布，主席令第八十六号修正）第六十六条规定：涉及国家安全、国家秘密、抢险救灾或者属于利用扶贫资金实行以工代赈、需要使用农民工等特殊情况，不适宜进行招标的项目，按照国家有关规定可以不进行招标。

（2）《中华人民共和国招标投标法实施条例》（中华人民共和国国务院令第 613 号发布，国务院令第 709 号修订）第九条规定，有下列情形之一的，可以不进行招标：

①需要采用不可替代的专利或者专有技术；

②采购人依法能够自行建设、生产或者提供；

③已通过招标方式选定的特许经营项目投资人依法能够自行建设、生产或者提供；

④需要向原中标人采购工程、货物或者服务，否则将影响施工或者功能配套要求；

⑤国家规定的其他特殊情形。

（3）《湖南省人民政府办公厅关于印发〈湖南省房屋建筑和市政基础设施工程招标投标管理办法〉的通知》（湘政办发〔2019〕31 号）第十五条规定：依法必须进行招标的工程，有下列情形之一，且原中标人仍具备承包能力的，经项目原审批、核准部门同意后，可以不进行招标：

①已建成工程进行改、扩建或者技术改造，须由原中标人进行勘察、设计，否则将影响项目功能配套性的；

②在建工程追加的附属小型工程或者主体加层等设计变更工程，须由原中标人进行勘察、设计、施工、监理的，追加的全部附属小型工程在原项目审批范围内，造价累计不超过原中标价的 30% 且低于 1 000 万元的；

③与在建工程结构紧密相连，受施工场地限制且安全风险大，须由原中标人进行勘察、设计、施工、监理，并经省综合评标专家库中抽取的专家论证的；

④法律、法规、规章规定的其他情形。

7.1.4 勘察设计招标管理

（1）勘察设计招标应具备的条件。

《工程建设项目勘察设计招标投标办法》（中华人民共和国国家发展和改革委员会令第2号）规定，依法必须进行勘察设计招标的工程建设项目，应同时具备下列条件，才可进行招标：

①按照国家有关规定需要履行项目审批手续的，已履行审批手续，取得批准；

②勘察设计所需资金已经落实；

③所必需的勘察设计基础资料已经收集完成；

④法律法规规定的其他条件。

（2）工程设计招标可以根据项目特点和实际需要，采用设计方案招标或者设计团队招标，并按相关规定进行评审。建设工程勘察设计招标应符合《建筑工程设计招标投标管理办法》(中华人民共和国住房和城乡建设部令第33号）的规定和要求。一般应当将建筑工程的方案设计、初步设计和施工图设计一并招标。确需另行选择设计单位承担初步设计、施工图设计的，应当在招标公告或者投标邀请书中明确。

勘察一般包括初步勘察、详细勘察，建筑工程设计包括规划设计、方案设计、初步设计、施工图设计，应根据实际需要确定工作内容和范围，明确勘察设计成果文件的质量要求，相应的勘察设计费属于降标服务收费项目，应按照《国家计委、建设部关于发布〈工程勘察设计收费管理规定〉的通知》（计价格〔2002〕10号）以及《关于再次市场化一批服务性收费的通知》（湘发改价服〔2014〕1159号）规定的标准执行。

7.1.5 施工、监理招标管理

7.1.5.1 施工招标

施工招标的依据性文件有：《中华人民共和国招标投标法》（中华人民共和国主席令第二十一号发布，主席令第八十六号修正）及《中华人民共和国招标投标法实施条例》（中华人民共和国国务院令第613号发布，国务院令第709号修订）、《湖南省建筑市场管理条例》《湖南省实施〈中华人民共和国招标投标法〉办法》《工程建设项目施工招标投标办法》（中华人民共和国发展和改革委员会令第30号）、《住房和城乡建设部关于修改〈房屋建筑和市政基础设施工程施工招标投标管理办法〉的决定》（中华人民共和国住房和城乡建设部令第43号修正）、《湖南省人民政府办公厅关于印发〈湖南省房屋建筑和市政基础设施工程招标投标管理办法〉的通知》（湘政办发〔2019〕31号）、《关于印发〈湖南省房屋建筑和市政基础设施工程施工招标评标暂行办法〉的通知》（湘建监督〔2018〕116号）等。

（1）施工招标的条件。

依法必须招标的工程建设项目，应当具备下列条件，才能进行施工招标：

①招标人已经依法成立；

②初步设计及概算应当履行审批手续的，已经批准；

③有相应资金或资金来源已经落实；

④有招标所需的设计图纸及技术资料。

同时，如法律、法规以用户规章规定需要其他条件，也应具备相应的条件。如长沙市规定房建项目招标时需有规划放线回单等。

需要注意的是，相应的项目审批手续，是指项目立项批复、可行性研究报告批复、初步设计批复、施工图技术审查及备案和规划选址许可、建设用地规划许可、建设用地许可、建设工程规划许可、国家规定项目前期应进行的强制性评估与评价以及市政公用设施报装等立项规划用地许可、建设条件许可手续等。施工招标需要的设计文件是指经过技术审查并完成备案的施工图设计文件。

（2）招标公告或投标邀请书应当载明的内容。

招标公告或投标邀请书应当至少载明下列内容：

①招标人的名称和地址；

②招标项目的内容、规模、资金来源；

③招标项目的实施地点和工期；

④获取招标文件或者资格预审文件的地点和时间；

⑤对招标文件或者资格预审文件收取的费用；

⑥对投标人的资质等级的要求。对投标人的资质等级要求必须符合国家相关规定，不得压低资质，也不得任意抬高资质排斥潜在投标人。

招标人应当按招标公告或者投标邀请书规定的时间、地点出售招标文件或资格预审文件。自招标文件或者资格预审文件出售之日起至停止出售之日止，最短不得少于5个工作日。

（3）招标文件编制要求。

招标人应根据施工招标项目的特点和需要编制招标文件。国家发展和改革委员会和住建、交通、水利等部门颁布了相应的招标文件示范文本，湖南省住建部门也发布了相应的招标文件范本。依法必须招标项目的招标文件，应该按标准范本编制招标文件。招标文件应当包括招标项目的技术要求、对投标人资格审查的标准、投标报价要求和评标标准等所有实质性要求和条件以及拟签订合同的主要条款。不得限定或者指定特定的专利、商标、品牌、原产地或者供应商，不得含有倾向或者排斥潜在投标人的其他内容。如果必须引用某一生产供应者的技术标准才能准确或清楚地说明拟招标项目的技术标准时，则应当在参照后面加上"或相当于"的字样。招标人不得以不合理的标段或工期限制或者排斥潜在投标人或者投标人。依法必须进行施工招标的项目的招标人不得利用划分标段规避招标。施工招标项目工期较长的，招标文件中可以规定工程造价指数体系、价格调整因素和调整方法。招标人一般设有最高投标限价，招标文件中应明确最高投标限价或者最高投标限价的计算方法。招标人不得规定最低投标限价。

（4）投标人选择要求。

依法必须进行施工招标的项目提交投标文件的投标人少于三个的，应当依法重新招标。重新招标后投标人仍少于三个的，属于必须审批、核准的工程建设项目，报经原审批、核准部门审批、核准后可以不再进行招标；其他工程建设项目，招标人可自行决定不再进行招标。

国有资金占控股或者主导地位的依法必须进行招标的项目，招标人应当确定排名第一的中标候选人为中标人。排名第一的中标候选人放弃中标、因不可抗力提出不能履行合同、不按照招标文件的要求提交履约保证金，或者被查实存在影响中标结果的违法行为等情形，不符合中标条件的，招标人可以按照评标委员会提出的中标候选人名单排序依次确定其他中标候选人为中标人。也可重新招标。

7.1.5.2 工程监理招标

工程监理服务费，包括工程监理服务费和其他服务费（勘察、设计、保修等相关服务费）。《关于再次市场化一批服务性收费的通知》（湘发改价服〔2014〕1159号）规定，工程监理服务费可参考《建设工程监理与相关服务收费管理规定》（发改价格〔2007〕670号）、《关于印发〈湖南省建设工程施工阶段监理服务费计费规则〉的通知》（湘监协〔2016〕2号）确定工程监理工作内容及计费方法。

（1）工程监理与相关服务各阶段工作内容见表7-1。

表7-1　工程监理与相关服务工作内容

服务阶段	主要工作内容	备注
勘察阶段	协助发包人编制勘察要求、选择勘察单位，核查勘察方案并监督实施和进行相应的控制，参与验收勘察成果	建设工程勘察、设计、施工、保修等阶段监理与相关服务的具体工作内容按国家、行业相关规范、规定执行
设计阶段	协助发包人编制设计要求、选择设计单位，组织评选设计方案，对各设计单位进行协调管理，监督合同执行，审查设计进度并监督实施，核查设计大纲和设计深度、使用技术规范合理性，提出设计评估报告（包括各阶段设计的核查意见和优化建议），协助审核设计概算	
施工阶段	施工过程的质量、进度、费用控制，安全生产监督管理、合同、信息等方面的协同管理	
保修阶段	检查和记录工程质量缺陷，对缺陷原因进行调查分析并确定责任归属，审核修复方案，监督修复过程并验收，审核修复费用	

（2）施工监理服务费确定。

施工监理服务费 = 施工监理服务费基准价 ×（1± 浮动幅度值）。

施工监理服务费基准价 = 施工监理服务费基价 × 专业调整系数 × 工程复杂程度调整系数 × 高程调整系数，是指完成施工阶段监理基本服务内容的价格。

计费额是确定基价的重要基础。计费基数为工程概算投资额，即建筑安装工程费、设备购置费和联合试运转费之和。

设备购置费和联合试运转费占工程概算投资额40%以上的项目，建筑安装工程费全部计入计费额，设备购置费和联合试运转费按40%的比例计入计费额。

利用原有设备并进行安装调试服务的，以签订工程监理合同时同类设备的当期价格作为工程监理服务费的计费额；工程包括缓配设备的，应扣除签订工程监理合同时同类设备的当期价格作为施工监理服务费的计费额；引进设备，按照购进设备离岸价格折换成人民币作为施工监理服务收费的计费额。

计费额在两个数值区间的，采用直线内插法确定施工监理服务基价。

（3）监理招标应具备下列条件：

①按国家、省有关规定已办理各项项目审批手续；

②工程资金或资金来源已落实；

③有满足工程监理需要的技术资料；

④法律、法规和规章规定的其他条件。

7.1.5.3 施工、监理等招标文件告知性备案

（1）备案机构：具有项目管理权的住建部门。

（2）备案依据：《住房和城乡建设部关于修改〈房屋建筑和市政基础设施工程施工招标投标管理办法〉的决定》（中华人民共和国住房和城乡建设部令第43号修正）第四十四条规定，依法必须进行施工招标的工程，招标人应当自确定中标人之日起15日内，向工程所在地的县级以上地方政府建设行政部门提交施工招标投标情况的书面报告。

《湖南省住房和建筑厅关于〈湖南省房屋建筑和市政工程监理招标投标管理办法〉和〈湖南省房屋建筑和市政工程监理招标评标办法〉的通知》（湘建监督〔2018〕240号）第十二条规定，招标人应当在招标公告、招标文件（附监理服务收费基准价的计算书）等发出3个工作日前报送相应住房和城乡建设主管部门或其委托的招标投标监管机构备案。

7.1.6 工程建设项目货物招标

工程建设项目货物招标应按照《中华人民共和国招标投标法》（中华人民共和国主席令第二十一号发布，主席令第八十六号修正）及《中华人民共和国招标投标法实施条例》（中华人民共和国国务院令第613号发布，国务院令第709号修订）、《工程建设项目勘察设计招标投标办法》（中华人民共和国国家发展和改革委员会令第2号）等规定执行。

（1）货物招标的条件。

依法必须招标的工程建设项目，应当具备下列条件，才能进行货物招标：

①招标人已经依法成立；

②按照国家有关规定应当履行项目审批、核准或者备案手续的，已经审批、核准或者备案；

③有相应资金或者资金来源已经落实；

④能够提出货物的使用与技术要求。

（2）对工程总承包货物招标的要求。

工程建设项目招标人对项目实行总承包招标时，未包括在总承包范围内的货物，属于依法必须进行招标的项目范围，且达到国家规定规模标准的，应当由工程建设项目招标人依法组织招标。

工程建设项目实行总承包招标时，以暂估价形式包括在总承包范围内的货物，属于依法必须进行招标的项目范围且达到国家规定规模标准的，应当依法组织招标。

招标文件规定的各项技术规格应当符合国家技术法规的规定。招标文件应当包括招标项目的技术要求、对投标人资格审查的标准、投标报价要求和评标标准等所有实质性要求和条件以及拟签订合同的主要条款。不得限定或者指定特定的专利、商标、品牌、原产地或者供应商，不得含有倾向或者排斥潜在投标人的其他内容。如果必须引用某一供应者的技术规格才能准确或清楚地说明拟招标货物的技术规格时，则应当在参照后面加上"或相当于"的字样。

（3）两阶段招标的要求。

无法精确拟定其技术规格的货物，招标人可以采用两阶段招标程序。

第一阶段，招标人可以首先要求潜在投标人提交技术建议，详细阐明货物的技术规格、质量和其他特性。招标人可以与投标人就其建议的内容进行协商和讨论，达成一个统一的技术规格后编制招标文件。

第二阶段，招标人应当向第一阶段提交了技术建议的投标人提供包含统一技术规格的正式招标文件，投标人根据正式招标文件的要求提交包括价格在内的最后投标文件。招标人要求投标人提交投标保证金的，应当在第二阶段提出。

（4）评标办法及标准。

技术简单或技术规格、性能、制作工艺要求统一的货物，一般采用经评审的最低投标价法进行评标。技术复杂或技术规格、性能、制作工艺要求难以统一的货物，一般采用综合评估法进行评标。

必须审批的工程建设项目，货物合同价格应当控制在批准的概算投资范围内；确需超出范围的，应当在中标合同签订前，报原项目审批部门审查同意。

项目审批部门应当根据招标的实际情况，及时作出批准或者不予批准的决定；项目审批部门不予批准的，招标人应当自行平衡超出的概算。

7.1.7 EPC 工程总承包招标

国家鼓励采用工程总承包模式。政府投资项目应当本着质量可靠、效率优先的原则，优先采用工程总承包模式。关于 EPC 工程总承包招标的依据性文件有《关于培育发展工程总承包和工程项目管理企业的指导意见》（建市〔2003〕30 号）、《中华人民共和国标准设计施工总承包招标文件（2012 年版）》《住房和城乡建设部关于进一步推进工程总承包发展的若干意见》（建市〔2016〕93 号）、《房屋建筑和市政基础设施项目工程总承包管理办法》（建市规〔2019〕12 号）和《湖南省房屋建筑和市政基础设施工程总承包招标投标活动管理暂行规定》（湘建监督〔2017〕76 号）等。

（1）EPC 工程总承包招标的条件。

《住房和城乡建设部关于进一步推进工程总承包发展的若干意见》（建市〔2016〕93 号）规定，采用工程总承包方式的企业投资项目，应当在核准或者备案后进行工程总承包项目发包。采用工程总承包方式的政府投资项目，原则上应当在初步设计审批完成后进行工程总承包项目发包。其中，按照国家有关规定简化报批文件和审批程序的政府投资项目，应当在完成相应的投资决策审批后进行工程总承包项目发包。

工程总承包单位应当同时具有与工程规模相适应的工程设计资质和施工资质，或者由具有相应资质的设计单位和施工单位组成联合体。工程总承包单位应当具有相应的项目管理体系和项目管理能力、财务和风险承担能力，以及与发包工程相类似的设计、施工或者工程总承包业绩。设计单位和施工单位组成联合体的，应当根据项目的特点和复杂程度，合理确定牵头单位，并在联合体协议中明确联合体成员单位的责任和权利。联合体各方应当共同与建设单位签订工程总承包合同，就工程总承包项目承担连带责任。

（2）EPC 工程总承包招标应当明确的需求。

①建设规模确定：房屋建筑工程包括地上建筑面积、地下建筑面积、层高、户型及户数、开间大小与比例、停车位数量或比例等；市政工程包括道路宽度、河道宽度、污水处理能力等。

②建设标准明确：房屋建筑工程包括天、地、墙各种装饰面材的材质种类、规格和品牌档次，机电系统包含的类别、机电设备材料的主要参数、指标和品牌档次，各区域末端设施的密度，家具配置数量和标准，以及室外工程、园林绿化的标准；市政工程包括各种结构层、面层的构造方式、材质、厚度等。

③工作责任清楚：除设计、施工以外，其他服务工作的内容、分工与责任等，应有准确的边际界定。

④特殊需求具体：如房屋建筑工程还应明确是否采取工业化建造方式、是否采用 BIM 技术等。

（3）EPC 工程总承包的计价模式。

EPC 工程总承包招标在需求统一、明确的前提下，由投标人根据给定的概念方案（或设计方案）、建设规模和建设标准，自行编制估算工程量清单并报价。建议采用总价包干的计价模式，但地下工程不纳入总价包干范围。地下工程可以采用模拟工程量条件下的单价合同，按实计量。如果需约定材料、人工费的调整，则建议招标时先固定调差材料和人工在工程总价中的占比，结算时以中标价中的工程建筑安装费用乘以占比作为基数，再根据事先约定的调差方法予以调整。

如果 EPC 工程总承包招标时，尚未完全确定建设规模与建设标准，则不宜采用总价包干合同，而应采用下浮率报价与最终批复概算作为上限价的结算方式。这样，一方面可限制中标人在设计时，偏好采用利润率高的材料或无法定价的设备；另一方面可防止中标人利用措施项目费定价难，在合同执行过程中绞尽脑汁、不择手段地实施变更；还可以预防中标人利用开口合同，通过非正当方法，利用上限价与概算批复之间的额度差，谋取不当利润。

（4）EPC 工程总承包招标应注意事项。

传统招标模式，由招标人提供设计图纸和工程量清单，投标人按规定进行应标和报价。而 EPC 工程总承包招标时，没有施工图纸，只规定建设规模和建设标准，不提供工程量清单，投标人需自行编制用于报价的清单。EPC 工程总承包招标时，应注意以下事项：

①确定合理的招标时间，确保投标人有足够时间对招标文件进行仔细研究、核查招标需求，进行必要的深化设计、风险评估和估算。

②参照国际咨询工程师联合会（FIDIC）《设计采购施工（EPC）/ 交钥匙工程合同条件》（银皮书）与《生产设备和设计—施工合同条件》，拟定合同条款。

③改变工程项目管理模式。发包人对承包人的工作只进行有限的控制，一般不进行过程干预。在验收时，严格按建设规模和建设标准进行验收。只有达到招标需求的工程，才予以接收。

④招标过程中，允许投标人就技术问题和商务条件与招标人进行充分沟通和交流，特别是牵涉到技术复杂和有特殊要求的项目。

⑤工程款支付，不宜采用传统的按实计量与支付方式，而采用按比例或按形象进度约定额度支付方式。

7.2 合同管理

合同分两类：行政合同和民事合同。行政合同又称行政契约，是指行政主体为了实现特定的行政管理目标，与公民、法人和其他组织经过协商而签订的协议。民事合同是《中华人民共和国合同法》（中华人民共和国主席令第十五号）和《中华人民共和国民法典》（中华人民共和国主席令第四十五号）定义的合同，是民事主事之间设立、变更、终止民事法律关系的协议。行政合同与民事合同相比，在合同主体、合同成立的原则和合同的履行、变更或解除等方面存在重大区别。行政合同的当事人一方必定是行政主体，另一方是行政管理的相对人。双方的权利地位是不平等的，是管理与被管理的关系；而民事合同的双方当事人的法律地位是平等的，一方不得将自己的意志强加给另一方。行政合同的双方意思表示一致是在行政要求前提下的自愿和对等；而民事合同，必须以当事人双方意思表示一致为前提，任何单位和个人不得干预。由于行政合同双方当事人不具有完全平等的法律地位，行政机关可以根据国家行政管理的需要，单方依法变更或解除合同；而民事合同，一旦依法成立，对双方当事人都具有法律约束力，当事人应当按照约定履行自己的义务，不得擅自变更或者解除合同。工程建设合同是《中华人民共和国合同法》（中华人民共和国主席令第十五号）和《中华人民共和国民法典》（中华人民共和国主席令第四十五号）定义的合同，属于民事合同。民事合同的核心是自由、平等和守信，是平等主体对双方权利义务的共同的意思表示，是法律对具体行为进行约定的延伸。从某种意义上说，民事合同是与合同相对方签订的法律，是与合同相对方在合同履行中应该共同遵行的规则和行为规范。

7.2.1 招标投标合同管理

合同管理是指对由合同洽谈、草拟、签订、生效，至合同终止、合同文件存档全过程所进行的管理。它包括合同签订、合同履行管理和合同变更三个方面的内容。招标投标是一种特殊的签订合同的方式，广泛应用于货物买卖、建设工程、土地使用权出让与转让、租赁、技术转让等领域。一般认为，招标公告属于要约邀请，投标是要约，招标人确定中标人，为承诺。招标投标一结束，合同就已经成立。招标投标项目管理的重点是合同履行和合同变更。

7.2.1.1 合同文件基本规定

（1）合同形式及方式应符合规定。

合同包括书面形式、口头形式和其他形式。法律、行政法规规定采用书面形式的，应当采用书面形式。合同书面形式，包括合同书、信件和数据电文（如电报、电传、传真、电子数据和电子邮件）等可以有形地表现所载内容的形式。当事人订立合同应当采用要约和承诺方式。要约邀请是希望他人向自己发出要约的表示。拍卖公告、招标公告、招股说明书、债券募集办法、基金招募说明书、商业广告和宣传、寄送的价目表等为要约邀请。商业广告和宣传的内容符合要约条件的，构成要约。要约是希望与他人订立合同的意思表示，该意思表示应当符合下列条件：内容具体；表明经受要约人承诺，要约人即受该意思表示约束。承诺是受要约人同意要约的意思表示。承诺应当在要约确定的期限内到达要约人。承诺的内容应当与要约的内容一致。受要约人对要约的内容作出实质性变更的，为新要约。有关合同标的、数量、质量、价款或者报酬、履行期限、履行地点、履行方式、违约责任和解决争议方法等的变更，是对要约内容的实质性变更。

（2）合同的内容应当完整。

合同的内容由当事人约定，一般包括下列条款：当事人的姓名或者名称和住所；标的；数量；质量；价款或者报酬；履行期限、地点和方式；违约责任；解决争议的方法。为避免合同内容遗漏和重要问题约定无效，合同当事人可以参照各类合同的示范文本订立合同。

（3）合同文件组成应符合要求。

合同文件是一系列文本的集合。在合同订立及履行过程中形成的与合同有关的文件，均构成合同文件的组成部分。合同文件包括：合同协议书；中标通知书（如果有）；投标函及其附录（如果有）；专用合同条款及其附件；通用合同条款；技术标准和要求，图纸；已标价工程量清单或预算书；其他合同文件。合同当事人就该项合同文件所作出的补充和修改，属于同一类内容的文件，以最新签署的为准，但最新签署的合同不得修改或调整主合同内容进行实质性变更。

（4）全过程工程咨询合同具有特殊性。

它包括前期决策咨询、造价、勘察、设计、监理、招标代理、项目管理等各项咨询或服务合同内容。根据合同范围及内容不同，可能涉及多种合同关系。

①勘察、设计合同。从生产的角度来说，勘察、设计合同属于建设工程合同。勘察、设计属于建筑生产的一部分。建设单位和合同相对方是发包人和承包人的关系。建设工程合同应当采用书面形式。勘察、设计合同的内容包括提交有关基础资料和文件（包括概预算）的期限、质量要求、费用以及其他协作条件等条款。施工合同的内容包括工程范围、建设工期、中间交工工程的开工和竣工时间、工程质量、工程造价、技术资料交付时间、材料和设备供应责任、拨款和结算、竣工验收、质量保修范围和质量保证期、双方相互协作等条款。但从全过程工程咨询的角度来说，它属于技术咨询或技术服务合同。咨询服务业属于第三产业。它与发包人的关系，是委托与受托关系。技术咨询合同的委托人应当按照约定阐明咨询的问题，提供技术背景材料及有关技术资料，接受受托人的工作成果，支付报酬。技术咨询合同的委托人未按照约定提供必要的资料，影响工作进度和质量，不接受或者逾期接受工作成果的，支付的报酬不得追回，未支付的报酬应当支付。技术服务合同的委托人应当按照约定提供工作条件，完成配合事项，接受工作成果并支付报酬。技术服务合同的受托人应当按照约定完成服务项目，解决技术问题，保证工作质量，并传授解决技术问题的知识。

②监理属于委托合同关系。建设单位和合同相对方是委托人和受托人关系。委托合同的内容包括委托权限、委托费用的预付和垫付、受托人的报告义务、委托人介入权、委托人支付报酬、受托人的赔偿责任、委托人的赔偿责任、委托合同解除、委托合同终止等条款。委托人可以特别委托受托人处理一项或者数项事务，也可以概括委托受托人处理一切事务。受托人应当按照委托人的指示处理委托事务。受托人应当亲自处理委托事务。经委托人同意，受托人可以转委托。受托人应当按照委托人的要求，报告委托事务的处理情况。委托合同终止时，受托人应当报告委托事务的结果。受托人处理委托事务取得的财产，应当转交给委托人。

③招标代理、项目管理（代建）属于代理合同。《中华人民共和国民法典》（中华人民共和国主席令第四十五号）第一百六十一条规定：民事主体可以通过代理人实施民事法律行为。第一百六十二条规定：代理人在代理权限内，以被代理人名义实施的民事法律行为，对被代理人发生效力。第一百六十三条规定：代理包括委托代理和法定代理。委托代理人按照被代理人的委托行使代理

权。法定代理人依照法律的规定行使代理权。第一百六十五条规定：委托代理授权采用书面形式的，授权委托书应当载明代理人的姓名或者名称、代理事项、权限和期限，并由被代理人签名或者盖章。

④前期决策咨询、造价咨询，属于技术咨询合同或者技术服务合同关系。技术咨询合同或技术服务合同的内容包括委托人义务、受托人义务、违约责任、创新技术成果归属、工作费用的负担等。技术服务合同内容不包括承揽合同和建设工程合同涉及的内容。

⑤全过程工程咨询包含工程检测的，发包人应当与检测人签订承揽合同。建设单位和合同相对方是发包人和承包人关系。《中华人民共和国民法典》（中华人民共和国主席令第四十五号）第七百七十条规定，承揽合同是承揽人按照定作人的要求完成工作，交付工作成果，定作人支付报酬的合同。承揽包括加工、定作、修理、复制、测试、检验等工作。第七百七十一条规定：承揽合同的内容一般包括承揽的标的，数量，质量，报酬，承揽方式，材料的提供，履行期限，验收标准和方法等条款。第七百七十二条规定：承揽人应当以自己的设备、技术和劳力，完成主要工作。

7.2.1.2 国家发展改革委对招标项目范围的具体解释

《国家发展改革委办公厅关于进一步做好〈必须招标的工程项目规定〉和〈必须招标的基础设施和公用事业项目范围规定〉实施工作的通知》（发改办法规〔2020〕770号）对招标项目范围进行了具体解释。内容如下：

（1）关于使用国有资金的项目。

预算资金，是指《中华人民共和国预算法》（中华人民共和国主席令第十二号）规定的预算资金，包括一般公共预算资金、政府性基金预算资金、国有资本经营预算资金、社会保险基金预算资金。占控股或者主导地位，参照《中华人民共和国公司法》（中华人民共和国主席令第四十二号）第二百一十六条关于控股股东和实际控制人的理解执行，即其出资额占有限责任公司资本总额百分之五十以上或者其持有的股份占股份有限公司股本总额百分之五十以上的股东；出资额或者持有股份的比例虽然不足百分之五十，但依其出资额或者持有的股份所享有的表决权已足以对股东会、股东大会的决议产生重大影响的股东。国有企业事业单位通过投资关系、协议或者其他安排，能够实际支配项目建设的，也属于占控股或者主导地位。项目中国有资金的比例，应当按照项目资金来源中所有国有资金之和计算。

（2）关于项目与单项采购的关系。

勘察、设计、施工、监理以及与工程建设有关的重要设备、材料等的单项采购分别达到相应单项合同价估算标准的,该单项采购必须招标;该项目中未达到前述相应标准的单项采购,不属于必须招标范畴。

(3)关于招标范围列举事项。

依法必须招标的工程建设项目范围和规模标准,应当严格执行《中华人民共和国招标投标法》(中华人民共和国主席令第二十一号发布,主席令第八十六号修正)及相关规定;法律、行政法规或者国务院对必须进行招标的其他项目范围有规定的,依照其规定。没有法律、行政法规或者国务院规定依据的,《必须招标的工程项目规定》(中华人民共和国国家发展和改革委员会第16号)、《发展改革委关于印发〈必须招标的基础设施和公用事业项目范围规定〉的通知》(发改法规〔2018〕843号)没有明确列举规定的项目,不得强制要求招标。

(4)关于同一项目中的合并采购。

同一项目中可以合并进行的勘察、设计、施工、监理以及与工程建设有关的重要设备、材料等的采购,合同估算价合计达到前款规定标准的,必须招标,目的是防止发包方通过化整为零方式规避招标。其中同一项目中可以合并进行,是指根据项目实际以及行业标准或行业惯例,符合科学性、经济性、可操作性要求,同一项目中适宜放在一起进行采购的同类采购项目。

(5)关于总承包招标的规模标准。

发包人依法对工程以及与工程建设有关的货物、服务全部或者部分实行总承包发包的,总承包中施工、货物、服务等各部分的估算价中,只要有一项达到相应标准,即施工部分估算价达到400万元以上,或者货物部分达到200万元以上,或者服务部分达到100万元以上,则整个总承包发包应当招标。

(6)关于规模标准以下工程建设项目的采购。

施工、货物、服务采购的单项合同估算价未达到规定规模标准的,该单项采购由采购人依法自主选择采购方式,任何单位和个人不得违法干涉。其中,涉及政府采购的,按照政府采购法律、法规规定执行。国有企业可以结合实际,建立健全规模标准以下工程建设项目采购制度,推进采购活动公开透明。

7.2.1.3 对建设工程施工合同价款约定的特别要求

《建设工程工程量清单计价规范》(GB 50500—2013)对合同价款约定作出了特别规定,具体内容如下:

(1)合同订立时间。

招标工程的合同价款应当在中标通知书发出之日起 30 天内，依据招标文件、中标人的投标文件，由发承包人订立书面合同约定。非招标工程的合同价款依据审定的工程预（概）算书由发、承包人在合同中约定。

（2）合同内容。

合同约定不得违背招标、投标文件中关于工期、造价、质量等方面的实质性内容。招标文件与中标人投标文件不一致的地方，应以投标文件为准。合同价款在合同中约定后，任何一方不得擅自改变。

（3）建设工程施工合同应当约定的事项。

发承包双方应在合同条款中对下列事项进行约定：

①预付工程款的数额、支付时间及抵扣方式；

②安全文明施工措施的支付计划，使用要求等；

③工程计量与支付工程进度款的方式、数额及时间；

④工程价款的调整因素、方法、程序、支付及时间；

⑤施工索赔与现场签证的程序、金额确认与支付时间；

⑥承担计价风险的内容、范围以及超出约定内容、范围的调整办法；

⑦工程竣工价款结算编制与核对、支付及时间；

⑧工程质量保证金的数额、预留方式及时间；

⑨违约责任以及发生合同价款争议的解决方法及时间；

⑩与履行合同、支付价款有关的其他事项等。

合同中没有按照规范要求约定或约定不明的，由双方协商确定；当协商不成时，按规范的规定执行。

（4）合同价格形式。

《建设工程施工合同（示范文本）》（GF—2017—0201）规定，合同价格形式分为单价合同、总价合同和其他价格形式。其他价格形式一般包括定额计价和成本加酬金的价格形式。实行工程量清单计价的工程，应采用单价合同。其中，建设规模较小，技术难度较低，工期较短，且施工图设计已审查批准的建设工程可采用总价合同；紧急抢险、救灾以及施工技术特别复杂的建设工程可采用成本加酬金合同。

《建设工程价款结算暂行办法》（财建〔2004〕369 号）第八条规定：发、承包人在签订合同时对于工程价款的约定，可选用下列一种约定方式：

①固定总价，合同工期较短且工程合同总价较低的工程，可以采用固定总

价合同方式。

②固定单价，双方在合同中约定综合单价包含的风险范围和风险费用的计算方法，在约定的风险范围内综合单价不再调整；风险范围以外的综合单价调整方法，应当在合同中约定。

③可调价格，可调价格包括可调综合单价和措施费等，双方应在合同中约定综合单价和措施费的调整方法。调整因素包括：

a. 法律、行政法规和国家有关政策变化影响合同价款；

b. 工程造价管理机构的价格调整；

c. 经批准的设计变更；

d. 发包人更改经审定批准的施工组织设计（修正错误除外）造成费用增加；

e. 双方约定的其他因素。

7.2.2 合同价款调整

合同价款调整，是指已签订合同文件发生变化，针对已约定的合同价款进行的重新计算和确认，就是合同文件的修改与补充。合同价款调整，应该针对合同价款事项签订补充协议。

（1）合同价款调整要求。

招标投标确定的实质性内容不得改变，但是招标投标没有约定或约定不明的事项，可以签订补充协议，并按补充协议执行；没有签订补充协议的，应按《建设工程工程量清单计价规范》（GB 50500—2013）执行。受要约人对要约的内容作出实质性变更的，为新要约；合同生效后，当事人就质量、价款或者报酬、履行地点等内容没有约定或者约定不明确的，可以协议补充；不能达成补充协议的，应当按照合同有关条款或者交易习惯确定。

（2）合同价款调整时间。

《建设工程价款结算暂行办法》（财建〔2004〕369号）第九条规定：承包人应当在合同规定的调整情况发生后的14天内，将调整原因、金额以书面形式通知发包人，发包人确认调整金额后将其作为追加合同价款，与工程进度款同期支付。发包人收到承包人通知后14天内不予确认也不提出修改意见，视为已经同意该项调整。当合同规定的调整合同价款的调整情况发生后，承包人未在规定时间内通知发包人，或者未在规定时间内提出调整报告，发包人可以根据有关资料，决定是否调整和调整的金额，并书面通知承包人。

（3）合同价款调整事项。

《建设工程工程量清单计价规范》（GB 50500—2013）对施工合同违约可以调整合同价款的事项、提出与答复时间及要求等进行了规范，合同价款调整事项如表7-2所示。

表7-2　合同价款调整事项表

序号	事项名称	对承发包方时间要求	备注
1	法律法规变化	14天内提出，14天内答复	以投标截止日前或以合同签订前28天为基准日
2	工程变更	14天内提出，14天内答复	
3	项目特征不符	14天内提出，14天内答复	设计图纸（含设计变更）、招标工程量清单特征描述不符
4	工程量清单缺项	14天内提出，14天内答复	新增分部分项工程清单项目
5	工程量偏差		工程量偏差超过15%，该项目单价按工程变更处理
6	计日工		发包人通知承包人实施的零星工作
7	物价变化	14天内提出，14天内答复	材料、工程设备单价变化超过5%
8	暂估价	14天内提出，14天内答复	属于招标的，招标确定；不属于招标的，承包人提出，发包人确认
9	不可抗力	14天内提出，14天内答复	工程本身的损失，停工期间的损失，修复损失，发包人承担，其他损失各自承担
10	提前竣工（赶工补偿）	14天内提出，14天内答复	压缩工期天数超过定额工期的20%
11	误期赔偿		实际进度迟于计划进度
12	索赔	28天内，提交索赔意向通知书，28天内答复	双方均可索赔，要求：延长工期（发包人延长缺陷修复期）；支付实际发生的额外费用；支付合理的预期利润（承包人）；支付违约金
13	现场签证	7天内提交签证报告，发包人48小时内答复	以发包人书面指令为依据
14	暂列金额	14天内提出，14天内答复	由发包人掌握使用
15	其他事项	14天内提出，14天内答复	

（4）湖南省对合同价款调整的规定。

①《湖南省建设工程计价办法》第一百八十七条规定：合同履行期间，因人工、材料、工程设备、机械台班价格波动影响合同价款时，应根据合同约定，按照价格指数调整价格差额、造价信息调整价格差额和施工机械台班费用组成的方法之一调整合同价款。其中，材料、工程设备价格，建筑工程与市政工程及仿古建筑主要材料预算价格或市场价格涨降幅度为 ±3%；装饰工程与安装工程及园林绿化工程为 ±5%。

②《关于调整补充增值税条件下建设工程计价依据的通知》（湘建价〔2016〕160号）要求，对合同价款调整事项，要求以全费用价格形式汇总计入单位工程其他项目费，并在附录F其他项目计价表中制定了"F1其他项目清单与计价汇总表"（见表7-3）、"F3暂列金额明细表"（见表7-4）、"F4材料（工程设备）暂估单价及调整表"（见表7-5）、"F5专业工程暂估价及结算价表"（见表7-6）、"F6计日工表"（见表7-7）、"F7总承包服务费计价表"（见表7-8）、"F8索赔与现场签证计价汇总表"（见表7-9）、"F9费用索赔申请（核准）表"（见表7-10）和"F10现场签证表"（见表7-11）。内容如下：

表7-3 F1其他项目清单与计价汇总表
（□招标控制价□投标报价□竣工结算）
（一般计税法）

工程名称：　　　　　标段：　　　　　第 页 共 页

序号	项目名称	金额（元）	结算金额（元）	备注
1	暂列金额			明细详见 F.3
2	暂估价			
2.1	材料（工程设备）暂估价/结算价			明细详见 F.4
2.2	专业工程暂估价/结算价			明细详见 F.5
3	计日工			明细详见 F.6
4	总承包服务费			明细详见 F.7
5	索赔与现场签证			明细详见 F.8
6	合计：1+2.2+3+4+5 项			

续表

序号	项目名称	金额（元）	结算金额（元）	备注
7	销项税额：6 项 ×11%			
8	附加税费：（6＋7项）× 费率			
	合计：6+7+8 项			

备注：材料（工程设备）暂估单价及调价表（表7-5）填报时按除税价填报；材料（工程设备）暂估单价计入直接费与清单项目综合单价，此处不汇总。

表7-4　F3暂列金额明细表

工程名称：　　　　　　　　　　标段：　　　　　　　　　　　第　页　共　页

序号	项目名称	计量单位	暂定金额（元）	备注
1	不可预见费			
2	检验试验费			
3				
4				
	合　计			

备注：（1）此表由招标人填写，如不能详列，也可只列暂定金额总额，投标人应将上述暂列金额计入投标总价中；
（2）检验试验费按直接费用的 0.5% ～ 1.0% 计取。

表7-5　F4材料（工程设备）暂估单价及调整表

工程名称：　　　　　　　　　　标段：　　　　　　　　　　　第　页　共　页

序号	材料（工程设备）名称、规格、型号	计量单位	数量		暂估（元）		确认（元）		差额 ±（元）		备注
			暂估	确认	单价	合价	单价	合价	单价	合价	
1											
2											
	合　计										

备注：（1）招标人填写"暂估单价"，并在备注栏说明暂估价的材料（工程设备）拟用在那些清单项目上，投标人将上述材料（工程设备）暂估单价计入工程量清单综合单价报价中；

（2）采用一般计税法时按除税价填报；采用简易计税法时按含税价填报；

（3）材料（工程设备）暂估单价计入直接费与清单项目综合单价，此处汇总后不再重复相加。

表7-6　F5 专业工程暂估价及结算价表

工程名称：　　　　　　　　　标段：　　　　　　　　　第　页　共　页

序号	工程名称	工程内容	暂估金额（元）	结算金额(元)	差额 ±（元）	备注
合　计						

备注：（1）此表"暂估金额"由招标人填写，投标人应将"暂估金额"计入投标总价中，结算时按合同约定结算金额填写；

（2）专业工程暂估价及结算价应包含费用和利润。

表7-7　F6 计日工表

工程名称：　　　　　　　　　标段：　　　　　　　　　第　页　共　页

编号	项目名称	单位	暂定数量	实际数量	综合单价（元）	合　价	
						暂定	实际
1	人工						
1.1							
1.2							
	人工小计						
2	材料						
2.1							
2.2							
	材料小计						
3	施工机械						
3.1							

续表

编号	项目名称	单位	暂定数量	实际数量	综合单价（元）	合 价
3.2						
	施工机械小计					
	总 计					

备注：（1）此表项目名称、暂定数量由招标人填写，编制招标控制价时，单价由招标人确定；投标时，单价由投标人自主报价，按暂定数量计算合价计入投标总价中；结算时，按发承包双方确认的实际数量计算合价；
（2）计日工表综合单价应包含费用和利润。

表 7-8 F7 总承包服务费计价表

工程名称：　　　　　　　　　　标段：　　　　　　　　　第 页 共 页

序号	项目名称	项目价值（元）	服务内容	费率（%）	金额（元）
1	发包人发包专业工程服务费	（直接费）			
2	发包人提供材料采保费	（发包人提供材料总值）			
	合 计				

备注：发包人发包专业工程服务费可按发包工程直接费用的 1%～2% 计取。

表 7-9 F8 索赔与现场签证计价汇总表

工程名称：　　　　　　　　　　标段：　　　　　　　　　第 页 共 页

序号	索赔与签证项目名称	计量单位	数量	单价（元）	合价（元）	索赔与签证依据
	本页小计					

合　计						

备注：（1）索赔与签证依据栏填写经双方认可的索赔依据与签证单的编号；
　　　（2）索赔与现场签证计价汇总应包含费用和利润。

表 7–10　　F9 费用索赔申请（核准）表

工程名称：　　　　　　　　　　标段：　　　　　　　第　页　共　页

致：＿＿＿＿＿＿＿＿＿＿＿＿＿＿＿＿＿＿＿＿＿＿＿＿＿（发包人全称）

　　根据施工合同条款的约定，由于原因，我方要求索赔金额＿＿＿＿＿＿＿（大写）元，

＿＿＿＿＿＿＿（小写）元，请予核准。

附（1）费用索赔的详细理由和依据：

　　（2）索赔金额的计算：

　　（3）证明材料：

　　　　　　　　　　　　　　　　　　　　承包人（章）＿＿＿＿＿＿＿

造价人员＿＿＿＿＿＿　　　承包人代表＿＿＿＿＿＿　　日　期＿＿＿＿＿＿

复核意见： 　　根据施工合同条款第＿＿＿条的约定，你方提出的费用索赔申请经复核： □不同意此项索赔，具体意见见附件。 □同意此项索赔，索赔金额的计算，由造价工程师复核。 　　　　　监理工程师＿＿＿＿＿＿ 　　　　　日　　期＿＿＿＿＿＿	复核意见： 　　根据施工合同条款第＿＿＿条的约定，你方提出的费用索赔申请经复核，索赔金额为＿＿＿＿＿＿（大写）元，＿＿＿＿＿＿（小写）元。 　　　　　造价工程师＿＿＿＿＿＿ 　　　　　日　　期＿＿＿＿＿＿

审核意见：

□不同意此项索赔。

□同意此项索赔，与本期进度款同期支付。

　　　　　　　　　　　　　　　　　　发包人（章）＿＿＿＿＿＿＿
　　　　　　　　　　　　　　　　　　发包人代表＿＿＿＿＿＿＿
　　　　　　　　　　　　　　　　　　日　　期＿＿＿＿＿＿＿

备注：（1）在选择栏中的"□"内作标识"√"；

　　　（2）本表一式四份，由承包人填报，发包人、监理人、造价咨询人、承包人各存一份；

　　　（3）表中造价工程师特指监理人委派驻现场的造价工程师或发包人聘任的造价工程师（下同）；

　　　（4）费用索赔申请（核准）表应包含费用和利润。

表 7-11 F10 现场签证表

工程名称：　　　　　　标段：　　　　　　　　第 页 共 页

施工部位		日期	

致：_____（发包人全称）

根据 _____（指令人姓名）_____ 年 ___ 月 ___ 日的口头指令或你方（或监理人）_____ 年 ___ 月 ___ 日的书面通知，我方要求完成此项工作应支付价款金额为 _____（大写）元，_____（小写）元，请予核准。

　　附（1）签证事由及原因：
　　（2）附图及计算式：

承包人（章）_____

造价人员 _____　　承包人代表 _____　　日　期 _____

复核意见： 你方提出的此项签证申请经复核： □不同意此项签证，具体意见见附件。 □同意此项签证，签证金额的计算，由造价工程师复核。 　　监理工程师 _____ 　　日　期 _____	复核意见： □此项签证按承包人中标的计日工单价计算，金额为 _____（大写）元，_____（小写）元。 □此项签证因无计日工单价，金额为 _____（大写）元，_____（小写）元。 　　造价工程师 _____ 　　日　期 _____

审核意见：
　　□不同意此项签证。
　　□同意此项签证，价款与本期进度款同期支付。

发包人（章）_____
发包人代表 _____
日　期 _____

备注：（1）在选择栏中的"□"内作标识"√"；
　　（2）本表一式四份，由承包人在收到发包人（监理人）的口头或书面通知后填写，发包人、监理人、造价咨询人、承包人各存一份；
　　（3）现场签证表应包含费用和利润。

③《关于印发 2020〈湖南省建设工程计价办法〉及〈湖南省建设工程消耗量标准〉的通知》（湘建价〔2020〕56 号）继续沿用了《关于调整补充增值税条件下建设工程计价依据的通知》（湘建价〔2016〕160 号）对合同价款调整事项，要求以全费用价格形式汇总计入单位工程其他项目费，并保留了其已经制定的各种表格，但在其他项目费中增加了优质工程增加费、提前竣工措

施增加费和安全责任险、环境保护税三个费用项目计价表,具体如表7-12所示。

表 7-12 E29 部分其他项目费计价表

工程名称:　　　　　　　标段:　　　　　　第　页　共　页

序号	项目名称	计算基数	费率(%)	金额
1	优质工程增加费	分部分项工程费 + 措施项目费		
2	提前竣工措施增加费	按合同约定		
3	安全责任险、环境保护税	分部分项工程费 + 措施项目费		
4				
合　计				

备注:安全责任险、环境保护税招标投标时按基数及费率暂估,结算与取定不同时,可按实调整

7.2.3 施工合同界面管理

7.2.3.1 房屋建筑工程单项承包范围及内容

(1)供水工程承包范围及内容。

①临时用水工程,包括从市政管网开梯至红线范围内管道、水表及水表井的安装工程。

②正式供水开梯工程,包括从市政管网开梯至红线范围内管道铺设、水表及水表井安装、顶管施工、道路破除及恢复等工程内容。

(2)用电工程承包范围及内容。

①临时用电工程,包括从市政电网至红线内临时箱变部分设备、线缆及管道等配套工程。

②杆线迁移工程,包括新装变压器、综合计量箱、电杆、高压绝缘导线、相关附件及配套工程等。

③正式用电(外线)工程,包括高压引入、外线接入、外线土建、路由、从高压或国家电网220 kV变电站接线至项目红线范围内室内配电房低压出线柜所有的安装采购及管道铺设、顶管施工、道路破除及道路恢复等配套工程。

(3)其他安装工程承包范围及内容。

①燃气工程,包括户内外燃气管线、设备安装及户内挂表安装。

②电梯工程，包括电梯设备及控制与安装。

（4）主体工程承包范围及内容。

①前期清表工程，包括地表树木移植、迁坟等事宜。

②土建主体工程，包括项目场地平整、土石方工程、地基与基础、主体结构、建筑装饰装修、建筑屋面、给排水工程、电气工程、智能化工程、通风与空调工程等。

其中给水工程包括从红线范围内水表井（不含水表井）至建筑入户水表的管道铺设、阀门安装、水表安装等（含给水泵房内所有设备、管道、阀门等的安装）。

排水工程包括从各户排水出口至市政排水出口的管道铺设及设备安装等。

电气工程包括从变配电室接入至项目各用电设备的所有安装采购工程，包括变配电室、供电干线、电气动力、电气照明安装、备用和不间断电源安装、防雷及接地安装等。

其余为项目范围内的全部建筑及安装工程内容。具体以设计图纸和工程量清单为准。

（5）室外附属工程承包范围及内容。

室外附属工程，包括室外土石方、道路、园路铺装、景观节点、绿化、室外排水、室外消防给水、雨水回收利用系统、景观给水、景观亮化、背景音乐及广播系统等。

7.2.3.2 房屋建筑交叉施工界面划分

（1）市政供水工程与主体给水工程的施工界面划分：市政供水工程负责从市政管网接至项目红线范围内的水表安装，其他均为二次供水工程施工范围。

（2）强电工程与外线工程的施工界面划分：强电工程负责从配电房接至低压出线柜，出线至公共照明、应急照明、消防、电梯等管线及设备的安装，其他均为外线工程施工范围。

（3）室外附属消防工程与主体消防工程的施工界面划分：以外墙皮一米为界，主体消防工程负责室内消防工程的管道、设备、阀门及附件安装，含消防水泵房内设备、管道、阀门及附件的安装；室外附属消防工程负责室外消防管道、阀门、室外消火栓等安装。

（4）室外附属排水工程与主体排水工程施工界面划分：以外边线一米为界，主体排水工程负责室内排水工程至外墙皮一米处管道及附件的安装；室外附属排水工程负责室外排水工程管道及附件安装，污水井、检查井、化粪池等的施工。

8 施工许可阶段

    建设项目，从形式上分为建设计划阶段、建设实施阶段和工程竣工验收阶段。施工许可阶段是建设项目的建设实施阶段。施工许可阶段，需要完成建设工程消防设计审查、水土保持设施建设审批或水土保持补偿费缴纳、固定资产投资项目节能审批、建设项目环境影响评价、占用森林资源审批、施工与监理招标与发承包计价、施工图技术审查、临时占用城市道路与管（杆）线等设施建设审批、开工安全生产审查和申领施工许可证等工作。其中，水土保持设施建设审批或水土保持补偿费缴纳、固定资产投资项目节能审批、建设项目环境影响评价，原为规划用地阶段事前审批，现调整为事中审批。

8.1 建设工程消防管理

    建设工程消防管理，包括消防设计审查和竣工验收或备案。地方各级政府应当将包括消防安全布局、消防站、消防供水、消防通信、消防车通道、消防装备等内容的消防规划纳入城乡规划，并负责组织实施。建设工程的消防设计、施工必须符合国家工程建设消防技术标准。建设、设计、施工、工程监理等单位依法对建设工程的消防设计、施工质量负责。特殊建设工程未经消防设计审查或者审查不合格的，建设单位、施工单位不得施工；其他建设工程，建设单位未提供满足施工需要的消防设计图纸及技术资料的，有关部门不得发放施工许可证或者批准开工报告。依法应当进行消防验收的建设工程，未经消防验收或者消防验收不合格的，禁止投入使用；其他建设工程经依法抽查不合格的，应当停止使用。

8.1.1 建设工程消防设计审查和验收（备案）

（1）审查（备案）机构：住建部门。

（2）审查依据:《中华人民共和国消防法》(中华人民共和国主席令第六号)第十、第十一条规定，住建设部门规定的特殊建设工程，建设单位应当将消防设计文件报送住建部门审查，住建部门依法对审查的结果负责；其他建设工程，建设单位申请领取施工许可证或者申请批准开工报告时应当提供满足施工需要的消防设计图纸及技术资料。

《中华人民共和国消防法》（中华人民共和国主席令第六号）第十三条规定：住建部门规定应当申请消防验收的建设工程竣工，建设单位应当向住建部门申请消防验收；其他建设工程，建设单位在验收后应当报住建部门备案，住建部门应当进行抽查。

《建设工程消防设计审查验收管理暂行规定》（中华人民共和国住房和城乡建设部令第 51 号）、《住房和城乡建设部关于印发〈建设工程消防设计审查验收工作细则〉和〈建设工程消防设计审查、消防验收、备案和抽查文书式样〉的通知》（建科规〔2020〕5 号），对特殊建设工程的消防设计审查、消防验收，以及其他建设工程的消防验收备案、抽查进行了明确规定。实行施工图设计文件联合审查的，应当将建设工程消防设计的技术审查并入联合审查，一并出具意见。消防设计审查验收主管部门根据施工图审查意见中的消防设计技术审查意见，出具消防设计审查意见。实行规划、土地、消防、人防、档案等事项联合验收的建设工程，应当将建设工程消防验收并入联合验收。

8.1.2 消防验收的条件及要求

（1）系统调试。

消防验收应符合以下条件：

①单机通电检查。火灾自动报警系统调试，应先分别对探测器、区域报警控制器、集中报警控制器、火灾警报装置和消防控制设备等逐个进行单机通电检查，正常后方可进行系统调试。

②系统控制功能和联动功能检查。火灾自动报警系统通电后，应按现行国家标准《火灾报警控制器通用技术条件》（GB 4717—2005）的有关要求，对报警控制器功能、自动报警主电源和备用电源、探测器功能以及主电源和备用

电源供电后火灾自动报警系统的各项控制功能和联动功能进行检查，且在连续运行 120 小时无故障后，按规范要求填写报告。

（2）系统竣工验收。

火灾自动报警系统竣工验收，应在公安消防监督机构监督下，由建设主管单位主持，设计、施工、调试等单位共同参加。火灾自动报警系统验收前，建设单位应向公安消防监督机构提交验收申请报告，并附系统竣工表、系统竣工图、施工记录（包括隐蔽工程验收记录）、调试报告、管理维护人员登记表等技术文件。

火灾报警系统验收包括下列装置：

①火灾自动报警系统装置，包括火灾探测器、手动报警按钮、区域报警控制器和集中报警控制器等；

②灭火系统控制装置，包括室内消火栓、自动喷水、卤代烷、二氧化碳、干粉、泡沫等固定灭火系统的控制装置；

③电动防火门、防火卷帘控制装置；

④通风空调、防烟排烟及电动防火阀等消防控制装置；

⑤火灾事故广播、消防通信、消防电源、消防电梯和消防控制室的控制装置；

⑥火灾事故照明及疏散指示控制装置。

各项检验项目，控制功能、信号均应正常。如有不合格者，应限期修复或更换，并进行复验。复验时，对有抽验比例要求的，应进行加倍试验。复验不合格者，不能通过验收。

8.2 水土保持工程建设管理

水土保持，是指对自然因素和人为活动造成水土流失所采取的预防和治理措施。有关基础设施建设、矿产资源开发、城镇建设、公共服务设施建设等方面的规划，在实施过程中可能造成水土流失的，规划的组织编制机关应当在规划中提出水土流失预防和治理的对策和措施，并在规划报请审批前征求本级政府水利部门的意见。水土保持管理包括水土保持设施建设审批管理和水土保持设施补偿费收费管理。

8.2.1 水土保持设施建设审批管理

依法应当编制水土保持方案的生产建设项目中的水土保持设施，应当与主体工程同时设计、同时施工、同时投产使用；生产建设工程竣工验收，应当验收水土保持设施；水土保持设施未经验收或者验收不合格的，生产建设项目不得投产使用。

（1）审批事项：生产建设项目水土保持方案审批和水土保持设施验收。

（2）审批机构：水利部门。

（3）审核依据：《中华人民共和国水土保持法》（中华人民共和国主席令第四十九号）第二十五条、第二十七条规定，在山区、丘陵区、风沙区以及水土保持规划确定的容易发生水土流失的其他区域开办可能造成水土流失的生产建设项目，生产建设单位应当编制水土保持方案，报县级以上政府水利行政部门审批，并按照经批准的水土保持方案，采取水土流失预防和治理措施。水土保持方案应当包括水土流失预防和治理的范围、目标、措施和投资等内容。水土保持方案经批准后，生产建设项目的地点、规模发生重大变化的，应当补充或者修改水土保持方案并报原审批机关批准。水土保持方案实施过程中，水土保持措施需要作出重大变更的，应当经原审批机关批准。

8.2.2 水土保持设施补偿费收费管理

对在山区、丘陵区、风沙区以及水土保持规划确定的容易发生水土流失的其他区域开办生产建设项目或者从事其他生产建设活动，损坏水土保持设施、地貌植被，不能恢复原有水土保持功能的，应当缴纳水土保持补偿费，由水利行政管理部门专项用于水土流失预防和治理。

《关于发布湖南省住房城乡建设系统行政事业性收费标准的通知》（湘发改价费〔2015〕1119号）规定，水土保持补偿费属于行政事业性收费，应按《关于印发水土保持补偿费收费标准的通知》（湘发改价费〔2014〕1171号）规定的标准执行。其缴费标准如下：

①对一般性生产建设项目，按照征占用土地面积1元/m^2一次性计征。

对水利水电工程建设项目，水库淹没区不在水土保持补偿费计征范围之内。

②开采矿产资源的，建设期间，按照征占用土地面积1元/m^2一次性计征；开采期间，按照开采量（采掘、采剥总量）1元/吨计征。

③取土、挖砂（河道采砂除外）、采石以及烧制砖、瓦、瓷、石灰的，根据取土、挖砂、采石量，按照1元/m^3计征（不足1m^3的按1m^3计）。

对缴纳义务人已按前两种方式计征水土保持补偿费的，不再重复计征。

④排放废弃土、石、渣的，根据土、石、渣量，按照 1 元 /m³ 计征（不足 1m³ 的按 1m³ 计）。

对缴纳义务人已按前三种方式计征水土保持补偿费的，不再重复计征。

8.3 固定资产投资项目节能管理

固定资产投资项目节能审查意见是项目开工建设、竣工验收和运营管理的重要依据。对于政府投资项目，建设单位在报送项目可行性研究报告前，需取得节能审查机关出具的节能审查意见。对于企业投资项目，建设单位需在开工建设前取得节能审查机关出具的节能审查意见。未按本办法规定进行节能审查，或节能审查未通过的项目，建设单位不得开工建设，已经建成的不得投入生产、使用。

8.3.1 节能报告内容

建设单位应编制固定资产投资项目节能报告。项目节能报告包括下列内容：

（1）分析评价依据；

（2）建设单位基本情况、项目简况；

（3）项目建设方案的节能分析和比选，包括总平面布置、生产工艺、用能工艺、用能设备、辅助和附属生产设施、能源计量器具等方面；

（4）主要节能措施，选取节能效果好、技术经济可行的节能技术和管理措施；

（5）项目能源消费量、能源消费结构、能源效率等方面的分析；

（6）对所在地完成能源消耗总量和强度目标、煤炭消费减量替代目标的影响等方面的分析评价；

（7）结论及相关附件材料。

8.3.2 节能审查内容

节能审查机关受理节能报告后，应委托有关机构进行评审，形成评审意见，作为节能审查的重要依据。节能审查应依据项目是否符合节能有关法律法规、标准规范、政策，项目用能分析是否客观准确，方法是否科学，结论是否准确，节能措施是否合理可行，项目的能源消费量和能效水平是否满足本地区能源消耗总量和强度"双控"管理要求等对项目节能报告进行审查。

8.3.3 节能审查机关职责划分

固定资产投资项目节能审查，按综合能源消费量，由省（直辖市、自治区）地方节能审查机关实行分级负责。具体职责分解如下（以湖南省为例）：

（1）湖南省发展和改革委员会负责对报国务院审批或国家发展和改革委员会审批、核准立项的固定资产投资项目；年综合能源消费量5 000吨（含）标准煤以上的固定资产投资项目（改扩建项目按照建成投产后年综合能源消费增量计算，电力折算系数按当量值）；报送省政府、省级投资主管部门审批、核准、备案的年综合能源消费量1 000吨标准煤以上不足5 000吨标准煤，或年电力消耗500万千瓦时以上的固定资产投资项目进行节能审查。

（2）市（州）发展改革部门（含湖南湘江新区管理委员会）负责对报送本级及以下政府、投资主管部门审批、核准、备案的年综合能源消费量1000吨标准煤以上不足5 000吨标准煤的固定资产投资项目，或年电力消耗500万千瓦时以上的固定资产投资项目进行节能审查。市（州）级以下发展改革部门不再承担固定资产投资项目单独节能审查工作。

（3）年综合能源消费量（增量）1 000吨标准煤以下（不含1 000吨标准煤，下同），且年电力消费量（增量）500万千瓦时以下的项目，涉及国家秘密的固定资产投资项目，以及国家发展改革委公布的用能工艺简单、节能潜力小的行业内目录，按照相关节能标准、规范建设，不单独进行节能审查。

对于不单独节能审查项目，建设单位可不编制单独的节能报告，节能审查部门不再出具节能审查意见。建设单位应在项目可行性研究报告（政府投资项目）或项目申请报告中对项目能源消耗情况、能源利用情况、节能措施情况和能效水平进行分析，并在投资项目在线审批监管平台如实填报项目能耗基本信息。

8.3.4 节能审查意见取得

（1）审查事项：固定资产投资项目节能审查。

（2）审批机构：发展和改革委员会。

（3）审核依据：《湖南省发展和改革委员会关于印发〈湖南省固定资产投资项目节能审查实施办法〉的通知》（湘发改环资〔2018〕449号）第三条规定，政府投资项目，建设单位在报送项目可行性研究报告前，应取得节能审查机关出具的节能审查意见。对项目审批与节能审查属同一个部门受理的，建设单位可以在报送可行性研究报告时，同时报送节能报告。企业投资项目，建设单位应在开工建设前取得节能审查机关出具的节能审查意见（不单独进行节能审查项目除外）。

8.4 建设项目环境影响评价

环境，是指影响人类生存和发展的各种天然的和经过人工改造的自然因素的总体，包括大气、水、海洋、土地、矿藏、森林、草原、湿地、野生生物、自然遗迹、人文遗迹、自然保护区、风景名胜区、城市和乡村等。环境保护应坚持保护优先、预防为主、综合治理、公众参与、损害担责的原则。环境影响评价，是指对规划和建设项目实施后可能造成的环境影响进行分析、预测和评估，提出预防或者减轻不良环境影响的对策和措施，并进行跟踪监测的方法与制度。通俗地说就是分析项目建成投产后可能对环境产生的影响，并提出污染防治对策和措施。

8.4.1 环境影响评价分类及内容

环境影响评价分为两类：一是规划环境影响评价，二是建设项目环境影响评价。

（1）规划环境影响评价。

规划环境影响评价分为两类：

①编写规划有关环境影响的篇章或说明。国务院有关部门、设区的市级以上地方政府及其有关部门，对其组织编制的土地利用的有关规划，区域、流域、海域的建设、开发利用规划，应当在规划编制过程中组织进行环境影响评价，编写该规划有关环境影响的篇章或者说明。规划有关环境影响的篇章或者说明，应当对规划实施后可能造成的环境影响作出分析、预测和评估，提出预防或者减轻不良环境影响的对策和措施。

②编写专项规划的环境影响报告书。国务院有关部门、设区的市级以上地方政府及其有关部门，对其组织编制的工业、农业、畜牧业、林业、能源、水利、交通、城市建设、旅游、自然资源开发的有关专项规划，应当在该专项规划草案上报审批前，组织进行环境影响评价，并向审批该专项规划的机关提交环境影响报告书。

专项规划的环境影响报告书包括下列内容：

a. 实施该规划对环境可能造成影响的分析、预测和评估；

b. 预防或者减轻不良环境影响的对策和措施；

c. 环境影响评价的结论。

（2）建设项目环境影响评价。

根据对环境的影响程度，国家对建设项目环境保护实行分级管理：

一级：建设项目对环境可能造成重大影响的，应当编制环境影响报告书，对建设项目产生的污染和对环境的影响进行全面、详细的评价。

二级：建设项目对环境可能造成轻度影响的，应当编制环境影响报告表，对建设项目产生的污染和对环境的影响进行分析或者专项评价。

三级：建设项目对环境影响很小，不需要进行环境影响评价的，应当填报环境影响登记表。

其中，建设项目环境影响报告书，应当包括下列内容：

①建设项目概况；

②建设项目周围环境现状；

③建设项目对环境可能造成影响的分析和预测；

④环境保护措施及其经济、技术论证；

⑤环境影响经济损益分析；

⑥对建设项目实施环境监测的建议；

⑦环境影响评价结论。

8.4.2 建设单位管理及委托责任

依法应当编制环境影响报告书、环境影响报告表的建设项目，建设单位应当在开工建设前将环境影响报告书、环境影响报告表有审批权的环境保护部门审批；建设项目的环境影响评价文件未依法经审批部门审查或者审查后未予批准的，建设单位不得开工建设。建设项目需要配套建设的环境保护设施，必须与主体工程同时设计、同时施工、同时投产使用。建设项目的初步设计，应当按照环境保护设计规范的要求，编制环境保护篇章，落实防治环境污染和生态破坏的措施以及环境保护设施投资概算。编制环境影响报告书、环境影响报告表的建设项目竣工后，建设单位应当按照国务院环境保护行政主管部门规定的标准和程序，对配套建设的环境保护设施进行验收，编制验收报告。编制环境影响报告书、环境影响报告表的建设项目，其配套建设的环境保护设施经验收合格，方可投入生产或者使用；未经验收或者验收不合格的，不得投入生产或者使用。改建、扩建项目和技术改造项目必须采取措施，治理与该项目有关的原有环境污染和生态破坏。

建设单位可以委托技术单位，也可以自行对其建设项目开展环境影响评价，编制建设项目环境影响报告书、环境影响报告表，并对建设项目环境影响报告书、环境影响报告表的内容和结论负责，接受委托编制建设项目环境影响报告书、环境影响报告表的技术单位对其编制的建设项目环境影响报告书、环境影响报告表承担相应责任。

8.4.3 建设项目环境影响评价管理

（1）审批事项：建设项目环境影响报告书（表）审批。

（2）审批机构：生态环境部门。

（3）审核依据：《中华人民共和国环境影响评价法》（中华人民共和国第十三届全国人民代表大会常务委员会第七次会议修正）第二十二条规定，建设项目的环境影响报告书、报告表，由建设单位有审批权的生态环境部门审批。审核、审批建设项目环境影响报告书、报告表以及备案环境影响登记表，不得收取任何费用。

8.5 占用森林资源管理

森林资源，包括森林、林木、林地以及依托森林、林木、林地生存的野生动物、植物和微生物。其中，森林包括乔木林和竹林；林木包括树木和竹子；林地包括郁闭度 0.2 以上的乔木林地以及竹林地、灌木林地、疏林地、采伐迹地、火烧迹地、未成林造林地、苗圃地和县级以上政府规划的宜林地。国家依法实行森林、林木和林地登记发证制度。集体所有的森林、林木和林地，由所有者向所在地的县级政府林业部门提出登记申请，由该县级政府登记造册，核发证书，确认所有权。改变森林、林木和林地所有权、使用权的，应当依法办理变更登记手续。临时占用林地的期限不得超过两年，并不得在临时占用的林地上修筑永久性建筑物；占用期满后，用地单位必须恢复林业生产条件。

（1）审批事项：临时占用林地审批；森林经营单位修筑直接为林业生产服务的工程设施占用林地审批。

（2）审批机构：林业部门。

（3）审批依据：《中华人民共和国森林法实施条例》（中华人民共和国国务院令第278号）第十七条、十八条规定，需要临时占用林地的，应当经县级以上政府林业部门批准。森林经营单位在所经营的林地范围内修筑直接为林业生产服务的工程设施，需要占用林地的，由县级以上政府林业部门批准；修筑其他工程设施，需要将林地转为非林业建设用地的，必须依法办理建设用地审批手续。

（4）直接为林业生产服务的工程设施范围：

①培育、生产种子、苗木的设施；

②贮存种子、苗木、木材的设施；

③集材道、运材道；

④林业科研、试验、示范基地；

⑤野生动植物保护、护林、森林病虫害防治、森林防火、木材检疫的设施；

⑥供水、供电、供热、供气、通信基础设施。

8.6 详细勘察管理

详细勘察，又称技术勘察，是指根据建（构）筑物的工程特征、地基土的工程地质条件，对场地地基土的利用、整治、改造提出方案，并对其进行技术、经济分析和论证。详细勘察，以勘探、原位测试和室内土工试验为主，必要时补充地球物理勘探、工程地质测绘和调查等。其勘探工作量，一般按场地类别、建筑物特点及建筑物安全等级和重要性确定。对于复杂场地，可选择具有代表性的地段布置适量的探井。

8.6.1 详细勘察工作内容

（1）取得附有坐标及地形的建筑物总平面布置图，包括各建筑物的地面整平标高、建筑物的性质和规模，可能采取的基础形式与尺寸和预计埋置的深度，建筑物的单位荷载和总荷载、结构特点和对地基基础的特殊要求。

（2）查明不良地质现象的成因、类型、分布范围、发展趋势及危害程度，提出评价与整治所需的岩土技术参数和建议整改方案。

（3）查明建筑物范围各层岩土的类别、结构、厚度、坡度、工程特性，计算和评价地基的稳定性和承载力。

（4）对需进行沉降计算的建筑物，提出地基变形计算参数，预测建筑物的沉降、差异沉降或整体倾斜。

（5）对抗震设防烈度大于或等于 6 度的场地，应划分场地土类型和场地类别；对抗震设防烈度大于或等于 7 度的场地，应分析预测地震效应，判定饱和砂土和粉土的地震液化可能性，并对液化等级作出评价。

（6）查明地下水的埋藏条件，判定地下水对建筑材料的腐蚀性。当需基坑降水设计时，尚应查明水位变化幅度与规律，提供地层的渗透性系数。

（7）提供为深基坑开挖的边坡稳定计算和支护设计所需的岩土技术参数，论证和评价基坑开挖、降水等对邻近工程和环境的影响。

（8）为选择桩的类型、长度确定单桩承载力，计算群桩的沉降以及为选择施工方法，提供岩土技术参数。

8.6.2 工程地质勘察方法

工程地质勘察方法，包括工程地质测绘、工程地质勘探、原位测试和实验室试验、现场检测与监测等。

（1）工程地质测绘。

在一定范围内调查研究与工程建设活动有关的工程地质条件，测制成一定比例尺的工程地质图，分析可能产生的工程地质作用及其对设计建筑物的影响，并为勘探、试验、观测等工作的布置提供依据。测绘范围和比例尺的选择，既取决于建筑区地质条件的复杂程度和已有研究程度，也取决于建筑物的类型、规模和设计阶段。通常是以一定比例尺的地形图为底图，以仪器测量方法来测制。

（2）工程地质勘探。

包括工程地球物理勘探、钻探和坑探工程等内容。

①工程地球物理勘探，简称工程物探，是利用专门仪器，测定各类岩、土体或地质体的密度、导电性、弹性、磁性、放射性等物理性质的差别，通过分析解释判断地面下的工程地质条件。它是在测绘工作的基础上探测地下工程地质条件的一种间接勘探方法。

②钻探和坑探，是采用钻探机械钻进或矿山掘进法，直接揭露建筑物布置范围和影响深度内的工程地质条件，为工程设计提供准确的工程地质剖面的勘察方法。其工作成本高，故应在工程地质测绘和物探工作的基础上，根据不同工程地质勘探阶段需要查明的问题，合理设计洞、坑、孔的数量、位置、深度、方向和结构。

（3）原位测试和实验室试验。

原位测试和实验室试验是获得工程地质设计和施工参数，定量评价工程地质条件和工程地质问题的手段，是工程地质勘察的组成部分。实验室试验包括岩、土体样品的物理性质、水理性质和力学性质参数的测定。现场原位测试包括触探试验、承压板载荷试验、原位直剪试验以及地应力量测等。设计建筑物规模较小，且易于取得岩、土体试样，往往采用实验室试验。重要建筑物的初步设计、施工图设计，必须在现场对有代表性的天然结构的大型试样或对含水层进行测试，必须进行现场原位测试。

（4）现场检测与监测。

现场检测与监测是用专门的观测仪器，对建筑区工程地质条件各要素或对工程建筑活动有重要影响的自然（物理）地质作用和某些重要的工程地质作用，进行长时期的重复测量的工作。建筑基坑监测对象包括：支护结构、相关自然环境、施工工况、地下水状况、基坑底部及周围土体、周围建（构）筑物、周围地下管线及地下设施、周围重要道路和其他应监测的对象等。建筑基坑监测项目的内容包括：水平位移监测、竖向位移监测、深层水平位移监测、倾斜监测、裂缝监测、支护结构内力监测、土压力监测、孔隙水压监测、地下水位监测和锚杆拉力监测等。

8.7 施工图管理

8.7.1 施工图设计文件组成

施工图设计文件，简称施工图，是表示工程项目总体布局，建（构）筑物外部形状、内部布置、结构构造、内外装修、工程做法以及材料（设备）名称、规格型号等的图样文件，是施工图预算、施工组织设计编制和构件制作、工程施工的重要依据文件。施工图包括以下专业设计文件：

①总平面专业设计文件，包括图纸目录、设计说明、总平面图、竖向布置图、土石方图、管道综合图、绿化及建筑小品布置图、详图、设计图纸的增减和计算书等。

②建筑专业设计文件，包括图纸目录、设计说明、平面图、立面图、剖面图、详图、计算书等。

③结构专业设计文件，包括图纸目录、设计说明、基础平面图、基础详图、

结构平面图、钢筋混凝土构件详图、混凝土结构节点构造详图以及楼梯图、预埋件、特种结构和构筑物及钢结构设计施工图、计算书等。

④建筑电气专业设计文件，包括图纸目录、设计说明、图例符号、电气总平面图、变配电站设计图、配电及照明设计图、防雷与接地及安全设计图、电气消防、智能化各系统设计、主要设备表、电气计算书、装配式建筑设计电气专项等。

⑤建筑给水排水专业设计文件，包括图纸目录，施工图设计说明，建筑小区室外给水排水总平面图，室外排水管道高程表或纵断面图，自备水源取水工程，雨水控制与利用及各净化建（构）筑物平面、剖面及详图，水泵房平面、剖面图，水塔（箱）、水池配管及详图，循环水构筑物的平面、剖面及系统图，污水处理、建筑室内给水排水图纸，设备及主要材料表，计算书，装配式建筑设计给排水专项内容等。

⑥供暖通风与空气调节专业设计文件，包括图纸目录，设计与施工说明，设备表，平面图，通风、空调、制冷机房平面图和剖面图、系统图，立管或竖风道图，通风、空调剖面图和详图，室外管网设计，计算书，装配式建筑设计暖通空调专项内容等。

⑦热能动力专业设计文件，包括图纸目录，设计说明和施工说明，设备及主要材料表，锅炉房图，其他动力站房图，室内管道图，室外管网图，计算书等和建筑幕墙设计、基坑与边坡工程设计、除火灾自动报警及火灾应急广播两个系统外的建筑智能化设计和预制混凝土构件加工图设计等专项设计文件。

⑧工艺专业设计文件，包括图纸目录、设计说明、首页图、管道及仪表流程图、设备一览表、设备布置图、管道布置图、管道数据表、管道等级表、管段材料表、阀门数据表、管道隔热材料表、管道防腐材料表、设备隔热材料表、综合材料表、自动控制仪表设计、室外管网设计、主要设备计算等专项设计文件。

8.7.2 施工图设计优化

施工图设计的主要任务是满足施工或构件制作要求，即在初步设计或技术设计的基础上，综合建筑、结构、设备各工种，相互交底、核实核对，深入了解材料供应、施工技术、设备等条件，把满足工程施工的各项具体要求反映在图纸中，做到整套图纸齐全统一，明确无误。初步设计和施工图设计的区别是：

设计深度不同，施工图设计更加具体，更具有操作性；初步设计是施工图设计编制的依据，同时又是完善初步设计的手段，初步设计审查时提出的问题和初步设计遗留的问题，都应在施工图设计中修正和完善。施工图设计优化是指对已经完成的施工图，进一步进行技术经济处理，使各项指标处于最佳或接近最佳状态，从而降低建造成本。在设计工作展开前，收集、整理和分析本地区同类或类似项目设计文件及技术经济指标，确定本项目设计标准及技术经济控制，是设计优化、降低建造成本的重要措施。

以下为某项目桩基设计优化案例。

（1）项目概况。

规划总用地 17 656.36m²，总建筑面积 80 306.12m²，地上建筑面积 69 843.77 m²，地下建筑面积 10 462.35 m²。拟建建筑物由 2 栋 40 层（编号为 1#、3#）、1 栋 45 层（编号为 2#）民用建筑组成，下设一层整体地下车库。其中 1#、3# 楼高度为 112.30 m；2# 楼高度为 126.30 m。该区地块为项目尾期。

（2）现场情况。

地下室底板处于 4 层粉质黏土（fak=400 kPa）或 5 层黏土（fak=420 kPa）内。塔楼部分基础设计采用 φ900 mm 钻孔灌注桩 + 筏板基础，车库地下室部分采用筏板基础。

（3）土质分析。

地勘报告现场土质性质显示，场区地下水主要为孔隙上层滞水和裂隙水两种：孔隙上层滞水储存于人工填土中，大气降水及周边生活用水是其主要补给来源；裂隙水储存于下伏岩层裂隙中，该地下水埋藏较深，场区地下水和土对混凝土及混凝土中的钢筋有微腐蚀性，建筑场地类别为Ⅱ类，可不考虑液化影响。该区地块桩基是按 φ900 mm 钻孔灌注桩进行设计的。前期地块，地质情况良好，均采用天然地基方案。

为节约工程成本，对该项目提出了以下优化方案：

第一次设计优化方案：建议将 φ900 mm 钻孔灌注桩调整为 φ800 mm 钻孔灌注桩方案，结构筏板基础不变，混凝土等级由原来的 C35 和 C40 全部调至 C35，其余不调整。通过方案对比，两者相差金额约 87.45 万元，占原造价的 16.70%，经设计论证，该方案可行。

第二次方案优化：根据现场实地勘察，该区地块地基承压能力表现良好，可能高于前期地块地基的承压能力，于是先做试桩，对 1#、3# 进行浅层平板荷载试验后，再决定是否调整优化桩基方案。本地块地基类型为天然地基，检测方法为堆载法，加载方式为慢速维持荷载法，最大加载值为破坏性试验，承载面积为 $1m^2$；在 $1^\#$ 楼设置检测点数 3 个，编号为 $S11^\#$、$S12^\#$、$S13^\#$，在 $3^\#$ 楼设置检测点 4 个，编号为 $S31^\#$、$S32^\#$、$S33^\#$、$S34^\#$。

根据平板载荷试验显示结果，该区地块地基承压能力优于前期，考虑前期住宅业态均为高层建筑，未做过超高层建筑，而本地块均为超高层建筑，故住宅部分必须采用桩基工程，但通过平板载荷试验显示结果可调整桩基类型，由原设计钻孔灌注桩优化调整为 CFG 桩（水泥粉煤灰碎石桩）。通过方案对比，两者相差金额约 115.40 万元，调整比例为 15.79%。

本项目，从原图设计 $\phi900$ mm 钻孔灌注桩调整至最终 $\phi800$ mmCFG 桩，通过设计优化，节约成本共 202.85 万元。

8.7.3 施工图审查应提供的资料

施工图审查应提供的资料主要包括以下内容：

（1）政府有关部门关于项目建设的批准文件及附件。

（2）审查合格的岩土工程勘察文件（详勘）。

（3）全套施工图（含计算书并注明计算软件）；

（4）审查需要提供的其他资料。

其中，取得建设项目批准文件具有十分重要的意义。基本建设程序强调程序管理，即前一环节没有经过有关职能部门批准，后一环节则不能实施。否则，应承担由此引发的相关责任。如 2017 年 12 月 9 日连云港聚鑫生物科技有限公司间二氯苯装置发生爆炸事故，造成 10 人死亡、1 人轻伤，直接经济损失 4 875 万元。项目设计单位江苏中建工程设计研究院有限公司在建设单位未取得规划许可的情况下，违规出具正式施工图，没有对建设项目选用的工艺技术安全可靠性进行充分说明，没有对间二硝基苯脱水、保温釜储存及压料、残液回收使用等工艺过程中的危险有害因素进行充分辨识，被建设部行政处罚——工程设计化工工程专业甲级资质降为乙级。

施工图审查资料报送的要求将越来越高。《湖南省人民政府办公厅关于开展建筑信息模型应用工作的指导意见》（湘政办发〔2016〕7 号）规定：政府投资的医院、学校、文化、体育设施、保障性住房、交通设施、水利设施、标准厂房、市政设施等项目采用 BIM 技术，社会资本投资额在 6 000 万元以上（或

2 万平方米以上）的建设项目采用 BIM 技术。勘察设计企业应将二维施工图和 BIM 模型成果一并交付建设单位同步上传至湖南省施工图管理信息系统，并保持 BIM 模型与二维施工图一致。这对施工图审查资料报送提出了更高的要求。

8.7.4 施工图审查的内容及依据

国家实施施工图设计文件（含勘察文件）审查制度。施工图审查是指施工图审查机构按照有关法律、法规，对施工图是否符合批准的建设规模、建设标准、设计方案和投资估算，是否符合地基和结构安全、抗震、防洪、消防、环境保护、卫生节能等强制性技术标准以及绿色建筑标准，勘察设计企业和注册执业人员以及相关人员是否按规定在施工图上加盖相应的图章和签字等。施工图未经审查合格的，不得用于房屋建筑工程、市政基础设施工程施工、监理以及工程质量安全监督管理。建设单位应当对向审查机构提供的勘察、设计依据性批准文件及附件和全套施工图的真实性承担责任。

施工图审查的主要内容是：

（1）是否符合《工程建设标准强制性条文》和其他有关工程建设强制性标准；

（2）地基基础和结构设计等是否安全；

（3）是否符合公众利益；

（4）施工图是否达到规定的设计深度要求；

（5）是否符合政府有关部门批准文件要求。

湖南省施工图审查的主要技术文件有：《关于印发〈湖南省市政基础设施工程施工图设计文件编制技术规定（试行）〉〈湖南省市政基础设施工程施工图设计文件技术审查要点（试行）〉和〈湖南省房屋建筑工程施工图设计文件编制技术规定（试行）〉的通知》（湘建设〔2019〕12 号）、《关于印发〈湖南省绿色建筑工程设计要点（试行）〉〈湖南省绿色建筑工程技术审查要点（试行）〉通知》（湘建科函〔2019〕181 号）、《湖南省城镇老旧小区改造技术导则（试行）》（湘建城〔2020〕64 号）、《湖南省预拌混凝土质量管理细则》（湘建建〔2017〕240 号）等。

8.7.5 施工图审查备案

（1）备案机构：住建部门。

（2）备案依据：《建设工程勘察设计管理条例》（中华人民共和国国务院令第 687 号修订）第三十三条规定，县级以上政府建设行政部门或者交通、水利等有关部门应当对施工图设计文件中涉及公共利益、公众安全、工程建设强制性标准的内容进行审查。

8.8 施工图预算编制及要求

施工图预算文件，由建设项目总预算、单项工程综合预算和单位工程预算组成。其中，建设项目总预算，由各单项工程综合预算、工程建设其他费预算、预备费预算、建设期借款费用预算和铺底流动资金预算组成；单项工程综合预算，由建筑（土建）工程预算、装饰工程预算、机电设备及安装工程预算、室外总体工程（总图运输工程）预算组成；单位工程预算由直接费用、费用和利润、税金、其他项目费组成。机电设备及安装工程预算，包括电梯安装工程、电气设备安装工程、给排水安装工程、消防设备安装工程、通风空调安装工程、建筑智能化系统设备安装工程等子专业工程预算；室外总体工程预算，包括场地土石方工程、道路工程、广场工程、围墙、大门、室外管线、园林绿化等子专业工程预算。预算与概算的允许幅度差为 ±5%。

8.8.1 施工图预算编制

施工图预算编制，一般应经过以下环节：

（1）取得经建设单位确认的施工图设计（含地质勘察报告）及立项审批、可行性研究批复、初步设计和投资确认等基础文件。建设单位应提供完整的施工图设计（含地质勘察报告）及立项审批、可研批复、初步设计和投资确认等基础文件，并对这些文件的真实性、准确性和完整性负责。工程预算编制单位应依据建设单位提供的基础性文件编制工程预算，并对工程预算编制的质量负责。强调依据经建设单位确认的基础性文件编制工程预算，可以避免设计文件变动而造成工程预算的频繁调整以及人力、物力的重复投入。

（2）依据设计文件踏勘工程现场。现场踏勘不是浏览观光，而是依据设计文件，结合现场自然条件，验证设计文件工程内容的完整性、准确性以及与预算编制要求的符合性。工程内容具体、完整，构件尺寸及材料（设备）规格型号明确、全面，应设计内容均有相应设计图纸及说明，应标注事项均进行了明确标注，是现场踏勘的重要内容。对工程现场自然地面、施工进出道路和水电气通信以及周边环境等情况，特别是应由工程建设其他费用列支的临时设施费用，如征地拆迁、管线迁改、施工便道、便桥、进出场道路及其为保证质量安全必须施工的土方开挖以及土体支护等应重点核实，避免漏项、缺项、错项。

（3）全面收集、认真分析工程预算编制依据性文件及资料。施工图预算编制的依据性文件及资料较多。地区不同、专业不同、时间不同，均有不同，具有很强的地区性、适用性和时效性。一般包括以下内容：

①国家行业管理部门发布的工程计价或费用项目确定和工程计量标准或规范。工程计价或费用项目确定标准或规范主要有《建设工程工程量清单计价规范》（GB 50500—2013）、《建筑工程施工发包与承包计价管理办法》（中华人民共和国住房和城乡建设部令第16号）、《住房建乡建设部 财政部关于印发〈建筑安装工程费用项目组成〉的通知》（建标〔2013〕44号）等；工程计量标准或规范主要有《房屋建筑与装饰工程工程量计算规范》（GB 50584—2013）、《仿古建筑工程工程量计算规范》（GB 50855—2013）、《通用安装工程工程量计算规范》（GB 50856—2013）、《市政工程工程量计算规范》（GB 50857—2013）、《园林绿化工程工程量计算规范》（GB 50858—2013）、《城市轨道交通工程工程量计算规范》（GB 50861—2013）、《矿山工程工程量计算规范》（GB 50859—2013）、《构筑物工程工程量计算规范》（GB 50860—2013）、《爆破工程工程量计算规范》（GB 50862—2013）等。

②地方政府工程计价管理部门及机构发布的标准或规范（以湖南省为例）。《关于调整补充增值税条件下建设工程计价依据的通知》（湘建价〔2016〕160号）、《关于印发2020〈湖南省建设工程计价办法〉及〈湖南省建设工程消耗量标准〉的通知》（湘建价〔2020〕56号）（2020年10月1日执行）、《湖南省住房和城乡建设厅关于发布2019年湖南省建设工程人工工资单价的通知》（湘建价〔2019〕130号）、《湖南省住房和城乡建设厅关于调整建设工程销项税额税率和材料价格综合税率计费标准的通知》（湘建价〔2019〕47号）、《关于调整建设工程社会保险费计费标准的通知》（湘建价〔2019〕61号）等。

③与本项目相关的其他行政管理依据性文件及资料，包括规划审批文件。规划是建设的前提。《关于加强国土空间规划监督管理的通知》（自然资办发〔2020〕27号）规定：规划设计应坚持先规划、后建设。严格按照国土空间规划核发建设项目用地预审与选址意见书、建设用地规划许可证、建设工程规划许可证和乡村建设规划许可证。严格依据规划条件和建设工程规划许可证开

展规划核实。无规划许可或违反规划许可的建设项目不得通过规划核实，不得组织竣工验收。

④与本项目相关的标准、规范、技术资料。

⑤与本项目相关的工程现场情况、地勘水文资料、工程特点及常规施工方案。

⑥与本项目相关的工程造价信息以及市场价格。如《定额与造价》《长沙建设造价》《关于明确湖南湘江新区管委会政府投资项目主要清单招标控制价计价标准的通知》（湘新财发〔2019〕19号）等。没有发布工程造价信息的，可以从市场依法取得合理价格。

（4）依据设计文件及工程量计算规范，列出分部分项工程及清单项目与项目特征。依据设计文件和本专业工程量计算规范，按分部分项工程划分工程节点，依次列出其所属清单项目及项目特征，核实设计文件的明确性和完整性。若发现设计缺漏或设计不明确内容，逐项进行记录汇总，以书面形式发给建设单位，要求建设单位逐项澄清，防止工程预算编制出现差错，或把设计质量责任转嫁给工程预算编制单位。

（5）提请建设单位对预算及设计缺漏错或设计不明确事项进行确认。通过查阅设计文件、踏勘现场、分析预算编制依据文件资料和列出清单项目，对工程项目进行全面深入了解后，在定额组价前，首先对影响单位工程造价的主要因素进行确认，如材料（设备）名称及档次、施工机械（设备）规格型号、计日工单价、暂列金额项目及金额、暂估价项目及价格、单位工程投资额等；其次全面整理出涉及计价方面的存疑事项，如某厂区室外提质改造项目电气工程，设计说明要求对照明灯具进行维修，对损坏的灯具进行更换，管线不做更改，图纸只标注了现有路灯位置。普通灯具由电光源（灯泡、灯管）、灯座和灯罩等组成。灯泡和灯具在市场上分别出售。灯具一般指灯座和灯罩，不包括灯泡。灯座，按与灯泡的连接方式，分为螺旋式（螺口式）和插口式；按安装方式，分为悬吊式、平装式、管接式、壁装式；按外壳材料，分为胶木、瓷质和金属灯座；按用途，分为普通灯座、防水灯座、安全灯座和多用灯座等。LED灯由太阳能电池组件（包括支架）、LED灯头、控制箱（含控制器、蓄电池）和灯杆等构成。从外壳材质上分普通外壳和压铸模整体外壳两类。其中，普通外壳散热问题没有解决，压铸模成本较高等。哪些灯具应维修？哪些灯具应更换？是否仅换灯泡？损坏的灯具如灯罩、灯座等如何处理？这些问题，都应经建设单位书面确定后，才能再开始定额组价；否则，就可能不是编制预算，而是猜工程内容、猜预算。

（6）正确理解、准确选用定额，结合设计规定正确调整定额子目材料及含量。容易疏忽的问题主要有：

①对定额理解望文生义。

文字是抽象的，对同一文字往往有多种解释；文字是有限的，不是所有意思都能以文字进行表达。定额是定额编制机构及人员编制的，即使是定额编制机构及其人员，也不一定能对全部定额进行准确解释。定额水平是由定额编制选定项目的地区及地点、工程环境、施工水平、施工做法、施工措施和施工材料（工程设备）等决定的。其所选测算项目代表性的强弱，直接影响定额水平。一般来说，定额编制所选择的测算项目分布越广，项目越多，代表性越强。定额编制所选定的项目，一般为已完工项目。已完工项目，不可能按照定额编制的要求去施工，更不可能按照定额编制的要求收集、整理资料。其数据只能依据定额编制者来修补。技术修补的基本原则是就高不就低。这就是定额水平高于施工的重要原因。

定额编制所选项目的多少，对定额水平具有重要影响。如某定额编制，只选定了两个项目，而这两个项目，一个是在该地区经济发展水平居中上的县级市选择的一个集观光、观赏和休闲于一体的建筑；另一个是在该地区经济发展水平居下的县级市选择的一个集观光、观赏和通行于一体的建筑。其他的数据，都是通过其他项目拆出的个别数据进行补充的。这样的定额，对这个地区的这类专业工程计价，仅有参考作用。不仅项目所在地存在差异，且子专业工程类别也可能完全不同；只能参考定额子目人材机指标，结合设计规定，通过综合分析，调整定额内容及含量，使其与设计规定保持同一水平。

对定额子目的内容应进行客观的综合分析，不能进行机械地解读。如自动报警系统一般分区域火灾自动报警系统、集中火灾自动报警系统和控制中心报警系统三种形式设计。火灾自动报警系统装置包括探测器、按钮、模块（接口）、报警控制器、联动控制器、报警联动一体机、重复显示器、报警装置、远程控制器、火灾事故广播、消防通信及报警备用电源等。火灾报警控制器是自动报警系统的中枢，负责系统内探测报警及火灾报警系统管理。联动控制器，是自动报警系统中的一个子系统，只负责管理系统内联动源控制设备，并与火灾报警控制器通信。智能建筑适合控制中心报警系统。智能建筑火灾自动报警系统还可与智能建筑"3AS"（建设设备自动化系统、通信自动化系统、办公自动化系统）实现联动。火灾自动报警系统调试，应先分别对探测器、区域报警控制器、集中报警控制器、火灾警报装置和消防控制设备等逐个进行单机通电检查，通电正常后方可进行系统调试。安装调测或通电检查与系统调试是不同层级的要求。调测是验证被安装装置本身是否合格，系统调试是验证系统是否符合要求，是系统竣工验收的前置条件。系统验收合格后才能进行项目竣工验收。这个定额子目中的计量单位，是解读该定额子目的重要元素。对其理解不同，计价结果则大相径庭。如某项目，对商品砼泵送费计算，分水平距离 50 m 以内和以外计算费用。工程竣工结算审核，建设单位只确认了一次费用。《湖南省建设工程消耗量标准（2014）》商品砼构件子目，包括混凝土输送至浇灌点、浇筑、养护费用；对泵送高度地面以上 30m 以内和以外分别制定了定额子目，没有针对泵送水平距离的调整子目。也就是泵送水平距离包括在定额子目内。商品砼运至现场后就进行浇筑，理论上不存在二次转运的情形。除非场地狭窄，混凝土运送至施工指定堆放地点进行泵送后，需要再次移动并泵送。了解定额编制所选定的项目以及人材机指标确定的口径，是正确运用定额的前提。

②只读图纸，不读设计说明。

设计说明是设计文件重要的组成部分之一，是设计对工程项目设计概况、平面设计（含设计依据、柱网尺寸、平面布置、功能分区）、立面设计（含建筑外立面、内立面）、剖面设计（含层高、建筑总高度、主体建筑高度和室内外高差）、节点设计（含外墙、内墙、防水、保温、屋面、门窗、幕墙等做法）等进行的描述或规定，是了解工程项目的重要窗口。对难以通过图纸表达的内容，一般通过设计说明进行明确。不认真阅读设计说明，很可能造成工程内容及工程量的漏算、少算或多算。如某项目，结构图没有砌体通长钢筋的表示，监理单位和建设单位核对发现，结构设计总说明第二节第七条第三款规定，填充墙沿框架柱全高每隔 500 ～ 600mm 设 2φ6 拉结筋，拉结筋应沿墙全长贯通。清单编制单位未仔细阅读设计说明，仅按结构图示计量，造成砌体通长钢筋计算漏项，由此发生工程变更约 107 万元。

③以习惯及经验确定工程内容。

施工图，是表示工程项目总体布局，是建（构）筑物的外部形状、内部布置、结构构造、内外装修、材料做法以及设备、施工等要求的重要载体。阅读施工图必须细心、认真，同一构件或部件，构造图与大样图之间的尺寸需要反复核对；专业图纸，如给排水专业、电气专业、供暖与通风专业、消防专业等以及室外与室内、红线内外等工程界面交叉的工程内容，需要反复核对，避免工程内容及工程量的重复计算和少算、漏算。如某项目，地下室顶板有梁板，清单编制单位误算为无梁板，造成有梁板 C35 泵送商品砼少算 146.92 立方，在施工中发生了本来可以避免的工程变更。再如某旧城改造项目，设计说明规定，室外凉亭吸顶灯、路灯灯泡，损坏的需更换，属于其他维修。图示标注了需维修吸顶灯、路灯位置，没有标注只换灯泡。清单编制单位项目特征描述：更换吸顶灯、更换路灯（含灯柱），变成了更换灯具及设施。

依据设计文件和专业工程工程量计算规范，确定分部分项工程以及清单项目、清单项目特征和清单工程量；依据清单项目特征和清单工程量，套用定额子目和定额工程量，分析、更换（调整）定额子目主要材料（工程设备）及含量，计算定额子目合价和清单项目综合单价，是施工图预算编制最重要的工作。施工图预算编制就是这些工作的不断循环。定额子目主要材料（工程设备）及含量的既定性，与设计规定的个别性，决定了定额子目主要材料（工程设备）及含量，与设计文件针对具体工程内容的规定，难以完全吻合，也就决定了大部分定额子目在选用时需要根据设计规定进行更换或调整，而且定额子目主要材料（工程设备）及含量，与定额制定时所选择的测试项目所在地区及地点、施工水平、施工方法、施工时点、材料（设备）性能以及样本量的数量等密切相关。这也决定了选用的定额子目主要材料（工程设备）及含量需要进行调整后，才能与设计规定保持同一水平。如设计规定，墙、柱、天棚面：抗裂砂浆 + 干粉砂浆 + 乳胶漆二遍。《湖南省装饰装修定额（2005）》油漆工程、抹灰面油漆没有完全一致的定额子目，比较接近的定额子目 B5-193 墙、柱、天棚面底油一遍、调和漆二遍。主要材料包括油漆溶剂油、无光调和漆、熟桐油、调和漆和清油等；工作内容包括清扫、刮腻子、磨砂纸、刷底油一遍、刷调和漆二遍等全部操作过程；定额全费用单价 15.40 元 /m^2。主要材料名称、价格和 100 m^2 含量全部需要调整，才能符合设计规定。其中，抗裂砂浆、干粉砂浆各一遍 100 m^2 含量各 1.9 m^3，乳胶漆两遍 100 m^2 含量 30kg。人工单价、其他材料不变，调整后的定额合价 12.49 元 /m^2。

④不能正确审阅设计文件。

对预算编制技术文件，不能机械地阅读和算量套价，而是要审查性检查，即按照建设程序管理要求，在确认技术文件满足要求后，才进行实质性算量套价。投资确认与技术分析既有依赖关系，更有管理与被管理关系。算量套价是投资确认的依据，对技术文件的符合性同样具有审查的功能。未正确地理解预算编制的特殊功能，不可能发挥工程造价的控制职能。如某项目，设计图纸规定，桩基础采用预制管桩，桩身砼强度为 C105。《湖南省建设工程消耗量标准（2014）》预应力管桩，最高强度等级为 C60、水泥为 62.5 级、碎石最大粒径为 10 mm。既然设计这样规定，那这个项目的桩端持力层必定有超出常规的地质情形，设计必须提供专项可行性认证方案并报建设单位同意，可该设计文件却没有说明，也没有附相应资料。该项目地勘报告显示，该项目桩端持力层所在位置主要为强风化板岩。这种土质在湖南省属于正常情形。《混凝土结构设计规范（GB 50010—2010）》将普通混凝土划分为十四个等级：C15，C20，C25，C30，C35，C40，C45，C50，C55，C60，C65，C70，C75，C80。也就是设计规范允许使用普通混凝土的砼强度等级最高为 C80。桩身砼超标准应该说明理由。目前专家对 C105 砼的解说是，高性能混凝土管桩，将现有的管桩混凝土强度由 C80 提升至 C105 ~ C125，使应用载体桩和劲性复合桩的竖向抗压承载力大幅提升，不仅可以解决管桩穿透密实砂层、黏土层问题，还可以使管桩竖向抗压承载力得到充分发挥，具有抗腐蚀、抗冻性能，主要应用在强腐蚀性、冻土区域。设计文件对本项目桩身使用超高强混凝土没有进行任何解释，可以认定为设计具有特定指向或满足特别要求，应要求建设单位再次确认。即使建设单位进行了确认，也应在项目特征描述中进行说明，以防止设计人为提高工程造价、套取建设资金的行为发生。可该项目预算单位没有提出任何意见与建议，依葫芦画瓢，直到工程竣工结算，施工方要求调整主要材料价差，才发现 C105 砼是按 C60 砼定的价格，预算编制当期根本没有 C105 砼的信息价。

8.8.2 单位工程费用计算方法

单位工程费用是施工图预算编制的重点。政府投资项目单位工程费用计算，要求采用预算定额计价取费，应当根据建设部门以及交通、水利等专业部门规定的费用项目、计算基础、计算程序、费用标准以及方法进行计算。清单只发挥了分部分项工程费用分类归集的作用，即把按预算定额计算的费用以清单项目的形式进行汇总计算。单位工程费用、清单项目费用和定额子目合价，是单位工程造价组成的三个层级。其主要计算方法是，先确定专业工程分部分项工程量清单（含项目编码、项目名称、项目特征、计量单位和工程量），再根据清单项目特征从同一类专业工程消耗量标准中选择相同或相近或类似的定额子目（本专业没有相应定额子目的情况下，可借用相关专业的定额子目），并按设计规定调整主要材料及价格、材料配合比、施工难度系数等，计算出定额子目合价，然后以清单项目所含全部定额子目合价之和，除以清单项目工程量，得出清单项目综合单价，最后以清单项目综合单价乘以清单项目工程量，计算出清单项目费用（合计）。单位工程所含全部清单项目费用之和，加上包括相应规费与税金在内的总价措施项目费和其他项目费（材料或工程设备暂估单价除外），即为单位工程全部费用。其计算公式及费用项目如下：

（1）单位工程费用＝直接费用＋费用和利润＋税金＋其他项目费＝（分部分项工程费和能计量措施项目费)+（管理费＋利润＋总价措施项目费＋规费)+（销项税额＋附加税费)+（暂列金额＋专业工程暂估价＋总承包服务费）。

其中，总价措施项目费＝安全文明施工费＋夜间施工增加费＋提前竣工（赶工）费＋冬雨季施工增加费＋工程定位复测费……

其他项目费中的材料（设备）暂估价，计入综合单价材料费中。计日工单价为综合单价，包括费用和利润，不包括税金，只有单价而无数量，预算编制不汇总。

（2）清单项目费用（合计）＝清单项目工程量 × 清单项目综合单价。

其中，清单项目综合单价＝直接费用＋费用和利润＋税金＝（人工费＋机械费＋材料费)+（管理费＋利润＋工程排污费＋职工教育经费和工会会费＋住房公积金＋安全生产责任险＋社会保险)+（销项税额＋附加税费）。

需要说明的是：

①清单项目综合单价中的"费用和利润"，与单位工程费用中的"费用和利润"内容不同，它不包括总价措施项目费和其他项目费。

②《建设工程工程量清单计价规范》（GB 50500—2013）规定的综合单价不包括总价措施费、规费和税金。该规范 2.0.8，2.0.9 规定，综合单价，是指完成一个规定清单项目所需的人工费、材料和工程设备费、施工机具使用费、企业管理费、利润以及一定范围内的风险费用；风险费用，是指隐含于已标价工程量清单综合单价中，用于化解发承包双方在工程合同中约定内容和范围内的市场价格波动风险的费用。而现行的定额子目合价，一般是全费用价格，包括规费与税金。

（3）定额子目合价＝定额子目工程量 × 定额子目单价。

其中，定额子目单价 = 人工费 + 材料费 + 机械费 + 费用和利润 + 税金。

需要说明的是：建设工程消耗量标准中的人工费、材料费和机械费，只有基价，不包括费用和利润以及税金，且是定额编制时确定的价格。在预算编制时，主要材料（设备）均应替换为项目所在地预算编制期信息价或市场价。这里的市场价，不是普通意义上的市场单价，而是到工地或指定施工堆放点的价格。

8.8.3　单位工程费用计算规定

单位工程费用计算是预算编制的核心。单位工程费用组成的基本元素是量（工程量）、价（人材机价格）、费（费用和利润）、税金（销项税额和附加税费）。

（1）工程量：包括清单工程量和定额工程量。

清单工程量系指按 GB 50854—2013 ～ GB 50862—2013 以及所附各专业工程工程量计算规范计算的工程量。其计算主要原则是分部分项工程工程量按设计图示尺寸以完成工程实体工程数量的净值计算。清单计算规则由住建部统一制定。

定额工程量是指按定额工程量计算规则及其解释说明计算的工程量。它包括因施工措施不同而增加的工程量（如放坡、工作面等）、场内运输费和施工过程中的合理损耗等。如平整场地，清单按设计图示尺寸以建筑物首层面积计算，定额按外墙外边线各边另加 2 米计算。再如开挖土方，清单挖基础土方按设计图示尺寸以基础垫层底面积乘以挖土深度计算，定额分人工和机械挖土按槽底面积乘以挖土深度计算，包括工作面增加的土方量。若由排水沟算至排水沟外边线，且排水沟体积计入总土方量内。当需要放坡时，放坡的土方量计入总土方量中。定额计算规则由各省（直辖市、自治区）统一制定。定额工程量大于或等于清单项目工程量。

（2）人工费：按各省（直辖市、自治区）住建部门确定的计算方式及标准或发布的人工单价及取费基价执行。

湖南省建设工程人工工资单价，分为建筑安装工程和装饰工程两大类，各大类均包括最低工资单价和综合工资单价。其中，建筑安装工程人工工资单价，适用于 2001 年《湖南省建筑工程概算定额》及《湖南省建设工程消耗量标准（2014）》中的建筑工程（含装配式建筑）、安装工程、仿古建筑及园林景观工程（不含装饰部分）、市政工程（含城市轨道交通工程、城市地下综合管廊工程）；装饰工程工资单价，适用于 2004 年《湖南省房屋修缮工程计价定额》及《湖南省建设工程消耗量标准（2014）》中的建筑装饰装修工程、仿古建筑及园林景观工程的第五章木作、第六章楼地面、第七章抹灰、第九章油漆、第十章彩画工程。2019年发布的《湖南省住房和城乡建设厅关于发布2019年湖南省建设工程人工工资单价的通知》（湘建价〔2019〕130号），取消了最低工资单价和综合工资单价的划分。该通知规定，建筑安装工程、装饰工程人工工资单价，长沙、株洲、湘潭市分别按110元/工日、140元/工日，衡阳、岳阳、益阳、常德、郴州、娄底、怀化、邵阳、永州、张家界市、自治州分别按100元/工日、130元/工日执行。

人工费取费基价，是指管理费、利润和安全文明施工费计费基础中的人工费单价。《湖南省建设工程消耗量标准（2014）》（基期基价）、2009年《长株潭城市轨道交通工程单位估价表》、2001年《湖南省建筑工程概算定额》及2004年《湖南省房屋修缮工程计价定额》人工费取费基价，均按60元/工日计取。

此外，还有一种人工费单价，即计日工。计日工是指在施工过程中，承包人完成发包人提出的工程合同范围以外的零星项目或工作，按合同中约定的单价计价的一种方式。计日工单价分两种：不包括税金的综合单价和包括税金的综合单价。《关于规范我区工程通用项目包干单价及人工工资单价的通知》（长开财评〔2018〕01号）规定：长沙市开福区计日工工资按180元/工日（不取费）计算，自2018年4月2日起执行。长沙市本级一般要求不超过200元/工日计算。

（3）材料费：按信息价（预算价）执行，信息价上没有的参照市场价执行。

市场价的口径与信息价应保持一致。市场价的确定必须履行规定的询价、议价和定价程序，并经参与各方共同确认。信息价（预算价）、市场价均按含税价执行，组价时应按规定的综合税率除税。《湖南省住房和城乡建设厅关于调整建设工程销项税额税率和材料价格综合税率计费标准的通知》（湘建价〔2019〕47号）规定，湖南省一般计税办法条件下材料含税预算价格中综合税率调整如下：

①适用增值税税率3%的自产自销材料的综合税率（见表8-1）。

表8-1 适用增值税税率3%的自产自销材料的综合税率

序号	材料分类名称	综合税率（%）
1	砂	
2	石子	3.6
3	水泥为原料的普通及轻骨料商品混凝土	

②适用增值税税率 13% 的材料的综合税率（见表 8-2）。

表 8-2　适用增值税税率 13% 的材料的综合税率

序号	材料分类名称	综合税率（%）
1	水泥、砖、瓦、灰及混凝土制品	
2	沥青混凝土、特种混凝土等其他混凝土	12.95
3	砂浆及其他配合比材料	
4	黑色及有色金属	

③适用增值税税率 9% 的材料的综合税率（见表 8-3）。

表 8-3　适用增值税税率 9% 的材料的综合税率

序号	材料分类名称	综合税率（%）
1	园林苗木	
2	自来水	9

④其他未列明分类的材料增值税综合税率为 12.95%。

具体材料及其品种参考《湖南省住房和城乡建设厅关于印发〈关于增值税条件下计费程序和计费标准的规定〉及〈关于增值税条件下材料价格发布与使用的规定〉的通知》（湘建价〔2016〕72 号）附件 2《关于增值税条件下材料价格发布与使用的规定》。该文件自 2019 年 4 月 1 日起施行，有效期至 2024 年 3 月 31 日止。《关于调整建设工程销项税额税率和材料价格综合税率计费标准的通知》（湘建价〔2018〕101 号）于本通知施行之日废止。

（4）机械费：机械费包括施工机械台班消耗量和机械台班单价。

台班单价包括台班折旧费、台班大修理费、台班经常修理费、台班安拆费及场外运输费、台班人工费、台班燃料动力费、台班养路费和车船使用税。机械台班单价按省级建设主管部门及所属工程造价管理机构发布的标准执行。

《湖南建设工程造价管理总站关于增值税条件下机械费除税的说明》（湘建价建〔2017〕41 号）规定，2014 年印发的《湖南省建设工程计价办法附录》

所规定的特、大型机械的机械费以及单独计算的安装拆卸费、场外运输费按规定计算后，乘以 0.92 的系数；中、小型机械的机械费按规定计算后，乘以 0.95 的系数。

《关于调整补充增值税条件下建设工程计价依据的通知》（湘建价〔2016〕160 号）"K1 施工企业管理费及利润表"附注规定，机械土石方、强夯、钢板桩和预制管桩的沉桩、结构吊装等大型机械施工的工程乘以 0.92；其他工程乘以 0.95。

取费机械费，是指机械费中的人工费按取费人工费 60 元／工日执行。

（5）施工企业管理费及利润。

施工企业管理费，包括施工企业派驻施工现场项目管理工作需要而发生的管理性质的费用，即现场经费。利润系指施工项目按规定标准计算的计划利润。利润的大小乃至亏损，与经营管理以及技术水平直接相关。计划利润不等于实际利润。施工企业管理费及利润的计算基础、费用标准，由省级建设主管部门及所属工程造价管理机构统一发布，但为上限费用标准，可以自主竞争。

《关于调整补充增值税条件下建设工程计价依据的通知》（湘建价〔2016〕160 号）规定，建设工程分建筑工程，装饰装修工程，安装工程，园林景观绿化，仿古建筑，市政给排水、燃气工程，市政道路、桥涵、隧道工程，机械土石方，机械打桩、地基处理（不包括强夯地基）、基坑支护，装配式混凝土 - 现浇剪力墙，劳务分包企业（简易计税法）等十一类专业（企业）类型。除装饰装修工程，安装工程，园林景观绿化，市政给排水、燃气工程和劳务分包企业等五类专业（企业）以取费人工费为计费基础外，其余六类专业均以取费人工费与取费机械费之和为计算基础，即计费基础中的人工费和机械费中的人工费均按 60 元／工日执行。《关于调整补充增值税条件下建设工程计价依据的通知》（湘建价〔2016〕160 号）"K1 施工企业管理费及利润表"如表 8-4 所示。

表 8-4　K1 施工企业管理费及利润表

序号	项目名称		计费基础	一般计税法费率标准（%）		简易计税法费率标准（%）	
				企业管理费	利润	企业管理费	利润
1	建筑工程		人工费 + 机械费	23.33	25.42	23.34	25.12
2	装饰装修工程		人工费	26.48	28.88	26.81	28.88
3	安装工程		人工费	28.98	31.59	29.34	31.59
4	园林景观绿化		人工费	19.90	21.70	20.15	21.70
5	仿古建筑		人工费 + 机械费	24.36	26.54	24.51	26.39
6	市政	给排水、燃气工程	人工费	27.82	30.33	25.81	27.80
7		道路、桥涵、隧道工程	人工费 + 机械费	21.59	23.54	21.82	23.50
8	机械土石方		人工费 + 机械费	7.31	7.97	6.83	7.35
9	机械打桩、地基处理（不包括强夯地基）、基坑支护		人工费 + 机械费	13.43	14.64	12.67	13.64
10	装配式混凝土 - 现浇剪力墙		人工费 + 机械费	28.12	30.64	28.13	30.28
11	劳务分包企业		人工费	—	—	7	7.36

备注：（1）计费基础中的人工费和机械费中的人工费均按 60 元 / 工日计算；
（2）当采用"简易计税法"时，机械费直接按湘建价〔2014〕113 号文相关规定计算；
（3）当采用"一般计税法"时，机械费按湘建价〔2014〕113 号文相关规定计算，并区别不同单位工程乘以系数：①机械土石方、强夯、钢板桩和预制管桩的沉桩、结构吊装等大型机械施工的工程乘以 0.92；②其他工程乘以 0.95。

（6）安全文明施工费。

安全防护、文明施工措施费用，简称安全文明施工费，是指按照建筑施工安全、施工现场环境与卫生标准和有关规定，购置和更新施工安全防护用具及设施、改善安全生产条件和作业环境所需要的费用。它包括文明施工费，环境保护费，临时设施费和安全施工费。安全文明施工费的使用范围及内容、计算基础及费用标准由政府统一制定，必须按规定执行，不得自主竞争。

①防护、文明施工措施项目清单。

《建筑工程安全防护、文明施工措施费用及使用管理规定》（建办〔2005〕89号）附件《建设工程安全防护、文明施工措施项目清单》如表8-5所示。

表8-5　建设工程安全防护、文明施工措施项目清单

类别	项目名称	具体要求	
文明施工与环境保护	安全警示标志牌	在易发伤亡事故（或危险）处设置明显的、符合国家标准要求的安全警示标志牌	
	现场围挡	（1）现场采用封闭围挡，高度不小于1.8 m；（2）围挡材料可采用彩色、定型钢板、砖、砼砌块等墙体	
	五板一图	在进门处悬挂工程概况、管理人员名单及监督电话、安全生产、文明施工、消防保卫五板及施工现场总平面图	
	企业标志	现场出入的大门应设有本企业标识或企业标识	
	场容场貌	（1）道路畅通；（2）排水沟、排水设施通畅；（3）工地地面硬化处理；（4）绿化	
	材料堆放	（1）材料、构件、料具等堆放时，悬挂有名称、品种、规格等标牌；（2）水泥和其他易飞扬细颗粒建筑材料应密闭存放或采取覆盖等措施；（3）易燃、易爆和有毒有害物品分类存放	
	现场防火	消防器材配置合理，符合消防要求	
	垃圾清运	施工现场应设置密闭式垃圾站，施工垃圾、生活垃圾应分类存放；施工垃圾必须采用相应容器或管道运输	
临时设施	现场办公、生活设施	（1）施工现场办公、生活区与作业区分开设置，保持安全距离；（2）工地办公室、现场宿舍、食堂、厕所、饮水、休息场所符合卫生和安全要求	
	施工现场临时用电	配电、线路	（1）按照TN-S系统要求配备五芯电缆、四芯电缆和三芯电缆；（2）按要求架设临时用电线路的电杆、横担、瓷夹、瓷瓶等，或电缆埋地的地沟；（3）对靠近施工现场的外电线路，设置木质、塑料等绝缘体的防护设施
		配电箱、开关箱	（1）按三级配电要求，配备总配电箱、分配电箱、开关箱三类标准电箱；开关箱应符合一机、一箱、一闸、一漏，三类箱中的各类电器是合格品；（2）按两级保护的要求，选取符合容量要求和质量合格的总配电箱和开关箱中的漏电保护器

续表

类别	项目名称		具体要求
		接地保护装置	施工现场保护零钱的重复接地应不少于三处
安全施工	临边洞口交叉高处作业防护	楼板、屋面、阳台等临边防护	用密目式安全立网全封闭，作业层另加两边防护栏杆和18cm高的踢脚板
		通道口防护	设防护棚，防护棚应为不小于5cm厚的木板或两道相距50cm的竹笆。两侧应沿栏杆架用密目式安全网封闭
		预留洞口防护	用木板全封闭，短边超过1.5m长的洞口，除封闭外四周还应设有防护栏杆
		电梯井口防护	设置定型化、工具化、标准化的防护门；在电梯井内每隔两层（不大于10m）设置一道安全平网
		楼梯边防护	设1.2m高的定型化、工具化、标准化的防护栏杆，18cm高的踢脚板
		垂直方向交叉作业防护	设置防护隔离棚或其他设施
		高空作业防护	有悬挂安全带的悬索或其他设施；有操作平台；有上下的梯子或其他形式的通道

其中，安全施工费由临边、洞口、交叉、高处作业安全防护费，危险性较大工程安全措施费及其他费用组成。建设单位、设计单位在编制工程概（预）算时，应当依据工程所在地工程造价管理机构测定的相应费率，合理确定工程安全防护、文明施工措施费。根据《湖南省住房和城乡建设厅关于进一步加强我省建筑工程安全防护文明施工措施费使用管理的通知》（湘建建〔2017〕145号），安全文明施工费支付方案应符合以下规定：合同工期在一年以内的工程，建设单位应在办理工程项目安全受监手续前将安全文明施工费一次性支付到位；合同工期在一年以上两年以内的工程，应在办理工程项目安全受监手续前支付安全文明施工费的50%，剩余50%应在工程开工满一年前支付到位；合同工期在二年以上的工程，应在办理工程项目安全受监手续前支付安全文明施工费的50%，开工满一年前，再支付安全文明施工费的30%，开工满二年前将剩余费用全部支付到位。

②湖南省建设工程安全防护、文明施工措施项目费计算规定。

湖南省建设工程安全防护、文明施工措施项目费计算，其专业类型、计算基础，与管理费和利润相同；其管理费和利润中的人工费、机械费中的人工费均按60元/工日计算。《关于调整补充增值税条件下建设工程计价依据的通知》（湘建价〔2016〕160号）"K2安全文明施工费表"如表8-6所示。

表8-6　K2安全文明施工费表

序号	项目名称		计费基础	费率标准（%）	
				一般计税法	简易计税法
1	建筑工程		人工费 + 机械费	13.18	12.99
2	装饰装修工程		人工费	14.27	14.27
3	安装工程		人工费	13.76	13.76
4	园林景观绿化		人工费	10.63	10.63
5	仿古建筑		人工费 + 机械费	12.67	12.67
6	市政	给排水、燃气工程	人工费	10.63	10.63
7		道路、桥涵、隧道工程	人工费 + 机械费	10.83	10.81
8	机械土石方		人工费 + 机械费	5.92	5.46
9	机械打桩、地基处理（不包括强夯地基）、基坑支护		人工费 + 机械费	7.02	6.54
10	装配式混凝土 - 现浇剪力墙		人工费 + 机械费	15.89	15.66

需要说明的是，随着环境治理要求的提高，湖南省各地（市）对本地区安全文明施工费计算与使用出台了新的文件，对《关于调整补充增值税条件下建设工程计价依据的通知》（湘建价〔2016〕160号）规定的安全文明施工费计算和使用标准进行了调整。

《湖南省建设工程造价管理总站关于颁发〈湖南省建设工程计价办法〉及〈湖南省建设工程消耗量标准〉解释汇编（二）的通知》（湘建价〔2018〕4号）第一章第一节第四条关于扬尘控制措施费用规定，《湖南省建设工程计价办法》文中的安全文明施工措施费包含简单的扬尘控制措施费用，其施工场地扬尘控制是按照设置围挡（围墙）、覆盖、洒水、车辆冲洗等措施考虑的。如施工场地扬尘控制要求采取喷雾系统，裸露的场地和堆放的土方要求全部覆盖、固化或绿化等防尘措施的费用由建设单位承担，建设单位应当将施工扬尘治理的费用列入工程造价，并按照实际支出的费用及时足额支付。施工扬尘费用标准由各市、州建设行政主管部门或工程造价管理机构依据本地政府部门对施工扬尘治理的具体要求制定本地区的计费标准；还没有制定计费标准的市、州，在编制招投标文件时，其"施工扬尘治理费"按照直接费的1%列入暂估价，在办理竣工结算时，按照实际支出的费用按实签证计入工程总造价。

③长沙市建设工程扬尘防治调整安全文明施工费计价规定。

《关于建设工程扬尘防治调整安全文明施工费计价规定的通知》（长住建发〔2018〕104号）规定：

a.编制招标控制价（包括概算、预算价、投标报价）时，安全文明施工按暂估费率计算，并按相关文件规定在合同中明确支付方案。安全文明施工暂估费率如表8-7所示。

表8-7　安全文明施工暂估费率表

序号	项目名称		计费基础	费率标准（%）	
				一般计税法	简易计税法
1	建筑工程		人工费＋机械费	19.77	19.49
2	装饰装修工程		人工费	18.55	18.55
3	安装工程		人工费	16.51	16.51
4	园林景观绿化		人工费	15.95	15.95
5	仿古建筑		人工费＋机械费	19.01	19.01
6	市政	给排水、燃气工程	人工费	17.01	17.01
7		道路、桥涵、隧道工程	人工费＋机械费	17.33	17.30
8	机械土石方		人工费＋机械费	9.47	8.74
9	机械打桩、地基处理（不包括强夯地基）、基坑支护		人工费＋机械费	11.23	10.46
10	装配式混凝土-现浇剪力墙		人工费＋机械费	23.84	23.49

续表

序号	项目名称	计费基础	费率标准（%）	
			一般计税法	简易计税法
11	轨道交通工程（路基、围护和地下结构、桥涵、隧道、轨道等土建工程）	人工费＋机械费	17.33	17.30
12	轨道交通工程（通信、信号、供电、智能与控制、设备等安装工程）	人工费	16.51	16.51

备注：计费基础中的人工费及机械费中的人工费均按60元／工日计算。

　　b.办理工程结算时，分按实签证部分和基准费率部分结算，实行多退少补。

　　按实签证部分：施工道路及场地硬化、排水（沟、管网），由建设单位现场签证，套用2014湖南省消耗量标准相应子目。依据《长沙市建设工程施工围挡标准图集》（2018年1月）实施的施工围挡（围墙），按湖南省建设工程消耗量标准及补充子目执行。喷雾、喷淋系统中喷淋管道、喷头，车辆冲洗设备及配套土建的建设安装套用相应消耗量标准按实计算，其使用、维护费包含在费率计算部分中，不另行计算。扬尘在线监测系统、建筑业从业人员信息管理系统、施工现场视频监控系统、雾炮机的建设费用按签证价格计算（其使用、维护费包含在费率计算部分中，不另行计算；其设备原值扣除5%的残值后，按48个月摊销）。现场绿化套用湖南省建设工程消耗量标准相应子目计算。结算时，按实签证部分不执行投标报价优惠率，也不再按费率计取该部分的安全文明施工费。

　　基准费率部分：除按实签证部分之外采用基准费率包干，标准如表8-8所示。

表8-8 安全文明施工基准费率表

序号	项目名称	计费基础	费率（%）	
			一般计税法	简易计税法
1	建筑工程	人工费＋机械费	11.86	11.69
2	装饰装修工程	人工费	12.84	12.84
3	安装工程	人工费	9.63	9.63

续表

序号	项目名称		计费基础	费率（%）	
				一般计税法	简易计税法
4	园林景观绿化		人工费	9.57	9.57
5	仿古建筑		人工费＋机械费	11.40	11.40
6	市政	给排水、燃气工程	人工费	10.63	10.63
7		道路、桥涵、隧道工程	人工费＋机械费	10.83	10.81
8	机械土石方		人工费＋机械费	6.51	6.01
9	机械打桩、地基处理（不包括强夯地基）、基坑支护		人工费＋机械费	7.02	6.54
10	装配式混凝土－现浇剪力墙		人工费＋机械费	14.30	14.09
11	轨道交通工程（路基、围护和地下结构、桥涵、隧道、轨道等土建工程）		人工费＋机械费	10.83	10.81
12	轨道交通工程（通信、信号、供电、智能与控制、设备等安装工程）		人工费	9.63	9.63

备注：计费基础中的人工费及机械费中的人工费均按 60 元／工日计算。

c. 特殊情形的处理。

如长沙市某项目，现场签证反映：现场专项治理，现场安装扬尘在线监测系统 2 套、雾炮机 3 台、塔吊喷淋 PPR 管及雾化喷嘴、围墙及道路喷淋、洒水车等，增加造价共计 15 万元。

《关于建设工程扬尘防治调整安全文明施工费计价规定的通知》（长住建发〔2018〕104 号）规定，该项目安全文明施工暂估费率：一般计税法，建筑工程，以"人工费＋机械费"为计算基础，暂估费率 19.77%，其中基准费率 11.86%。计算办理工程结算时，分按实签证部分和基准费率部分结算，实行多退少补。基准费率为包干价格，差额费率部分 7.91%，必须先取得建设单位的书面指令。若事先没有取得建设单位书面指令而实施的，应视为基本费率包干部分的工作内容，不得从差额费率中支付。超额部分为超过一般要求而增加的费用支出。该文件明确规定，因政府提高扬尘防治标准或建设单位批准同意采取的其他扬尘防治措施，超出本文件内容的，建设单位应按实签证；施工过程中，由施工单位编制安全文明施工方案（含扬尘防治方案），经建设、监理单位批准后实施，扬尘防治方案应符合长沙市关于扬尘防治相关技术标准及规范性文件要求。

该项目，建设单位没有提出特别要求，国家及地方政府也没有发布新的增加建设工程扬尘防治措施的文件，应视为按批准的方案施工，不存在签证调整问题。扬尘在线监测（粉尘监测）系统2套，雾炮机3台。扬尘在线监测主要指粉尘监测，不包括噪声监测；雾炮机可以移动使用，均属超量配置。施工围挡（围墙）费用，只有在大于原投标价中的安全文明施工费的20%时，才按实结算，同时扣除原安全文明施工费的20%。

（7）规费。

规费是指政府和有关部门规定必须缴纳的费用。湖南省住建部门规定缴纳的规费包括工程排污费、职工教育经费、工会经费、住房公积金、社会保险费、安全生产责任险等六项。其中，工程排污费、社会保险费、安全生产责任险以直接费用、管理费、利润、总价措施项目费之和为计费基础；职工教育经费、工会经费、住房公积金以人工费为计费基础。

《关于调整补充增值税条件下建设工程计价依据的通知》（湘建价〔2016〕160号）"K3规费表"如表8-9所示。

表8-9 K3规费表

序号	项目名称	一般计税法		简易计税法	
		计费基础	费率(%)	计费基础	费率(%)
1	工程排污费	直接费用+管理费+利润+总价措施项目费	0.4	直接费用+管理费+利润+总价措施项目费	0.4
2	职工教育经费	人工费	1.5	人工费	1.5
3	工会经费		2		2
4	住房公积金		6		6
5	社会保险费	直接费用+管理费+利润+总价措施项目费	3.18	直接费用+管理费+利润+总价措施项目费	3.18
6	安全生产责任险		0.2		0.2

需要说明的是，随着税费改革，工程排污费已被《关于停征排污费等行政事业性收费有关事项的通知》（财税〔2018〕4号）停征。该通知规定，自2018年1月1日起，在全国范围内统一停征排污费和海洋工程污水排污费。其中，排污费包括：污水排污费、废气排污费、固体废物及危险废物排污费、噪声超标排污费和挥发性有机物排污收费。海洋工程污水排污费包括：生产污水与机舱污水排污费、钻井泥浆与钻屑排污费、生活污水排污费和生活垃圾排污费。

社会保险费计费标准已被《关于调整建设工程社会保险费计费标准的通知》（湘建价〔2019〕61号）调整。通知规定，湖南省建设工程社会保险费计费标准由3.15%调整为2.84%，自2019年5月1日起施行。

（8）销项税额和附加税费：工程造价计税模式分一般计税法和简易计税法两类，模式不同，材料费、机械费计价方式，取费费用标准和税率以及附加税费率均不相同。《关于调整补充增值税条件下建设工程计价依据的通知》（湘建价〔2016〕160号）"K4纳税标准表及附加征收税费表"如表8-10、8-11所示。

表 8-10　K4 纳税标准表

项目名称	计费基础	费率（%）
销项税额（一般计税法）	建筑安装费用	11
应纳税额（简易计税法）	税前造价	3

表 8-11　附加征收税费表

项目名称	一般计税法		简易计税法	
	计费基础	费率（%）	计费基础	费率（%）
纳税地点在市区的企业	建筑安装费用 + 销项税额	0.36	应纳税额	12
纳税地点在县城镇的企业		0.3		10
纳税地点不在市区县城镇的企业		0.18		6

备注：（1）附加征收税费包括城市维护建设税、教育费附加和地方教育附加。
　　　（2）一般计税法计算，纳税点在市区的企业：（建筑安装费用＋销项税额）×3%×（7%＋3%＋2%）＝（建筑安装费用＋销项税额）×0.36%。

需要说明的是，随着税费改革，增值税销项税率已被《湖南省住房和城乡建设厅关于调整建设工程销项税额税率和材料价格综合税率计费标准的通知》（湘建价〔2019〕47号）调整。通知规定，建设工程销项税额税率计费标准调整为9%，自2019年4月1日起施行。

8.8.4 建设工程定额的使用

清单项目费用是单位工程费用计算的最小单元。清单项目费用，一般通过定额子目组价的方式计算。定额子目合价是清单项目价格形成的基础。定额子目合价高低，直接决定清单项目费用的多少。建设工程计价消耗量标准是以行政管理文件形式发布的，具有行政约束力，即不按文件执行即为违规。政府投资项目工程预算，应按定额组价方式进行确定。

《关于印发〈湖南省建设工程计价办法〉及〈湖南省建设工程消耗量标准〉的通知》（湘建价〔2014〕113号）规定，计价办法及消耗量标准适用于湖南省行政区域内的建筑工程、装饰工程、安装工程、市政工程、仿古建筑及园林景观工程发承包及实施阶段的计价。《湖南省建筑工程计价消耗量标准》是编制施工图预算、招标标底的依据；调解处理工程造价纠纷和鉴定工程造价的依据；编制建筑工程概算定额（指标）、估算指标的基础；编制企业定额、投标报价的参考。定额子目运用应遵守以下原则：

（1）套用本专业工程定额子目。专业工程不同，人材机消耗及计费基础、取费标准也不同，即使是相近专业，如房屋建筑工程与仿古建筑工程等，由于施工要求不同，定额水平也存在差异，原则上不能跨专业工程选用定额子目。《湖南省建设工程消耗量标准》，把定额专业工程分为建筑工程、装饰工程、安装工程、市政工程、仿古建筑及园林景观工程等。依据不同专业工程，选用不同定额子目，执行不同的专业工程取费标准，是定额执行的基本要求。

（2）以定额子目为基础计算清单项目费用。根据清单项目及项目特征描述，从本专业工程消耗量标准中，选择相同或相近的定额子目，并使定额子目工作内容，涵盖清单项目特征，是定额组价的基本要求。若设计规定与定额子目选定的主要材料材质、性能、规格型号不同，应进行更换，并对材料单价及定额单位含量进行调整。若定额子目工作内容超过设计规定，应按多出工作内容占子目工作内容的比例，删减超出工作内容对应的价格。定额子目，是以施工工序或施工方法或施工材料或构件规格、尺寸等为基本单位，对分部分项工程进行的拆分。如砌砖工程分为砖基础、砖墙、空斗墙、空花墙、填充墙、贴砌墙、砌块墙、砖柱等定额子目；土方工程分为挖土方、回填土、土方运输等定额子目。一个清单项目至少包括一个或几个定额子目。依据清单项目特征，匹配相应的定额子目，并保证不多、不少，也不漏、不错，是定额组价最基本的要求。定额子目合价之和除以该清单项目工程量，即为该清单项目综合单价。

（3）定额子目工作内容及含量应与工程施工吻合。定额子目的核心是定额人材机及含量。定额子目由人工、材料和机械单位含量构成。如《湖南省装饰装修消耗量标准》（2014）墙柱面工程/镶贴块料面层/干挂石材钢骨架后置件/B2-104钢骨架，定额含量：人工26.71工日/吨、金刚钻头3.98个/吨、电焊条23.42kg/吨、镀锌槽钢460 kg/吨、镀锌角钢600 kg/吨、手提钻（小）3.98台班/吨、交流电弧焊机容量32kV.A（小）6.09台班/吨、其他材料费（材料费×系数3%）。即安装一吨钢骨架，完成从铁件加工制作、钢架制作、钻眼安装、焊接等全部操作过程，需要消耗26.71工日、金刚钻头3.98个、电焊条23.42kg、镀锌槽钢460 kg、镀锌角钢600 kg、手提钻（小）3.98台班、交流电弧焊机容量32kV.A（小）6.09台班和占子目主要材料费3%的其他材料费。若设计及施工方案规定的人工、材料和机械类型及消耗水平不同，应进行调整，使其与设计及施工方案规定保持一致。如某房屋修缮建筑工程项目柱、梁混凝土加固清单项目，项目特征为钻孔、露筋、浇筑自密实高强混凝土。因《湖南省修缮定额》（2005）建筑工程没有相应的子目，可以借用该修缮定额安装工程/水暖卫拆修工程/辅助工程/结构剔透眼/02-01095/剔现浇混凝土楼板子目。两者不同的是：柱、梁钻孔是房屋修缮土建清单子目，钻孔深度为露出钢筋；剔现浇混凝土楼板是修缮安装定额子目，钻孔只需通过线管，不伤钢筋。柱、梁钻孔的施工难度大于楼板剔除面层混凝土。借用该子目，应考虑施工难度系数。定额剔楼板子目人工含量为4工日/10个（孔）。若柱、梁加固剔除难度系数按20%，则人工含量可取4.8工日/10个（孔），使其与实际施工保持同一水平。

（4）借用类似工程定额子目应考虑施工内容、施工方法和消耗量水平之间的差异。专业工程不同，施工方法以及相关技术要求不同，消耗量标准之间不可避免地存在水平差异。不同专业定额水平，需要经过全面、科学地认证才能确定。跨专业工程借用定额子目，应注意以下两点：

第一，跨专业借用类似工程定额子目，应以建设工程定额管理机构发布的定额解释为依据。没有明确依据，原则上不能借用及调整。如建筑维修工程，

《湖南省建设工程造价管理总站关于颁发〈湖南省建设工程计价办法〉及〈湖南省建设工程消耗量标准〉解释汇编（二）的通知》（湘建价〔2018〕4号）第一章第一节第一条规定，建筑维修工程执行维修相关定额；缺项部分执行建设工程消耗量标准相应项目，其人工和机械乘以系数1.15；建筑维修工程套用维修定额的子目按维修工程取费，套用建设工程消耗量标准子目的按《关于调整补充增值税条件下建设工程计价依据的通知》（湘建价〔2016〕160号）的相应标准取费；建筑维修工程按一般计税法计税。该文件就对跨专业工程选用定额的人工、机械调整规定了明确的系数标准。

第二，对工程造价影响不大的零星项目，可以参照相关专业技术交底资料确定的专业系数，结合设计及施工方案等，确定专业工程定额之间的水平差异。大体来说，定额水平由高到低依次为：安装工程、仿古建筑工程、房屋修缮工程、装饰装修工程、园林绿化工程、建筑工程、市政工程。如《关于规范工程造价咨询服务收费的意见》（湘建价协〔2016〕25号）规定，建设工程造价咨询收费专业工程调整系数如表8-12所示。

表8-12　建设工程造价咨询收费专业工程调整系数表

序号	工程类别	专业调整系数
1	机场道路工程	0.7
2	桥梁、隧道工程	0.7
3	市政工程	0.8
4	公路、道路工程	0.8
5	城市轨道工程	0.8
6	港口工程	0.8
7	水利电力工程	0.9
8	房屋建筑及其他未涵盖工程	1.0
9	井巷矿山工程	1.1
10	园林绿化工程	1.1
11	装饰装修工程	1.2

续表

序号	工程类别	专业调整系数
12	仿古建筑工程	1.2
13	安装工程	1.3

当然，消耗量总体水平不等于每个定额子目的水平。在考虑消耗量水平差异时，需要结合选定定额子目所含人、材、机含量与工作内容等进行具体分析。如房屋建筑工程地基处理 / 垫层 / 灰土 3：7/A2-1，单价 244.44 元 /m³，包括拌和、铺设、找平、夯实；仿古建筑工程基础垫层 / 灰土 3：7/ E2-1，单价 289.32 元 /m³，包括筛土、焖灰、浇水、拌和、铺设、找平、夯实。两者价格相差 44.88 元 /m³，但仿古建筑工程基础垫层 / 灰土的工作内容包括筛土、焖灰、浇水。焖灰是指生石灰浇水后自然风化的过程；拌和，不是拌合，是指对原料进行搅拌的过程。两者的价格差异主要是对原材料的要求不同而造成的。此外，房屋建筑工程地基处理 / 垫层 / 灰土夯实的施工机械为内燃夯实机，而仿古建筑工程基础垫层 / 灰土没有明确夯实机械，可以认为是人工夯实，夯实程度存在差异。若借用，就需结合设计及施工方案规定进行具体分析，对差异部分进行调整。

8.8.5 审慎运用包干单价及材料（设备）价格

政府投资项目应依据本省（直辖市、自治区）建设管理部门制定的定额计算工程预算清单项目费用，但是由于定额缺项、更新滞后、与设计及施工方案规定不符、与特定地区建设环境存在差异等原因，为缩小施工与清单项目费用计算的差距，一些单位通过合同约定确定调整系数。如某装饰装修项目施工合同约定，按装饰装修消耗量标准执行，但人工、机械乘系数 1.2。其原因是春节前施工，市场用工费增加。殊不知，定额子目内容及含量可以调整，不等于子目水平可任意调整。定额子目整体水平调整，应由定额发布机构进行，使用单位不能随意调整，而且市场用工属于市场风险，市场风险由承包人承担。一些地区政府机构，为防止所属单位随意确定清单项目费用与主要材料（工程设备）价格，制定了本地区清单项目综合包干单价以及主要材料（设备）包干预算价格，拟用于本地区乃至本机构管理范围内的预（结）算编制与审核。如《关于明确湖南湘江新区管委会政府投资项目主要清单招标控制价计价标准的通知》（湘新财发〔2019〕19号）、《关于规范我区工程通用项目包干单价及人工工资单价的通知》（长开财评〔2018〕01号）等。这类标准存在以下不足：

第一，适应面窄。只适应本地区、本部门或机构管辖范围内的预（结）算编制与审核，只能作为本地区、本单位管辖对象内部使用。

第二，认证不充分。如某区土石方工程挖运土方外弃综合包干单价，项目名称及项目特征：智能环保车运输，不论土质类别（含湿土），不论施工方法，不论转运次数；运距1km，含挖、装、运、卸、填、摊平、压实、整理、排污等费用，含卸土场征用及办证费用、税费及机械进出场费等一切有关费用；含安全文明施工基准费；综合单价46.66元/m³。土质类别不分干湿土不公平，卸土场征用及办证费用作为包干价不合理，安全文明施工基准费包干违规。

第三，扩大管理权限。把地方政府对工程结算的要求，以招标条件形式进入工程合同主要条款，如工程竣工结算以某机构的评审结论为准等，要求投标人执行，使市场价或指导性价变成了变相的政府或单位定价，扩大了地方政府行政管理的权力。

工程交易价格不属于政府定价目录内的项目，政府只能对政府定价目录内的项目进行定价。《中华人民共和国价格法》（中华人民共和国主席令第九十二号）第十八条规定，下列商品和服务价格，政府在必要时可以实行政府指导价或者政府定价：与国民经济发展和人民生活关系重大的极少数商品价格；资源稀缺的少数商品价格；自然垄断经营的商品价格；重要的公用事业价格；重要的公益性服务价格。第十九条规定：政府指导价、政府定价的定价权限和具体适用范围，以中央的和地方的定价目录为依据。省（自治区、直辖市）人民政府以下各级地方人民政府不得制定定价目录。

《关于人民法院在审理建设工程施工合同纠纷案件中如何认定财政评审中心出具的审核结论问题的答复》（〔2008〕民一他字第4号）明确：建设合同中明确约定以财政投资的审核结论作为结算依据的，审核结论应当作为结算的依据。《关于建设工程承包合同案件中双方当事人已确认的工程决算价款与审计部门审计的工程决算价款不一致时如何适用法律问题的电话答复意见》（〔2001〕民一他字第2号）明确，只有在合同明确约定以审计结论作为结算依据或者合同约定不明确、合同约定无效的情况下，才能将审计结论作为判决的依据。两份最高院的规定，成了地方政府及相关机构确定综合包干单价的主要依据。但是这两份规定，没有严格区分行政行为与民事行为的法律属性，行政行为不能裁定民事行为。

8.9 建设工程计价办法和消耗量标准调整

《关于印发 2020〈湖南省建设工程计价办法〉及〈湖南省建设工程消耗量标准〉的通知》（湘建价〔2020〕56 号）自 2020 年 10 月 1 日开始施行，《关于印发〈湖南省建设工程计价办法〉及〈湖南省建设工程消耗量标准〉的通知》（湘建价〔2014〕113 号）及与之配套的取费文件、补充定额、解释说明同时废止。《关于印发 2020〈湖南省建设工程计价办法〉及〈湖南省建设工程消耗量标准〉的通知》（湘建价〔2020〕56 号）主要在以下方面进行了调整：

（1）术语、一般规定变化部分。

术语：工程成本（2.0.10），是指承包人为实施合同工程并达到质量标准，在确保安全施工的前提下，应消耗或使用的人工、材料、施工机具使用费及其管理等方面发生的费用和增值税。

术语：工程量清单缺陷（2.0.17），是指招标工程量清单与对应的招投标时的施工图纸之间出现的工程量清单缺漏项、项目特征不符以及工程量偏差。

术语：绿色施工安全防护措施项目费（2.0.22），是指在工程合同履行过程中，承包人为保证绿色施工（节能、节地、节水、节材、环境保护）、安全文明施工和搭拆临时设施等所发生的措施项目费用。

术语：绿色施工（2.0.23），是指在保证质量、安全等基本要求的前提下，通过科学管理和技术进步，最大限度地节约资源，减少对环境负面影响的施工活动，实现节能、节地、节水、节材、环境保护（"四节一环保"）的建筑工程施工活动。

术语·建筑信息模型（2.0.24），是指在建设工程及设施全生命周期内，对其物理和功能特性进行数字化表达，并依此设计、施工、运营的过程和结果的总称。

术语：压缩工期措施增加费（2.0.27），是指在工程招投标过程中，招标人压缩定额工期增加的相关费用。

术语：提前竣工措施增加费（2.0.28），是指在工程承包合同履行过程中，承包人应发包人的要求而采取加快工程进度措施，使合同工程工期缩短，由此产生的应由发包人支付的费用。

一般规定：工程量清单项目（3.1.1），由分部分项工程项目清单、措施项目清单、其他项目清单、增值税组成。

一般规定：措施项目清单（3.1.3），由以工程数量与相应综合单价进行价款计算的单价措施项目清单以及总价（或计算基础乘费率）进行价款计算的总价措施项目、绿色施工安全防护措施清单组成。

一般规定：其他项目清单（3.1.4），由暂列金额项目、专业工程暂估项目、分部分项工程暂估项目、计日工项目、总承包服务费、优质工程增加费、安全责任险、环境保护税、提前竣工措施增加费、索赔签证等项目组成。

（2）费用项目变化部分。

①单位工程建筑安装造价汇总表（表8-13）：

表8-13 单位工程建筑安装造价汇总表

序号	工程内容	计算基础	费率（%）
1	分部分项工程费		
2	措施项目费	2.1+2.2+2.3 项	
2.1	单价措施项目费		
2.2	总价措施项目费		
2.3	绿色施工安全防护措施费		
3	其他项目费		
4	税前造价	1+2+3 项	
5	销项税额/应纳税额		9（一般）/3（简易）
单位工程建筑安装造价		4+5 项	

②分部分项工程费用计算表（表8-14）：

表8-14 分部分项工程费计算表

序号	工程内容	计算基础	费率（%）
1	分部分项工程费	1.1+1.2+1.3+1.4 项	
1.1	直接费	1.1+1.2+1.3 项	
1.1	人工费		

续表

序号	工程内容	计算基础	费率（%）
1.1.2	材料费		
1.1.2.1	其中工程设备费/其他	附录 C 第二条规定	
1.1.3	机械费		
1.2	管理费	直接费/人工费	
1.3	其他管理费	附录 C 第二条规定	
1.4	利润	直接费/人工费	

③措施项目费计算表（见表 8–15）。

表 8–15　措施项目费计算表

序号	工程内容	计算基础	费率（%）
2	措施项目费	2.1+2.2+2.3 项	
2.1	单价措施项目费		
2.1.1	直接费		
2.1.1.1	人工费		
2.1.1.2	材料费		
2.1.1.3	机械费		
2.1.2	管理费	直接费/人工费	
2.1.3	利润	直接费/人工费	
2.2	总价措施项目费	直接费/人工费	
2.3	绿色施工安全防护措施费	直接费/人工费	
2.3.1	其中安全生产费	直接费/人工费	

（3）直接费变化部分。

①人工费变化。

a. 人工费包括社会保险费及住房公积金。人工费 = 计时或计件工资 + 奖金 + 津贴补贴 + 加班加点工资 + 特殊情况下支付的工资 + 五险一金。

b. 消耗量标准采用人工费形式，没有体现人工单价和消耗量。

c. 人工费（含机械人工），《湖南省建设工程造价管理总站关于机械费调整及有关问题的通知》（湘建价市〔2020〕46 号）规定：2001 年《湖南省建筑工程概算定额》及 2004 年《湖南省房屋修缮工程计价定额》在执行 2020 年《湖南省建设工程计价办法》时，其人工工资单价按《湖南省住房和城乡建设厅关于发布 2019 年湖南省建设工程人工工资单价的通知》（湘建价〔2019〕130 号），并乘以系数 1.15 执行。

②材料费变化。

a. 材料价格为除税价，材料费作为直接费取费基数参与取费。除税价，是指不含进项所缴增值税额的价格，包括不含进项税额的材料原价、运杂费、运输损耗和采购保管费。但沥青混凝土除外，沥青混凝土有专门子目计算运费，其材料价格不含运杂费。

材料费 = 材料原价 + 运杂费 + 运输损耗费 + 采购及保管费。

简易计税法条件下材料价格，采用含税价。即材料含税预算价格（市场价格） = 材料除税预算价格（市场价格） × （1+ 综合税率）。

b. 其他材料费列入定额组成。

c. 材料暂估价为直接费组成部分，材料暂估价参与取费。

d. 甲供材：甲供材费用为直接费的组成部分，并计入取费基数；甲供材不属于承包方取得工程款项，不计取销项税，在税前扣除。

③机械费变化。

a. 采用租赁形式的大型、特大型施工机械台班，按租赁单价分解为台班费用组成。

b. 部分小型施工机械台班单价中不包含机上人工消耗量，机上人工合并至子目人工费中。

c. 消耗量标准机械费为不含税价。如采用简易计税，机械费应含税。机械设备无论是采购还是租赁，设备均按国家发布的制造业税率计算含税机械费。

④措施项目费变化。

措施项目费包括单价措施项目费、总价措施项目费和绿色施工安全防护措施费。

单价措施项目费＝大型机械设备进出及安拆费＋大型机械设备基础费＋脚手架工程费＋二次搬运费＋排水降水费＋……

总价措施项目费＝夜间施工增加费＋冬雨季施工增加费＋压缩工期措施增加费＋已完工程及设备保护费＋工程定位复测费＋……

绿色施工安全防护措施费＝安全文明施工费＋绿色施工措施费＝（安全施工＋文明施工＋环境保护＋临时设施）＋（防尘控制措施费＋场内道路＋排水＋施工围挡或墙＋智慧管理设备及系统）。

绿色施工安全防护措施费招投标时按总费率计算；结算时按固定费率部分和工程量计量部分分别计算。

a. 绿色施工安全防护措施费内容构成表（见表 8-16）。

表 8-16　　绿色施工安全防护措施费内容构成表

安全文明施工费（固定费率）	安全生产费	完善、改造和维护安全防护设施设备费用，配备、维护、保养应急救援器材、设备费用和应急演练费用
		配备和更新安全帽、安全绳等现场作业人员安全防护用品及用具费用
		安全施工专项方案及安全资料的编制费用
		建筑工地安全设施及起重、机械等设备的特种检测检验费用
		开展重大危险源和事故隐患评估、监控和整改及远程监控设施安装、使用及设施摊销等费用
		安全生产检查、评价、咨询和标准化建设费用，安全生产培训、教育、宣传费用，安全生产适用的新技术、新标准、新工艺、新装备的推广应用费用，治安秩序管理费用及其他安全生产费用
	文明施工及环境保护费	（1）五牌一图； （2）现场施工机械设备降低噪声、防扰民措施； （3）现场厕所内部美化，建筑物内临时便溺设施； （4）符合卫生要求的饮水设备、淋浴、消毒等设施； （5）生活用洁净燃料； （6）防蚊虫、四害措施； （7）现场配备医药保健器材、物品费用和急救人员培训，防煤气中毒，治安综合治理措施； （8）现场工人的防暑降温、电风扇、空调等设备及用电； （9）现场污染源的控制、生活垃圾清理外运、建筑垃圾外运（不含土石方及拆除垃圾）、其他环境保护费； （10）扬尘控制设备用水、用电； （11）裸土覆盖

续表

	临时设施费	（1）施工现场临时建（构）筑物的搭设、维修、拆除，如临时宿舍、办公室、食堂、厨房、厕所、诊疗所、临时文化福利用房、临时仓库、加工场、搅拌台、临时简易水塔、水池等； （2）施工现场临时设施的搭设、维修、拆除，如临时供水管道、临时供电管线、小型临时设施等； （3）其他临时设施的搭设、维修、拆除
绿色施工措施费（按工程量计量）	扬尘控制措施费	施工场地硬化、扬尘喷淋系统、雾炮机、扬尘在线监测系统、场地绿化
	场内道路	施工道路
	排水	临时排水沟、管网及其相连的构筑物
	施工围挡（墙）	围挡或围墙
	智慧管理设备及系统	施工人员实名制管理设备及系统
		施工场地视频监控设备及系统
		人工智能、传感技术、虚拟现实等高科技技术设备及系统

b. 绿色施工安全防护措施费总费率表（见表 8-17）。

表 8-17　绿色施工安全防护措施费总费率表

序号	专业	取费基数	总费率（%）	其中安全生产费率（%）
1	建筑工程	直接费	6.25	3.29
2	装饰工程	直接费	3.59	3.29
3	安装工程	人工费	11.50	10
4	园林景观绿化	直接费	2.93	2.63
5	仿古建筑	直接费	6.25	3.29
6	道路、管网工程、市政排水设施维护、综合管廊、水处理	直接费	3.37	2.63
7	桥涵、隧道、生活垃圾处理工程	直接费	4.13	2.63
8	机械土石方（强夯地基）工程	直接费	5.25	3.29
9	桩基工程、地基处理、基坑支护工程	直接费	4.52	3.29

c.绿色施工安全防护措施费固定费率表（见表8-18。）

表8-18   绿色施工安全防护措施费固定费率表

序号	专业	取费基数	费固定费率（%）
1	建筑工程	直接费	4.05
2	装饰工程	直接费	2.46
3	安装工程	人工费	7
4	园林绿化工程	直接费	1.14
5	仿古建筑工程	直接费	4.05
6	道路、管网工程、市政排水设施维护、综合管廊、水处理	直接费	2.40
7	桥涵、隧道、生活垃圾处理工程	直接费	2.67
8	机械土石方（强夯地基）工程	直接费	3.61
9	桩基工程、地基处理、基坑支护工程	直接费	3.12

（4）企业管理费、利润变化。

①企业管理费包括职工教育经费、工会经费两项原单列的规费，并将附加税及企业管理人员的五险一金放入管理费中。

企业管理费包括管理人员工资、办公费、差旅交通费、固定资产使用费、工具用具使用费、劳动保险和职工福利费、劳动保护费、自检试验费、工会经费、职工教育经费、财产保险费、财务费、税金及附加（房产税、车船使用税、土地使用税、印花税以及城市维护建设税、教育费附加和地方教育附加等）和其他（技术转计费、技术开发费、投标费、业务招待费、绿化费、广告费、公证费、法律顾问费、审计费、咨询费、保险费等）。

②除安装工程以人工费作为取费基数外，建筑、市政、仿古、园林等工程按直接费取费（不含设备费及3万元以上的苗木费）。

设备费及单株3万元以上的苗木费不进入直接费取费基数，而计取其他管理费，参考费率为2%。其他管理费不是材料或设备的采保费，是为了补偿企业安全生产管理、招投标、保函、造价咨询、附加税等公司管理费用而计取的相关费用。

安装工程以人工费作为管理费、利润的取费基数，不计取其他管理费。如其他工程借用安装子目，则仍按照主体工程进行取费，其设备须计取其他管理费。

③管理费、利润费率表（见表8-19）。

表8-19　管理费、利润费率表

序号	专业	取费基数	管理费率(%)	利润费率(%)
1	建筑工程		9.65	6
2	装饰工程		6.8	6
3	园林绿化工程		8	8
4	仿古建筑工程		9.65	6
5	道路、管网、市政排水设施维护、综合管廊、水处理工程	直接费（不含设备及单株3万元以上的苗木数）	6.8	6
6	桥涵、隧道、生活垃圾处理工程		9.65	6
7	机械土石方（含强夯地基）工程		9.65	6
8	桩基工程、地基处理、基坑支护工程		9.65	6
9	安装工程	人工费	32.16	20
10	其他管理费	设备费及单株3万元以上的苗木费	2	

（5）安全责任险、环境保护税变化。

安全责任险、环境保护税合为一个费率。招投标时按费率暂估，实际缴纳与取定不相同时，按实调整。安全责任险、环境保护税取费表（见表8-20）。

表 8-20　安全责任险、环境保护税取费表

序号	工程	取费基数	费率(%)
1	建筑工程		
2	装饰工程		
3	安装工程		
4	园林绿化工程		
5	仿古建筑工程	分部分项工程费+措施项目费	1
6	道路、管网、市政排水设施维护、综合管廊、水处理工程		
7	桥涵、隧道工程、生活垃圾处理工程		
8	机械土石方（强夯地基）工程		
9	桩基工程、地基处理、基坑支护工程		

8.10 临时占用城市设施管理

城市道路，是指城市供车辆、行人通行的，具备一定技术条件的道路、桥梁及其附属设施。未经市政工程管理部门和公安交通管理部门批准，任何单位或者个人不得占用或者挖掘城市道路。城市道路的保修期为一年，自交付使用之日起计算。因工程建设需要挖掘城市道路的，应当持城市规划部门批准签发的文件和有关设计文件，先到市政工程部门和交通管理部门办理审批手续。城市供水、排水、燃气、热力、供电、通信、消防等依附于城市道路的各种管线、杆线等设施的建设，应当坚持先地下、后地上的施工原则，与城市道路同步建设。

（1）审批事项：临时占用城市道路审批，铺设、架设各类市政管线、杆线等设施（含燃气、通信、电力、广播电视、长输管线）审批。

（2）审批机构：市政管理或住建等行业主管部门。

（3）审批依据：《城市道路管理条例》（中华人民共和国国务院令第710号修订）第二十九、三十一条规定，依附于城市道路建设各种管线、杆线等设施的，应当经市政工程部门批准，方可建设；因特殊情况需要临时占用城市道路的，须经市政工程部门和公安交通管理部门批准，方可占用。

8.11 工程监理

工程监理是指具有相应资质的监理单位受建设单位委托，根据法律、法规、工程建设标准、勘察设计文件及合同，在施工阶段对建设工程质量、造价、进度进行控制，对合同、信息进行管理，对工程建设相关方的关系进行协调，并履行建设工程安全生产管理法定职责的服务活动。工程监理单位受建设单位委托，按照建设工程监理合同约定，可同时提供建设工程勘察、设计、保修等阶段的相关服务。

8.11.1 工程监理范围

《中华人民共和国建筑法》（中华人民共和国主席令第二十九号修订）规定：国家推行建筑工程监理制度。《建设工程质量管理条例》（中华人民共和国国务院令第 279 号发布，国务令第 714 号修订）第十二条规定，必须实行监理的建设工程有：国家重点建设工程；大中型公用事业工程；成片开发建设的住宅小区工程；利用外国政府或者国际组织贷款、援助资金的工程以及国家规定必须实行监理的其他工程。

8.11.2 工程监理职责

监理单位应在施工现场派驻项目监理机构，并应在建设工程监理合同签订后，及时将项目监理机构的组织形式、人员构成及对总监理工程师的任命书面通知建设单位。

项目监理机构根据建设工程监理合同约定，采用旁站、巡视和平行检验等方式，做好工程质量控制、造价控制、进度控制以及安全生产管理、合同管理、信息管理等三控三管一协调工作。

8.11.2.1 一般规定

（1）签订建设监理合同及收到工程设计文件后，总监理工程师应组织专业监理工程师编制监理规划，经单位技术负责人审批后，于第一次工地会议召开前报送建设单位。监理规划应结合工程实际情况，明确项目监理机构的工作目标，确定具体的监理工作制度、内容、程序、方法和措施。

（2）对专业性较强、危险性较大的分部分项工程，在施工开始前应由专业监理工程师编制监理实施细则，并经总监理工程师审批。监理实施细则应符合监理规划的要求，并应具有可操作性。

（3）监理人员应熟悉工程设计文件，并应参加建设单位主持的图纸会审和设计交底会议，会议纪要应由总监理工程师签认。

（4）工程开工前，监理人员应参加由建设单位主持召开的第一次工地会议，会议纪要由项目监理机构负责整理，与会各方代表会签。

（5）项目监理机构应定期召开监理例会，并根据工程需要，主持或参加专题会议，研究、解决监理相关问题或专项问题。

（6）项目监理机构应审查施工单位报审的施工组织设计，符合要求时，由总监理工程师签认后报建设单位，并要求施工单位按已批准的施工组织设计组织施工。施工组织设计应重点审查施工进度、施工方案及工程质量保证措施是否符合施工合同，资金、劳动力、材料、设备等资源供应计划是否满足施工需要，安全技术措施是否符合工程建设强制性标准，以及施工总平面布置是否科学合理。

（7）总监理工程师应组织专业监理工程师审查设计交底和图纸会审是否已完成，施工组织设计已由总监理工程师签认，施工单位现场质量、安全生产管理体系已建立，管理及施工人员已到位，施工机械具备使用条件，主要工程材料已落实，进场道路及水、电、通信等已满足开工要求的落实情况，签署审核意见报建设单位批准后，总监理工程师签发工程开工令。

（8）分包工程开工前，专业监理工程师应对分包单位的营业执照、企业资质等级证书，安全生产许可文件，类似工程业绩，专职管理人员和特种作业人员资格等进行资格审核并提出审查意见后，由总监理工程师审核签认。

（9）项目监理机构宜根据工程特点、施工合同、工程设计文件及经批准的施工组织设计进行工程风险分析，并提出工程质量、造价、进度目标控制及安全生产管理的防范性对策。

8.11.2.2 工程质量控制

《建设工程质量管理条例》（中华人民共和国国务院令第 279 号发布，国务令第 714 号修订）规定，建设单位、勘察单位、设计单位、施工单位和工程监理单位依法对建设工程质量负责。工程监理单位代表建设单位对施工质量实施监理，并对施工质量承担监理责任。未经监理工程师签字，建筑材料、建筑构配件和设备不得在工程上使用或者安装，施工单位不得进行下一道工序的施工；未经总监理工程师签字，建设单位不拨付工程款，不进行竣工验收。

《建设工程监理规范》（GB/T 50319—2013）对工程质量控制作出了相

关规定。

（1）工程开工前，项目监理机构应审查施工单位现场的质量管理组织机构、管理制度及专职管理人员和特种作业人员的资格。

（2）总监理工程师应组织专业监理工程师审查施工单位报审的施工方案中的有关编审程序，工程质量保证措施是否符合要求，符合应予以签认。

（3）专业监理应审查施工单位报送的新材料、新工艺、新技术、新设备的质量认证材料和相关验收标准的适用性，必要时，应要求施工单位组织专题论证，审查合格后报总监理工程师签认。

（4）专业监理工程师应检查、复核施工单位报送的施工控制测量成果及保护措施，签署意见，并对施工单位在施工过程中报送的施工测量放线成果进行查验。

（5）专业监理工程师应检查施工单位为工程提供服务的试验室资质等级及试验范围、试验设备计量检定证明、管理制度、试验人员资格证书是否符合要求。

（6）项目监理机构应审查施工单位报送的用于工程的材料、构配件、设备的质量证明文件，并应按有关规定、建设工程监理合同约定，对用于工程的材料进行见证取样、平行检验。对已进场经检验不合格的工程材料、构配件、设备，应要求施工单位限期将其撤出施工现场。

（7）专业监理工程师应审查施工单位定期提交影响工程质量的计量设备的检查和检定报告。

（8）项目监理机构应根据工程特点和施工单位报送的施工组织设计，确定旁站的关键部位、关键工序，安排监理人员进行旁站，并及时记录旁站情况。

（9）项目监理机构应安排监理人员对施工单位是否按工程设计文件、工程建设标准和批准和施工组织设计、（专项）施工方案施工，使用的工程材料、构配件和设备是否合格，施工现场管理人员，特别是施工质量管理人员是否到位，特种作业人员是否持证上岗等事关工程施工质量的内容进行巡视。

（10）项目监理机构应根据工程特点、专业要求及建设工程监理合同约定，对施工质量进行平行检验。

（11）项目监理机构应对施工单位报验的隐蔽工程、检验批、分项工程和分部工程进行验收，对验收合格的应给予签认；对验收不合格的应拒绝签认，同时应要求施工单位在指定的时间内整改并重新报验。

对已同意覆盖的工程隐蔽部位质量有疑问的，或发现施工单位私自覆盖工程隐蔽部位的，项目监理机构应要求施工单位对该隐蔽部位进行钻孔探测、剥离或其他方法进行重新检验。

（12）项目监理机构发现施工存在质量问题的，或施工单位采用不适当的施工工艺，或施工不当，造成工程质量不合格的，应及时签发监理通知单，要求施工单位整改。整改完毕后，项目监理机构应根据施工单位报送的监理通知回复单对整改情况进行复查，提出复查意见。

（13）对需要返工处理或加固补强的质量缺陷，项目监理机构应要求施工单位报送经设计相关单位认可的处理方案，并应对质量缺陷的处理过程进行跟踪检查，同时应对处理结果进行验收。

（14）对需返工处理或加固补强的质量事故，项目监理机构应要求施工单位报送质量事故调查报告和经设计等相关单位认可的处理方案，并应对质量事故的处理过程进行跟踪检查，同时应对处理结果进行验收。项目监理机构应及时向建设单位提交质量事故书面报告，并应将完整的质量事故处理记录整理归档。

（15）项目监理机构应审查施工单位提交的单位工程竣工验收报审表及竣工资料，组织工程竣工预验收。存在问题的，应要求施工单位及时整改；合格的，总监理工程师应签认单位工程竣工验收报审表。

（16）工程竣工预验收合格后，项目监理机构应编写工程质量评估报告，并应经总监理工程师和工程监理单位技术负责人审核签字后报建设单位。

（17）项目监理机构应参加由建设单位组织的竣工验收，对验收中提出的整改问题，应督促施工单位及时整改。工程质量符合要求的，总监理工程师应在工程竣工验收报告中签署意见。

8.11.2.3 工程造价控制

《建设工程监理规范》（GB/T 50319—2013）对工程造价控制作出了相关规定。

（1）项目监理机构应按下列程序进行工程计量和付款签证。

①专业监理工程师对施工单位在工程款支付报审表中提交的工程量和支付金额进行复核，确定实际完成的工程量，提出到期应支付给施工单位的金额，并提出相应的支持性材料。

②总监理工程师对专业监理工程师的审查意见进行审核，签认后报建设单

位审批。

③总监理工程师根据建设单位的审批意见，向施工单位签发工程款支付证书。

（2）项目监理机构应编制月完成工程量统计表，对实际完成量与计划完成量进行比较分析，发现偏差的，应提出调整建议，并应在监理月报中向建设单位报告。

（3）项目监理机构应按下列程序进行竣工结算款审核：

①专业监理工程师审查施工单位提交的竣工结算款支付申请，提出审查意见。

②总监理工程师对专业监理工程师的审查意见进行审核，签认后报建设单位审批，同时抄送施工单位，并就工程竣工结算事宜与建设单位、施工单位协商；达成一致意见的，根据建设单位审批意见向施工单位签发竣工结算款支付证书；不能达到一致意见的，应按施工合同约定处理。

（4）对建设资金使用的监督，主要体现在以下方面：

①对暂列金额和暂估价使用的监理。暂列金额的使用，在监理提出后应当由发包人确认，或由发包人书面指示后交由监理发出书面指令并监督执行。对暂估价，一是属于依法必须招标的，必须通过招标选择供应商或分包人，监理负责监督；二是不属于依法必须招标的，应由承包人提出、监理人审核后，发包人再确认。

②对计日工使用的监理。发包人要求使用计日工的，应由监理人书面通知承包人实施。监理人应每天审核计日工报表的以下内容：工作名称、内容和数量；工作人员的姓名、工种、级别和耗用工时；材料类别和数量；施工设备型号、台数和耗用台时以及其他资料和凭证等。计日工应要求发包人从暂列金额中支付，由承包人汇总后列入进度付款申请单，由监理人复核并经发包人同意后列入工程进度付款。

③对价格调整的监理。材料（设备）价格调整，应由承包人提出，监理人对材料（设备）名称、型号、数量、使用时间、使用位置、调整前后价格等进行核实后，再交由发包人确认。

④工程量计量确认的监理。清单项目、总价项目完工后由承包人计量，监理人核量，每月汇总，送发包人确认。申请进度付款，由监理人审核进度付款申请单、已完成工程量报表和有关计量资料，确定实际完成的工程量，送发包人确认。对数量有异议的，可要求承包人共同复核和抽样复测。其中，进度款申请单重点审核以下内容：截至本次付款周期末已实施工程的价款；应增加和

扣减的变更金额；应增加和扣减的索赔金额；应支付的预付款和扣减的返还预付款；应扣减的质量保证金；根据合同应增加或扣减的其他金额；本次实际付款金额等。

8.11.2.4 工程进度控制

《建设工程监理规范》（GB/T 50319—2013）对工程进度控制作出了相关规定。

（1）项目监理机构应审查施工单位报审的施工总进度计划和阶段性施工进度计划，提出审查意见，并应由总监理工程师审核后报建设单位。

施工进度计划包括下列基本内容：

①施工进度计划应符合施工合同中工期的约定；

②施工进度计划中主要工程项目无遗漏，应满足分批投入试运、分批动用的需要，阶段性施工进度计划应满足总进度控制目标的要求；

③施工顺序的安排应符合施工工艺要求；

④施工人员、工程材料、施工机械等资源供应计划应满足施工进度计划的需要；

⑤施工进度计划应符合建设单位提供的资金、施工图纸、施工场地、物资等施工条件。

（2）项目监理机构应检查施工进度计划的实施情况，发现实际进度严重滞后于计划进度且影响合同工期时，应签发监理通知单，要求施工单位采取调整措施加快施工进度。总监理工程师应向建设单位报告工期延误风险。

（3）项目监理机构应比较分析工程施工实际进度与计划进度，预测实际进度对工程总工期的影响，并应在监理月报中向建设单位报告工程实际进展情况。

8.11.2.5 工程安全生产管理

《建设工程安全生产管理条例》（中华人民共和国国务院令第393号）规定：建设单位、勘察单位、设计单位、施工单位、工程监理单位及其他与建设工程安全生产有关的单位，依法承担建设工程安全生产责任。工程监理单位应当审查施工组织设计中的安全技术措施或者专项施工方案是否符合工程建设强制性标准。工程监理单位在实施监理过程中，发现存在安全事故隐患的，应当要求施工单位整改；情况严重的，应当要求施工单位暂时停止施工，并及时报告建设单位。施工单位拒不整改或者不停止施工的，工程监理单位应当及时向有关主管部门报告。工程监理单位和监理工程师按照法律、法规和工程建设强制性标准实施监理，并对建设工程安全生产承担监理责任。施工单位应在施工组织设计中编制安全技术措施和施工现场临时用电方案；对基坑支护与降水工程、土方开挖工程、模板工程、起重吊装工程、脚手架工程和拆除、爆破工程等达到一定规模的危险性较大的分部分项工程，应编制专项施工方案，并附具安全验算结果，经施工单位技术负责人、总监理工程师签字后实施，由专职安全生产管理人员进行现场监督。

8.11.2.6 合同管理

合同管理指监理工程师依据建设工程监理合同约定进行施工合同管理，处理工程暂停及复工、工程变更、工程索赔、工程延期及施工合同争议、解除等事宜。

（1）工程暂停及复工处理。

①项目监理机构发现建设单位要求暂停施工且工程需要暂停施工的，施工单位未经批准擅自施工或拒绝项目监理机构管理的，施工单位未按审查通过的工程设计文件施工的，施工单位违反工程建设强制性标准的，施工存在重大质量、安全事故隐患或发生质量、安全事故的，总监理工程师应征得建设单位同意及时签发工程暂停令，紧急情况下未能事先报告的，事后应及时书面报告。

②暂停事件发生时，项目监理机构应如实记录情况，总监理工程师应会同有关各方按施工合同约定，处理因工程暂停引起的与工期、费用有关的问题，因施工单位原因暂停施工时，项目监理机构应检查、验收施工单位的停工整改过程、结果。

③暂停原因消失，具备复工条件时，施工单位提出复工申请的，项目监理机构应审查工程复工报审表及有关材料，符合要求时，总监理工程师应及时签署审查意见，并报建设单位批准后签发工程复工令；施工单位未提出复工申请的，总监理工程师应根据工程实际情况指令施工单位恢复施工。

（2）工程变更处理。

①对施工单位提出的工程变更处理流程：总监理工程师组织专业监理工程师审查工程变更申请，提出审查意见，对涉及工程设计文件修改的工程变更，应由建设单位转交原设计单位修改工程设计文件。必要时，项目监理机构应建议建设单位组织设计、施工等单位召开论证工程设计文件修改方案的专题会议。

②总监理工程师组织专业监理工程师对工程变更费用及工期影响作出评估，组织建设单位、施工单位等共同协商确定工程变更费用及工期变化，会签

工程变更单并监督施工单位实施。

③工程变更实施前协商确定计价原则、计价方法或价款，未能就变更费用达成协议时，项目监理机构可提出一个经建设单位同意的暂定价格作为临时支付依据，最终结算以建设单位与施工单位达成的协议为依据。

④项目监理机构可对建设单位要求的工程变更提出评估意见并督促施工单位按会签后的工程变更组织施工。

（3）工程索赔处理。

同时满足施工单位在施工合同约定的期限内提出费用索赔，索赔事件是因非施工单位原因造成，且符合施工合同约定，索赔事件造成施工单位直接经济损失，与建设单位和施工单位协商一致后，项目监理机构在施工合同约定的期限内可批准施工单位的费用索赔申请，签发费用索赔报审表并报送建设单位。

（4）工程延期处理。

同时满足施工单位在施工合同约定的期限内提出工程延期，因非施工单位原因造成施工进度滞后，施工进度滞后影响到施工合同约定的工期时，项目监理机构可按流程审查施工单位提交的延期报审表，并签署审核意见后报送建设单位。

（5）施工合同争议与解除处理。

①协调合同争议与处理工程索赔均为总监理工程师的专有职责，当建设单位与施工单位未能达到一致时，总监理工程师应提出处理合同争议的意见，对未达到施工合同约定的暂停履行合同条件时，应要求施工合同双方继续履行。

②因建设单位原因导致施工合同解除时，项目监理机构应按施工合同约定与建设单位和施工单位就合同约定已完成的工作应得款，已批准订购的工程材料、构配件、设备款，设备撤离费，人员遣返费，合理利润补偿，建设单位应支付的违约金等确定施工单位应得款项，并签发工程款支付证书。

③因施工单位原因导致合同解除的，项目监理机构应按施工合同约定，计算合同约定的实际完成工作应得款，扣除已给付工程款项，加上施工单位已提供材料、构配件、设备和临时工程价值，再扣除对已完工工程检查和验收、移交工程资料、修复已完工工程质量缺陷所需费用和施工单位应支付的违约金，然后确定施工单位合同解除应得款项或应偿还建设单位款项；与建设单位和施工单位协商一致后，向建设单位提交合同解除款项结算文件。

8.11.2.7 信息管理

信息管理主要指采用信息技术对项目监理与相关文件资料进行收集、整理、传递与归档管理。

8.11.2.8 工程协调

主要指协调工程建设相关方的关系。

8.11.3 监理工作内容

项目监理机构的主要监理工作内容如下：

（1）收到工程设计文件后编制监理规划，并在第一次工地会议7天前报送委托人。根据有关规定和监理工作需要，编制监理实施细则；

（2）熟悉工程设计文件，并参加由委托人主持的图纸会审和设计交底会议；

（3）参加由委托人主持的第一次工地会议，主持监理例会并根据工程需要主持或参加专题会议；

（4）审查施工承包人提交的施工组织设计，重点审查其中的质量安全技术措施、专项施工方案与工程建设强制性标准的符合性；

（5）检查施工承包人工程质量、安全生产管理制度及组织机构和人员资格；

（6）检查施工承包人专职安全生产管理人员的配备情况；

（7）审查施工承包人提交的施工进度计划，核查承包人对施工进度计划的调整；

（8）检查施工承包人的试验室；

（9）审核施工分包人资质条件；

（10）查验施工承包人的施工测量放线成果；

（11）审查工程开工条件，对条件具备的签发开工令；

（12）审查施工承包人报送的工程材料、构配件、设备质量证明文件的有效性和符合性，并按规定对用于工程的材料采取平行检验或见证取样方式进行抽检；

（13）审核施工承包人提交的工程款支付申请，签发或出具工程款支付证书，并报委托人审核、批准；

（14）在巡视、旁站和检验过程中，发现工程质量、施工安全存在事故隐患的，要求施工承包人整改并报委托人；

（15）经委托人同意，签发工程暂停令和复工令；

（16）审查施工承包人提交的采用新材料、新工艺、新技术、新设备的论证材料及相关验收标准；

（17）验收隐蔽工程、分部分项工程；

（18）审查施工承包人提交的工程变更申请，协调处理施工进度调整、费用索赔、合同争议等事项；

（19）审查施工承包人提交的竣工验收申请，编写工程质量评估报告；

（20）参加工程竣工验收，签署竣工验收意见；

（21）审查施工承包人提交的竣工结算申请并报送委托人；

（22）编制、整理工程监理归档文件并报送委托人。

8.12 开工安全生产管理

《湖南省建筑工程开工安全生产条件审查制度》（湘建建〔2019〕238号）规定：工程项目和由建设单位直接发包的分包工程（不包括施工总承包单位自行分包工程）办理施工许可手续后，必须通过开工安全生产条件审查。

8.12.1 开工安全生产条件审查应提供的资料

（1）建设单位应当提供的主要资料。

①建筑工程项目（分包工程）开工安全生产条件审查申请报告。

②施工图审查合格报告；施工图审查备案表（分包工程可不提供）；图纸会审纪要、设计交底。

③施工现场及毗邻区域内供水、排水、供电、供气、供热、通信、广播电视等地下管线资料；气象和水文地质观测资料；相邻建（构）筑物、地下工程的有关资料和有关情况说明。

④按规定向施工单位提供安全作业环境及安全文明施工措施所需费用的情况。

⑤施工中标通知书（按规定应该实行施工招投标的）、施工承包合同；法律、法规规定应当实行监理的建筑工程，须提供工程监理合同、监理中标通知书（按规定须实行监理招投标的）；依法不实行监理的建筑工程，建设单位应当保证工程项目管理人员具备国家和省规定的条件。

⑥建设、施工、监理（工程项目实行监理的）、设计、勘察五方责任主体法人授权书及项目负责人终身承诺书。

⑦其他相关安全生产审查资料。

（2）监理单位应当提供的主要资料。

①单位资质证书；现场监理部总监理工程师（总监代表）、专业监理工程师、监理员的任命文件；相应资格证书。

②工程项目监理规划、安全生产监理方案的编审情况及相关资料。

③监理单位对工程项目的施工组织设计（方案）及专项工程施工方案的审查意见及相关资料。

④其他相关安全生产审查资料。

（3）施工单位应当提供的主要资料。

①企业资质证书、安全生产许可证；企业负责人、项目负责人及专职安全生产管理人员的安全生产考核合格证书（A、B、C1、C2、C3证）。

②施工项目部项目负责人、项目技术负责人、施工员、安全员、质量员的任命文件及相应资格证书。

③按规定购买建筑施工行业安全生产责任保险的凭证。

④按规定编制审批的工程项目施工组织设计和施工现场临时用电方案及各专项工程施工方案。

⑤工程项目所建立的安全生产责任制度。

⑥工程项目的安全生产专项资金使用计划、安全生产投入以及相关保证措施。

⑦工程项目制定安全教育培训计划、消防措施、职业危害防治措施、生产安全事故应急救援预案的情况。

⑧危险性较大的分部分项工程清单。

⑨分包工程还须提供：工程项目建立的总分包安全生产管理制度；施工总承包单位与分包单位就安全生产管理的责权关系协议。施工总承包单位向分包单位进行安全生产交底的情况、总包施工单位对分包施工单位的安全生产监控和管理措施的制定情况。

⑩其他有关安全生产审查资料。

8.12.2 开工安全生产条件审查

（1）审查机构：住建部门所属建设工程安全监督机构。

（2）审查依据：《湖南省建筑工程开工安全生产条件审查制度》（湘建建〔2019〕238号）第四条规定，建设单位在办理工程项目和由建设单位依法直接发包的分包工程（不包括施工总承包单位自行分包工程）的施工许可手续时，必须提供《湖南省建筑工程开工安全条件承诺书》。建筑工程开工前，建设单位应将《湖南省建筑工程开工安全生产条件审查表》报项目报建所在地住房城乡建设主管部门。市（州）、县（市、区）住房城乡建设主管部门收到《湖南省建筑工程开工安全生产条件审查表》后，应于5个工作日内对承诺内容的落实情况进行审查并签署审查意见，审查合格方可施工。

8.13 项目开工管理

8.13.1 投资项目开工建设的条件

（1）符合国家产业政策、发展建设规划、土地供应政策和市场准入标准。

（2）已经完成审批、核准或备案手续。实行审批制的政府投资项目已经批准可行性研究报告，其中需审批初步设计及概算的项目已经批准初步设计及概算；实行核准制的企业投资项目，已经核准项目申请报告；实行备案制的企业投资项目，已经完成备案手续。

（3）规划区内的项目选址和布局必须符合城乡规划，并依照城乡规划法的有关规定办理相关规划许可手续。

（4）需要申请使用土地的项目必须依法取得用地批准手续，并已经签订国有土地有偿使用合同或取得国有土地划拨决定书。其中，工业、商业、旅游、娱乐和商品住宅等经营性投资项目，应当依法以招标、拍卖或挂牌出让方式取得土地。

（5）已经按照建设项目环境影响评价分类管理、分级审批的规定完成环境影响评价审批。

（6）已经按照规定完成固定资产投资项目节能评估和审查。

（7）建筑工程开工前，建设单位依照建筑法的有关规定，已经取得施工许可证或者开工报告，并采取保证建设项目工程质量安全的具体措施。

（8）符合国家法律、法规的其他相关要求。

实行审批制的政府投资项目，项目单位应首先向发展改革等项目审批部门报送项目建议书，依据项目建议书批复文件分别向城乡规划、国土资源和环境保护部门申请办理规划选址、用地预审和环境影响评价审批手续。完成相关手续后，项目单位根据项目论证情况向发展和改革等项目审批部门报送可行性研究报告，并附规划选址、用地预审和环评审批文件。项目单位依据可行性研究报告批复文件向城乡规划部门申请办理规划许可手续，向国土资源部门申请办理正式用地手续。

实行核准制的企业投资项目，项目单位分别向城乡规划、国土资源和环境保护部门申请办理规划选址、用地预审和环评审批手续。完成相关手续后，项目单位向发展和改革等项目核准部门报送项目申请报告，并附规划选址、用地预审和环评审批文件。项目单位依据项目核准文件向城乡规划部门申请办理规划许可手续，向国土资源部门申请办理正式用地手续。

实行备案制的企业投资项目，项目单位必须首先向发展和改革等备案管理部门办理备案手续，备案后，分别向城乡规划、国土资源和环境保护部门申请办理规划选址、用地和环评审批手续。

8.13.2 申领施工许可证条件

应当申请领取施工许可证的建筑工程，未取得施工许可证的，一律不得开工。任何单位和个人不得将应当申请领取施工许可证的工程项目分解为若干限额以下的工程项目，规避申请领取施工许可证。申请领取施工许可证应符合以下条件：

（1）依法应当办理用地批准手续的，已经办理该建筑工程用地批准手续。

（2）在城市、镇规划区的建筑工程，已经取得建设工程规划许可证。

（3）施工场地已经基本具备施工条件，需要征收房屋的，其进度符合施工要求。

（4）已经确定施工企业。按照规定应当招标的工程没有招标，应当公开招标的工程没有公开招标，或者肢解发包工程，以及将工程发包给不具备相应资质条件的企业的，所确定的施工企业无效。

（5）有满足施工需要的技术资料，施工图设计（含消防设计文件）文件已按规定审查合格并备案。

（6）湖南省社会保险基金收款收据（工伤保险）。

（7）按照规定应当委托监理的工程已委托监理。

（8）建设资金已经落实承诺书（含无拖欠工程情形承诺）。

（9）法律、行政法规规定的其他条件。

8.13.3 建筑工程施工许可证核发

（1）核发机构：住建部门。

（2）核发依据：《中华人民共和国建筑法》（中华人民共和国国家主席令第二十九号修订）第二条规定，在国内从事各类房屋建筑及其附属设施的建造、装修装饰和与其配套的线路、管道、设备的安装以及城镇市政基础设施工程的施工，建设单位在开工前应当依照本办法的规定，向工程所在地的县级以上地方政府住建部门申请领取施工许可证。

工程投资额在 30 万元以下或者建筑面积在 300 平方米以下的建筑工程，可以不申请办理施工许可证。省（自治区、直辖市）政府住建部门可以根据当地的实际情况，对限额进行调整，并报国务院住建部备案。按照国务院规定的权限和程序批准开工报告的建筑工程，不再领取施工许可证。

9 施工过程造价控制

《建设项目全过程造价咨询规程》（CECA/GC 4—2017）规定，施工过程造价控制，是控制工程造价最有效的方法。其工作内容包括：工程计量与支付审查、工程变更、现场签证审查、工程索赔审查、材料（设备）询价与确认、新增工程价格确认、竣工结算审核等。其优点是：实体处于开放状态，具体工程量及主要材料（设备）可以现场核对；相关经办、审查人员在项目现场，可以面对面直接沟通；及时发现合同履行存在的问题，可以采取切实可行的措施精准地予以纠正；压缩了弄虚作假的空间，可以有效制止高估冒算、以次充好、偷工减料的行为。

9.1 质量目标

质量目标是指符合本项目特征，满足造价管理咨询服务质量期望的要求和标准。质量目标是指造价管理咨询服务，为满足本项目质量管理要求和持续改进质量管理体系的承诺和追求。质量目标一般依据本项目质量方针制定，其依据是行为科学和系统理论。质量目标以行为科学中的激励理论为基础而建立，又借助系统理论而发展。一个项目是一个目标系统，一个目标系统又包括若干个子目标系统，从实现项目总质量目标出发，去协调和管理项目各个部门的活动。

确定质量目标，需要考虑以下问题：与质量方针的一致性；与项目现状及所需达到目标的吻合性；与项目参建各方对项目需求的切合度；与项目团队上一级质量管理目标的契合性。

确定质量目标前，需要解决的问题：项目现存的弱项和存在的问题及其影响范围；以问题为向导确定的质量控制路径及其控制措施；是否满足建设单位以及主要项目管理方的需求；能否可靠地测（计）量；是否富有挑战性以及实施的可行性等。

9.2 机构设置及人员配备

9.2.1 组织机构

根据项目实际设立造价咨询小组。造价咨询小组设置及项目人员的配备，根据服务范围及工作要求、咨询项目涉及的不同专业、工程规模、建设工期长短等因素确定，以最大限度满足委托任务实施的需要。

参与造价咨询小组的人员岗位划分为项目负责人、专业造价工程师、助理人员（造价员）三个级次。

9.2.2 岗位职责

9.2.2.1 项目负责人职责

（1）全面管理。

对项目小组成员的工作、生活条件给予必要的关心，为项目小组成员创造良好的工作环境；在项目时间紧张的情况下合理安排加班时间，适当调节工作和休息时间，关注项目小组成员的工作情绪，发现问题及时与项目小组成员沟通。

（2）风险管理。

①组织项目计划（启动）会议，根据对委托方的了解，就有关事项提出自己的建议和意见。向项目小组成员介绍客户情况及相关行业情况，提请注意有关事项。

②参与编制并审查受托项目造价咨询实施方案，将已经审批的实施方案下达给项目小组成员。

③督导项目实施，在现场监督审计计划的实施和跟踪督导工作过程中发现的重大问题，及时向部门负责人汇报，并对具体问题提出若干可行的解决方案，形成决定，督促专业负责人贯彻实施。

④完成一级复核，全面审查项目小组成员完成的工作底稿，及时纠正工作底稿形式上的错误，包括但不限于计算错误、工作底稿的要素缺失等，避免出现工作底稿的实质性的错误，包括但不限于重要审计程序未执行、重大遗漏或

方法不恰当等，并保证数字的正确性。

⑤现场管理，指定适合本小组的工作纪律和作息时间，带头执行并监督其他人员认真贯彻。

⑥协助编制重大风险问题请示，协助部门负责人编制重大风险问题请示报告，以言简意赅的文字清晰地阐述事实，并提出若干解决方案，对其形成的决定，督促外勤主管贯彻实施。

（3）人力资源。

①协助人员安排与配备，协助部门负责人为项目配备适当的人员，确保人员有足够的胜任能力。

②安排项目成员工作，根据专业划分确定相应的专业负责人，并配备相应的助理人员。根据每位员工的特点安排合适的工作，使每一位员工都能够发挥重大的作用，做到人尽其才，当员工对工作安排存在异议时，可向部门负责人反应并做出调整。

③现场管理，对造价咨询人员之间的工作分工根据具体情况进行适当的调整，协调项目小组成员之间的工作和情绪，起到项目核心的作用，增加小组的凝聚力。

④现场培训，注意培养造价咨询人员，将工作与培训有机结合，在项目实施的整个过程中及时督导小组成员的工作。

⑤调解解决组内矛盾，协调解决各级业务人员之间可能出现的矛盾和冲突，充分关注项目小组成员的心态变化，耐心听取各级人员的意见和建议，将项目小组建设成团结进取的团队。

⑥掌握工作进度，密切关注项目进度，了解项目小组成员的工作饱满程度，适当调配人员，达到人力资源的合理利用。

⑦考核专业负责人工作，督促专业负责人及时完成对项目小组成员的项目考核，并及时对专业负责人的工作进行考核。

（4）沟通联系。

①就时间安排、重大事项等及时与委托方沟通，取得委托方的谅解和支持，并向部门负责人汇报沟通结果。

②协调项目小组与委托方的沟通工作，获得委托方认可或了解委托方的意见，并将委托方意见传达给部门负责人。

③对于报告出具阶段发生的与委托方之间的意见分歧，尽可能与委托方沟

通，当无法解决时，应及时向部门负责人汇报。

9.2.2.2 专业造价工程师职责

（1）风险管理。

①在项目负责人的指导下编制或参与编制受托项目造价咨询实施方案。

②参加项目计划（启动）会议。

③承担重要的、复杂的、难度较大的或特殊的事项的造价咨询工作。

④重大问题及时报告、请示，及时向项目负责人、部门负责人汇报工作中发现的重大问题，对难以判断或实施具体程序的事项，必要时编制书面的请示报告，并提出相关的解决方案，同时做好相关资料的收集与整理工作。

⑤配合撰写成果报告，在规定的时间内负责撰写本专业业务报告，编制报表等。

⑥配合整理业务档案，负责归集、整理本专业各种档案，包括电子文档和电子工作底稿等，更新永久性档案中的资料。

⑦对专业助理人员的咨询结果进行初步复核。

⑧指导和协调专业助理人员开展工作。

（2）人力资源。

①安排负责专业分项造价咨询业务的实施。

②根据工作进度，提出人力资源调整需求并报项目负责人批准，使人力资源得以最大程度的利用。

（3）沟通联系。

①对专业助理人员提出的问题应予以及时、有效的答复，如需向上一级人员请示时，应及时与上级沟通并给予答复。

②注意与委托方沟通的方式，并关注专业助理人员与委托方的沟通。

9.2.2.3 助理人员职责

（1）风险管理。

①配合完成造价咨询实施方案的制定，对计划和工作安排提出自己的合理意见。

②严格执行审计程序，认真编制工作底稿，收集相关的审计证据，提出明确清晰的结论。

③保持应有的独立性和职业审慎，紧密联系委托方，并根据实际情况分析问题。

④合理把握工作进度和时间，在保证质量的前提下，努力提高工作效率。

⑤对于无法在计划规定时间内完成的工作，应提前向专业负责人反映并解释原因，并在征得专业造价工程师批准按调整后的时间完成有关工作，可提前完成审计工作的人员，也应向专业造价工程师和项目负责人报告，主动申请新的工作安排，帮助其他成员完成工作。

⑥勤于思考，善于捕捉和发现问题，遇到把握不准的问题时，积极提出相关的多项解决方案，并及时向专业负责人请示；对发现的重大问题及时向专业负责人汇报并提出个人的建议，严禁"走过场"和回避重大问题；对于专业负责人提出的解决方案存有异议的，首先服从工作安排，在不影响工作的前提下可以保留意见，并向项目负责人及部门负责人申诉。

⑦充分发挥工作的创造性、积极性以及主动性，对于已经完成的工作内容，助理人员应及时向专业负责人汇报情况和结果，并了解专业造价工程师的审查情况，以提高造价咨询工作质量。

⑧参与或负责编制业务报告及相关工作底稿，按时、准确地完成专业负责人分配的其他造价咨询工作。

⑨完善工作底稿，整理业务档案，保证业务档案的完整、整洁和规范。

⑩助理人员兼职项目资料员，资料员的职责包括：接收资料并检查资料的完整性；建立审计项目资料档案，并设立目录分类存放、码放整齐；对其他员工借阅资料做好登记；妥善保存资料，做到不损坏、不遗失；在项目造价咨询工作完成后，与委托方办理资料的归还手续；配合进行资料的归档工作。

（2）人力资源。

① 服从计划安排，对项目和工作地点不挑剔。

②资深的项目人员应发挥表率作用，对新入职的项目人员进行业务指导，使其明白工作的目的以及达到目的所应采用的工作方法和思路；新入职的项目人员应积极主动、虚心求教，争取资深项目人员的充分指导。

③ 逐日填写工日记录，并在项目结束时完成项目的自我考评工作。

（3）沟通联系。

①在授权的范围内，与委托方良好沟通。

②与项目小组其他成员及时沟通信息，对于相关联项目，应做到资料共享，避免重复劳动。

③与小组成员妥善处理关系，遵守各项工作纪律以及项目小组内部制定的

规章，并提出合理的建议。

9.3 职业道德

（1）工程造价咨询企业。

工程造价咨询企业的职业行为，应保障国家与公众利益，维护公平竞争秩序和各方合法权益，在职业活动中均应遵循以下职业道德：

①要执行国家的宏观经济政策和产业政策，遵守国家和地方的法律、法规及有关规定；

② 接受工程造价咨询行业自律组织业务指导，自觉遵守本行业的规定和各项制度；

③ 按照工程造价咨询企业资质证书规定的资质等级和服务范围开展业务，只承担能够胜任的工作；

④要具有独立执业的能力和工作条件，竭诚为委托方服务，以高质量的咨询成果和优良服务，获得委托方的信任和好评；

⑤要按照公平、公正和诚信的原则开展业务，认真履行合同，依法独立自主开展咨询活动；

⑥要"以人为本"，鼓励员工学习新知识，掌握先进的技术手段和业务知识，采取有效措施组织、督促员工接受继续教育；

⑦不得阻挠委托人委托其他工程造价咨询企业参与咨询服务；共同提供服务的工程造价咨询企业之间应分工明确，密切协作，不得损害其他单位的利益与名誉；

⑧有义务保守委托方的技术和商务秘密，委托方事先允许和国家另有规定除外。

（2）工程造价咨询人员。

造价工程师是工程造价管理的核心人物，他的职业道德行为直接关系着企业声誉和各相关单位的利益。因此，造价工程师在执业中应信守以下职业操守：

①遵守国家法律、法规和政策，执行行业自律性规定，珍惜职业声誉，自觉维护国家和社会公共利益；

②遵守"诚信、公正、精业、进取"的原则，以高质量的服务和优秀的业绩，赢得社会和委托方对造价工程师职业的尊重；

③恪守职业道德，不答应不能完成的工作或责任，不诽谤或不得损害同行的声誉；

④勤奋工作，独立、客观、公正、正确地出具工程造价成果文件，使委托方满意；

⑤诚实守信，尽职尽责，不得有欺诈、伪造、作假等行为；

⑥尊重同行、公平竞争，搞好同行之间的关系，不得采取不正当的手段损害、侵犯同行的权益；

⑦廉洁自律，不得索取、收受委托合同约定以外的礼金和其他财务，不得利用职务之便谋取其他不正当的利益；

⑧造价工程师与委托方有利害关系的应当回避，委托方有权要求其回避；

⑨知悉委托方的技术和商务秘密，负有保密义务；

⑩接受国家和行业自律性组织对其职业道德行为的监督检查。

9.4 工程计量与支付审查

9.4.1 预付款支付

开工前的预付款支付，包括工程预付款支付和安全文明施工费支付。

（1）工程预付款支付。

《建设工程工程量清单计价规范》（GB 50500—2013）规定，包工包料工程的预付款的支付比例不得低于签约合同价（扣除暂列金额）的10%，不宜高于签约合同价（扣除暂列金额）的30%；发包人应在工程开工后的28天内预付不低于当年施工进度计划的安全文明施工费总额的60%，其余部分与进度款同期支付。

《建设工程价款结算暂行办法》（财建〔2004〕369号）第十二条规定，工程预付款结算应符合下列规定：

①包工包料工程的预付款按合同约定拨付，原则上预付比例不低于合同金额的10%，不高于合同金额的30%，对重大工程项目，按年度工程计划逐年预付。计价执行《建设工程工程量清单计价规范》（GB 50500—2013）的工程，实体性消耗和非实体性消耗部分应在合同中分别约定预付款比例。

②在具备施工条件的前提下，发包人应在双方签订合同后的一个月内或不迟于约定的开工日期前的7天内预付工程款，发包人不按约定预付，承包人应在预付时间到期后10天内向发包人发出要求预付的通知，发包人收到通知后仍不按要求预付，承包人可在发出通知14天后停止施工，发包人应从约定应付之日起

向承包人支付应付款的利息（利率按同期银行贷款利率计），并承担违约责任。

③预付的工程款必须在合同中约定抵扣方式，并在工程进度款中进行抵扣。

④凡是没有签订合同或不具备施工条件的工程，发包人不得预付工程款，不得以预付款为名转移资金。

（2）安全文明施工费支付。

《湖南省住房和城乡建设厅关于进一步加强我省建筑工程安全防护文明施工措施费使用管理的通知》（湘建价〔2017〕145号）第三条规定，合同工期在一年以内的工程，建设单位应在办理工程项目安全受监手续前将安全文明施工费一次性支付到位；合同工期在一年以上两年以内的工程，应在办理工程项目安全受监手续前支付安全文明施工费的50%，剩余50%应在工程开工满一年前支付到位；合同工期在两年以上的工程，应在办理工程项目安全受监手续前支付安全文明施工费的50%，开工满一年前，再支付安全文明施工费的30%，开工满两年前将剩余费用全部支付到位。总承包单位与分包单位也按此规定执行。

（3）预付款支付申请（核准）表。

《关于调整补充增值税条件下建设工程计价依据的通知》（湘建价〔2016〕160号）制定的"H1预付款支付申请（核准）表"如表9-1所示：

表9-1 H1 预付款支付申请（核准）表

工程名称：　　　　　　　　标段：　　　　　　　第　页　共　页

致：_____（发包人全称）

我方根据施工合同约定，现申请支付工程预款额为 _____（大写）

元，_____（小写）元，其中税金附加税费 _____（大写）元，

_____（小写）元，请予核准。

附表：

序号	名称	申请金额（元）	复核金额（元）	备注
1	已签约合同价款金额			
2	其中：安全文明施工费			
3	应支付的预付款			
4	应支付的安全文明施工费			

续表

5	合计应支付的预付款			

承包人（章）＿＿＿＿＿＿＿

造价人员 ＿＿＿＿＿＿＿ 日　期 ＿＿＿＿＿＿＿

承包人代表 ＿＿＿＿＿＿ 日　期 ＿＿＿＿＿＿＿

复核意见： □与合同约定不相符，修改意见见附件。 □与合同约定相符，具体金额由造价工程师复核。 监理工程师 ＿＿＿＿＿＿＿ 日　期 ＿＿＿＿＿＿＿	复核意见： 你方提出的支付申请经复核，应支付金额为（大写）＿＿＿＿＿＿＿元，（小写）＿＿＿＿＿＿元，其中税金附加税费 ＿＿＿＿＿＿＿（大写）元，＿＿＿＿＿＿＿（小写）元。 造价工程师 ＿＿＿＿＿＿＿ 日　期 ＿＿＿＿＿＿＿

审核意见：

□不同意。

□同意，支付时间为本表签发后的 15 天内。

发包人（章）＿＿＿＿＿＿＿

发包人代表 ＿＿＿＿＿＿＿

日　期 ＿＿＿＿＿＿＿

备注：（1）在选择栏中的"□"内做标识"√"；
　　　（2）本表一式四份，由承包人填报，发包人、监理人、造价咨询人、承包人各存一份。

9.4.2 期中计量

期中计量是期中支付以及竣工结算的基础。发承包双方必须按合同约定和计价规范规定，办理期中计量确认。发承包双方相关计量、复核、确认人员对期中计量结果的真实性、准确性承担法律责任。

（1）《建设工程工程量清单计价规范》（GB 50500—2013）规定。

因承包人原因造成的超出合同工程范围施工或返工的工程量，发包人不予计量。成本加酬金合同按单价合同的计量规定计量。单价合同的计量，招标工程量清单中出现缺项、工程量偏差，或因工程变更引起工程量增减时，按承包人实际完成的工程量计算。采用施工图纸及其预算发包形成的总价合同，除工程量增减外，总价合同工程量为最终结算工程量。承包人应当提交当期已完工的工程量报告。

发包人在 7 天内核实，并将核实结果通知承包人。发承包双方应对每个项目的历次计量报表进行汇总，以核实最终结算工程量，并应在汇总表上签字确认。

（2）《建设工程价款结算暂行办法》（财建〔2004〕369 号）第十三条规定。

①承包人应当按照合同约定的方法和时间，向发包人提交已完工的工程量报告。发包人接到报告后 14 天内核实已完工的工程量，并在核实前 1 天通知承包人，承包人应提供条件并派人参加核实，承包人收到通知后不参加核实的，以发包人核实的工程量作为工程价款支付的依据。发包人不按约定时间通知承包人，致使承包人未能参加核实的，核实结果无效。

②发包人收到承包人报告后 14 天内未核实已完工工程量的，从第 15 天起，承包人报告的工程量即视为被确认，作为工程价款支付的依据，双方合同另有约定的，按合同执行。

③对承包人超出设计图纸（含设计变更）范围和因承包人原因造成返工的工程量，发包人不予计量。

（3）《关于调整补充增值税条件下建设工程计价依据的通知》（湘建价〔2016〕160 号）制定的"G 工程计量申报（核准）表"如表 9-2 所示。

表 9-2　G 工程计量申报（核准）表

工程名称：　　　　　　　　标段：　　　　　　　　第　页　共　页

序号	项目编码	项目名称	计量单位	承包人申报数量	发包人核实数量	发承包人确认数量	备注

承包人代表：＿＿＿＿　　监理工程师：＿＿＿＿　　造价工程师：＿＿＿＿　　发包人代表：＿＿＿＿
日　期：＿＿＿＿　　　日　期：＿＿＿＿　　　日　期：＿＿＿＿　　　日　期：＿＿＿＿

9.4.3 期中支付（进度款支付）

期中支付（进度款支付），按工程计量实际确认的工程量和价格支付，包括工程进度款和安全文明施工费。

（1）《建设工程工程量清单计价规范》（GB 50500—2013）规定。

单价项目，按工程计量确认的工程量与综合单价计算；综合单价发生调整的，以确认后的综合单价计算进度款。总价项目和总价合同，按合同约定分解为安全文明施工费和本周期应支付的总价项目费。进度款的支付按合同约定比例和期中结算价款总额计算，不低于60%，不高于90%。承包人在每个计量周期到期后的7天内提交进度款支付申请。发包人在收到后的14天内核实，出具进度款支付证书。发包人在签发进度款支付证书后的14天内支付进度款。

（2）《建设工程价款结算暂行办法》（财建〔2004〕369号）第十三条规定。

①根据确定的工程计量结果，承包人向发包人提出支付工程进度款申请，14天内，发包人应按不低于工程价款的60%，不高于工程价款的90%向承包人支付工程进度款。按约定时间发包人应扣回的预付款，与工程进度款同期结算抵扣。

②发包人超过约定的支付时间不支付工程进度款的，承包人应及时向发包人发出要求付款的通知，发包人收到承包人通知后仍不能按要求付款的，可与承包人协商签订延期付款协议，经承包人同意后可延期支付，协议应明确延期支付的时间和从工程计量结果确认后第15天起计算应付款的利息（利率按同期银行贷款利率计）。

③发包人不按合同约定支付工程进度款，双方又未达成延期付款协议，导致施工无法进行，承包人可停止施工，由发包人承担违约责任。

（3）《关于调整补充增值税条件下建设工程计价依据的通知》（湘建价〔2016〕160号）制定的"H2工程款支付申请（核准）表"如表9-3所示。

表9-3　H2工程款支付申请（核准）表

工程名称：　　　　　　　　标段：　　　　　　　第　页　共　页

致：＿＿＿＿＿＿＿＿＿＿＿＿＿＿＿＿＿＿＿＿＿＿＿（发包人全称）

我方于＿＿＿＿至＿＿＿＿期间已完成了＿＿＿＿＿＿＿工作，根据施工合同的约定，现申请支付本周期的合同款额为＿＿＿＿＿＿＿＿＿＿＿＿＿（大写）元，＿＿＿＿＿＿＿＿＿＿＿＿＿＿＿＿（小写）元，请予核准。

附表：

序号	名称	实际金额(元)	申请金额(元)	复核金额(元)	备注
1	累计已完成的合同价款				
2	累计已实际支付的合同价款				

3	本周期合计完成的合同价款				
3.1	本周期已完成单价项目的金额				
3.2	本周期应支付的总价项目的金额				
3.3	本周期已完成的计日工价款				
3.4	本周期应支付的安全文明施工款				
3.5	本周期应增加的合同价款				
4	本周期合计应扣减的金额				
4.1	本周期应抵扣的预付款				
4.2	本周期应扣减的金额				
5	本周期应支付的合同价款				

承包人（章）＿＿＿＿＿＿＿＿＿

造价人员＿＿＿＿＿＿＿＿＿　日　期＿＿＿＿＿＿＿＿＿

承包人代表＿＿＿＿＿＿＿＿＿　日　期＿＿＿＿＿＿＿＿＿

复核意见： 　　□与实际施工情况不相符，修改意见见附件。 　　□与实际施工情况相符，具体金额由造价工程师复核。 监理工程师＿＿＿＿＿＿＿＿＿ 日　期＿＿＿＿＿＿＿＿＿	复核意见： 　　你方提出的支付申请经复核，本周期已完成合同款额为（大写）＿＿＿＿＿＿，（小写）＿＿＿＿＿＿，本期间应支付金额为（大写）＿＿＿＿＿＿，（小写）＿＿＿＿＿＿。 　　　　　　造价工程师＿＿＿＿＿＿＿＿＿ 　　　　　　日　期＿＿＿＿＿＿＿＿＿

审核意见：

　　□不同意。

　　□同意，支付时间为本表签发后的15天内。

承发包人（章）＿＿＿＿＿＿＿＿＿

发包人代表＿＿＿＿＿＿＿＿＿

日　期＿＿＿＿＿＿＿＿＿

备注：（1）在选择栏中的"□"内做标识"√"；

　　　（2）本表一式四份，由承包人填报，发包人、监理人、造价咨询人、承包人各存一份。

9.5 现场签证审核

一份完整、有效的现场签证至少要回答是什么（事由）、为什么（理由）、做了什么（人材机用量）和需要多少钱（单价和总价）等四个问题，并按合同约定或规范文件要求履行了全部签认、审查和盖章手续。凡是没有明确这四个方面的内容就履行完整的手续的，即为不合规，不能直接进入工程竣工结算。

9.5.1 现场签证有条件要求

现场签证的条件，是指符合哪些情形才能办理现场签证；现场签证的范围是合同以外的事项，完成的工作是零星工作或非承包人责任事件等；实施的依据是发包人的指令；提出的时点是收到发包人指令后 7 天以内。不满足上述四个条件，不能办理现场签证；即使办理了现场签证，也不能直接进入工程竣工结算，调整合同价款。《建设工程工程量清单计价规范》（GB 50500—2013）9.14.1 规定，承包人应发包人要求完成合同以外的零星项目、非承包人责任事件等工作的，发包人应及时以书面形式向承包人发出指令，并应提供所需的相关资料；承包人在收到指令后，应及时向发包人提出现场签证要求。

如某项目竣工结算，根据现场签证计算了场地内临时设施的搭设、维修、拆除和清理费。《住房城乡建设部　财政部关于印发〈建筑安装工程费用项目组成〉的通知》（建标〔2013〕44 号）规定，安全文明施工费包括环境保护费、文明施工费、安全施工费和临时设施费。其中，临时设施费包括临时设施的搭设、维修、拆除和清理费或摊销费等。该签证是合同范围内的事项，不属于现场签证的范围，且与合同内已有的费用项目重叠，不能进入工程竣工结算。

9.5.2 现场签证确认有时间规定

现场签证的时间包括两个方面：一是对承包人的要求。承包人现场签证应在 7 天内提出，在规定的时限内，没有提交现场签证，视为不涉及或放弃调整合同价款；二是对发包人的要求。这点对促进建立市场经济理念极为重要。发包人应当 48 小时内确认或提出修改意见。在规定的时限内，发包人没有提出意见或确认，视为认可。《建设工程工程量清单计价规范》（GB 50500—2013）9.14.2 规定，承包人应在收到发包人指令后的 7 天内向发包人提交现场签证报告，发包人应在收到现场签证报告后的48小时内对报告内容进行核实，予以确认或提出修改意见。发包人在收到承包人现场签报告后的48小时内未确认也未提出修改意见的，应视为承包人提交的现场签证报告已被发包人认可。

如某项目，施工方提交的工程竣工结算文件中包括一份基坑边坡滑坡处理的现场签证费用。基坑开挖，土方场地内就地堆放。由于连连大雨，导致靠近基坑边土体滑移，工程监理发出了要求施工单位立即采取措施的书面指令。施工单位依据工程监理指令对土体进行遮水覆盖，并对下滑土体进行了移位处理，同时提交了现场签证报告。建设单位收到签证报告后没有提出处理意见或答复。建设单位认为该项费用包括在冬雨季施工措施费中，所以没有回复。施工方认为，连连大雨，超过了冬雨季施工措施费的范围，属于异常恶劣的气候条件，且当地气象部门发布了50年不遇的大雨通告及加强灾害防范的相关文件。工程竣工结算审核确认，建设单位没有提出意见或答复，视为认可，应该进入工程竣工结算。

9.5.3 现场签证有内容要求

现场签证的内容要求表现在两个方面：

一是现场签证本身载明的内容要素应该符合要求。现场签证应签人材机数量、价格。合同约定了单价的，按合同执行；合同没有的，应确定单价。如某项目现场签证单反映：因基坑积水严重，需要用污水泵抽水，使用污水泵抽水6个台班。既没有签证基坑积水是地下渗水还是雨水，也没有签证积水总水量、单日水量和抽水台班单价以及总价等。签证关键要素不全，无法进行确认。若该签证得不到建设单位的重新确认，则不能进入工程竣工结算。《建设工程工程量清单计价规范》（GB 50500—2013）9.14.3规定，现场签证的工作如已有相应的计日工单价，现场签证中应列明完成该类项目所需的人工、材料、工程设备和施工机械台班的数量。如现场签证的工作没有相应的计日工单价，应在现场签证报告中列明完成该签证工作所需的人工、材料设备和施工机械台班的数量及单价。

二是现场签证的事项内容应符合要求，即不能使用现场签证的事项，不能办理现场签认。

如某项目，工程竣工结算计算了内墙面增加一遍面层处理的现场签证费用。原设计面层两遍，施工中增加为三遍。面层处理增加一道工艺，属于设计变更，应按设计变更程序办理。现场签证的程序是先有指令，后实施，并提出签证；工程变更的程序是先批准，后实施；先设计，后施工。其要求明显不同，应办理工程变更的事项，通过现场签证的方式进入工程竣工结算，不予确认。

9.5.4 现场签证对费用支付有时间要求

现场签证金额，与工程进度款一并支付。《建设工程工程量清单计价规范》（GB 50500—2013）9.14.5 规定，现场签证工作完成后的 7 天内，承包人应按照现场签证内容计算价款，报送发包人确认后，作为增加合同价款，与进度款同期支付。工程竣工结算前发现应支付而没有支付的，应查明原因。一些地方盲目坚持工程进度款支付只与签约合同总额挂钩，不把期中增减的费用纳入合同总额计算并与工程进度款同期支付，既违反法律、法规规定，也容易发生时间造假、事项造假、内容造假、签字盖章确认手续造假等弄虚作假、串通舞弊行为。

如某项目一份边坡塌方的土方清理签证，按签证的时间判断，其工程进度已达主体工程 3 层施工阶段，其签证的原因是场地外道路工程土方开挖引起场地内边坡塌方。按理应由道路工程施工方负责处理，但签证却以对方难以协调，为保证施工安全，由本项目施工方负责清理、修复，对此进行了确认。虽与道路工程施工方进行核实，确有其事，但其土方工程量最终无法准确核实，只能以签证数量进入竣工结算。

9.5.5 现场签证对费用审核有特定要求

现场签证审核的重点不是核量审价，而是审核签证资料的完整性、真实性、准确性、合规性和有效性。除非发现有高估冒算、弄虚作假以及其他不符合要求的行为，否则，应按签证资料确认的金额计算价格。现场签证事项，具有零星性、偶然性和紧迫性，一般没有实体存在，事后难以进行核实，所以强调资料的完整性、价格的确定性。作为民事行为，甲、乙双方都有对合同之外的事项进行决定的权力。作为正在履行合同的一方，既可实施，也可以不实施，改由合同外其他单位或个人实施，绝不能因不承担合同外的工作而影响已经签订的合同的履行，或以已签订的合同要求合同另一方无条件承担合同外的某项工作。《建设工程工程量清单计价规范》（GB 50500—2013）11.2.4 规定，现场签证费用应依据发承包双方签证资料确认的金额计算价格。

9.5.6 未及时签证的补救措施

现场签证手续可以补充，但需发包人书面同意，否则不能进入工程竣工结算。施工过程中，不及时签证的原因较复杂。原则上要求及时签证，但不等于不及时签证就不能被认可。事后追认，是现场签证费用确认重要的补救方式。《建设工程工程量清单计价规范》（GB 50500—2013）9.14.4规定：合同工程发生现场签证事项，未经发包人签证确认，承包人便擅自施工的，除非征得发包人书面同意，否则发生的费用应由承包人承担。《最高人民法院关于审理建设工程施工合同纠纷案件适用法律问题的解释》（法释〔2004〕14号）第十九条规定：当事人对工程量有争议的，按照施工过程中形成的签证等书面文件确认；承包人能够证明发包人同意其施工，但未能提供签证文件证明工程量发生的，可以按照当事人提供的其他证据确认实际发生的工程量。

9.6 工程变更审核

工程变更，包括设计变更和其他变更，是指由发包人或承包人提出，经发包人批准的合同工程任何一项工作的增、减、取消或施工工艺、顺序、时间的改变；设计图纸的修改；施工条件的改变；招标工程量清单的错、漏从而引起合同条件的改变或工程量的增减变化。工程变更不等于合同价款调整。只有应由建设单位承担责任的事项，且施工单位提出了调整合同价款的要求，原因清楚，责任明确，技术先进，价格合理和审核批准手续完备，才能进入竣工结算，调整合同价款。

9.6.1 工程变更原因应清楚、合理

工程变更分为设计变更和其他变更两大类。其中，设计变更是指对招标图纸或经备案的设计文件所进行的修改和补充；其他变更是指无须修改、补充原设计文件，但实施后会引起合同工作内容改变的施工变化。如清单漏项、工程量变化、工期调整、材料更换、施工条件变化等。工程变更的原因应清楚，理由应充分，否则不能进入工程变更程序。引起工程变更的因素很多，如设计桩基未达持力层，清单漏项，清单项目特征描述错误，建设方或监理方书面指令，场地外雨水管渗漏导致基坑边坡移位、下滑等。工程变更的原因描述得越具体，越有利于准确判断工程变更是否实施、是否合理、责任由谁承担以及承担多少。如某项目，施工

方提出将指路标志牌横梁、立柱、基础不变，规格由 3 000 mm × 2 000 mm 变更为 3 000 mm × 2 500 mm。指路标志牌，通常为矩形，蓝（绿）底白字和白色图案，一般规格为 3 000 mm × 1 500 mm、3 000 mm × 2 000 mm、3 500 mm × 2 000 mm、4 000 mm × 2 000 mm 等，很少有规格为 3 000 mm × 2 500 mm 的。工程变更的原因越具体，越有利于判断是否应该变更以及变更合理与否。又如某工程变更，其原因为因场地内土质含水率较高，容易造成地下室渗漏，要求基础回填由素土回填改为三七灰土回填。显然，场地内土质含水率高低、基础回填材料类别，与地下室渗漏没有直接关联。三七灰土，是一种将石灰和黏土按比例配制而成的强度较高的建筑材料。其中，石灰水化后与土壤中的二氧化硅或三氧化二铝或三氧化二铁等物质结合，可生成胶结体硅酸钙或铝酸钙或铁酸钙，将土壤胶结起来，使灰土有较高的强度和抗水性。基础回填与地下室防渗也不能关联。显然，这是一份理由不充分的工程变更，是为了提高造价、扩大利润而发起的工程变更，即使由建设单位批准已经实施，其损失也不能全部由建设单位承担。

9.6.2 工程变更办理应合规、及时

工程变更办理应合规、及时，表现在三个方面：

第一，审批前置，必须先批准、后变更，先设计、后施工。其中，政府投资项目重大变更，还需按地方政府建设管理规定，经相关机构审批后方可施工。凡没有履行审批前置的工程变更，均为违规工程变更，应查明原因，分别进行处理。对无正当理由，实施后对保证质量安全无明显作用的"先斩后凑"式工程变更，必须经纪检监察机构调查处理后，再确认是否调整合同价款。

第二，合同价款调整确认的时间。时间不符合合同约定，即为无效。承包人应该在设计变更确定后合同约定的时限内或 14 天内，提出工程价款调整报告，经发包人审核同意后，调整合同价款。承包人在收到设计变更通知后的合同约定的时限内或 14 天内，没有提出变更工程价款报告的，发包人可以单方面决定是否调整合同价款以及调整的具体金额。收到变更工程价款报告或调整意见的一方，应在收到之日起合同约定的时限内或 14 天内确认或提出协商意见。自变更工程价款报告或调整意见送达之日起 14 天内，对方既未确认也未提出协商意见的，均视为已确认。

第三，同期支付。工程变更确认增（减）的价款作为追加（减）合同价款，与工程进度款同期支付。凡没有同期支付的，均应查明原因，分清责任，其中

对承包人的延迟申请支付应重点进行核查，防止以工程变更造假，串通套取工程价款。

9.6.3 工程变更责任应具体、量化

设计文件一经批准，原则上不得任意变更。工程变更的原因是多方面的，有客观原因，如不可抗力导致的工程规模及内容的改变等，但更多的是主观原因，如设计错、漏、碰、缺，勘察不到位、不准确，清单漏项、错项，施工方案错误，甚至恶意地改变施工现场条件等。工程变更并不等于合同价款调整。是否调整以及按比例调整合同价款，需要依据引起工程变更的责任进行判断。查明引起工程变更的原因，明确界定引起工程变更的责任，是判断工程变更是否调整以及按比例调整合同价款的重要方法。对于原因复杂的工程变更，还应将责任程度进行量化，为质量责任追究提供基础。

如某项目基坑支护，设计为放坡，并采用锚杆（9 m）+ 土钉（10 m）+ 挂网喷锚（10 m）支护，基坑深 4.5 m，施工至土钉支护时，因连日大雨，边坡中间 20 m 范围内突然出现 50 cm 裂缝，并发生 10 ~ 20 cm 沉降。工程变更提出在沉降段基坑底部采用拉森钢板桩斜桩加固，租赁时长 3 个月，费用 15 万元。拉森钢板桩，又叫 U 型钢板桩，是一种新型建材，具有绿色、环保、施工速度快、施工费用低、防水性能好的特点。现场查勘发现，基坑靠近另一小区围墙基础，围墙内侧 3 m 处有两个雨水井，雨水管堵塞导致雨水井满灌而渗入回填土层，通过回填土层渗入基坑内。工程变更提供的雨水井照片可以看出雨水已升至井盖，几近溢出，小区道路另一侧露天车位有一开裂照片，均可证明是积水导致渗水通过回填土层渗入基坑，造成边坡失稳的事实。其中以下问题与工程合理变更存在冲突：

第一，锚杆、土钉必须钻孔，如果有积水，积水会从孔内流出；

第二，锚杆、土钉必须注浆，若回填土松散，易发生跑浆现象；

第三，雨水管堵塞，积水外渗，导致边坡移位滑动，雨水管及检查井应有大量腐蚀性垃圾及淤泥，而该处在通过检查井抽出积水后，检查井底为新黏土淤泥；

第四，小区业主入住已有三四年，物业没有收到此地段雨水管堵塞、雨水外溢的反映和投诉；

第五，土方开挖至基坑底部，施工单位没有反映土层积水和渗水情况；

第六，勘察报告没有周边土层积水和土质松散的情况反映；

因此，判断此项变更，是人为事故，应由施工单位承担全部责任。

9.6.4 工程变更技术方案应先进、经济

建设工程规模大、工期长、专业多、工艺复杂和实施环境多变，工程变更难以避免。工程变更的处理原则是：可变可不变的，尽量不变；非变不可的，按功能与寿命周期成本配比最优的方案变；规模或范围扩大、内容或要求增加、标准或档次提高、功能及用途改变的，一律不变。非变不可的，应至少有两套及以上技术方案，且比原技术方案更先进、更经济，并符合功能与寿命周期成本配比最优的原则。施工方提出的工程变更，必须提出工程变更方案，经建设单位确认后，委托设计单位或监理单位进行技术经济分析，出具设计变更单或其他工程变更单。

如某项目，原装饰装修设计，大厅门口柱间顶棚为满刮腻子、刷水泥漆两遍，顶棚中间挑梁两侧凿槽走线安装普通吸顶灯。施工方建议的单一工程变更方案为：铝合金龙骨，9mm阻燃胶合板基层，铝塑板面层，高档吸顶灯。这是一份由建设单位发起的标准或档次提高的工程变更，本身就存在不合理性。不但材料档次偏高，而且基层可以不安装胶合板。基层用胶合板，主要是解决面层材料平整和不能有效固定的问题，而铝塑板强度较高，可直接铆钉固定，没有必要采用粘贴法，龙骨有木龙骨、轻钢龙骨、铝合金龙骨，基层板有胶合板（包括阻燃型和非阻燃型）、三夹板、石膏板等，面层处理有基层上直接刷涂料、安装饰面板等，饰面板更有许多种材质等。技术方案明显不合理。价值工程是技术方案选择较为科学的方法之一。它是指一项以产品或作业的功能分析为核心，以提高产品或作业的价值为目的，力求以最低寿命周期成本，实现产品或作业所要求的必要功能的有组织的创造性活动，也称功能成本分析。价值工程涉及价值、功能和寿命周期成本等三个基本要素。没有通过功能成本分析而确定的工程变更方案，原则上不能实施。若已经实施，应视为有充足资源，应以折扣后的价格进入工程竣工结算。

9.6.5 工程变更价格确定应规范、合理

所有设计变更，都应进入竣工图纸，且在竣工图纸上标明工程变更单编号、所在具体位置。凡是没有进入竣工图的设计变更，原则上不能进入工程竣工结

算。工程其他变更，无法通过竣工图纸体现，应分开整理、装订，经审批同意的变更实施方案应紧随工程变更单之后整理、装订。工程变更价格，应按以下方法确定：

（1）合同有适用于变更项目的，采用该项目的单价，但工程量超过15%时，增加部分工程量的综合单价调低，减少后剩余部分工程量的综合单价调高。

（2）合同只有类似变更项目的，参照类似项目的单价执行。参照系指类似项目若按定额子目组价，则该项目也按定额子目组价；若执行某单位制定的包干单价，则该项目也按包干单价执行。

（3）合同没有适用和类似变更项目的，承包人根据信息价格和承包人报价浮动率提出变更项目单价，经发包人确认后调整。其中，报价浮动率＝（1-中标价或报价／招标控制价或施工图预算）×100%。

（4）合同没有适用和类似变更项目，且信息价格缺价的，承包人应根据有合法依据的市场价格和承包人报价浮动率提出变更项目的单价，报发包人确认后调整。

（5）承包人提出调整措施项目费的，应事先将拟实施的方案提交发包人确认，并详细说明与原方案的变化。拟实施的方案经发承包双方确认后执行。其中，单价措施项目费，按工程量偏差确定价格的方式确定单价；安全文明施工费按规定计算；按总价（或系数）计算的其他措施项目费，按调整金额乘以报价浮动率计算，但工程量增加的措施项目费调增，工程量减少的措施项目费调减。

（6）发包人删减合同工作或工程，致使承包人发生的费用或（和）得到的收益不能被包括在其他已支付或应支付的项目中，也未被包含在任何替代的工作或工程中时，承包人可提出合理的费用及利润补偿。没有提出补偿报告并获得批准的，工程竣工结算不予考虑。

9.6.6 以工程变更确认的工程建设其他费用应有补充协议

在投资费用管理上，工程费用与工程建设其他费，属于不同性质的费用。工程费用是指直接形成工程实体和辅助工程实体形式而发生的费用以及设备工器具购置费用。一般以施工合同的形式进行发包管理。工程建设其他费是指为具备规划条件、建设条件、施工条件和进行工程管理而发生的费用。一般不包括在施工合同中。这些费用具有零散性、阶段性、单项性和综合性的特点，一般由建设单位分项管理、逐项审核使用。有些费用，虽然一次性发生，但多个项目共同受益,项目竣工财务决算时还应在共同受益的项目中进行合理地分摊。在工程竣工结算时，有的建设单位却以工程变更的形式进入了工程竣工结算。事实上，这不是工程实体施工合同的范围及内容，不能以工程变更的形式进入工程实体进行结算。若这些费用与工程实体及形成直接相关，且费用发生后只有本项目单独受益，也应签订补充协议，在审核报告中进行特别说明。如"三通一平"费和第三方检测试验费等。

"三通一平"，《湖南省建设工程造价管理总站关于印发 2014 版〈湖南省建设工程计价办法〉及〈湖南省建设工程消耗量标准解释汇编（一）〉的通知》（湘建价建〔2016〕8 号）第一章第十一项明确规定：接入市政的水源、电源以红线为界，红线以内的部分包括在临时设施费中，超出红线范围内属于"三通一平"费用，应按实另计。施工便道和便桥属于"三通一平"的范畴。如某项目施工合同，修建红线范围外进出场施工道路，通过工程变更确认费用280多万元，就需要作为一个新项目，另外签订合同，按单独合同另行结算。因为施工道路，可供两个项目受益，且施工结束后，可继续使用。

检测试验费用，《关于进一步加强长沙市预拌商品混凝土质量监管的通知》（长住建发〔2014〕10 号）规定：在混凝土质量管理工作中，引入"黑匣子"和无线传输技术，实现对搅拌投料数据进行实时采集上传，确保真实的配比信息；在建设工程质量监管工作中，引入二维码、RFID 电子芯片等信息技术，确保见证材料样品的真实性、可溯性，实现送样过程全程监控、闭合管理。其措施是：一是对砼站进行技改升级。利用混凝土质量追踪及动态监管系统，并在混凝土生产企业搅拌楼安装"黑匣子"，直接采集投料数据，对于实际投料数据偏离设计配合比尤其是水泥用量低于各等级混凝土最低水泥用量极限值时自动预警。二是由监理见证制芯。利用建设工程质量检测监管平台，引入物联网和二维码技术，实现对见证送验全过程跟踪，确保检验样品的真实性。监理单位通过信息系统制作带有唯一身份识别码的芯片并植入混凝土试件，确保取样的可靠性。三是采取检测读芯收样。检测单位在收件时必须读取芯片，确认试件身份，防止在现场养护和送检过程的调包行为；检测单位在对试件进行试验时，需再次读取芯片，确保受检试件的真实性，全过程形成链式、闭合管理。全市所有在建的建设工程，在施工现场制作的标准养护和同条件养护抗压试件必须全部植入芯片。未植入混凝土芯片的混凝土试件将作为无效试件，其检验结果不能作为工程竣工验收资料。如某项目，混凝土试件芯片增加费用 104 236.2 元，因招标控制价漏项而漏计，施工方以工程变更的方式要求建设单位予以确认不妥当，应该签订补充合同。因为委托第三方进行检测检验，初次发生的费用由建设单位承担。

9.6.7 杜绝人为原因引起或超范围而确认的工程变更

工程结算办理过程中，必须杜绝人为原因引起或超范围而确认的工程变更，由此造成的损失应由责任单位或责任人承担。

如某项目，铝合金门窗玻璃厚度变更反映：S5 门窗、S6 门窗、幼儿园门窗及 10# 栋、11# 栋物业用房房门、窗玻璃，招标时设计图纸为断热铝合金 LOW–E 中空玻璃窗（5+9A+5），建筑节能设计审查备案登记表备案为断热铝合金 LOW–E 中空玻璃窗（6+12A+6），玻璃厚度变更增加 25 元 /m²，变更增加造价约 48 129.75 元。显然，该项变更就是人为造成的。节能设计审查备案错误，可以通过重新备案更正，没有必要进行工程变更。

又如某项目，止水帷幕摆喷桩水泥用量增加变更单反映：基坑支护设计图纸技术参数标明水泥用量约为 600 kg/m，没有指明是旋喷还是摆喷水泥用量。招标工程量清单反映，旋喷按 600 kg/m、摆喷按 87.03 kg/m（清单量按照摆喷桩扇形面积计算）计价。在现场施工中，旋喷与摆喷的技术参数均一致，主要为浆液水灰比 1∶1；喷射浆压力：双管 34 MPa、喷射气压力 0.7 MPa、喷杆提升速度（不大于 8 cm/min）。基坑支护图纸会审，设计确认旋喷与摆喷的水泥用量相同。对摆喷桩现场复核，现场喷射浆压力 34 MPa、喷射气压力 0.7 MPa、转速 8 ～ 10 rd/min，喷杆提升速度 7.6 cm/min，摆喷桩水泥用量 610 kg/m。根据设计图纸计算增加费用约 31 万元。招标投标以清单为准，招标控制价与投标报价错误应根据清单修正。设计确认改变清单要求，实际上是为了满足施工单位工程变更的需要。正常施工，旋喷为 360 度旋转，摆喷不大于 180 度旋转，喷浆量不可能相等。这就是人为变更。

还如某项目，工程变更单反映：根据《房屋建筑与装饰工程工程量计算规范》（GB 50854—2013）桩基工程预制管桩工程量计算规则，管桩项目以成品桩编制，应包括成品桩购置费。《湖南省建设工程消耗量标准（2014）》管桩说明，管桩按外购考虑，割桩浪费管材按实签证；结合现场实际施工情况，按实签证。经查这两个文件关于预制钢筋混凝土管桩没有这样的说明。预制钢筋混凝土管桩，工程量计算规范只有项目特征描述和工程量计算的规定，消耗量标准中只有沉桩、接桩、打试验桩、打直桩和斜桩、平地打桩和堤坡打桩、桩间打桩或强夯后的地基打桩、送桩、引孔取土、凿桩头和填料等方面的规定，而且是按预制桩考虑的，包括预制和运输。该项工程变更属于工程变更的范围，但确认的工程变更的内容则属于子虚乌有。

9.7 工程索赔审查

9.7.1 工作依据及资料

（1）工程合同文件。

（2）索赔申请报告文件及相关资料。

（3）工程联系单。

（4）现场照片或影像文件。

（5）会议纪要。

9.7.2 工作要求、方法及内容

（1）工程索赔的审查要求。

①应依据建设工程施工承发包合同的约定和国家的相关规定处理工程索赔，注意索赔理由的正当性、证据的有效性和时效性。

②收到索赔申请报告后，应在规定的时间内根据承发包合同约定予以审核，或要求申请人进一步补充理由和证据。

③造价人员应与各方积极配合，采用合理的索赔计算方法，对于工程索赔加强主动控制，避免索赔费用的扩大。

（2）工程索赔的审查方法及内容。

①常见索赔事项。

a.业主没有按合同约定交付图纸等相关资料，未按时交付合格的施工现场，造成工程拖延和损失。

b.工程地质条件与合同规定、设计文件不一致。

c.业主或监理工程师变更原合同规定的施工顺序，扰乱了施工计划及施工方案，使工程数量有较大增加。

d.业主指令提高设计、施工、材料的质量标准。

e. 由于设计错误或业主、工程师错误指令，造成工程修改、返工、窝工等损失。

f. 业主和监理工程师指令增加额外工程或指令工程加速。

g. 业主未能及时交付工程款。

h. 物价上涨、汇率浮动，造成材料价格、人工工资上涨，承包商受较大损失。

i. 国家政策、法令修改。

j. 不可抗力因素等。

②索赔的审查。

a. 审查索赔事项是否符合合同的相关约定，进一步判断是否应进行工程或费用补偿。

b. 审查索赔程序是否符合合同要求。

c. 审查索赔证据是否充分。

d. 审查工期索赔和费用索赔的计算。

③索赔的分类和计算。

a. 工期索赔计算。

直接计算法：干扰事件直接发生在关键路线上或一次性地发生在一个项目上，造成对总工期的延误，通过查看施工日志、变更指令等资料，直接计算延误工期，并将这些资料中记载的延误工期作为工期索赔额。

网络分析计算法：是通过分析干扰事件发生前后的施工网络计划图，对比两种计算结果来计算索赔事件对工期的影响。

比例计算法：干扰事件常常影响某些单项工程、单位工程或分部分项工程的工期，要分析他们对总工期的影响，可按影响工作占原合同价的比例，等比例来计算索赔工期。

b. 费用索赔计算。

分项法：是对每个引起损失的索赔事件和各费用项目分别单独分析计算，最终求和得到总索赔额的方法。

c. 人工费索赔额计算方法。

（ⅰ）增加或损失工时计算。

额外劳务人员雇用、加班人工费补偿＝增加工时 × 合同约定人工单价。

闲置人员人工费索赔额＝闲置工时 × 合同约定人工单价 × 折扣系数（一般为 0.75）。

（ⅱ）劳动生产率降低额外支出人工费的索赔计算。

实际成本的预算成本比较法，是用受干扰后的实际成本与合同中的预算成本比较，计算出由于劳动效率降低造成的损失金额。

正常施工期与受影响施工期比较，是分别计算出正常施工期内和受干扰时施工期内的平均劳动生产率，求出劳动生产率降低值，而后求出索赔额。

人工费索赔额＝（计划工时 × 劳动生产率降低值）/ 正常情况下平均劳动生产率 × 相应人工单价。

④索赔报告的审查。

完整索赔报告应包括如下四个部分：

a. 总论部分：概述索赔事项；

b. 合同论证部分：叙述索赔的依据；

c. 费用索赔或工期索赔的计算论证；

d. 证据资料部分。

业主反索赔的要求、方法及内容可参照施工索赔进行。

9.8 设备、材料询价与确认

9.8.1 工作依据和资料

（1）工程造价管理部门发布的设备、材料、工程造价信息。

（2）市场询价。

9.8.2 工作要求、方法及内容

（1）根据《中华人民共和国招标投标法》（中华人民共和国主席令第二十一号发布，主席令第八十六号修正）和《中华人民共和国政府采购法》（中华人民共和国主席令第十四号）规定的范围、程序和要求进行设备、材料招标，审查采购是否按照公平竞争、择优择廉的原则来确定供应方。

（2）对设备、材料价格确认，要从设备材料的种类、规格型号、质量、数量、生产厂家、付款方式、交货地点、运输方式、期限、总价、违约责任等方面进行审查，检查要素是否齐全。

（3）提供设备、材料价格信息，做好过程询价和确认价格等工作。

9.9 新增项目价格审查

9.9.1 工作依据和资料

（1）工程合同文件。

（2）承包商申报经监理审核的新增单价文件。

（3）工程联系单及相关会议纪要等资料。

9.9.2 工作要求、方法及内容

（1）新增单价的审查要求。

①严格按照施工承发包合同协议条款约定的时间及时完成对新增单价的审查及处理，并建立相应的新增单价管理台账。

②深入工程现场，收集现场第一手资料，确保新增单价内容与实际相符，对新材料和新工艺的材料应询价，避免单价过高现象发生。

③对审查结果由造价咨询企业出具审查意见。

（2）新增单价的审查方法及内容。

①当项目工程量改变时，按实计算工程量，并沿用相应项目的单价及计费原则和程式。工程量改变是指经发包人批准的施工图内容与招标图纸发生变化，引起工程量的变化（增加或减少）。

②当项目用料（包括规格）改变时，只调整相应项目的主材费用，如主材单价没有该种材料，由承包人根据工程量清单相似或相近项目的报价水平报价并经监理、发包人审查确认，相似或相近项目指主要材料的品牌、型号、规格、厚度、质量等级、产地、种类、混凝土（或砂浆）标号、配合比等发生变化，那么该项目的结算价按相似或相近项目的综合单价换算，换算时只计算主要材料价差及规费和税金。

③当项目的工程量及主要材料同时改变时，应调整相应项目的工程量及主材费用，其计费原则不变。

④若工程量清单中没有的项目，则参照工程量清单类似项目计价，没有类似项目的，参照预算定额计算直接费（或成本价），工料机价格参照清单内价格，原清单内没有价格的执行施工当期信息价或监理、发包人确认价、管理费及利润的取费水平执行投标时报出的费率或按未列出项目（清单外项目）取费

明细表的取费水平。

9.10 施工过程结算

针对拖欠工程款和拖欠农民工工资问题，为优化营商环境，完善工程结算管理，加强房屋建筑和市政基础设施工程造价和计价行为监管，促进建筑业持续健康发展，施工过程结算摆上了各级政府重要的议事日程。《保障农民工工资支付条例》（中华人民共和国国务院令第724号）、《国务院办公厅关于促进建筑业持续健康发展的意见》（国办发〔2017〕19号）、《湖南省人民政府办公厅关于促进建筑业持续健康发展的实施意见》（湘政办发〔2018〕21号）等有关行政法规和指导性意见，均对此问题高度关注，并给予农民工足够重视。《湖南省住房和建设厅关于在房屋建筑和市政基础设施工程中推行施工过程结算的实施意见》（湘建价〔2020〕87号），是规范湖南省行政区内拖欠工程款和拖欠农民工工资问题得以妥善解决的主要依据性文件。

（1）施工过程结算的定义。

施工过程结算是指建筑工程项目实施过程中，发承包双方依据施工合同，对约定结算节点内完成质量合格的工程内容（包括现场签证、工程变更、索赔等）开展工程价款计算、调整、确认及支付等的活动。施工过程结算，一直是工程结算关注的重点问题。《建设工程价款结算暂行办法》（财建〔2004〕369号）第十三条规定：工程进度款结算与支付应当采取按月结算与支付或分段结算与支付的方式，不得任意拖欠工程进度款，随意对工程进度款延期支付。按月结算与支付，是指实行按月支付进度款，竣工后清算的办法。合同工期在两个年度以上的工程，在年终进行工程盘点，办理年度结算。分段结算与支付，是指当年开工、当年不能竣工的工程按照工程形象进度，划分不同阶段支付工程进度款，具体划分应在合同中明确。两者的区别就是：施工过程结算，删除了进度款这一容易引起重复进行结算审核的前置条件。进度款结清，即已完工工程部分结算办理完毕。

（2）施工过程结算对招标文件及施工合同的要求。

实行施工过程结算的项目，招标文件和施工合同中应约定施工过程结算周期、计量计价方法、风险范围、验收要求以及价款支付时间、程序、方法、比例等内容。其中，施工合同中应明确措施项目费的支付方式，采用总价计算的措施项目费可依据施工过程结算当期实际完成的工程造价比例计算；采用单价计算的措施项目费可按当期完成的工程施工措施工作量进行计量及计价。

施工过程结算周期，可按施工形象进度节点划分，与进度款支付节点相衔接。房屋建筑工程施工过程结算节点应根据项目大小合理划分，可分为土方开挖及基坑支护、桩基工程、地下室工程、地上主体结构工程（可分段）和装饰装修及安装工程（可分专业）等。市政基础设施建筑工程施工过程结算节点可采用分段、分单项或分专业合理划分。

（3）施工过程结算的要求。

发承包双方应依据合同约定的施工过程结算节点进行施工过程结算。承包方应在施工过程结算节点工程验收合格后，在合同约定期限内向发包方递交完整的施工过程结算文件及相应结算资料；发包方应在约定期限内完成施工过程结算的核对、确认。因发包方原因逾期未完成审核的，可按合同约定视同发包方认可承包方报送的施工过程结算文件；因承包方原因未在约定期限内提交施工过程结算文件，发包方可以依据合同约定根据已有资料自行开展施工过程结算活动。

合同约定的施工过程结算办理各项期限不得超过 28 日。合同中对施工过程结算办理的各项时限未有约定的，其期限均为 28 日。施工过程结算应根据合同约定计量计价。计量计价有争议的，争议部分按合同约定的争议方式处理。

（4）施工过程结算应提交的资料及支付比例。

施工过程结算文件应按竣工结算文件要求进行编制。资料包括施工合同、补充协议、中标通知书、施工图纸、工程招标投标文件、施工方案、工程量及其单价以及各项费用计算、经确认的工程变更、现场签证、工程索赔等。施工过程结算文件经发承包双方签字认可后，作为竣工结算文件的组成部分及支付工程进度款的依据。

施工过程结算文件由负责编制审核的注册造价工程师签名并加盖执业专用章和编制单位印章。使用国有资金投资的建设工程发包方应当委托具有相应资质的工程造价咨询企业审核施工过程结算文件。

发包方应在合同约定的时间内按照合同约定的比例进行支付，合同约定的支付比例不得低于施工过程结算款的 60%。项目累计合同金额不得超过概算。

10 工程竣工验收

工程竣工验收，包括建设工程规划条件验收、光纤到户及通信基础设施验收备案、人防工程认定、水土保持设施验收、工程消防验收、工程竣工联合验收及档案备案等。《住房城乡建设部关于印发〈房屋建筑和市政基础设施工程竣工验收规定〉的通知》（建质〔2013〕171号）规定：县级以上地方政府建设主管部门负责本行政区域内工程竣工验收的监督管理，具体工作委托所属的工程质量监督机构实施，工程竣工验收由建设单位负责组织实施。

10.1 规划核实

规划核实，是指城乡规划部门对建筑工程是否符合《建设工程规划许可证》及其附件（图）所确定的内容进行的核验和确认。它分为放线核实、基础竣工核实和工程竣工核实三个环节。其中，放线核实，又称灰线验线，是指城乡规划部门将放线报告与依法审定的建筑工程总平面图进行对照，核验该建筑工程的放线情况与城乡规划部门审定的总平面图是否一致。基础竣工核实，又称±0.00验线，是指城乡规划部门将基础竣工测量报告与建设工程规划许可证及附件（图）确定的有关建筑基础规划部分内容进行对照，核验建筑工程基础的建设情况是否与建设工程规划许可证及附件（图）相符。工程竣工核实，是指城乡规划部门将工程竣工测量报告与建设工程规划许可证及附件、附图所确定的内容进行对照，核验建筑工程的建设情况是否与建设工程规划许可证及附件（图）相符。在规划核实前，应先与相关主管部门取得联系，避免验收资源的重复投入。

《自然资源部关于以"多规合一"为基础推进规划用地"多审合一、多证合一"改革的通知》（自然资规〔2019〕2号）规定：将建设用地审批、城乡规划许可、规划核实、竣工验收和不动产登记等多项测绘业务整合，归口成果管理，推进"多测合并、联合测绘、成果共享"。不得重复审核和要求建设单位或者个人多次提交对同一标的物的测绘成果；确有需要的，可以进行核实更新和补充测绘。在建设项目竣工验收阶段，将自然资源主管部门负责的规划核实、土地核验、不动产测绘等合并为一个验收事项。

10.1.1 规划核实必备条件

（1）建设工程已按规划许可文件规定内容完成所有建（构）筑物及配套公共服务设施建设。

（2）建设工程已按规划许可文件规定内容完成项目内所有道路硬化和环境绿化。

（3）建设工程已完成用地红线范围内旧房及临时用房拆除。

（4）2007年3月1日以后新审批的建设工程，已按相关规定进行了建设工程规划批后管理。

（5）建设工程已进行了竣工规划实测。

（6）建设工程竣工规划核实申请资料齐全。

（7）其他相关规定。

10.1.2 规划核实应提供资料

（1）建设工程规划许可证及原规划审批总平面布置图原件。

（2）原规划审批总平面图、建筑单体报建图及效果图原件。

（3）建设工程用地批准文件及相关图件复印件。

（4）1∶500建设工程竣工规划实测总平布置图（含地形）及建筑单体平面图（含电子版）。

（5）建设工程竣工图（含电子版）。

（6）建设工程竣工规划核实申请报告。

（7）建设单位办理建设工程竣工规划核实经办人法人授权委托书。

（8）建设工程规划批后管理阶段检验表复印件。

《自然资源部关于以"多规合一"为基础推进规划用地"多审合一、多证合一"改革的通知》（自然资规〔2019〕2号）规定：加快信息化建设，可以通过政府内部信息共享获得的有关文件、证书等材料，不得要求行政相对人提交；对行政相对人前期已提供且无变化的材料，不得要求重复提交。支持各地探索以互联网、手机 APP 等方式，为行政相对人提供在线办理、进度查询和文书下载打印等服务。

10.1.3 规划核实合格标准

（1）规划许可文件齐全。

（2）建设用地的性质、位置、界线、面积符合规划许可文件的规定。

（3）建（构）筑物的使用性质、建设规模、平面位置、层数、高度、立面造型、外装材料、外装色彩符合规划许可文件的规定。

（4）基础设施和公共设施按规划许可文件的规定同步建设完成。

（5）建筑密度、容积率、绿地率、公共绿地面积、停车泊位、后退红线及交通出入口等符合规划许可文件的规定。

（6）建设用地和代征用地范围内应当拆除的建（构）筑物已拆除完毕。

（7）规划许可文件的其他规定及法律、法规规定的其他情形。

10.1.4 建设工程规划验收合格证核发

（1）同时核实事项：建设项目用地竣工条件核实。

（2）核实机构：自然资源规划部门。

（3）核实依据：《中华人民共和国城乡规划法》（中华人民共和国主席令第七十四号）第四十五条规定，县级以上地方政府城乡规划主管部门按照国务院规定对建设工程是否符合规划条件予以核实。未经核实或者经核实不符合规划条件的，建设单位不得组织竣工验收。

《国务院关于促进节约集约用地的通知》（国发〔2008〕3 号）第二十条规定：要将建设项目依法用地和履行土地出让合同、划拨决定书的情况，作为建设工程竣工验收的一项内容。没有国土资源部门的检查核验意见，或者检查核验不合格的，不得通过竣工验收。

10.2 光纤到户及通信基础设施验收备案

电信，是指利用有线、无线的电磁系统或者光电系统，传送、发射或者接收语音、文字、数据、图像以及其他任何形式信息的活动。电信业务分为基础电信业务和增值电信业务。基础电信业务，是指提供公共网络基础设施、公共数据传送和基本话音通信服务的业务。增值电信业务，是指利用公共网络基础设施提供的电信与信息服务的业务。基础电信建设项目纳入地方各级政府城市建设总体规划和村镇、集镇建设总体规划。

（1）备案机构：长沙市通信发展管理办公室（受湖南省通信管理局委托）。

（2）备案依据：《建设工程质量管理条例》（中华人民共和国国务院令第 279 号发布，国务院令第 714 号修订）第四十九条规定，建设单位应当自建设工程竣工验收合格之日起 15 日内，将建设工程竣工验收报告和规划、公安消防、环保等部门出具的认可文件或者准许使用文件报送建设部门或者其他有关部门备案。

《中华人民共和国电信条例》（中华人民共和国国务院令 291 号发布，国务院令第 666 号修订）第四十五条规定：城市建设和村镇、集镇建设应当配套设置电信设施。建筑物内的电信管线和配线设施以及建设项目用地范围内的电信管道，应当纳入建设项目的设计文件，并随建设项目同时施工与验收。所需经费应当纳入建设项目概算。有关单位或者部门规划、建设道路、桥梁、隧道或者地下管道等，应事先通知省（自治区、直辖市）电信管理机构和电信业务经营者，协商预留电信管线等事宜。

10.3 人防工程认定

（1）认定机构：人防办。

（2）认定依据：《湖南省实施〈中华人民共和国人民防空法〉办法》（湖南省第十一届人民代表大会常务委员会公告第 54 号）第十九条规定，防空地下室竣工验收后，建设单位应当取得人防部门的认可文件；未取得认可文件的，住建部门不得办理工程竣工验收备案手续，房产部门不得办理房屋权属登记、发放房屋所有权证书。

10.4 工程竣工联合验收

10.4.1 工程竣工验收的条件

（1）完成工程设计和合同约定的各项内容。

（2）施工单位在工程完工后对工程质量进行了检查，确认工程质量符合有关法律、法规和工程建设强制性标准，符合设计文件及合同要求，并提出工程竣工报告。工程竣工报告应经项目经理和施工单位有关负责人审核签字。

（3）对于委托监理的工程项目，监理单位对工程进行了质量评估，具有完整的监理资料，并提出工程质量评估报告。工程质量评估报告应经总监理工程师和监理单位有关负责人审核签字。

（4）勘察、设计单位，对勘察、设计文件及施工过程中由设计单位签署的设计变更通知书进行了检查，并提出质量检查报告。质量检查报告应经该项目勘察、设计负责人和勘察、设计单位有关负责人审核签字。

（5）有完整的技术档案和施工管理资料。

（6）有工程使用的主要建筑材料、建筑构配件和设备的进场试验报告，以及工程质量检测和功能性试验资料。

（7）建设单位已按合同约定支付工程款。

（8）有施工单位签署的工程质量保修书。

（9）对于住宅工程，进行分户验收并验收合格，建设单位按户出具《住宅工程质量分户验收表》。

（10）建设主管部门及工程质量监督机构责令整改的问题全部整改完毕。

（11）法律、法规规定的其他条件。

10.4.2 工程竣工验收的程序及要求

（1）工程完工后，施工单位向建设单位提交工程竣工报告，申请工程竣工验收。实行监理的工程，工程竣工报告须经总监理工程师签署意见。

（2）建设单位收到工程竣工报告后，对符合竣工验收要求的工程，组织勘察、设计、施工、监理等单位组成验收组，制定验收方案；对于重大工程和技术复杂工程，根据需要可邀请有关专家参加验收组。

（3）建设单位应当在工程竣工验收 7 个工作日前将验收的时间、地点及验收组名单书面通知负责监督该工程的工程质量监督机构。

（4）建设单位组织工程竣工验收。

①建设、勘察、设计、施工、监理单位分别汇报工程合同履约情况和在工程建设各个环节执行法律、法规和工程建设强制性标准的情况。

②审阅建设、勘察、设计、施工、监理单位的工程档案资料。

③实地查验工程质量。

a. 对工程勘察、设计、施工、设备安装质量和各管理环节等方面作出全面评价，形成经验收组人员签署的工程竣工验收意见。

b. 负责监督该工程的工程质量监督机构应当对工程竣工验收的组织形式、验收程序、执行验收标准等情况进行现场监督，发现有违反建设工程质量管理规定行为的，责令改正，并将对工程竣工验收的监督情况作为工程质量监督报告的重要内容。

c. 参与工程竣工验收的建设、勘察、设计、施工、监理等各方不能形成一致意见时，应当协商提出解决的方法，待意见一致后，重新组织工程竣工验收。工程竣工验收合格后，建设单位应当及时提出工程竣工验收报告。

工程竣工验收报告主要包括工程概况，建设单位执行基本建设程序情况，对工程勘察、设计、施工、监理等方面的评价，工程竣工验收时间、程序、内容和组织形式，工程竣工验收意见等内容，并附有下列文件：施工许可证；施工图设计文件审查意见；上述（2）（3）（4）规定的文件；验收组人员签署的工程竣工验收意见；法规、规章规定的其他有关文件。

10.4.3 工程竣工联合验收平台办理

工程竣工联合验收，是指在建筑工程项目完工后，对各行政管理部门依法实施的规划条件核实、建设用地检查核验、建设工程消防验收或备案、人防工程竣工验收备案、特定工程和场所防雷装置竣工验收、涉及国家安全事项的建设项目验收、建设工程城建档案验收等，按"线上办理、信息共享、并联验收、加强指导、限时办结、统一确认"的方式进行的联合验收。

（1）牵头部门：住建部门。

（2）竣工联合验收依据：《关于印发〈湖南省房屋建筑和市政基础设施工程竣工联合验收办法〉的通知》（湘建建〔2019〕134号）第五条规定，住房城乡建设、国家安全、自然资源、人防、气象等部门，按照职责分工，组织做好相关专项验收工作。住房城乡建设主管部门作为竣工联合验收牵头部门，负责联合验收有关的综合协调工作。

（3）办理平台：湖南省工程建设项目审批管理系统。

（4）操作流程：建设单位提交验收资料→牵头部门推送至各专项验收主管部门→牵头部门汇总各专项验收主管部门反馈的意见→资料验收合格，向建设单位出具受理告知单；不合格的，出具不予受理告知单→对已受理的，牵头部门确定现场验收时段，并通知各专项验收主管部门和建设单位→各专项验收主管部门在确定的时段内单独或会同其他专项验收主管部门共同进行现场验收（不需现场验收的，专项验收主管部门反馈不需现场验收的意见给牵头部门）→专项验收主管部门出具专项验收意见书→验收通过，出具通过意见；验收不通过的，注明不通过的理由、法定依据及整改意见→系统自动生成联合验收意见汇总表，推送给专项验收部门及建设单位。

10.5 工程竣工验收备案

10.5.1 工程竣工验收备案应提交资料

（1）工程竣工验收备案表。

（2）工程竣工验收报告。工程竣工验收报告应当包括工程报建日期，施工许可证号，施工图设计文件审查意见，勘察、设计、施工、工程监理等单位分别签署的质量合格文件及验收人员签署的竣工验收原始文件，市政基础设施的有关质量检测和功能性试验资料以及备案机关认为需要提供的有关资料。

（3）法律、行政法规规定应当由规划、环保等部门出具的认可文件或者准许使用文件。

（4）法律规定应当由公安消防部门出具的对大型的人员密集场所和其他特殊建设工程验收合格的证明文件。

（5）施工单位签署的工程质量保修书。

（6）住宅工程《住宅质量保证书》和《住宅使用说明书》。

（7）法规、规章规定必须提供的其他文件。

10.5.2 工程竣工验收备案机构与依据

（1）工程竣工验收备案机构：住建部门。

（2）竣工验收备案依据。

①《建设工程质量管理条例》（中华人民共和国国务院令第 279 号发布，国务院令第 714 号修订）第四十九条规定：建设单位应当自建设工程竣工验收合格之日起 15 日内，将建设工程竣工验收报告和规划、公安消防、环保等部门出具的认可文件或者准许使用文件报建设部门或者其他有关部门备案。

②《城镇排水与污水处理条例》（中华人民共和国国务院令第 641 号）第

十四条、第十五条规定：城镇排水与污水处理规划范围内的城镇排水与污水处理设施建设项目以及需要与城镇排水与污水处理设施相连接的新建、改建、扩建建设项目。城乡规划部门在依法核发建设用地规划许可证时，应当征求城镇排水主管部门的意见。城镇排水主管部门应当就排水设计方案是否符合城镇排水与污水处理规划和相关标准提出意见。城镇排水与污水处理设施建设工程竣工后，建设单位应当依法组织竣工验收。竣工验收合格的，方可交付使用，并自竣工验收合格之日起 15 日内，将竣工验收报告及相关资料报城镇排水主管部门备案。

③《城镇燃气管理条例》（中华人民共和国国务院令第 583 号发布，国务院令第 666 号修订）第十一条规定：进行新区建设、旧区改造，应当按照城乡规划和燃气发展规划配套建设燃气设施或者预留燃气设施建设用地。对燃气发展规划范围内的燃气设施建设工程，城乡规划部门在依法核发选址意见书时，应当就燃气设施建设是否符合燃气发展规划征求燃气管理部门的意见；不需要核发选址意见书的，城乡规划部门在依法核发建设用地规划许可证或者乡村建设规划许可证时，应当就燃气设施建设是否符合燃气发展规划征求燃气管理部门的意见。燃气设施建设工程竣工后，建设单位应当依法组织竣工验收，并自竣工验收合格之日起 15 日内，将竣工验收情况报燃气管理部门备案。

④《住房和城乡建设部关于修改〈房屋建筑工程和市政基础设施工程竣工验收备案管理办法〉的决定》（中华人民共和国建设部令第 78 号）第四条规定：建设单位应当自工程竣工验收合格之日起 15 日内，依照向工程所在地的县级以上地方政府建设部门备案。

⑤《城市建设档案管理规定》（中华人民共和国住房和城乡建设部令第 47 号修订）第六条、第七条、第八条规定：建设单位应当在工程竣工验收后六个月内，向城建档案馆报送一套符合规定的工程建设档案。凡工程建设档案不齐全的，应当限期补充。停建、缓建工程的档案，暂由建设单位保管。撤销单位的工程建设档案，应当向上级主管机关或者城建档案馆移交。对改建、扩建和重要部位维修的工程，建设单位应当组织设计、施工单位据实修改、补充和完善原工程建设档案。凡结构和平面布置等改变的，应当重新编制工程建设档案，并在工程竣工后三个月内向城建档案馆报送。列入城建档案馆档案接收范围的工程，其竣工验收应当有城建档案馆参加。

10.6 城建档案提交

城建档案是指在城市规划、建设及其管理活动中直接形成的对国家和社会具有保存价值的文字、图纸、图表、声像等各种载体的文件材料。城建档案馆重点管理下列档案资料:

(1)城市建设工程档案:工业、民用建筑工程;市政基础设施工程;公用基础设施工程;公共交通基础设施工程;园林建设、风景名胜建设工程;市容环境卫生设施建设工程;城市防洪、抗震、人防工程;军事工程档案资料中,除军事禁区和军事管理区以外的穿越市区的地下管线走向和有关隐蔽工程的位置图。

(2)建设系统各专业管理部门(包括城市规划、勘测、设计、施工、园林、风景名胜、环卫、市政、公用、房地产管理、人防等部门)形成的业务管理和业务技术档案。

(3)有关城市规划、建设及其管理的方针、政策、法规、计划方面的文件、科学研究成果和城市历史、自然、经济等方面的基础资料。

10.7 房屋不动产登记

建设项目联合验收办理完毕,即可进入房屋不动产登记程序。

根据建设项目《不动产登记暂行条例》(中华人民共和国国务院令第656号)、《湖南省人民政府办公厅关于印发〈湖南省不动产统一登记工作实施方案〉的通知》(湘办发〔2015〕43号)相关要求,办理房屋不动产登记手续时需提供以下资料:

(1)长沙市不动产登记申请表及授权委托书;

(2)建设单位营业执照;

(3)法人及受托人身份证复印件;

(4)长沙地名委员会出具的房屋有效地址证明全套(验原件收复印件);

(5)物管用房确认单;

(6)建设工程规划合格证(原件);

(7)建设工程施工许可证及审批单(原件);

(8)国土证(验原件、收复印件);

(9)业务对接单及不动产实地查看记录表;

(10)第二次实测报告(原件);

（11）建设工程竣工验收备案表（原件）；

（12）放线定位红线图；

（13）不动产测量报告、不动产权籍调查表；

（14）报建图。

10.8 工程竣工结算审核管理

政府投资项目工程竣工结算具有强制性。《长沙市人民政府关于印发〈长沙市政府投资建设项目管理办法〉的通知》（长政发〔2020〕5号）规定：建设工程竣工验收后，建设单位应当在规定时间内整理完善项目结算资料并送审，财政部门按规定及时完成审核并出具结算审核报告，并按规定办理结算及支付。建设工程合同是《中华人民共和国合同法》（中华人民共和国主席令第十五号）规定的民事合同，并非行政合同。建设工程合同约定的事项并非行政管理事务，而是技术服务、文化创意服务和建筑产品生产与制作。发承包计价是市场交易行为，工程竣工结算是发承包计价的最终环节，应坚持合同约定优先原则。施工成本或建筑产品成本，是生产建筑产品所耗费的物化劳动和必要劳动的货币支出总和，是施工企业内部成本核算的结果。编制工程竣工结算是承包人的职责，对工程竣工结算的确认，是发包人或招标人的职责。工程竣工结算应按发承包合同约定的计价原则、方法及要求办理。

10.8.1 工程竣工结算资料审核

工程竣工结算资料，是编制竣工结算文件的基础。竣工结算资料的完整性和有效性是实施竣工结算审核的关键。它直接决定竣工结算审核的质量和速度。对资料不完整、签字盖章手续不完善的竣工结算项目，应退回补充、完善后再实施竣工结算审核。边审核、边补充完善资料，是工程竣工结算质量得不到保证的重要原因。

10.8.1.1 工程竣工结算资料完整性审核

工程竣工结算资料完整性审核，是工程竣工结算审核的基础性工作。工程竣工结算资料完整，工程竣工结算核对才能有据可依。所提供的工程竣工结算资料，应先由施工单位签字盖章确认，再经监理单位、建设单位签字盖章确认。在审定过程中原则上不得增补、修改已经形成的工程竣工结算资料。若工程竣工结算资料出现前后矛盾，应以不利于工程竣工结算编制方的资料作为审定依据。监理单位、建设单位对有歧义的结算资料，应签署明确的书面意见。在合同约定的期限内不签署书面意见的，视为认可。一套完整的工程竣工结算资料，通常包括以下内容：

（1）结算文件：工程竣工结算书（纸制版、电子版）、工程量计算书、送审金额超合同情况明细表、预付款支付凭证、期中计量与进度款支付凭证等。

（2）合同文件：施工合同（含协议、通用条件、专用条件）及补充协议、现场签证、暂估价及新增材料（设备）询价定价单以及与工程结算有关的通知、指令、会议纪要、往来函件、工程会商纪要等。

（3）勘察设计资料：竣工图纸及经备案的施工图（纸制版、电子版）、技术交底与图纸会审书面记录、设计变更文件、工程勘察、原始地貌标高测量记录等。

（4）过程管理资料：概（预）算执行台账、除设计变更外的其他工程变更、分部分项工程进度计量确认单位、甲供材料（设备）收货验收签收单、备品备件清单、系统调试报告（单机、联动）、土方外运及卸土占用核定资料与发票、桩基施工与注浆等隐藏工程验收记录、隐藏工程与不能现场核定工程影像资料、竣工验收证明、甩项与界面划分工作确认函件等。

（5）施工组织资料：施工组织设计文件、专项施工方案、开（竣）工报告及工期延期通知单、监理通知单、工作联系函、各标段（专业工程）施工范围及内容确认文件、隐蔽工程验收记录、吊装工程记录、安装工程调试报告、竣工验收记录。

（6）招投标资料：招标文件及招标控制价（含施工图纸）、招标答疑纪要、招标补遗、中标通知书、投标文件（含投标报价、投标施工组织设计）等。

（7）项目前期审批资料：审批工程建设项目、批复可行性研究报告、审批初步设计等。

10.8.1.2 工程竣工结算资料有效性审核

工程竣工结算资料合规性审核，是竣工结算审核的又一项基础性工作。工程竣工结算资料只有按照合同约定或计价规定履行了必要的签字盖章确认手续，才能成为有效的结算依据。进入工程竣工结算审核的资料，都要有相关责任人签字且加盖单位公章的手续，并按文件及资料类型，区分土建、安装装订成册。其中，施工过程中涉及合同价款调整的资料，通常需要三级责任人签认或单位盖章确认手续。第一级：建设方、监理方和施工方三方现场代表签认；

第二级：总监理工程师、施工方项目经理部和建设单位工程管理机构负责人或委托的工程造价咨询机构签字或盖章确认；第三级：建设单位主要负责人审批同意并加盖单位章。政府投资项目重大工程变更，还应根据相关部门及机构的规定，经上级相关部门或机构乃至政府负责人签字同意并加盖公章。竣工图应加盖施工单位竣工图专用章且经相关人员签认，并附 CAD 电子版。竣工图与施工图的差异部分必须标注设计变更单编号、资料所在位置；且经发包人、设计单位、监理单位签字、盖章确认。甲供材料收货验收签收单，应有施工单位、材料供货单位、监理单位、发包人代表签字和单位盖章确认。竣工结算文件及资料应有编制单位及责任人员、审核机构及责任人员签字盖章确认，并附电子版及经转换的 Excel 版。电子文件与纸制文件必须一致。进入竣工结算审核程序后，原则上不得补充资料，并要求施工单位、监理单位对结算资料的真实性、有效性和完整性作出书面承诺。

　　项目现场踏勘，既是审核工程竣工结算内容及数量的重要方法，更是判定工程结算资料有效性的重要手段。若现场踏勘内容及数量引起的造价调增，在选定踏勘项目造价合计 20% 以下的，可以认定该项目工程竣工结算资料符合有效性标准，审定风险低，值得依赖，可以正常实施审定；为选定踏勘项目造价合计 20% ~ 50% 的，可以认定为不符合有效性标准，审定风险高，应启动特别辅助审定程序，责成施工、监理、勘察设计、建设等相关单位重新核定，并签字承诺，调减后，再实施审定；超过选定踏勘项目造价合计 50% 的，应退回，责成重新编制、审核工程竣工结算资料，经认定符合有效性标准后，重新进入审定程序，并在工程竣工结算审核报告中对其不诚信行为进行披露。

　　现场踏勘是一道非常严谨的审定程序。首先应由项目审定组提出现场踏勘书面申请。申请书的内容应包括以下要素：现场踏勘的时间，主要责任人员，参建单位及人员，清单项目名称、工程特征及内容、工程量，该清单项目所含主要材料（设备）名称、规格型号、数量、单价等。其次，组织现场踏勘，并取得踏勘过程影像资料。现场踏勘记录，必须由相关单位当场共同签认。最后，应注意不同性质的造价审定，在现场踏勘中重点内容的不同。一般来说，现场踏勘的重点内容，工程预算审定是：工程地点，原地形地貌，周边地貌和交通运输情况，施工组织设计的可行性，渣土运输方式，取（弃）土位置，土石方综合调配情况等。工程结算审定是：工程地点和范围，周边地貌和交通运输情况，工程整体与重要变更项目完成情况，竣工图与施工图的符合性，主要材料

（设备）名称、规格、型号，取（弃）土位置与运距，项目工程内容及界面划分等。

10.8.2 工程竣工结算审核原则

10.8.2.1 尚未结算及争议价款审核原则

竣工结算不是对已经办理了期中结算的价款重新进行审核，而是对尚未办理结算价款部分进行审核，汇总计算并确认竣工结算合同价款总额、累计已支付合同价款金额、应预留质量保证金和最终应支付的合同价款。其计算公式：

竣工结算价款 = 期中确认价款 + 尚未确认价款 = 竣工结算价款总额 - 累计已支付合同价款 - 应预留质量保证金。

期中价款结算已经甲乙双方支付前审核确认，如无争议，不需重新进行审核。对期中结算存在争议的价款，可在工程竣工结算审核时提出，由监理单位、建设单位书面说明争议情况后，一并进行确认。若重新审核后仍存在争议，应按合同约定或规范规定的争议解决方式处理。工程竣工结算无需对全部工程竣工结算款项都做出最终结论，但存在争议事项的内容、价格及问题焦点，应在工程竣工结算审核报告中进行具体说明。出具工程竣工结算审核结论后，由甲乙双方通过工程造价鉴定、司法调解、仲裁、诉讼等方式进行解决。

《建设工程工程量清单计价规范》（GB 50500—2013）11.3.1 规定，承包人应在发承包双方确认的合同工程期中价款结算的基础上汇总编制完成竣工结算文件，在提交竣工验收申请的同时向发包人提交竣工结算文件。发承包人对复核结果无异议的，应于 7 天内在工程竣工结算文件上签认，工程竣工结算办理完毕。对复核结果有异议的，无异议部分办理不完全工程竣工结算；有异议部分协商解决。协商不成的，按照争议解决方式处理。工程竣工结算文件经发承包双方签认后，即为工程决算的依据，未经对方同意，另一方不得将已生效的竣工结算文件委托工程造价咨询企业或其他机构重复审核。

争议问题，一般是原合同没有约定或约定不明确，双方都没有找到具有说服力的依据的事项。处理争议问题，应该找到具有说服力的依据文件，平等协商、以理服人。如长沙某项目，2017 年 6 月按中标人的投标报价签订施工合同，其中人工工资单价：建筑安装工程 78 元 / 工日，装饰工程 93 元 / 工日。因建设单位原因，该项目于 2017 年 10 月 8 日开工，2019 年 10 月 20 日通过竣工验收合格。2019 年 11 月提交竣工结算文件，其中按最新人工单价文件确认的人工工资单价：建筑安装工程 110 元／工日，装饰工程 140 元／工日，并对已经支付的人工工资单价全部进行了调整。

这是一起因人工费政策调整而引起结算争议的事例。投标人虽然在 2017 年 6 月签订了施工合同，但迟至 2017 年 8 月开工。随后，政府相关部门新的人工单价调整文件发布。《湖南省住房和城乡建设厅关于发布 2017 年湖南省建设工程人工工资单价的通知》（湘建价〔2017〕165 号）规定：自 2017 年 11 月 1 日起执行新的人工工资单价。其中，最低工资人工工资单价：建筑安装工程 90 元／工日，装饰工程 110 元／工日；综合工资人工工资单价：建筑安装工程 100 元／工日，装饰工程 120 元／工日。2017 年 11 月 1 日以前完成的工程量，其人工工资单价按原规定及合同约定执行。2017 年 11 月 1 日之后完成的工程量，其人工工资单价应按合同约定及本通知进行调整。

该项目，原规定可以理解为《湖南省住房和城乡建设厅关于发布 2014 年湖南省建设工程人工工资单价的通知》（湘建价〔2014〕112 号）。其中，建筑安装工程和装饰工程人工工资单价，最低分别为 70 元／工日和 83 元／工日；综合工资单价分别为 82 元／工日和 98 元／工日。施工合同人工工资单价在两者之间。这在人工单价调整政策中没有障碍，可以按政策规定以实际完成工程量分段按实计算。问题出现在《湖南省住房和城乡建设厅关于发布 2019 年湖南省建设工程人工工资单价的通知》（湘建价〔2019〕130 号）上。该通知取消了最低工资与综合工资，并规定：执行《湖南省住房和城乡建设厅关于发布 2017 年湖南省建设工程人工工资单价的通知》（湘建价〔2017〕165 号）的工程，本通知执行之日起完成的工程量，其人工工资单价按投标人投标工资单价与投标当期适用的综合人工工资单价的比例进行调整，自 2019 年 8 月 1 日起执行。

而该项目是执行《湖南省住房和城乡建设厅关于发布 2014 年湖南省建设工程人工工资单价的通知》（湘建价〔2014〕112 号）的工程，因执行期间遇到了人工工资单价调整，执行了《湖南省住房和城乡建设厅关于发布 2017 年湖南省建设工程人工工资单价的通知》（湘建价〔2017〕165 号）。建设单位认为，不能按《湖南省住房和城乡建设厅关于发布 2019 年湖南省建设工程人工工资单价的通知》（湘建价〔2019〕130 号）规定执行。施工单位则认为，应直接执行新的人工单价调整文件。双方在政策理解上出现重大差异。

审核认为，最新人工单价调整文件所指的执行，应该是指人工工资单价按文件规定进行了调整的工程。该项目期中结算人工工资单价一直按投标报价执行，实际上是应该执行而没有执行人工单价调整文件。该项目合同人工工资单价占投标当期适用的建筑安装工程和装饰工程综合人工工资单价的比例分别为 95.12% 和 94.90%。那就是，2017 年 11 月 1 日～2019 年 7 月 31 日完成工程量的人工工资单价，可以分别按 95.12 元 / 工日和 113.88 元 / 工日计算；2019 年 8 月 1 日～2019 年 10 月 20 日完成工程量的人工工资单价，可以分别按 104.63 元 / 工日和 132.86 元 / 工日计算。期中已经支付的部分进行差额调增。最后，建设方与施工方取得了一致意见，同意按最新文件规定进入工程竣工结算。

10.8.2.2 协商一致审核原则

工程竣工结算审核，是合同双方基于合同约定而进行的双方互相确认行为。协商一致是合同签订的原则，也是竣工结算审核的原则。民事合同不是行政合同，合同双方是平等主体，没有主、次和管理、被管理之分。行政合同，行政主体在行政合同的履行中除了享有合同法规定的一般权利和合同中约定的权利外，还享有一般民事合同主体所不享有的行政优益权。如对合同履行的监督权、指挥权、单方变更和解除权等。民事合同任何一方都没有特定权力，所有基于合同履行的争议事项，均应以平等主体身份，通过协商一致来解决。工程竣工结算审核人的法律地位，因委托人的不同而不同。若为合同共同约定的造价咨询机构，则为中介机构；若为建设单位单方面委托或指定的造价咨询机构，则为建设单位内部管理职能的外包，即代替建设单位履行审核职责。无论是民事合同的哪一方审核，均应以事实为依据，以客观公正为原则，以协商一致为根本，公允地处理工程竣工结算合同双方的争议事项。若协商不能达成一致，则应按合同约定的争议处理方式来处理，不能以工程竣工结算结论的延迟逼迫施工单位放弃可以正当获取的利益。若合同约定明显不公平或不明确的，应按相关计价规范执行。

《建设工程工程量清单计价规范》（GB 50500—2013）针对合同价款争议的解决，规定了监理或造价工程师暂定、管理机构的解释或认定、协商和解、调解、仲裁、诉讼等方式。其中，监理或造价工程师暂定、管理机构的解释或认定以及协商和解，主要适应工程竣工结算前的争议。若发包人和承包人之间争议，首先应提交总监理工程师或造价工程师解决。总监理工程师或造价工程师在 14 天内应将暂定结果通知发包人和承包人。发承包双方对暂定结果认可的，应以书面形式予以确认，暂定结果成为最终决定；若不认可暂定结果，可提请工程造价管理机构进行解释或认定。工程造价管理机构应在 10 个工作日内进行解释或认定。协商和解优先，发承包双方任何时候都可以进行协商。协商达成一致的，双方应签订书面和解协议，和解协议对发承包双方均有约束力。

如某房屋建筑工程，主体土建工程对楼地面砂浆找平作了甩项竣工验收处理。由于建设单位疏忽，没有对甩项工程施工及验收时间与支付进行具体约定，主体土建工程施工单位一直没有施工。精装饰装修单位进场后，发现楼地面没有砂浆找层，地面砖结合层厚度需要 5 ～ 6 cm，才能符合楼地面水平控制要求。装饰装修消耗量楼地面工程石材块料地面子目，包括水泥砂浆粘贴消耗量，且只允许对水泥砂浆材料和配合比进行换算，不能对因厚度增加而增加的人材机消耗量进行调整。也就是，无论面砖铺贴使用多少水泥砂浆或其他材料，定额子目价格都不调整。于是，向建设单位提出并办理了工程变更：增加细石混凝土找平层，厚度 5 cm，综合单价 56.22 元 /m²。主体土建工程竣工验收后，政府相关部门发布了人工单价调整文件，装饰装修人工单价由最低工资 110 元 / 工日和综合工资 120 元 / 工日，统一调整为 140 元 / 工日。工程竣工结算审核调取了原主体土建工程投标报价。原投标报价楼地面工程水泥砂浆找平层，厚度 2 cm，清单综合单价 27.30 元 /m²。工程竣工结算审核又调取了主体土建工程甩项竣工验收记录，发现甩项首先是施工单位提出的。其理由是因施工单位公司内部出现重大股权变更，需要对公司资产、负债及权益进行全面清算，在不影响工程质量、安全和继续进行精装饰装修的条件下，申请提前竣工验收，并承诺竣工验收后迅速完成甩项工程，原合同工期不调整。因此，工程竣工结算审核提请建设单位组织相关单位召开协商会议。通过会议协商，形成了一致意见：

（1）精装饰装修单位按合同约定提出了工程变更，并得到了监理单位和建设单位审核确认，按工程变更确认金额进入工程竣工结算，但投标优惠应当执行；

（2）对甩项工程，由建设单位、监理单位和原主体土建工程施工单位按 5∶3∶2 比例，共同承担此项工程变更中因人工费调整而增加的损失；

（3）对混凝土找平层工程变更，建设单位和监理单位在明知为主体土建工程施工单位甩项工程，且原投标单价为水泥砂浆厚度 2cm 的情况下，批准了精装饰装修单位提出的工程变更建议，在扣除原主体施工单位投标报价中水泥砂浆找平层清单价格和甩项增加人工费损失后，按 4∶6 的比例，共同承担因混凝土找平层工程变更而造成的损失；

（4）上述赔偿费用，抵减装饰装修工程费用。

10.8.2.3 合同约定优先审核原则

民事合同强调合同优先原则。《中华人民共和国合同法》（中华人民共和国主席令第十五号）第六十条至六十二条规定：当事人应当按照约定全面履行自己的义务。当事人应当遵循诚实信用原则，根据合同的性质、目的和交易习惯履行通知、协助、保密等义务。合同生效后，当事人就质量、价款或者报酬、履行地点等内容没有约定或者约定不明确的，可以协议补充；不能达成补充协议的，按照合同有关条款或者交易习惯确定。

如某项目，空调风口与风管支管连接，设计规定采用软管对接，但没有标注软管接口长度。工程竣工结算反映：连接长度 500 mm。发包人要求按 150mm 结算。这是一起按设计惯例处理工程竣工结算事件的事例。设计应该标注软接长度而没有标注，系设计疏忽。没有明确软接长度，施工前应要求设计明确，而施工方没有提出，自行施工，应承担事件的主要责任。监理事前没有发现，事中没有纠正，属于履职不到位。按设计惯例，软管接口一般长度为 150 ～ 200 mm。实际接口长度长达 500 mm，明显超过了一般设计要求。审核认定，可按设计惯例以软接长度 200 mm 进入工程竣工结算。超过部分按镀锌铁皮风管结算。软接与镀锌铁皮风管之间价差损失，由施工方承担，并要求建设单位对设计方、监理方追究差错和履职不力责任。

又如某挖沟槽土方，清单工程量为 420 m³，项目特征描述：弃土运距由投标人根据施工现场实际情况自行考虑到报价中，实际完成工程量 450 m³。结算时，承包人以实际开挖方案、挖土方法、弃土运距超出投标时考虑的因素为由，要求调整综合单价。这是一起以合同约定处理擅自变更事项的事例。审核认为，清单项目特征描述为不调整价格，不能因施工方法以及弃土运距的变化而调整，而且施工方法改变属于工程变更，应在施工前履行合同约定的审批手续，并经监理方、建设方批准后实施。承包人没有按合同约定履行规定的手续，不应进入竣工结算，所造成的损失由施工方承担。

10.8.2.4 法律、法规优先适用审核原则

针对合同未作约定或约定不明，发承包双方又未能协商一致的，竣工结算强调法律、法规和规范性文件优先适用原则，即在法律、法规和规范性文件规定的基础上，协商进行处理。其优先适用顺序是：国家有关法律、法规和规章

制度；国务院建设行政主管部门、省（自治区、直辖市）或有关部门发布的工程造价计价标准、计价办法等有关规定；建设项目合同、补充协议、变更签证和现场签证，以及经发承包人认可的其他有效文件；其他可依据的材料。

《中华人民共和国合同法》（中华人民共和国主席令第十五号）第六十二条规定：当事人就有关合同内容约定不明确，通过补充协议的、合同有关条款或者交易习惯仍不能确定的，按以下规定处理：

（1）质量要求不明确的，按照国家标准、行业标准履行；没有国家标准、行业标准的，按照通常标准或者符合合同目的的特定标准履行。

（2）价款或者报酬不明确的，按照订立合同时履行地的市场价格履行；依法应当执行政府定价或者政府指导价的，按照规定履行。

（3）履行地点不明确，给付货币的，在接受货币一方所在地履行；交付不动产的，在不动产所在地履行；其他标的，在履行义务一方所在地履行。

（4）履行期限不明确的，债务人可以随时履行，债权人也可以随时要求履行，但应当给对方必要的准备时间。

（5）履行方式不明确的，按照有利于实现合同目的的方式履行。

（6）履行费用的负担不明确的，由履行义务一方负担。

如某项目，已标价招标工程量清单，履带式挖掘机进出场措施清单如表10-1所示：

表 10-1　履带式挖掘机进出场措施清单

项目编码	项目名称	计量单位	工程量	综合单价（元）
011705001001	大型机械设备进出场： （1）机械设备名称：履带式挖掘机； （2）机械设备规格型号：综合	台次	1	12 476.33
J13-20 换	场外运输：履带式挖掘机 1 m³ 以内，包含回程费用	台次	1	5 827.58
J13-21 换	场外运输：履带式挖掘机 1 m³ 以外，包含回程费用	台次	1	6 648.75

中标投标人投标价如表 10-2 所示：

表 10-2　投标价格表

项目编码	项目名称	计量单位	工程量	综合单价（元）
011705001001	大型机械设备进出场： （1）机械设备名称：履带式挖掘机； （2）机械设备规格型号：综合	台次	1	11 228.70
	场外运输：履带式挖掘机，包含回程费用	台次	1	11 228.70

承包人根据经总监理工程师批准的施工组织设计文件编制的工程竣工结算文件表 10-3 所示：

表 10-3　工程竣工结算文件表

项目编码	项目名称	计量单位	工程量	综合单价（元）
011705001001	大型机械设备进出场： （1）机械设备名称：履带式挖掘机； （2）机械设备规格型号：综合	台次	3	33 686.10
J13-20 换	场外运输 履带式挖掘机 1 m³ 以内，包含回程费用	台次	1	11 228.70
J13-21 换	场外运输 履带式挖掘机 1 m³ 以外，包含回程费用	台次	2	11 228.70

这是一起擅自调整投标承诺的技术方案而引起的结算争议事项。对此，投标人应承担主要责任，监理方应承担连带责任，工程竣工结算应按中标人承诺的综合单价 11 228.70 元执行。增加的一台的损失，由施工方和监理方自行协商解决。其理由是：

第一，场外运输履带式挖掘机，招标工程量清单和招标控制价工程量，组价定额子目虽然为不同斗容的挖掘机 2 台，但工程量清单计量单位允许把不同斗容的挖掘机视为 1 台，且综合单价明确表明 3 台的价格。即使数量认定改变了认知习惯，但根据所含价格可以界定其所含内容。

第二，投标报价默认了工程量清单综合单价数量确认方式，将 2 台折合成 1 台报价，且进行了优惠。投标报价中工程量清单数量上为 1 台，但仍然包括不同斗容的 2 台的价格。虽然没有运用定额子目组价，但法律允许企业可以自主组价。根据《建设工程工程量清单计价规范》（GB 50500—2013）5.3.1 规定，投标人经复核认为招标人公布的招标控制价未按照本规范的规定进行编制的，应在招标控制价公布后 5 天内向招投标监督机构和工程造价管理机构投诉。投标人没有对招标文件提出投诉，说明接受了招标人数量确定方式，且原投标技术方案中承诺场外运输为履带式挖掘机，包含回程费用，数量为 2 台。

第三，中标合同签订后，投标人擅自调整施工技术方案，总监理工程师没有发现原投标技术方案的变化，致使投标人在施工过程中使用 3 台。《中华人民共和国招标投标法》（中华人民共和国主席令第二十一号发布，主席令第八十六号修正）第四十六条规定，招标人和中标人应当按照招标文件和中标人的投标文件订立书面合同。招标人和中标人不得再行订立背离合同实质性内容的其他协议。施工方擅自调整投标文件中涉及价款调整的技术方案，具有明显隐瞒行为，且技术方案变更为工程变更，应按工程变更办理申报，并经监理方和建设方审查同意，才能付诸实施。施工方没有提出，没有报批，可视为不涉及合同价款调整。

第四，虽然该施工组织设计文件经过了备案，但备案与投标承诺的法律效力低于招标投标，应按投标技术文件执行。招标投标适用《中华人民共和国招标投标法》（中华人民共和国主席令第二十一号发布，主席令第八十六号修正），施工组织设计文件备案适用《湖南省建筑工程开工安全生产条件审查制度》（湘建建〔2019〕238 号）。

10.8.2.5 具体问题具体分析审核原则

工程建设的复杂性，决定了竣工结算相关争议问题的复杂性。竣工结算审核过程中出现的一些争议性问题，一般都与特定的情形密切相关。这就需要在竣工结算过程中，对一些争议问题必须结合特定的实际环境，进行合情合理、有根有据的综合分析与研判。特别是对涉及合同约定不明的事项，政策规定不清甚至互相冲突的事项，定额计价缺项的事项，建设单位与施工单位经反复协商不能达成一致意见的事项，材料（设备）无预算价而通过市场询价确定的价格等，更应结合工程特定，具体问题具体分析。

如某项目，在竣工结算中出现了以下争议问题，经过审核人员与施工方、监理方共同现场踏勘、反复协商，最终得到了圆满的解决。如乔木实际数量与竣工图数量的不一致问题。招标清单为 51 棵，完工验收确认 51 棵，竣工图 51 棵，现场踏勘 46 棵。施工方认为，乔木栽植后被人毁损后挖掘遗弃，应按竣工图数量结算。建设方认为，招标清单项目特征描述，苗木综合单价含一年成活期养护费，竣工结算时未满一年，应由施工方补植，否则按实际结算。审核认为，定额对乔木养护，竣工验收前（施工期）养护和竣工验收后养护划分的，没有明确成活期的范围，且施工期养护费包括在相应定额子目中，竣工验收后的养护费按施工措施费计价。该已标价工程量招标清单除按定额子目组价加乔木主材预算价外，没有增加计算竣工验收后的养护费。投标报价也没有质疑并增加计算措施费，可视同包含在清单综合单价内。完工验收有施工、监理、建设方三方计量验收，说明栽植数量没有改变，但养护并不等于看管。建设单位对乔木被人毁损后挖掘遗弃没有履行相应的管理责任，应当承担主要管理责任。竣工验收后养护时发现乔木毁损后挖掘遗弃也没有向建设单位及时反映，并提请建设单位采用相应处置措施，应当承担养护管理不力的次要责任。绿化养护，是指完成绿化施工的后期浇水、修剪、除草、打药、补苗等。竣工结算审核给出了以下处理意见：第一，由建设方向当地公安报案，查明事故真相，尽力追回乔木损失；第二，重新补植乔木，费用按原综合单价以七折进入竣工结算，若案件侦破后确定与施工方无关，即为最终结算，若与施工方相关，费用全部扣回，并提请公安机关按涉嫌毁损林木、隐匿、诈骗国有资产处理。后公安机关侦破后，系第三人所为。

10.8.2.6 审核时限强制原则

关于工程竣工结算审核时限，计价规范与地方政府规章从不同角度分别进行了规定，谁违反谁承担由此引起的相关责任。

（1）《建设工程工程量清单计价规范》（GB 50500—2013）对工程竣工结算的时间规定。

该规范 11.3.1 ～ 11.3.3 规定，发包人在收到承包人提交的竣工结算文件后的 28 天内核对。发包人在 28 天内提出核实意见，承包人在收到核实意见后 28 天内补充资料，修改工程竣工结算文件，再次提交给发包人复核后批准。发包人在收到再次提交的工程竣工结算文件后的 28 天内予以复核，将复核结果通知承包人。对复核结果无异议的，于 7 天内在工程竣工结算文件上签认，工程竣工结算办理完毕。

（2）《湖南省建设工程造价管理办法》（湖南省人民政府令第 192 号）对受托进行工程竣工结算审核以及备案的时间规定。

该办法规定，工程造价咨询机构应当于收到发包人交付的全部竣工结算文件之日起的下列期限内完成审核，具体如表10-4所示。

表 10-4   工程造价咨询机构竣工结算审核时限表

序号	结算金额	审核时限（天）
1	500万元以下（含500万元）	20
2	500万元~2000万元（含2000万元）	30
3	2000万元~5000万元（含5000万元）	45
4	5000万元~1亿元（含1亿元）	60
5	1亿元以上	90

工程造价咨询机构对全部使用国有资金投资或者以国有资金投资为主的建筑安装工程竣工结算进行审核，应当于审核完成之日起的30日内向相应工程造价管理机构报送审核报告（副本）。

10.8.3 因不可抗力造成损失及费用审核

不可抗力是指发承包双方在工程合同签订时不能预见的，对其发生的后果不能避免，并且不能克服的自然灾害和社会性突发事件。不可抗力，主要包括三大类：自然灾害，如干旱、洪涝灾害，台风、风雹、低温冷冻、雪、沙尘暴等气象灾害，火山、地震灾害，山体崩塌、滑坡、泥石流等地质灾害，风暴潮、海啸等海洋灾害，森林草原火灾等；国家及地方政策变化，如征收、征用等；社会性突发事件，如罢工、罢学、游行示威、骚乱等。不可抗力属于合同违约的特定情形。《中华人民共和国合同法》（中华人民共和国主席令第十五号）规定，因不可抗力不能履行合同的，根据不可抗力的影响，可以部分或者全部免除责任，但当事人迟延履行后发生不可抗力的，不能免除责任；当事人一方因不可抗力不能履行合同的，应当及时通知对方，以减轻可能给对方造成的损失，并应当在合理期限内提供证明；当事人一方违约后，对方应当采取适当措施防止损失的扩大，没有采取适当措施致使损失扩大的，不得就扩大的损失要求赔偿；当事人因防止损失扩大而支出的合理费用，由违约方承担；当事人双方都违反合同的，应当各自承担相应的责任。

10.8.3.1 费用损失分解是否客观

《中华人民共和国合同法》（中华人民共和国主席令第十五号）规定，对以下七种合同违约情形，可以按如下违约责任承担方式进行处理。具体如表 10-5 所示。

表 10-5 合同违约情形及违约责任承担方式表

序号	违约情形	违约责任承担方式
1	不履行合同义务或者履行合同义务不符合约定	继续履行、采取补救措施或者赔偿损失等
2	明确表示或者以自己行为表明不履行合同义务	要求承担违约责任
3	未支付价款或者报酬	要求支付价款或者报酬
4	不履行非金钱债务或者履行非金钱债务不符合约定	要求履行
5	质量不符合约定	要求修理、更换、重做、退货、减少价款或者报酬等
6	因不可抗力不能履行合同	部分或者全部免除责任
7	因第三人原因造成违约	承担违约责任

不可抗力发生后，原合同不能按原约定正常履行，发承包双方应当根据不可抗力对工程造成的损失，按照合同约定进行公允地分解，并据此修改合同范围及内容，调整合同价款。一般来说，承包人承担施工现场人员伤亡，施工机械设备损坏及停工损失；发包人承担合同工程的损害，因工程损害导致的第三方人员伤亡和财产损失，承包人运至施工场地用于施工的材料和待安装设备的损失，发包人要求留在施工场地看管工程的人员费用，工程所需的清理、修复费用，发包人施工现场发生的人员伤亡费用，发包人要求赶工发生的费用等。复工后，不能按期竣工的，还应合理地延长工期。

10.8.3.2 费用损失证据及资料是否完整

不可抗力一般是区域性的、地区性的，甚至是全国性。我国已经建立了应对突发重大自然灾害救助体系和运行机制，国家减灾委办公室根据自然灾害预警预报信息，可以对灾情进行合理地进行预评估，对可能威胁人民生命财产安全、影响基本生活、需要提前采取应对措施的，可以启动预警响应，向可能受影响的省（自治区、直辖市）减灾委或民政部门通报预警信息，跟踪灾害风险变化和发展趋势，实地了解灾害风险，向社会发布预警响应启动等。国家减灾委办公室以及地方政府减灾机构公开发布的应急响应文件，可以作为突发重大自然灾害发生的证明；对工程遭受经济损失的现场签证及现场影像资料，可以作为经济损失发生的证明，但现场签证应对损失部位、损失程度、处理方式和处理所需以及防止损失扩大应采取的相关临时措施所需人材机数量、单价和总价等进行全面确认。若不可抗力仍未结束，应定时向建设单位报告损失部位、损失程度以及所采取的防止损失扩大的临时措施；待不可抗力结束后，立即进行现场签证，以作为不可抗力损失发生的证据。住建部、国家工商总局《建设工程施工合同（示范文本）》（GF—2017—0201）通用合同条款规定，不可抗力发生后，发包人和承包人应收集证明不可抗力发生及不可抗力造成损失的证据，并及时认真统计所造成的损失。

如2020年1月23日发生的新冠病毒性肺炎，武汉封城后，紧接着各省都启动重大突发公共卫生事件一级响应。疫情防控期间，建设工程确因需要必须施工的，疫情防护费如口罩、酒精、消毒水、手套、体温检测器、电动喷雾器等疫及防护人员费用，施工人工工资，工程材料价格等，都应取得合法的材料（物资）采购证明和施工人员进场施工证明及相关资料，即事前有申报、购入或进场有发票或车票、防护或施工有记录及签证、定期如一个星期或一个月等有汇总审核、结束后有汇总审批手续等。缺少有效的证据或证明资料，则不能确认损失及费用。

10.8.3.3 费用损失分摊方式合同约定是否明确

《国务院办公厅关于印发国家自然灾害救助应急预案的通知》（国办函〔2016〕25号）规定，根据自然灾害的危害程度等因素，国家自然灾害救助应急响应分为Ⅰ、Ⅱ、Ⅲ、Ⅳ四级。各级应急响应启动都有设定的条件。对重大自然灾害不可抗力，可以国家及地方政府减灾机构发布的应急响应作为证据。但是，并不是对工程造成损失的所有不可抗力，国家及地方政府都会启动应急响应。如项目及其周边非承包人责任引起的突发性社会事件、决堤溃垸等洪涝灾害、地方政府行政管理决定、场地内重大不利物质条件等。对这类可能发生的不可抗力，均应通过专用合同条件，明确约定其类别、范围、程度以及应取得哪些证明事件已经发生的证据。如停工多少天以上、项目功能及用途和范围改变占原合同工程总额多大比例、日降雨（水）量多少毫米以上、持续高温多少度以上等。对特定不可抗力情形的约定，实际上是对发包人利益的保护。因为不可抗力属于法定免责条款，当事人即使未在合同中约定不可抗力条款，在符合条件的情况下，均不影响直接援用法律规定，主张不可抗力免责。

10.8.3.4 是否采取了尽量避免和减少损失的有效措施

不可抗力事件发生后，使其履行合同义务受到阻碍时，不仅应立即报告合同另一方当事人和监理人，书面说明不可抗力和受阻碍的详细情况，并提供必要的证明，还要同时提出对不可抗力事件的处理意见与措施，且报告合同另一方当事人和监理人，书面说明详细采取措施后将发生的人材机数量价格以及同步采取相应的措施，尽量避免和减少损失的扩大。住建部、国家工商总局《建设工程施工合同（示范文本）》（GF—2017—0201）通用合同条款规定，不可抗力发生后，合同当事人均应采取措施尽量避免和减少损失的扩大，任何一方当事人没有采取有效措施导致损失扩大的，应对扩大的损失承担责任。

10.8.3.5 时限是否合规

工程索赔三要素：索赔理由充分、索赔证据有效和在规定的时限内提出。三者缺一不可。《建设工程工程量清单计价规范》（GB 50500—2013）规定，索赔应有正当的索赔理由和有效证据，并应符合合同的相关约定。非承包人原因造成的损失，按下列程序索赔：

（1）承包人在知道或应当知道索赔事件发生后 28 天内，提交索赔意向通知书，说明发生索赔事件的事由。逾期未发出索赔意向通知书的，丧失索赔的权利。

（2）发出索赔意向通知书后 28 天内，正式提交索赔通知书，详细说明索赔理由和要求，并应附必要的记录和证明材料。

（3）索赔事件具有连续影响的，应提交延续索赔通知，说明连续影响的实际情况和记录。

（4）在索赔事件影响结束后 28 天内，提交最终索赔通知书，说明最终索赔要求，并应附必要的记录和证明材料。

发包人收到索赔通知书后 28 天内，将索赔处理结果答复承包人。逾期未作出答复，视为认可。承包人接受索赔处理结果的，按索赔款项增加合同价款，在当期进度款中进行支付；不接受的，按争议解决方式办理。

10.8.4 主要材料预算价调整的原则

（1）计价规范价差调整原则。

《建设工程工程量清单计价规范》（GB 50500—2013）规定，物价变化，采用价格指数法或造价信息法调整价格差额。其原则是：

①人工、机械使用费，按照国家或省（自治区、直辖市）建设部门、行业管理部门或工程造价管理机发布的人工成本信息、机械台班单价或机械使用费系数进行调整。

②承包人采购的材料和工程设备，应在合同中约定主要材料、工程设备价格变化的范围或幅度；当没有约定，且材料、工程设备单价变化超过5%时，超过部分调整材料、工程设备费。

③发包人供应的材料和工程设备，按照实际变化调整。

④计划进度日期后续工程的价格，非承包人原因导致工期延误的，采用计划进度日期与实际进度日期两者的较高者；承包人原因导致工期延误的，采用计划进度日期与实际进度日期两者的较低者。

（2）长沙市财政投资评审价差调整原则。

①无预算价格的主要材料（设备）不进行价差调整。

②单项主要材料预算价格，土建及市政工程超过 ±3% 以上，装饰、园林景观及安装工程超过 ±5% 以上，超过部分应进行价差调整。

③价差按施工同期算术平均值进行调整。

④调整后的价差执行投标优惠率。

⑤电力、电信、燃气、自来水、军缆、铁路和调整公路等，由权属单位组织实施和抢险救灾工程，可不执行优惠率。

⑥以政府采购方式实施的工程项目，合同有约定的，按合同执行；合同无约定的，按3%的优惠率调整。

⑦主要材料（设备）调差按除综合税率后的价格计算，只计算销项税金及附加。

10.8.5 工程竣工结算特殊事项的处理原则

长沙市财政投资评审对工程竣工结算特殊事项结算办理进行了原则界定。具体如下：

（1）管线改迁项目中沟槽土石方工程的结算原则。

总量在 300 m³ 及以下的，按人工开挖计价，并入专业工程取费；在 300 m³ 以上的，按人工开挖 10%、机械开挖 90% 计价，不再计算大型机械进出场费。弃方运距以实际签证为准，消纳场费用以消纳场开具的发票为准。卸土场费用参考标准 20 元 / m³，含全部税费。

（2）电力改迁工程相关问题的处理原则。

电线电缆工程量应根据竣工图和建设单位审核签认的工程量计算。两者相矛盾的，以后者为准；拆除设备利旧，以建设单位签认的方案及数量为准；不利旧的，除水泥杆外，不计拆除费及运输费。水泥杆只计拆除费。

箱变基础与环网柜基础及钢筋为土建工程，按土建工程取费。通信部分分 ONU（光网络单元）与管线两部分，ONU 包括所有材料（设备），按包干计价，管线按实签证。

在城区施工的 10kV 电力改迁工程不计丘陵施工增加费。

（3）供水工程相关问题的处理原则。

供水工程可计算放空水费；支管管径大于等于主管管径 1/2 的"三通"，按现场制安签证计价；支管管径小于主管管径 1/2 的"三通"，按挖眼接管签证计价。清理沟槽不计价。

（4）桩基工程相关问题的处理原则。

旋挖桩泥浆外弃，采用干式或清水钻进工艺，不计泥浆护壁费和泥浆外运费；采用静态泥浆护壁钻进工艺，泥浆护壁及泥浆外弃，均应办理现场签证，且外弃量以 0.5 倍桩体量为上限。

注浆浆液需提供测试用量与专项方案，以实际签证为准。

旋喷桩水泥用量以实际签证为准，以定额含量不上限。

冲孔灌注桩可参考潜水钻机钻孔灌注桩定额执行。

打拔桩——钢板桩，按普通槽钢预算价格计算，普通排水沟租赁期最长不超过 20 天，综合管廊不超过 60 天，租赁费参考钢路基箱价格，每天每吨 11 元。钢支撑制作、安装、拆除另计，制作按周转 35 次摊销。

锚杆、土钉，应分开列清单项目，按打桩工程取费。

机械土石方及外运，应分开列清单，按机械土石方工程取费。

（5）楼地面混凝土等厚度超过 6 cm 的处理原则。

楼地面混凝土等厚度超过 6 cm 时，整体按垫层定额子目执行。

（6）基坑外围栏杆、排水沟和地面硬化的处理原则。

基坑外围栏杆包括在安全文明施工费中，基坑外围排水沟和地面硬化包括在冬雨季施工费中，不单独计价。场地内运输道路硬化，除建设方认为有特殊目的，且施工完成后可以利用的外，包括在安全文明施工费中，不单独计算。

（7）单独发包的装饰装修及安装工程安全文明施工费计取原则。

单独发包的装饰装修及安装工程安全文明施工费按 75% 计算，其他 25%包括在建筑工程安全文明施工费中，不再计算。

（8）特殊堆弃土方工程量计算的原则。

堆弃时间在一年以内的，乘以 0.92 的系数计算天然密实土方量；在一年至两年之间的，乘以 0.96 的系数；在两年以上的按天然密实工程量计算。

10.8.6 工程竣工结算备案

（1）备案机构：住建部门。

（2）备案依据：《建筑工程施工发包与承包计价管理办法》（中华人民共和国住房和城乡建设部令第 16 号）第十九条规定，竣工结算文件应当由发包方报工程所在地县级以上地方政府住建部门备案。

11 基本建设财务管理

基本建设财务管理系统包括项目资金筹集与使用、预算编制与执行、建设成本控制、工程价款结算、竣工财务决算编报审核、资产交付、结余资金处理和项目绩效评价等。行政事业单位以及国有和国有控股企业应当设置基本建设财务管理机构或岗位，依据《政府投资条例》（中华人民共和国国务院令第712号）、《基本建设财务规则》（财政部〔2016〕令第81号）、《基本建设项目建设成本管理规定》（财建〔2016〕504号）和《基本建设项目竣工财务决算管理暂行办法》（财建〔2016〕503号）等，加强基本建设财务管理。

11.1 基本建设财务管理的任务

基本建设是指以新增工程效益或者扩大生产能力为主要目的的新建、续建、改扩建、迁建、大型维修改造工程及相关工作。基本建设财务管理系统，是基于建设资金管理需要而内生的、相对独立的、完整的财务管理系统。建设资金是指为满足项目建设需要筹集和使用的财政资金和自筹资金。其中，财政资金是指一般公共预算安排的基本建设投资资金和其他专项建设资金，政府性基金预算安排的建设资金，政府依法举债取得的建设资金以及国有资本经营预算安排的基本建设项目资金。财政资金管理应当专款专用，严格按照批准的项目预算执行，不得挤占挪用。基本建设财务管理机构或岗位，与行政事业单位以及国有和国有控股企业内设工程、工程成本（造价）等专业管理机构或岗位，属于项目建设单位不同的专业职能管理部门。两者之间既相互协调，又相互制约，共同为基本建设管理服务。项目建设单位基本建设财务管理的主要任务是：

（1）依法筹集和使用基本建设项目（简称项目，下同）建设资金，防范财务风险；

（2）合理编制项目资金预算，加强预算审核，严格预算执行；

（3）加强项目核算管理，规范和控制建设成本；

（4）及时准确编制项目竣工财务决算，全面反映基本建设财务状况；

（5）加强对基本建设活动的财务控制和监督，实施绩效评价。

11.2 基本建设财务管理的工作及要求

项目建设单位基本建设财务管理的基础工作，具体包括：

①建立、健全本单位基本建设财务管理制度和内部控制制度；

②按项目单独核算，按照规定将核算情况纳入单位账簿和财务报表；

③按照规定编制项目资金预算，根据批准的项目概（预）算做好核算管理，及时掌握建设进度，定期进行财产物资清查，做好核算资料档案管理；

④按照规定向财政部门、项目主管部门报送基本建设财务报表和资料；

⑤及时办理工程价款结算，编报项目竣工财务决算，办理资产交付使用手续；

⑥财政部门和项目主管部门要求的其他工作。

各环节的具体要求是：

（1）建设资金筹集与使用管理。

项目建设单位在决策阶段应当明确建设资金来源，落实建设资金，合理控制筹资成本。其中，经营性项目，应当按照国家固定资产投资项目资本管理的规定，筹集一定比例的非债务性资金作为项目资本。项目资本的投资者，在项目建设期间，除依法转让、依法终止外，不得以任何方式抽走出资。以实物、知识产权、土地使用权等非货币财产作价出资的，应当委托具有专业能力的资产评估机构依法评估作价。

（2）预算管理。

项目建设单位应当以批准的概算为基础编制项目预算，并控制在批准的概算总投资规模、范围和标准以内。建设工程实施过程中，应当根据项目概算、建设工期、年度投资和自筹资金计划、以往年度项目各类资金结转情况等，提出项目财政资金预算建议数，经项目主管部门审核汇总报送财政部门，经其审核批复后执行。对发生停建、缓建、迁移、合并、分立、重大设计变更等变动事项和其他特殊情况确需调整的项目，应当报项目主管部门审核后，向财政部门申请调整项目财政资金预算。

（3）建设成本管理。

项目建设单位应当严格控制建设成本的范围、标准和支出责任，按照建筑安装工程投资支出、设备投资支出、待摊投资支出和其他投资支出，分别列入建设成本，但以下支出不得列入项目建设成本：超过批准建设内容发生的支出；不符合合同协议的支出；非法收费和摊派；无发票或者发票项目不全、无审批手续、无责任人员签字的支出；因设计单位、施工单位、供货单位等原因造成的工程报废等损失，以及未按照规定上报经批准的损失；项目符合规定的验收条件之日起 3 个月后发生的支出；其他不属于本项目应当负担的支出。

（4）基建收入管理。

基建收入是指在基本建设过程中形成的各项工程建设副产品变价收入、负荷试车和试运行收入以及其他收入。工程建设副产品变价收入包括矿山建设中的矿产品收入，油气、油田钻井建设中的原油气收入，林业工程建设中的路影材收入以及其他项目建设过程中产生或者伴生的副产品、试验产品的变价收入。负荷试车和试运行收入包括水利、电力建设移交生产前的供水、供电、供热收入，原材料、机电轻纺、农林建设移交生产前的产品收入，交通临时运营收入等。其他收入包括项目总体建设尚未完成或者移交生产，但其中部分工程简易投产而发生的经营性收入等。符合验收条件而未按照规定及时办理竣工验收的经营性项目所实现的收入，不得作为项目基建收入管理。

（5）工程价款结算。

工程价款结算是指依据基本建设工程发承包合同等进行工程预付款、进度款、竣工价款结算的活动。项目建设单位应当严格按照合同约定和工程价款结算程序支付工程款。竣工价款结算一般应当在项目竣工验收后 2 个月内完成，大型项目一般不得超过 3 个月。项目建设单位可以与施工单位在合同中约定按照不超过工程价款结算总额的 5% 预留工程质量保证金，待工程交付使用缺陷责任期满后清算。资信好的施工单位可以用银行保函替代工程质量保证金。

（6）项目竣工财务决算。

已具备竣工验收条件的项目，应当及时组织验收，移交生产和使用。资产交付是指项目竣工验收合格后，将形成的资产交付或者转交生产使用单位的行为。交付使用的资产包括固定资产、流动资产、无形资产等。

非经营性项目发生的江河清障疏浚、航道整治、飞播造林、退耕还林（草）、封山（沙）育林（草）、水土保持、城市绿化、毁损道路修复、护坡及清理等不能形成资产的支出，以及项目未被批准、项目取消和项目报废前已发生的支出，作为待核销基建支出处理；形成资产产权归属本单位的，计入交付使用资产价值；形成资产产权不归属本单位的，作为转出投资处理。

非经营性项目发生的农村沼气工程、农村安全饮水工程、农村危房改造工程、游牧民定居工程、渔民上岸工程等涉及家庭或者个人的支出，形成资产产权归属家庭或者个人的，作为待核销基建支出处理；形成资产产权归属本单位的，计入交付使用资产价值；形成资产产权归属其他单位的，作为转出投资处理。

非经营性项目为项目配套建设的专用设施，包括专用道路、专用通信设施、专用电力设施、地下管道等，产权归属本单位的，计入交付使用资产价值；产权不归属本单位的，作为转出投资处理。

非经营性项目移民安置补偿中由项目建设单位负责建设并形成的实物资产，产权归属集体或者单位的，作为转出投资处理；产权归属移民的，作为待核销基建支出处理。

（7）结余资金。

结余资金是指项目竣工结余的建设资金，不包括工程抵扣的增值税进项税额资金。经营性项目结余资金，转入单位的相关资产。非经营性项目结余资金，首先用于归还项目贷款。如有结余，按照项目资金来源属于财政资金的部分，应当在项目竣工验收合格后3个月内，按照预算管理制度有关规定上交财政部门。

（8）项目绩效评价。

项目绩效评价是指财政部门、项目主管部门根据设定的项目绩效目标，运用科学合理的评价方法和评价标准，对项目建设全过程中资金筹集、使用及核算的规范性、有效性以及投入运营效果等进行评价的活动。项目绩效评价应当重点对项目建设成本、工程造价、投资控制、生产能力与设计能力差异、偿债能力、持续经营能力等实施绩效评价，根据管理需要和项目特点选用社会效益指标、财务效益指标、工程质量指标、建设工期指标、资金来源指标、资金使用指标、实际投资回收期指标、实际单位生产（营运）能力投资指标等评价指标。

11.3 项目建设成本管理

《基本建设项目建设成本管理规定》（财建〔2016〕504号）规定，项目建设成本是指按照批准的建设内容由项目建设资金安排的各项支出，包括建筑安装工程投资支出、设备投资支出、待摊投资支出和其他投资支出。

建筑安装工程投资支出是指项目建设单位按照批准的建设内容发生的建筑工程和安装工程的实际成本，其中不包括被安装设备本身的价值，以及按照合同规定支付给施工单位的预付备料款和预付工程款。

设备投资支出是指项目建设单位按照批准的建设内容发生的各种设备的实际成本（不包括工程抵扣的增值税进项税额），包括需要安装设备、不需要安装设备和为生产准备的不够固定资产标准的工具、器具的实际成本。其中，需要安装设备是指必须将其整体或几个部位装配起来，安装在基础上或建筑物支架上才能使用的设备；不需要安装设备是指不必固定在一定位置或支架上就可以使用的设备。

待摊投资支出是指项目建设单位按照批准的建设内容发生的，应当分摊计入相关资产价值的各项费用和税金支出。主要包括：

①勘察费、设计费、研究试验费、可行性研究费及项目其他前期费用。

②土地征用及迁移补偿费、土地复垦及补偿费、森林植被恢复费及其他为取得或租用土地使用权而发生的费用。

③土地使用税、耕地占用税、契税、车船税、印花税及按规定缴纳的其他税费。

④项目建设管理费、代建管理费、临时设施费、监理费、招标投标费、社会中介机构审查费及其他管理性质的费用。其中，项目建设管理费是指项目建设单位从项目筹建之日起至办理竣工财务决算之日止发生的管理性质的支出。包括：不在原单位发工资的工作人员工资及相关费用、办公费、办公场地租用费、差旅交通费、劳动保护费、工具用具使用费、固定资产使用费、招募生产工人费、技术图书资料费（含软件）、业务招待费、施工现场津贴、竣工验收费和其他管理性质开支。

⑤项目建设期间发生的各类借款利息、债券利息、贷款评估费、国外借款手续费及承诺费、汇兑损益、债券发行费用及其他债务利息支出或融资费用；项目在建设期间的建设资金存款利息收入冲减债务利息支出，利息收入超过利息支出的部分，冲减待摊投资总支出。

⑥工程检测费、设备检验费、负荷联合试车费及其他检验检测类费用。

⑦固定资产损失、器材处理亏损、设备盘亏及毁损、报废工程净损失及其他损失；

⑧系统集成等信息工程的费用支出；

⑨其他待摊投资性质支出。

项目建设成本组成如表11-1所示：

表 11-1　项目建设成本组成表

序号	项目名称		内容说明
1	建筑安装工程投资支出		不包括被安装设备本身的价值，以及按照合同规定支付给施工单位的预付备料款和预付工程款
	设备投资支出		包括需要安装设备、不需要安装设备和为生产准备的不够固定资产标准的工具、器具的实际成本，不包括工程抵扣的增值税进项税额
2	待摊投资支出	前期费用	可行性研究费、勘察费、测量费、设计费、研究试验费、项目其他前期费
		土地使用费	土地征用及迁移补偿费、土地复垦及补偿费、森林植被恢复费及其他取得土地使用权的费用
		规费与税金	土地使用税，耕地占用税，契税，车船税，印花税，按规定缴纳的其他税费
		项目管理费	项目建设管理费、代建管理费、临时设施费、监理费、招标投标费、中介机构审查费、其他管理性质的费用
		利息支出或融资费用	借款或债券利息、贷款评估费、借款手续费及承诺费、汇兑损益、债券发行费用、其他利息支出或费用
		检验检测费	工程检测费、设备检验费、负荷联合试车费、其他检验检测费
		投资净损失	固定资产损失、器材处理亏损、设备盘亏及毁损、报废工程净损失、其他损失
		信息工程费	
3	其他投资		房屋购置、基本畜禽、林木支出，办公家具、器具购置（不能计入设备购置支出部分），软件研发及不能计入设备投资的软件购置等支出
4	项目建设总投资		

11.4 项目建设成本与其他成本的区别

项目建设成本，与建设项目总投资、房地产企业开发项目成本、建筑企业产品成本是不同的概念。虽然都以工程实体以及与工程实体形成联系，但它们在费用管理主体、费用项目功能和费用项目组成口径等方面有明显的不同。项目建设成本管理，必须厘清这些既相关但又不同的概念之间的关系，以避免费用管理产生错误。项目建设成本管理，是从财务管理的角度，对行政事业单位以及国有和国有控股企业使用财政资金的基本建设财务行为进行的规范。

11.4.1 与建设项目总投资的使用功能不同

建设项目总投资，是指建设工程从筹建到竣工验收交付使用前所需的全部费用。它包括生产性建设项目总投资和非生产性建设项目总投资。其中，生产性建设项目总投资包括建设投资、建设期借款利息和铺底流动资金；非生产性建设项目总投资只指建设投资、建设期借款利息，不包括铺底流动资金。建设投资包括建筑安装工程费及设备工器具购置费、工程建设其他费用和预备费。它是从建设工程投资管理角度，按照投资费用与工程实体形成的关系，对建设工程所需或发生的全部费用进行的归类。直接形成工程实体和辅助形成以及为工程实体形成服务的费用，归类为建筑安装工程费；不需要通过安装即可使用的、达到固定资产标准的设备及工器具购置费用，归类为设备工器具购置费；为建设工程实施发生的土地使用权取得费、技术经济咨询服务费、研究试验费、招标费用、工程监理费、建设单位管理费、建设单位临时设施费等以及工程保险费等，归类为工程其他费；为应对建设工程实施过程中的变化所需费用，归类为预备费等。

《湖南省建设工程造价管理办法》（湖南省人民政府令第 192 号）规定，建设项目总投资（建设工程造价），包括下列各项：

①建筑安装工程费用，包括土建工程和安装工程的直接费、间接费、施工企业合理利润和法定税费；

②设备及工器具购置费用，包括为建设项目购置或者自制的达到固定资产标准的各种设备、工具、器具的购置费用；

③工程建设其他费用，包括土地使用权取得费、勘察费、设计费、工程监理费、中介机构咨询费、研究试验费、招标费用、建设单位管理费、建设单位临时设施费、工程保险费；

④预备费，包括基本预备费、涨价预备费；

⑤建设单位为实施该建设项目贷款、发行债券，在建设期内应当偿付的利息；

⑥建设项目的税金、行政事业性收费、政府性基金；

⑦国家规定应当计入工程造价的其他费用。

11.4.2 与房地产企业开发项目成本的管理角度及具体构成不同

房地产企业开发项目成本，与建设项目成本、建设项目总投资的费用项目口径又不同。它是从房地产企业开发项目成本管理的角度，按照与开发项目的关系，对开发项目产品竣工验收合格前所发生的全部费用进行的归类。产品，是指企业日常生产经营活动中持有以备出售的产成品、商品、提供的劳务或服务。产品成本，是指企业在生产产品过程中所发生的材料费用、职工薪酬等，以及不能直接计入而按一定标准分配计入的各种间接费用。《企业产品成本核算制度（试行）》（财政部财会〔2013〕17号）规定，房地产企业一般按照开发项目、综合开发期数并兼顾产品类型等确定成本核算对象；主要根据生产经营特点和管理要求，按照成本的经济用途与生产要素内容相结合的原则或者成本性态等设置成本项目；一般设置土地征用及拆迁补偿费、前期工程费、建筑安装工程费、基础设施建设费、公共配套设施费、开发间接费、借款费用等成本项目。房地产企业开发项目成本＝土地征用及拆迁补偿费＋前期工程费＋主体建筑安装工程费＋基础设施建设费＋公共配套设施费＋开发间接费＋借款费用（见表11-2）。其中：

土地征用及拆迁补偿费，是指为取得土地开发使用权（或开发权）而发生的各项费用，包括土地买价或出让金、大市政配套费、契税、耕地占用税、土地使用费、土地闲置费、农作物补偿费、危房补偿费、土地变更用途和超面积补交的地价及相关税费、拆迁补偿费用、安置及动迁费用、回迁房建造费用等。

前期工程费，是指项目开发前期发生的政府许可规费、招标代理费、临时设施费以及水文地质勘察、测绘、规划、设计、可行性研究、咨询论证、筹建、场地通平等前期费用。

主体建筑安装工程费，是指开发项目开发过程中发生的各项主体建筑的建筑工程费、安装工程费及精装修费等。

基础设施建设费，是指开发项目在开发过程中发生的道路、供水、供电、供气、供暖、排污、排洪、消防、通信、照明、有线电视、宽带网络、智能化等社区管网工程费和环境卫生、园林绿化等园林、景观环境工程费用等。

公共配套设施费，是指开发项目内发生的、独立的、非营利性的且产权属于全体业主的，或无偿赠予地方政府、政府公共事业单位的公共配套设施费用等。

开发间接费，指企业为直接组织和管理开发项目所发生的，且不能将其直接归属于成本核算对象的工程监理费、造价审核费、结算审核费、工程保险费等，但为业主代扣代缴的公共维修基金等不得计入产品成本。

借款费用，是指符合资本化条件的借款费用。

表 11-2 房地产开发企业建设项目成本及占比表

序号	费用项目	费用项目内容
1	土地征用及拆迁补偿费	土地买价或出让金、大市政配套费、契税、耕地占用税、土地使用费、土地闲置费、农作物补偿费、危房补偿费、土地变更用途和超面积补交的地价及相关税费、拆迁补偿费用、安置及动迁费用、回迁房建造费用，约占 20%
2	前期工程费	政府许可规费、招标代理费、临时设施费以及水文地质勘察、测绘、规划、设计、可行性研究、咨询论证、筹建、场地通平等费用，约占 6%
3	建筑安装工程费	建筑工程费、安装工程费及精装修费，可比照建筑企业产品成本列科目，约占 42%
4	基础设施建设费	道路、供水、供电、供气、供暖、排污、排洪、消防、通信、照明、有线电视、宽带网络、智能化等社区管网工程费和环境卫生、园林绿化等园林、景观环境工程费用，可比照建筑企业产品成本列科目，约占 20%
5	公共配套设施费	项目内产权属于全体业主的，或无偿赠予政府、公共事业单位的公共配套设施费用，可比照建筑企业产品成本列科目，约占 5%
6	开发间接费	工程监理费、造价审核费、结算审核费、工程保险费，约占 4%
7	借款费用	资本化借款费用约占 3%
8	房地产开发企业建设项目总成本（不含税费 18% 和营销费用 3%）	

11.4.3 与建筑企业产品成本的管理角度及费用项目口径不同

建筑企业产品成本，与建设项目成本、建设项目总投资、房地产企业开发项目成本组成内容也有不同。它是从建筑产品生产管理角度，对建筑产品从施工生产到工程竣工验收合格交付建设单位投入使用前所发生的费用进行的归类。《企业产品成本核算制度（试行）》（财政部财会〔2013〕17 号）规定，建筑企业一般设置直接人工、直接材料、机械使用费、其他直接费用和间接费用等成本项目（见表 11-3）。建筑企业将部分工程分包的，还可以设置分包成本项目。其中：

　　直接人工，是指按照国家规定支付给施工过程中直接从事建筑安装工程施工的工人以及在施工现场直接为工程制作构件和运料、配料等工人的职工薪酬。

　　直接材料，是指在施工过程中所耗用的、构成工程实体的材料、结构件、机械配件和有助于工程形成的其他材料以及周转材料的租赁费和摊销等。

　　机械使用费，是指施工过程中使用自有施工机械所发生的机械使用费，使用外单位施工机械的租赁费，以及按照规定支付的施工机械进出场费等。

　　其他直接费用，是指施工过程中发生的材料搬运费、材料装卸保管费、燃料动力费、临时设施摊销、生产工具用具使用费、检验试验费、工程定位复测费、工程点交费、场地清理费，以及能够单独区分和可靠计量的为订立建造承包合同而发生的差旅费、投标费等费用。

　　间接费用，是指企业各施工单位为组织和管理工程施工所发生的费用。

　　分包成本，是指按照国家规定开展分包，支付给分包单位的工程价款。

表 11-3　建筑企业产品成本组成表

序号	成本项目名称	成本项目内容
1	直接人工费	直接施工职工薪酬
		施工现场直接为制作构件和运料、配料等职工薪酬
2	直接材料费	构成实体的材料费、结构件、机械配件
		辅助实体形成材料以及周转材料租赁费和摊销
3	机械使用费	自有施工机械使用费
		施工机械租赁费
		施工机械进出场及安拆费
4	其他直接费用	材料搬运费
		材料装卸保管费
		燃料动力费
		临时设施摊销
		生产工具用具使用费
		检验试验费

续表

序号	成本项目名称	成本项目内容
		工程定位复测费
		工程点交费
		场地清理费
		合同获得前期费
5	间接费用	施工企业组织和管理项目费用
6	分包成本	付分包单位工程款
7	建筑安装产品成本	

11.5 项目竣工财务决算管理

工程竣工决算是指在工程竣工验收交付使用阶段，由建设单位编制的建设项目从筹建到竣工验收、交付使用全过程中实际支付的全部建设费用。竣工决算是整个建设工程的最终价格，是作为建设单位财务部门汇总固定资产的主要依据。基本建设项目完工可投入使用或者试运行合格后，应当在 3 个月内编报竣工财务决算，特殊情况确需延长的，中小型项目不得超过 2 个月，大型项目不得超过 6 个月。经营性项目，财政资金占项目资本比例未超过 50% 的，项目竣工财务决算可以不报财政部门或者项目主管部门审核批复。

11.5.1 项目竣工财务决算编制依据

项目竣工财务决算编制依据主要包括：国家有关法律、法规；经批准的可行性研究报告、初步设计、概算及概算调整文件；招标文件及招标投标书，施工、代建、勘察设计、监理及设备采购等合同，政府采购审批文件、采购合同；历年下达的项目年度财政资金投资计划、预算；工程竣工结算资料；有关的会计及财务管理资料；其他有关资料。

11.5.2 项目竣工财务决算的内容

项目竣工财务决算的内容主要包括：项目竣工财务决算报表、竣工财务决算说明书、竣工财务决（结）算审核情况及相关资料。其中，竣工财务决算说明书主要包括以下内容：

（1）项目概况；

（2）会计账务处理、财产物资清理及债权债务的清偿情况；

（3）项目建设资金计划及到位情况，财政资金支出预算、投资计划及到位情况；

（4）项目建设资金使用、项目结余资金分配情况；

（5）项目概（预）算执行情况及分析，竣工实际完成投资与概算差异及原因分析；

（6）收尾工程情况；

（7）历次审计、检查、审核、稽查意见及整改落实情况；

（8）主要技术经济指标的分析、计算情况；

（9）项目管理经验、主要问题和建议；

（10）预备费动用情况；

（11）项目建设管理制度执行情况、政府采购情况、合同履行情况；

（12）征地拆迁补偿情况、移民安置情况；

（13）需说明的其他事项。

11.5.3 项目竣工财务决算批复

（1）批复机构：财政部门或者项目主管部门。

（2）批复依据：《政府投资条例》（中华人民共和国国务院令第712号）第二十五条规定，政府投资项目建成后，应当进行竣工验收，并在竣工验收合格后及时办理竣工财务决算。《基本建设项目竣工财务决算管理暂行办法》（财建〔2016〕503号）第十三条规定，财政部门和项目主管部门对项目竣工财务决算实行先审核、后批复的办法，可以委托预算评审机构或者有专业能力的社会中介机构进行审核。

《长沙市人民政府关于印发〈长沙市政府投资建设项目管理办法〉的通知》（长政发〔2020〕5号）规定：建设单位应当按要求及时完成竣工决算报告的编制，报送财政部门办理竣工（财务）决算审核、批复，报送情况纳入建设单位年度绩效考核范畴。财政部门出具的竣工财务决算评审报告作为政府确定投资回报、财政资金拨付和固定资产移交的依据。竣工（财务）决算评审报告的投资总额不得超过批复的概算或经依规调整后的概算（征地拆迁补偿费、管线迁改费分别单列）。

（3）财政部门和项目主管部门重点审查的内容：

①工程价款结算是否准确，是否按照合同约定和国家有关规定进行，有无多算和重复计算工程量、高估冒算建筑材料价格现象；

②待摊费用支出及其分摊是否合理、正确；

③项目是否按照批准的概算（预）算内容实施，有无超标准、超规模、超概（预）算建设现象；

④项目资金是否全部到位，核算是否规范，资金使用是否合理，有无挤占、挪用现象；

⑤项目形成资产是否全面反映，计价是否准确，资产接受单位是否落实；

⑥项目在建设过程中历次检查和审计所提的重大问题是否已经整改落实；

⑦待核销基建支出和转出投资有无依据，是否合理；

⑧竣工财务决算报表所填列的数据是否完整，表间钩稽关系是否清晰、正确；

⑨尾工工程及预留费用是否控制在概算确定的范围内，预留的金额和比例是否合理；

⑩项目建设是否履行基本建设程序，是否符合国家有关建设管理制度要求等；

⑪决算的内容和格式是否符合国家有关规定；

⑫决算资料报送是否完整、决算数据间是否存在错误；

⑬相关主管部门或者第三方专业机构是否出具审核意见。

12 项目后评价

　　项目后评价是指应当在项目建设完成并投入使用或运营一定时间后，对照项目可行性研究报告及审批文件的主要内容，与项目建成后所达到的实际效果进行对比分析，找出差距及原因，总结经验教训，提出相应对策建议，以不断提高投资决策水平和投资效益。根据需要，也可以针对项目建设的某一问题进行专题评价。

12.1 项目管理后评价委托

　　（1）委托机构：投资主管部门。

　　（2）委托依据：《政府投资条例》（中华人民共和国国务院令第712号）第二十六条规定，投资主管部门或者其他有关部门应当选择有代表性的已建成政府投资项目，委托中介服务机构进行后评价。

12.2 项目后评价项目选择原则

　　（1）对行业和地区发展、产业结构调整有重大指导和示范意义的项目。

　　（2）对节约资源、保护生态环境、促进社会发展、维护国家安全有重大影响的项目。

　　（3）对优化资源配置、调整投资方向、优化重大布局有重要借鉴作用的项目。

　　（4）采用新技术、新工艺、新设备、新材料、新型投融资和运营模式，以及其他具有特殊示范意义的项目。

　　（5）跨地区、跨流域、工期长、投资大、建设条件复杂，以及项目建设过程中发生重大方案调整的项目。

（6）征地拆迁、移民安置规模较大，可能对贫困地区、贫困人口及其他弱势群体影响较大的项目，特别是在项目实施过程中发生过影响社会稳定事件的。

（7）使用政府投资资金数额较大且占总投资额比例较高的项目。

（8）重大社会民生项目。

（9）社会舆论普遍关注的项目。

12.3 项目自我总结评价报告内容及要求

项目后评价的业主单位根据要求在委托机构项目后评价实施前，向项目主管部门提交项目自我总结评价报告。项目自我总结评价报告的主要内容包括：

（1）项目概况：项目目标、建设内容、投资估算、前期审批情况、资金来源及到位情况、实施进度、批准概算及执行情况等。

（2）项目实施过程总结：前期准备、建设内容与规模、建设实施、项目运行等。

（3）项目效果评价：技术水平、财务及经济效益、社会效益、环境效益等。

（4）项目目标评价：目标实现程度、差距及原因、持续能力等。

（5）项目建设的主要经验教训和相关建议。

12.4 项目单位应提交文件及资料

（1）项目决策及审批文件。

主要包括国家、省、市关于项目决策的相关文件、会议纪要，含项目建议书、土地预审文件、征地材料、建设项目选址意见书、建设用地和建设工程规划许可证、环境影响评价、节能评估文件、水土保持文件、重大项目社会稳定风险评估、项目可行性研究、初步设计及概算、施工图预算文件等及其相关批复文件。

（2）项目实施文件。

主要包括项目招投标文件、主要合同文本、年度投资计划、施工图审查资料、施工许可证、设计变更资料、概算调整报告、监理报告、竣工验收报告等相关资料及批复文件。

（3）其他资料。

主要包括项目结算和竣工财务决算报告及批复文件，项目专户资料、基建专账，项目资产登记和移交资料，项目运行和生产经营情况、财务报表，以及与项目相关的审计报告、稽查报告、统计资料等。

12.5 项目后评价基本内容

（1）项目目标后评价。

该项评价的任务是评定项目立项时各项预期目标的实现程度，并要对项目原定决策目标的正确性、合理性和实践性进行分析评价。

（2）项目建设内容与规模后评价。

评价项目是否按项目立项的批复文件，按时保质完成了建设任务，足额完成了项目投资任务。

（3）项目效益后评价。

项目的效益后评价即财务评价和经济评价。有获得政府专项资金支持的项目，还应当做好专项审计，评估专项资金的使用效益。

（4）项目影响后评价。

主要有经济影响后评价、环境影响后评价、社会影响后评价。

（5）项目持续性后评价。

项目的持续性后评价是指在项目的资金投入全部完成之后，评价项目的既定目标是否还能继续，项目是否可以持续地发展下去，项目业主是否可能依靠自己的力量独立继续去实现既定目标，项目是否具有可重复性，即是否可在将来以同样的方式建设同类项目。

（6）项目管理后评价。项目管理后评价是以项目目标和效益后评价为基础，结合工程建设工程其他相关资料，对项目整个生命周期中各阶段管理工作进行评价。